本书为浙江省哲学社会科学重点研究基地浙学研究中心重点课题最终成果

本书由浙江省哲学社会科学重点研究基地浙学研究中心资助出版

"浙学研究丛书"主编 何显明 陈 野

浙学研究专题系列

钱塘江文化研究

徐吉军 主编 孙以栋 副主编

ZHEJIANG UNIVERSITY PRESS
浙江大学出版社
·杭州·

图书在版编目(CIP)数据

钱塘江文化研究 / 徐吉军主编；孙以栋副主编. —
杭州：浙江大学出版社，2022.8
ISBN 978-7-308-22812-1

Ⅰ. ①钱… Ⅱ. ①徐… ②孙… Ⅲ. ①钱塘江－流域
－文化研究 Ⅳ. ①K295.5

中国版本图书馆 CIP 数据核字(2022)第 118297 号

钱塘江文化研究

QIANTANGJIANG WENHUA YANJIU

徐吉军　主编　孙以栋　副主编

策　　划	宋旭华　王荣鑫	
责任编辑	徐凯凯	
责任校对	蔡　帆	
封面设计	项梦怡	
出版发行	浙江大学出版社	
	（杭州市天目山路 148 号　邮政编码 310007）	
	（网址：http://www.zjupress.com）	
排　　版	浙江时代出版服务有限公司	
印　　刷	浙江海虹彩色印务有限公司	
开　　本	710mm×1000mm　1/16	
印　　张	16.25	
字　　数	318 千	
版 印 次	2022 年 8 月第 1 版　2022 年 8 月第 1 次印刷	
书　　号	ISBN 978-7-308-22812-1	
定　　价	68.00 元	

"浙学研究丛书"导言

　　浙江山川清丽,经济发达,人文鼎盛,地域文化传统源远流长。浙地学人在长久历史岁月里殚精竭虑、发微探真而成之学术思想精义,为本区域文化构建起丰富的内在层次。她以"浙学"的形态与名义,凭借理性思辨的学思与睿智,为浙江历史与当代发展注入了人文精神的厚重意蕴。

一、浙学的理论渊源与名义之辩

　　浙江省社会科学院哲学所资深研究员、著名浙学研究者吴光认为,浙学的理论源头,可从东汉王充算起。王充是浙江思想文化史上第一个建立系统哲学理论、形成思想体系的学者,他的"实事疾妄"学术宗旨代表了一种求真务实、批判创新的精神,而这正是浙学的基本精神。浙学形成于永嘉、永康、金华、四明之学异军突起的南宋。永嘉、永康之学给浙学打上了追求功利、讲求事功的思想烙印,金华、四明之学则分别传承了中原文献之学和江西陆学的精神传统。明代中后期,以王阳明为宗主的阳明学派遍及两浙,风靡全国,确立了良知心学理论体系。明清之际,刘宗周(蕺山)的诚意慎独之学独树一帜,形成涵盖两浙的蕺山学派;其高足黄宗羲接踵而起,力倡重视经世实践的"力行"哲学,开创具有民主启蒙性质和实学特征的浙东经史学派,使浙学升华到足以主导中国思想潮流的地位,成为推动近代思想解放和民主革命运动的思想大旗。自南宋至明清,浙学内部学派林立,宗旨各异,而其主流则是以"求实、批判、兼容、创新、民本"为根本精神的两浙经史之学。

　　据现有史料分析,浙学概念最早由南宋朱熹提出。朱熹在评论浙东学者吕祖谦、陈傅良、叶适、陈亮的学术时,首次将"永嘉、永康之说"称为"浙学"。明代中期以后,阳明心学风靡两浙,故有学者从学术传播的师承、地域上突破南宋以来以浙东永嘉、永康、金华之学为浙学的视野,而从两浙地区的大视野讨论浙学。如浙西德清学者蔡汝楠在其书函中,将明代两浙地区的阳明心学列入浙学传承脉络。又有曾任浙江提学副使的福建籍学者刘鳞长著《浙学宗传》,将宋明时代包括浙东、浙西在内的儒学流派归入浙学传统,粗具"大浙学"的概念。清代全祖望撰《宋元学案叙录》,多次使用浙学概念,并作肯定性评价。他认为浙学主要是指"浙东之学",但也包括"浙西之学",其学术渊源都与宋初大儒胡瑗在浙西湖州讲学时形成的"湖学"相呼应,地位堪与齐鲁之学、闽学、关学、蜀学相媲美,而且蔚为一大学统,对宋元学风有启迪之功。清乾嘉时的浙东学者章学诚在《文史通义·浙东学术》中认为,"浙东之学"与"浙西之学"的学术渊源与学风虽有不同,但都是儒家之学,其根本之道可以并行不悖、互相兼容。

溯源综述,综合比堪,浙学的内涵可作狭义、中义与广义之区分。狭义的浙学概念是指发端于北宋,形成于南宋永嘉、永康地区,以陈傅良、叶适、陈亮为代表的浙东事功之学。中义的浙学概念是指渊源于东汉、酝酿形成于两宋、转型于明代、发扬光大于清代的浙东经史之学,包括东汉会稽王充的"实事疾妄"之学,两宋金华之学、永嘉之学、永康之学、四明之学,以及明代王阳明心学、刘蕺山慎独之学和清代以黄宗羲、万斯同、全祖望为代表的浙东经史之学。广义的浙学概念指的是渊源于古越、兴盛于宋元明清而绵延于当代的浙江学术思想传统与人文精神传统,它是狭义浙学与中义浙学概念的外延:既包括浙东之学,也包括浙西之学;既包括浙江的儒学与经学传统,也包括浙江的佛学、道学、文学、史学等人文社会科学传统,甚至在一定意义上涵盖了具有浙江特色的自然科学传统。站在当今文化建设和弘扬文化精神的立场上,则应取广义的浙学概念,尤其重视对其人文精神的研究和应用。①

二、浙学的人文精神与当代价值

浙学不仅具有深刻的理论内涵,更具务实的实践品格;不仅熠熠生辉于历史天空,更呈现出蓬勃鲜活的当代价值。

浙江的地域文化传统孕育了以浙学为核心的浙江地域学术思想和文化精

---

① 以上有关浙学理论渊源与名义之辩的论述,详见吴光《简论"浙学"的内涵及其基本精神》,载《浙江社会科学》2004 年第 6 期。

神,浙江地域学术思想和文化精神又在历史的演进里引领着、支撑着浙江人民行进在建设美好家园的大道上。她以穿越时空的生命力、感召力和价值引领,不断吸纳融合优秀文化元素,不断淬炼升华精神品质,激励着浙江人民在各个不同的历史时期超越自我、开辟新境。例如,新民主主义革命时期,革命红船起航于浙江嘉兴。红船精神所蕴含的"开天辟地、敢为人先的首创精神,坚定理想、百折不挠的奋斗精神,立党为公、忠诚为民的奉献精神",正是浙江地域文化精神的重要价值核心,为浙学注入了深刻的时代精神内涵。

改革开放以来,浙江在缺乏区位优势、工业基础、政策扶持和资源禀赋等各种条件的情况下,千家万户办企业,千辛万苦搞经营,千山万水闯市场,千方百计创新业,创造了第一批发放个体工商执照、第一个闻名全国的农村专业市场、第一座农民城、第一批股份合作制企业等多个全国第一。浙江经济奇迹的产生并非偶然,分析其成因,实与隐藏在经济发展背后以浙学为人文基因的浙江精神密不可分。浙江曾于 2000、2005 年开展的两次研究表明,浙江精神与浙江发展的历史轨迹一路相伴,始终引领着浙江人民不断自我诊断、自觉反思,激励着浙江人民励精图治、开拓进取,推动着浙江经济社会的发展。

2000 年,针对改革开放 20 多年来"真富、民富、不露富"的"浙江现象"和浙江民众在社会主义市场经济形成时期焕发出来的集体性创业意识开展的研究表明,基于浙学传统中经世应物、崇义谋利、工商并举等学术思想的讲究实效、敢闯敢拼、善谋实利等特质,是沉积于浙江人身上的文化基因。它们"一有阳光就灿烂,一遇雨露就发芽",在改革开放的环境里,形成具有时代特征的"自强不息、坚韧不拔、勇于创新、讲求实效"的浙江精神,使得浙江人特别能够适应和发展市场经济,锤炼出强大的民营经济,成为助推浙江经济持续高速发展的动因。

2005 年,面对浙江发展"先天的不足"和"成长的烦恼",一些老问题未从根本上解决、一些新问题又不同程度地比全国先期遇到的实际状况,为使浙江人民在全面建设小康社会、加快推进社会主义现代化建设的不懈追求中具有现代的思想观念、价值取向、心理状态和社会道德标准,时任浙江省委书记习近平同志亲自主持开展了"与时俱进的浙江精神"研究,并淬炼出"求真务实、诚信和谐、开放图强"的浙江精神。

全面审视、提炼浙江传统文化基因、文化品格之于当代发展的价值,是此次研究的一个重要内容。经过深入调研、系统研究,提炼出"以人为本、注重民生的观念""求真务实、主体自觉的理性""兼容并蓄、自得创新的胸襟""人我共生、天人合一的情怀""讲义守信、义利并举的品行""刚健正直、坚贞不屈的气节""卧薪尝胆、发愤图强的志向"七项浙江传统文化特质,作为"与时俱进的浙江精神"的历史基础和传统基因。浙江的历史传统中,在浙东学派敢言功利的崇义谋利理念外,尚有更多丰富内涵和要素。例如,在学术人物上,有被英国科学史家李约瑟评价为"中国科学史上的坐标"和"中国科技史上的里程碑"的沈括,有近代启蒙思想家龚自珍,有清末民初思想家、革命家、国学大师章太炎,有革命家、教育家、政治家、民主进步人士蔡元培。在地域民风上,有义利双行的善谋实利,有人我共生的和谐互助,有尚德向善的品性修养,有崇学重教的耕读传家,有穷高极远的探微精研,有兼容并蓄的包容开放。如此等等,不一而足,人文璀璨,厚重灿烂。唯其如是,浙江方能走过数千年的时光,创造出丰富的文明业绩和历史传统。因此,与 2000 年的研究相比,这一研究更为客观准确地兼顾了体现于浙江境内不同区域的文化要素和浙学发展过程中历史性融合汇聚的多种思想成果,为引领浙江发展提供了更为全面的历史基础和思想资源的支撑。

综上所述,浙学作为一种内涵深刻、充满活力的区域学术思想传统,凝聚着浙江学人的理性智慧,贯穿着忧国恤民的社会关切,蕴含着人文精神的巨大能量。她不但在历史上促进了浙江乃至中国的文明进步,至今也仍然蕴含着推动经济社会发展的思想资源。其不朽之丰神品格,正如其地的青山秀水,百世不磨,魅力无尽。由此,我们认为,通过对浙学传统及其现当代演变发展做进入式的深入剖析,细致研究人、地、文、学之间涵育、形塑、认同、超越、反哺等共存互动的复杂关系,追寻其永恒不坠的内在精神,提炼并激活其中跨越时空、具有当代价值的文化元素和精神,融入当下社会生活的践行之中,当是研究传承浙江区域文化不可或缺的实务之举,也是丰富发展中华文化、实现其当代价值的可行路径。

三、浙江省社会科学院的浙学研究学术传统

浙江省社会科学院是浙江省浙学研究的先行者和主力军。1980 和 1981年,浙江省社会科学院先后在杭州发起并主办"华东地区宋明理学讨论会""全国宋明理学讨论会",是为新中国成立以来举行的首次区域性和全国性宋明理学研讨活动,在当时起到了"解放思想""拨乱反正"的开风气作用。

多年来,浙江省社会科学院形成了关于浙学的一系列研究成果。吴光研究

员主编了《黄宗羲全集》《王阳明全集》《刘宗周全集》《马一浮全集》和"阳明学研究丛书"，率先提出"王充是浙学开山祖"的观点和"浙学内涵的广义、中义、狭义之分"等论述，在当代浙学研究领域具有开拓之功。浙江省社会科学院研究人员发表了数十篇浙学研究论文、出版相关专著，结合浙江当代文化建设提交应用对策报告，并系统整理了关于阳明后学、清代浙东学派的文献资料，获得国家社科基金重大招标课题等众多省级以上项目的立项。

浙江省委领导一直高度重视和关心浙学研究。时任浙江省委书记习近平同志对推进浙学研究作出重要指示，要求浙江学术界"要把大浙学的文章做深做大，从更深层次、更广阔的视野总结浙学与浙江精神"。2016年，省委常委、省委宣传部部长葛慧君同志在《关于大力弘扬优秀传统文化、建设浙江文化强省》的报告上批示，要求"把浙学研究先做起来"。省委领导的关心和重视，一直激励着我们精心谋划、整合力量、集中精力开展浙学研究，为擦亮浙学这张浙江省人文社科研究乃至文化建设的金名片而不懈努力。

四、浙学研究中心的科研定位和研究架构

浙学研究中心是浙江省专业浙学研究机构，依托浙江省社会科学院历史人文和浙学研究院，整合院文化研究所、历史研究所、哲学研究所、《浙江学刊》杂志社和省方志办科研力量开展相关研究。自2017年11月入选浙江省哲学社会科学重点研究基地以来，中心坚持"立足浙江、研究浙学、传承学统、创新浙学"的研究宗旨与发展方向，着力发挥作为省级重点基地应有的规划、组织、协调作用，大力整合浙江省社会科学院及院外相关文史哲基础理论研究资源，积极推动多学科协同研究平台建设；力求加强顶层设计，整合科研力量，拓展研究空间，通过多单位、多学科的协同研究，深化浙学研究主旨，建构浙学研究体系，提升"浙学"研究品质；按照"综合浙学研究""古典浙学研究""近现代浙学研究""专题浙学研究"的框架开展系统研究，打造具有全国影响和一流学科属性的浙学研究品牌。

"综合浙学研究系列"从宏观层面开展基础性的浙学研究，着力打造奠基性、综合性浙学研究成果。主要开展"浙学通论""浙学通史""浙学研究综合报告""阳明学研究综合报告"等省社科规划、本中心自设课题的研究。

"古典浙学研究系列"秉持浙江省社会科学院持之以恒、传承有序的浙学研究传统和厚重扎实的研究优势，立足永嘉学派、浙江朱子学、宋明理学、阳明心

学、阳明后学、浙东经史学派等古典浙学传统研究领域,着力打造系统性、经典性浙学研究成果。主要开展"永嘉学派文献搜集、整理和研究丛书""阳明后学文献整理与研究丛书""清代浙东经史学派文献丛书""浙江儒学通史丛书"等国家社科基金重大招标课题、浙江省文化研究工程第二期重大系列项目以及其他相关项目的研究。

"近现代浙学研究系列"为本中心在传统浙学的研究基础之上、内容框架之外,着力打造的浙学研究新领域,旨在立足近现代中国社会转型、文化重构之历史场景,探索古典浙学萦回迂曲的现代化路径,研究其当代重光的内在逻辑和现实可能,着力打造开拓性、建构性浙学研究成果。主要开展"近现代浙江学术文化转型研究""近现代浙江社会文化变迁研究""近现代浙江中西文化交流研究""近现代浙江史学史研究""近现代浙江学人古典诗学研究""近现代浙江新文学家文学评论研究""近现代浙籍知识分子与近代中国社会主义思潮研究""近现代浙江佛教书籍综合研究"等本中心自设课题的研究。

"专题研究系列"整合浙江省社会科学院已有文史哲研究资源和既有成果,聚焦浙学某一专业方向的深入探讨,推进浙学相关分支领域的深化研究,着力打造专题性、多样性浙学研究成果。主要开展"浙江宋明理学研究""永嘉学派思想研究""浙江佛学研究""浙江词学研究""国际视野下的浙学:阳明文化海外传播研究""中国村庄发展的浙江样本研究""钱塘江文化研究"等浙江省第二期文化研究工程系列项目和本中心自设课题的研究。

系统梳理和汇编出版相关研究成果,有利于集中检视本中心取得的浙学研究成果,更为精准有序地谋划和开展下一阶段的深化研究;有利于形成整体性、规模化的集成效应,更好地发挥研究成果的学术价值、社会价值和文化价值;有利于增进本中心与国内相关学术研究机构间的学术交流,提升学术影响力。为此,我们以上述四个研究系列中本中心自设课题的研究成果为主,兼顾其他成果,汇编为"浙学研究丛书",集中出版,以期就教于学界前辈时贤。

浙江省社会科学院院长　何显明教授

浙江省社会科学院副院长、浙学研究中心主任　陈野研究员

2020 年 1 月 21 日

目　录

导　言

　　钱塘江是浙江的第一大江,是浙江的母亲河,是浙江文明的摇篮,是浙江发展繁荣的重要支撑。在距今约十万年前的旧石器时代,新安江支流寿昌江畔便出现了"建德人"活动的踪迹。此后,距今有七八千年历史的跨湖桥文化和河姆渡文化、距今五千年左右的良渚文化,相继创造了光辉灿烂的史前文明。在漫长的历史时期里,钱塘江流域涌现出了无数的风流人物,其地的人民在生产和生活的社会实践中创造了卓越的物质财富和精神财富,它们的总和,便是我们所说的钱塘江文化。就其物质文化来说,这里是世界上稻作农业的重要地域之一,使此后的浙江享有了"鱼米之乡"的美誉。这里也是世界上最早养蚕缫丝的地域之一,素称"丝绸之府"。这里是世界上瓷器的发源地,唐代的越窑瓷器、五代吴越国的秘色瓷和南宋官窑瓷器便是其中的代表作。另外,根据目前的考古资料,钱塘江流域还是世界上髹漆的发源地。跨湖桥遗址出土的独木舟是迄今我国考古所见的最早的独木舟,人们称其为"中华第一舟"。跨湖桥遗址出土的木弓,是中国也是世界迄今发现的年代最早的木弓。其他如以良渚玉器为代表的玉文化,以绍兴黄酒为代表的酒文化,以西湖龙井茶为代表的茶文化,以越王剑和张小泉剪刀为代表的冶铸文化,以西湖金鱼为代表的鱼文化,等等,都在中国物质文明史上占有非常重要的地位。由此可以看出,钱塘江文化具有源远流长、博大精深、辉煌灿烂、开放程度高、创新意识强、辐射范围广等特质。它是浙江最具代表性和影响力的主体文化,是浙江文明的象征和代表,是长江文明和中华文明的重要组成部分,对中华文明以及世界文明做出了非常重要的贡献。

　　在漫长的历史时期里,钱塘江流域涌现出了无数的风流人物,其地的人民在社会实践中创造了卓越的物质财富和精神财富,它包括一定的社会规范、生活方式、风俗习惯、精神面貌和价值取向,以及由此所达到的社会生产力水平等。其内涵极其丰富、多元、深厚,在物质文化上,包括稻作、茶、酒、花、蚕桑丝绸、陶瓷、玉器、纸、笔、船、冶金、纺织、商贸、水利、建筑等;在精神文化上也同样丰富多彩,包括语言文学、哲学、史学、戏剧、书法、绘画、音乐、歌舞、科技、藏书、教育、体育、民俗、宗教信仰、社会生活、社群等。特别是其中的浙学,是钱塘江文化的重要组成部分。因为钱塘江流域是浙学的发源地,从东汉著名的思想家王充起,到宋代杭州的张九成,金华的吕祖谦,永康的陈亮,明代余姚的王阳明,明末清初的黄宗羲、朱舜水,清代的万斯同、全祖望、龚自珍、章学诚、章太炎等,一大批思想家都涌现于此。

自古以来,钱塘江流域不仅是浙江省经济最具活力的地区之一,亦是全国的经济重镇和文化昌盛之区,素有"丝绸之府""鱼米之乡""文物之邦"等美称。然而有关钱塘江文化的研究,相对而言,既薄弱又落后。"钱塘江文化"这个名词近些年虽然经常被提及,但专题研究的著作和论文极少。因此,我们应认清形势,树立理念,把握机遇,顺应时代发展和人民群众的期待,有必要对钱塘江文化进行认真的、系统的、科学的、深入的研究;应该就钱塘江文化的定义(概念)、内涵和外延、钱塘江经济带与文化带的关系、钱塘江文化带历史资源梳理、钱塘江文化带与经济生态融合发展、钱塘江文化带文旅产业发展、钱塘江文化带与新型城镇化建设、钱塘江文化带与综合立体交通走廊、钱塘江文化带与对外开放、钱塘江流域文化遗产资源的保护与利用等方面展开研究,打响钱塘江的文化品牌,找准文化发展产业的突破口,做大做强文化产业,形成以"钱塘江文化"为依托的文化旅游框架,形成以园区形式的文化产业区块和产业集群,形成富有地方特色的文化会展节庆活动品牌。

习近平主席在2016年二十国集团工商峰会(杭州峰会)开幕式上发表主旨演讲时,倡导二十国集团勇做世界经济的"弄潮儿"。"弄潮儿"精神,作为钱塘江文化的重要内核和特色,既体现了中国的文化担当、文化智慧,也是浙江精神、浙江价值观的象征。当今,浙江省委、省政府提出了"文化浙江"的口号和沿江发展的战略,特别是对之江文化产业带建设的要求。因此,研究钱塘江文化具有重要的历史和现实意义。

一、研究的源起：国内流域文化史研究概况

（一）长江、黄河和珠江等流域文化史研究概况

大河流域往往是文明的发源地和文化最为发达的地区。世界古代的四大文明，都产生在大河所在的地区。在我国多元一体的文化格局中，流域文化是最重要的文化组成部分。流域文化作为中国文化中的基本内容，最能反映一个地区或流域文化的特质、风格及地域之间的差异。故在近年来，对流域文化的研究成为学术界的一个热点。官方层面也关注大河流域文化史的研究，如《国家社科基金项目 2019 年度课题指南》中的"中国历史"第 65 项课题，就是"不同历史时期各大河流域区域文化交流研究"。在过去几年的立项课题中，也有与之相关的课题。从研究情况来看，国内许多顶级的学术大师都注重流域文化史的研究，各种流域文化史著作相继出版。如中国科学院院士、北京大学教授、著名历史地理学家侯仁之先生主编有《黄河文化》。此书从地理环境与文明发展的关系出发，在简明扼要地叙述了上古三代的黄河文明之后，又提纲挈领地以城市作为黄河文化发展变迁的主线加以论述。全书约 100 万字，是国内学术界第一部系统论述黄河文化的著作。

国学大师、北京大学教授季羡林先生主编有数十卷本的《长江文化研究文库》，包括一个"综论"和六个系列（文物考古、经济科技、学术思想、民族宗教、文学艺术、社会生活），共六十余部，真可谓洋洋大观，前无古人了。从内容上来看，这个"文库"综合了过去的研究成果，又加以扩大和加深；从时机上来看，我们正处在一个新旧世纪转换的时期。从这两方面来说，这一"文库"都有承前启后、继往开来的作用，为 20 世纪做了总结，为 21 世纪导夫先路。

许平等主编的《黄河文化丛书》，将黄河文化分为宗教、民食、艺术、服饰、住行、民俗、黄河史、黄河人等多卷，将五千年来黄河流域所呈现的全部文明成果都列入研究范畴。

1993 年，徐吉军策划并协助李学勤先生主持编纂大型学术著作《长江文化史》一书。当时国内一批在此领域卓有成就的学者积极参与该书的编纂工作，如吴汝祚、张正明、林剑民、朱士光、倪士毅、陈学文、林永匡、陈振江等 12 位专家分头执笔。1995 年 12 月，此书由江西教育出版社出版。全书按编年史体例，共分 10 章，98 万字。这部开创性、学术性的著作，无疑是近年来中国文化史研究的成功之作，它把研究的视角确定在长江流域及长江以南地区，凸显了这一

地区的历史文化渊源与成就,"通过历代的长江流域文化史的探索,展示出这一大区域在中华文明中的重要地位"[①]。此书纠正了以往中国文化"根植于黄河中下游,由此为中心向四周扩散,而南方在文化上落后于北方,长期处于被开发态势"这种一元传播论的成说,其研究成果有力地说明了"中华文化是多元、多根系的,长江地区早在史前时代就有相当高度的文化,亦是我国古代文明的摇篮"。正是由于该书选题新颖、内容丰富、史料翔实、立论精当、文字清新,出版后得到了学术界的好评,学术界普遍认为它是近年文化史研究的成功之作,填补了区域文化研究的一个空白,具有较高的学术品位和较强的可读性。[②] 1996年该书获第十届中国图书奖,1997年获国家图书奖提名奖,与《现代汉语词典》《邓小平文选》等书一起被网民评选为"改革开放三十年来最具影响的三百本书"。

　　大型学术著作《黄河文化史》是国家"十五"重点图书出版规划项目,它是徐吉军策划并与李学勤先生合作主编的第二部区域文化史著作,由江西教育出版社2003年5月出版。全书工程浩大,总计170余万字,分上、中、下三卷。参与编写的有36位作者,包括考古学、文化学、历史学界的老一辈学者和中青年学者。参与编写的作者,有的早已卓然成家,有的已是各自领域的学术中坚。因此,这既是一部集中了当前最新研究成果的学术著作,也是一部在这一学术领域中的高水平学术著作。该书学术体系完整,逻辑结构严谨。它采用大文化的概念,从物质的、精神的、制度的各个层面,上起远古、下迄近代,以时代为序,将黄河文化史分成史前、夏商周、东周、秦、汉、魏晋南北朝、隋唐、五代、北宋、辽夏金元、明清、近代等12个时期,从发展历程、主要成就、与其他文化的交流三个方面,对黄河流域这一大区域文化进行了系统论述,全方位、多层次探索了五千年来黄河文化的孕育、发生、发展、繁荣、鼎盛及转移的历史过程,揭示了不同时期黄河文化的发展面貌和黄河文明在中华文明形成中的独特地位,是一部集大成的区域文化史。该书在揭示黄河文化的发展历程时,既叙述了不同时期黄河文化的融合、重塑、构造等一般发展历程,又阐述了不同时期黄河文化的特征及突出的影响等。特别是,作者揭示了黄河文化自身的发展也是一个"多源一体"的历史过程,这也成为该书的一个亮点。在阐述黄河文化的主要成就时,该书

[①]　李学勤:《长江文化史》序言,江西教育出版社1995年版,第1页。

[②]　汉言:《〈长江文化史〉座谈会述要》,《中国史研究动态》1996年第8期;寄墨:《长江文明的历史画卷——读长江文化史》,《中国图书评论》1996年第8期。

没有局限于狭义的精神文化,而是从一种宏阔的角度,不仅叙述了属于精神领域的文学艺术、经史哲学、社会生活等方面,而且叙述了属于物质领域的农牧业生产、手工业水平的提高以及商业、交通和城市的繁荣等,以无可辩驳的史实再一次证实了黄河文化在中华文化组成中的绝对优势。在文化交流方面,作者不拘泥于传统的一些看法,在理清黄河文化对外交流总体线索的基础上,丰富了其对外文化交流的具体内容,系统展示了黄河文化的开放性,突出了其兼容并蓄、博采众长的发展个性。①

李玉洁主编的《黄河文明的历史变迁》系列丛书,已于 2009 年初由科学出版社出版发行。丛书包括《黄河流域的青铜文化研究》《殷商甲骨文研究》《黄河流域史前聚落研究》《胡汉一体——秦汉魏晋南北朝时期少数民族文化与黄河文明》《唐宋时期黄河流域的外来文明》《黄河文明与西风东渐》《中国神话时代——黄河流域古史传说中的神话》《黄河流域的农耕文化》《儒学与中国政治》等,这是对黄河文明形成和发展史的重要梳理,显然是对"黄河学"的重要贡献。

《黄河文化百科全书》编纂委员会编纂有《黄河文化百科全书》,四川辞书出版社 2000 年出版。

刘光华、楼劲等主编有数十卷本的《黄河文化丛书》,分别由山东人民出版社、甘肃人民出版社、宁夏人民出版社等于 2001 年出版。

河南大学黄河文明与可持续发展研究中心是教育部人文社科重点研究基地,其学术宗旨就是通过扎实的科研来复兴伟大的黄河文明,促进黄河沿岸经济社会的可持续发展。为此,该中心建立了 4 个特色方向的研究所:制度变迁与经济发展研究所、生态与可持续发展研究所、黄河文明研究所、中原文化与民俗研究所。2010 年 1 月 9 日又增建了古汉字研究所,从不同角度对文明传承与经济社会可持续发展展开"黄河学"学术研究。

由我国著名历史学家安作璋教授主编的《中国运河文化史》(上、中、下)三大册已于 2001 年 9 月由山东教育出版社出版。这是安作璋先生所主持的国家社科基金项目结题之主体成果,也是迄今为止在我国运河史研究领域最为全面详瞻的一部著作。

《汉水文化史》以时间为序,全面、系统地梳理和总结了从史前到现代不同

①　参见臧知非:《中华文化主体的历史画卷——〈黄河文化史〉读后》,《学术评论》2004 年第 2 期;吴宏歧:《重现煌煌黄河文化》,《全国新书目》2004 年第 8 期。

历史时期汉水流域的自然地理、人文历史概况,物质生产文化、制度行为文化和精神心理文化等方面所取得的主要成就及不同时期汉水文化的基本特征及发展演变的规律。通过对汉水流域文化史的研究,增强这一地域民众的文化自信心,为这一地域社会经济的发展提供精神动力,为相关政府部门的决策提供历史的借鉴,促进这一地域文化产业的跨越式发展。全书共 70 余万字,分为史前时期、夏商周时期、秦汉魏六朝时期、隋唐宋元时期、明清时期、近现代的汉水文化,共六章。

在 20 世纪与 21 世纪相交的历史时刻,以黄伟宗为代表的一大批学者,成立了广东省珠江文化研究会。学者们不畏山高路远,探访秦汉古道,追溯珠江源流,在僻寨、古港都留下了足迹;出版集结了学者们十年来学术成果的 300 万字的巨著《中国珠江文化史》(广东教育出版社 2010 年版)。此书填补了中国珠江流域文化史的空白。它详尽而生动地记录了珠江流域数千年来丰富而独具特色的文化,揭示了广东改革开放、领潮争先的历史基因等。此书获得时任中共中央政治局委员、广东省委书记(现任第十九届中央政治局常委、第十三届全国政协主席)汪洋的高度评价。

(二)钱塘江文化史研究概况

关于钱塘江的研究,早在古代就已经开始,如唐代邱光庭《论浙潮》,宋代潜说友《三江考》,元耿伯宣《浙江潮候图说》,明徐一夔《辨钱塘铁箭》、夏时正的《钱塘江潮辨证》、陈善《捍江塘考》、张元忭《三江考》,清陈之暹的《海宁县筑塘考》、毛先舒《西湖不通江辨》《答潮问》、毛奇龄《杭志三诘三误辨》《三江考》《临平湖通江辨》、孙治《灵隐通江说》《治潮皆灵隐僧论》、钱文瀚《钱塘江图说》、朱山《钱塘江考》《江潮》、阮元《浙江图考》《浙江即岷江非浙江考》、范寅《论涨沙》《论潮汐》、李慈铭《三江辨》、戴槃《九姓渔船考》、王国维《浙江考》、史廷扬《钱塘江沿岸之地质》,等等。到了民国时期,钱塘江研究主要集中在自然科学和社会经济等方面,涉及地质、地貌、潮涌、水利、水电、航运等,主要论著有:杨星垣的《钱塘江流域之地质》(《地学杂志》1916 年第 7 卷第 3—5 期),竺可桢的《钱塘江怒潮》(《科学》1916 年第 2 卷第 10 期),张其昀的《钱塘江之源流》(《浙江省史地纪要》第一章,商务的书馆 1925 年版),陈吉余的《杭州湾地形述要》(《浙江月报》1947 年第 1 卷第 2 期),朱庭祜、盛莘夫、何立贤的《钱塘江下游地质之研究》(《建设季刊》1948 年第 2 卷第 2 期),马湘泳的《钱塘江下游地形实察与今后潮汐之影响》(《钱塘江文献集成》2017 年第 24 册),郑泽垲的《塘工与混凝土之关

系》(《东方杂志》1913 年第 9 卷第 8 号),汪胡桢的《钱塘江丁坝设计之检讨》
(《建设》季刊 1947 年第 1 卷第 2 期),陈隆焜的《钱塘江海塘设计之检讨》(《建
设季刊》1948 年第 2 卷第 2 期),杨建的《钱江水底隧道计划》(《市政季刊》1933
年第 1 卷第 4 期),张海洋的《钱塘江通航的酝酿》(《廓清月刊》1948 年第 1 卷第
10 期),周念先的《钱塘江试航与检讨》(《建设》1948 年第 2 卷第 2 期),徐洽时
的《钱塘江水力开发之展望》(《水利通讯》1947 年第 1 卷第 1 期),徐洽时《钱塘
江街口水力发电计划概要》(《建设季刊》1948 年第 2 卷第 2 期),盛莘夫的《钱塘
江上游煤矿》(《地质评论》1949 年第 14 卷第 1—6 期),傅宏镇的《皖浙新安江流
域之茶业》(《国际贸易导报》1934 年第 6 卷第 7 期),刚林的《钱江上游各处农林
之状况及其改进之建议》(《浙江省建设月刊》1933 年第 5 卷第 7 期)等。在历史
文化研究方面,也有一些文章,主要有:郁达夫的《浙江的今古》(《闲书》,上海良
友图书印刷公司 1936 年版),林炜然的《浙江与浙江、曲江、钱塘江》(《战时中学
生》1940 年第 2 卷第 2 期),徐骙良的《杭海段海塘沿革略史》(《浙江省建设月
刊》1930 年第 4 卷第 5—7 期),童振藻的《钱江九姓渔户考》(《岭南学报》1931
年第 2 卷第 2 期),汪胡桢《钱塘江海塘沿革史略》(《建设季刊》1947 年第 4 期)。
新中国成立后,关于钱塘江的研究沉寂了很长一段时间,论著屈指可数,代表性
的有朱偰的《江浙海塘建筑史》(学习生活出版社 1955 年版),华东师范大学地
理系编辑的《河口海岸研究成果汇编(钱塘江河口研究专辑)》《钱塘江流域地貌
资料汇编》,钱宁等的《钱塘江河口沙坎的近代过程》(《地理学报》1964 年第 2
期)。至改革开放以后,其研究再次兴起,并达到了新的高度。在这一时期,钱
塘江志编纂委员会编纂了一部综合性的《钱塘江志》(方志出版社 1998 年版),
这部著作可以说具有里程碑式的意义。它以钱塘江的治理开发为中心,全面记
述了钱塘江水系环境与其演变和治理开发利用的历史、现状、兼及相关的社会、
经济、人文等内容,是研究钱塘江流域重要的参考资料。在历史文化研究方面,
出现了不少具有较高水平的学术论著,主要有:陈桥驿的《论历史时期浦阳江下
游的河道变迁》(《历史地理》创刊号),汪家化的《古代海塘工程》(水利电力出版
社 1988 年版),张文彩的《中国海塘工程简史》(科学出版社 1990 年版),陈吉余
的《海塘——中国海岸变迁和海塘工程》(人民出版社 2000 年版),陶存焕、周潮
生的《明清钱塘江海塘》(中国水利水电出版社 2001 年版),章猛进主编的《决胜
千里——浙江省建设千里海塘纪实》(人民日报出版社 2001 年版),周祝伟的
《7—10 世纪杭州的崛起与钱塘江地区结构变迁》(社会科学文献出版社 2006 年

版)、陈雄等编的《钱塘江流域开发史系列研究》丛书(中国社会科学出版社 2013
年版,内有陈雄的《钱塘江历史水利研究》)、钱杭的《库域型水利社会研究》(上
海人民出版社 2009 年版),新安江开发志编纂委员会、淳安县新安江开发总公
司的《新安江开发志》(浙江人民出版社 2009 年版)、《钱塘江学研究专辑》(《浙
江学刊》2011 年增刊),湘湖研究院编的《九个世纪的嬗变》(浙江古籍出版社
2014 年版)、邱志荣主编的《中国鉴湖》(中国文史出版社 2016 年版),等等。学
术论文主要有:侯慧粦的《钱塘江在历史中的变迁》(《杭州大学学报》1995 年第
2 期),冯宝英的《江浙古海塘与民间信仰探析》(《浙江水利科技》2013 年第 6
期),和卫国的《乾隆朝钱塘江海塘工程经费问题研究:兼论十八世纪清朝政府
职能的全面加强》(《清史研究》2009 年第 3 期)、《清代后期钱塘江海塘大修经费
筹集问题研究》(《中国社会历史评论》2010 年第 11 卷)、《明代钱塘江北岸海塘
工程的修筑:与元代的比较研究》(《明史研究》2010 年第 11 辑),王大学的《动植
物群落与清代江南海塘保护》(《中国历史地理论丛》2003 年第 4 期),徐勤勤的
《海盐塘工号子的价值及巧护研究》(《兰台世界》2012 年第 6 期),支向军的《试
论钱塘江海巧的"寓工于兵"管理体制》(《浙江水利水电专科学校学报》1999 年
第 2 期),周致元的《明代东南地区海潮灾害》(《史学集刊》2005 年第 2 期),等
等。此外,还有一些博士学位论文,如中国人民大学和卫国的《清代国家与钱塘
江海塘工程:以 18 世纪为中心》,复旦大学王大学的《明清江南海塘的建设与环
境》、潘艳的《长江三角洲与钱塘江流域距今 10000—6000 年的资源生产:植物
考古与人类生态学研究》。硕士学位论文有乔国恒的《两宋钱塘潮诗词研究》,
孙燕的《两宋前钱塘江流域城市起源与演化研究》,侯日的《茅以升的工程管理
思想研究》,倪志新的《六朝唐宋睦州的政区、城市及交通研究》,黄聪芳的《晚清
钱塘江海塘研究——以〈李辅燿日记〉为中心的考察》,靳雨思的《钱塘江杭州段
海塘现状及变迁研究》,郑俊华的《钱塘江流域的木业与地方社会(1368—
1949)》,胡仲恺的《清代钱塘江海塘的修筑与低地开发——以海宁、萧山二县为
考察中心》,徐杨的《民国时期钱塘江航运研究(1912—1937)》,等等。

　　在海外,也有一些学者对钱塘江进行研究,但绝大多数都集中在水利与政
治方面,如日本学者斯波义信的《宋代江南经济史研究》(方健、何忠礼译,江苏
人民出版社 2012 年)以生态为考察的对象,将水利史、人口移动、土地开发、文
化生态史等纳入江南区域史的研究,对宋代江南地区的生态演变、农田水利、移
民定居、城市发展、商业交往诸层面进行系统考察,其研究有助于加深对宋代以

来钱塘江流域地域开发史的认识。美国萧邦齐在《湘湖——九个世纪的中国世事》(叶光庭等译,杭州出版社 2005 年版)等著作中对钱塘江有或多或少的涉及。日本学者香坂昌纪利用地方志、宫中档、奏折和民国调查资料等史料,检讨了钱塘江与大运河间的重要税关——南新关的机构演变、课税变化及其所反映出的钱塘江流域的木材流通状况,进而考察了流域内的木材采伐与林木经营情况,是关于钱塘江流域木业的重要论文。香坂昌纪有的《清代南新关商品流通》,载《松村润先生古稀纪念清代史论丛》(汲古书院,1994 年),日本铃木满男有《柯鱼佬——浙江省北部富春江上的水上民》(《民族学研究》55—1,1992 年)等论文。

综上所述,钱塘江研究的综合性研究非常稀缺,几乎为空白。研究的领域主要集中在水利,而水利中又以海塘史为主。这些都说明编纂《钱塘江通史》十分必要,且具有紧迫性和现实意义。

二、钱塘江及其流域的界定[①]

钱塘江流域位于浙江省西北部,有南、北两源,均发源于安徽省休宁县六股尖东坡。北源新安江经淳安至建德与兰江汇合,向东北流入钱塘江,是钱塘江正源。南源衢江与北源新安江在建德梅城汇合后称富春江,向东北流经桐庐、富阳,在东江嘴揽入浦阳江到了萧山闻堰镇后称作钱塘江,向东汇入东海。

钱塘江干流河长 688 千米,流域面积 55558 平方千米,其中浙江省境内面积 48080 平方千米,占全省陆域面积的 47%。富春江水电站坝下至入海口的长 282 千米的河段是感潮河段,是钱塘江的河口区。浙江省境内钱塘江水系流域面积 100 平方千米以上的支流有 123 条,其中一级支流 51 条,二级支流 46 条,三级支流 23 条,四级支流 3 条。

钱塘江主要支流有金华江(婺港)、新安江、桐溪、浦阳江等。干流各段随地异名,从发源地始,她被称为大源河;再然后,它又叫做率水;在屯溪,横江流入了率水,横江同样也是新安江上游一条重要的支流;从屯溪的率口往下,一直到浦口,这条河流称为浙江;在浦口,浙江与练江交汇;练江是新安江最重要的二级支流,在练江这一段中,有几条重要的三级支流汇入,她们分别是丰乐河、富

---

① 本书采用《浙江省测绘与地理信息局关于启用浙江省主要河流长度、流域面积、主要湖泊面积数据的公告》中的数据。这里指的是今天的钱塘江流域,与本书论述的先秦时期会略有差异。

资水、扬之水;练江在浦口与浙江交汇后往下,河流就称为新安江了。新安江一直往下流,在歙县的深渡,新安江注入千岛湖,然后,流出大坝,先是叫做桐江、富春江,到了萧山闻家堰,这条河流又改叫钱塘江。在激起一片钱塘潮之后,这条河流最终浩浩荡荡在杭州湾汇入大海。

曹娥江也是钱塘江支流,虽曹娥江后来因海岸崩坍,江口下陷而独流入杭州湾,今学界仍将曹娥江作为钱塘江第二大支流。

钱塘江流域涉及今浙江省内杭州、衢州、金华、绍兴、丽水 5 个地级市,共 20 多个县(市、区)。

钱塘江是一条著名的潮汐河流,潮汐每天涨落两次,涨落周期为 12 小时 25 分。钱塘江涌潮为世界之最(除了南美的亚马逊河流),成为天下奇观,它对两岸的地貌有巨大的塑造作用。钱塘江河口及杭州湾在历史上被称为"海"或"后海"。

钱塘江河口及杭州湾的位置,在距今 6000 年左右,南岸的岸线大致在今董家岙北、历山镇南、百官、绍兴下方桥、瓜沥、龛山、萧山一线,北岸的岸线位于金山、王盘山、澉浦南、赭山直至转塘一线。①

钱塘江河口及杭州湾,历史上一直在南北摆动,有时紧靠南部的山地平原北缘,有时则移向北岸。

钱塘江出海口自古以来就有北大门、中大门、南大门三口。因此,钱塘江一直给予两岸的平原以强烈的影响,塑造两岸的地貌,而这种影响由于河口的南北移动,各代有所不同。

三、钱塘江名称的由来

在中国古代文献中,钱塘江或称为浙江,或称为渐河,或称为浙江水。以下依此进行释读。

1. 浙江

《山海经》卷八《海内东经》云:"浙江出三天子都,在其〔蛮〕东,在闽西北,入海,余暨南。"②又如《越绝书》卷八《越绝外传记地传》云,春秋时代,越王"句践与

---

①　吴维棠:《从新石器时代文化遗址看杭州湾两岸的全新世古地理》,《地理学报》1983 年第 2 期。

②　袁珂校注:《山海经·海内东经》,上海古籍出版社 1980 年版,第 332 页。近代学者多认为《山海经》并非出自一时一人之手,其中 14 篇为战国时代作品,《海内经》4 篇则为西汉初年作品。

吴战于浙江之上”①。再如,《史记》卷四一《越王句践世家》云,战国时代,楚国“大败越,杀王无强,尽取故吴地至浙江”②。《史记》卷六《秦始皇本纪》记载,秦始皇于其在位第三十七年(前 210 年)东巡会稽,“至钱唐。临浙江,水波恶,乃西百二十里从狭中渡。上会稽,祭大禹,望于南海,而立至刻石,颂秦德”③。

2. 渐河

《庄子》卷七《外物》云:“任公子为大钩巨缁,五十犗以为饵,蹲乎会稽,投竿东海,旦旦而钓,期年不得鱼。已而大鱼食之……任公子得若鱼,离而腊之。自制河以东,苍梧已北,莫不厌若鱼者。”引文中的“制河”当作“渐河”。清王先谦注云:“若,是也。”“厌,饱食。”又云:“‘制’同‘渐’,浙江也。古折、制字通。司马云:今在会稽钱塘。”④

3. 浙江水

《汉书》卷二八《地理志》云,丹扬郡黝县“浙江水出南蛮夷中,东入海”⑤。《水经注》云:“浙江水出三天子都,北过余杭,东入于海。”⑥

上述所举,大多为汉代或汉以后学者所撰文献。但也不能由此而排除先秦、秦代资料的存在。例如《越绝书》,明人田汝成在嘉靖二十四年(1545) 就说过:“《内经》《内传》,辞义奥衍,究达天人,明为先秦文字。《外传》为猥驳无论,《记地》两篇,杂以秦汉,殆多后人附益无疑也。《本事篇序》则又依托《春秋》,引证获麟,归于符应,若何休之徒,为《公羊》之学者,故知是书成非一手。习其可信而略其所疑,亦可以苴埤史氏阙脱矣。”⑦明末郭钰甚至因此而指责《越绝书》

————————

　①　张仲清:《越绝书校注》,国家图书馆出版社 2009 年版,第 212 页。

　②　〔汉〕司马迁:《史记》卷四一《越王句践世家》,中华书局 1959 年版,第 5 册,第 1751 页。

　③　〔汉〕司马迁:《史记》卷六《秦始皇本纪》,中华书局 1959 年版,第 1 册,第 260 页。

　④　〔清〕王先谦注:《庄子集解》,《诸子集成》第 3 册,上海书店出版社 1986 年版,第 177 页。《庄子》亦称《南华经》,一般认为其中“内篇”七篇为战国时代哲学家、宋国蒙人庄周所著,而“外篇”“杂篇”可能掺杂其门人及后世道家作品。

　⑤　〔东汉〕班固:《汉书》卷二八《地理志》,中华书局 1962 年版,第 6 册,第 1592 页。

　⑥　〔北魏〕郦道元注:《水经注》卷四〇《浙江水》,商务印书馆 1933 年版,第 110 页。《水经注》的作者,历来记载不一。《隋书·经籍志》只说:“《水经》三卷,郭璞注。”未提及原作者。《唐六典工部水部员外郎注》说汉“桑钦《水经》”。《旧唐书·经籍志》作晋“郭璞撰”。《新唐书·艺文志》作“桑钦《水经》三卷,一作璞撰”。清代胡渭认为此书创自东汉,魏晋人续成。全祖望认为此书成书于东汉。戴震等人则认为此书大约为三国时的著作。

　⑦　转引自陈桥驿:《关于〈越绝书〉及其作者》,《杭州大学学报(哲学社会科学版)》1979 年第 4 期。

作者"托隐语以自露,意欲盗名后世,遂尔诡迹前人,乃其文气不类,谁可为欺者"①,是一种剽窃行为。实际上不妨把《越绝书》看作一部尚未完成的吴越地区历史资料汇编(或者说长编),由该书每一卷篇的内容结构,以及卷二《越绝外传记吴地传》中"蛇门外大丘,吴王不审名冢也,去县十五里""筑塘北山者,吴王不审名冢也""湖王湖,当问之""丹湖,当问之"等条目,就足以说明这一点。

作为吴越地区的历史资料汇编,收录之前即先秦、秦汉时期,包括地名在内的各种数据,那是理所当然的。犹鉴于此,李志庭在 1984 年发表的《浙江省名的由来》一文中解释浙、淛、渐的不同时,认为浙江省名来自江名。作为江名,其出现更早,两汉时已屡见不鲜。《汉书地理志》《水经注》等书又将它称作渐江,到了许慎《说文解字》中将浙江、渐江分别著录,问题开始复杂起来。后人以此为据,著书撰文,分辨浙、渐二水,无由定论。直至近人王国维作《浙江考》,考证浙、渐实为一水,才澄清了先前的谬误。在下文中还说,"浙江"之名很可能来自古代越语。浙江一带,自有史以来直到秦汉,都是越人聚居之处,江河命名当出自越人之口。当时中原人亲耳所闻,著述撰文只取译音,所以就有淛、浙、渐等不同写法,其实不过一音之转。我们的先祖亦即越人,之所以把它命名为浙江,必有其意。只是由于年代久远,史籍阙记,我们今天还无法解释其含义罢了。②

1987 年 10 月 24 日,谭其骧教授在杭州新新饭店所作的"编写古地名条目应该注意的几个问题"的学术报告中,也曾经指出:"(越语)它不是方言,是一个不同民族的语言。我认为浙江保留的越语地名最多,秦汉时候在浙江境内保留的县名,大部分都是越语。当时浙江大部分地方是会稽郡。浙江本身就是越语地名。《山海经》《史记》里头都有浙江,《吴越春秋》《越绝书》里头都有浙江,奇怪的是《汉书・地理志》叫'浙江',《水经注》里头又叫'渐江水',注文把这两个分开,把'渐江水'相当于今天的浙江、钱塘江,把'浙江'解释成长江的下游,又是在余姚入海的。长江的下游又怎么会在余姚入海的呢?《汉书・地理志》里面有一条叫分水江,说是从安徽贵池(池州)那个地方东南行,到余姚入海。从皖南山地,又到浙东来入海,根本不可能。但是清朝人迷信史籍,有一篇《浙江通考》,说这是两条水,过去搞在一条是错的。直到近代学者王国维写了一篇

---

① 《郭子式先生校刊书》《古越书》凡例,北京图书馆藏明刊本,转引自陈桥驿:《关于〈越绝书〉及其作者》,《杭州大学学报(哲学社会科学版)》1979 年第 4 期。

② 李志庭:《浙江省名的由来》,《学习与思考》1984 年第 6 期;浙江省地名委员会办公室编:《浙江地名工作通讯》1984 年第 37 期报道,《浙江地名文汇》1989 年第 1 期又作报道。

《浙江考》，他才辨别，古代的浙江就是现在的浙江，就是现代的钱塘江。浙江是长江的下游，没有那么回事。可惜的是'浙江'是越语，王国维没有指出。实际上因为渐、溅、浙是越语，在译的时候有点出入，如此而已。把'浙'说成是曲折，也完全是望文生义，靠不住的。"①

四、钱塘江文化概念的界说

关于钱塘江文化的概念，我们认为有广义和狭义之分。

首先从其内涵来看，广义的钱塘江文化，应是一种以钱塘江流域特殊的自然地理和人文地理占优势及以生产力发展水平为基础的具有认同性、归趋性的文化体系，是钱塘江流域文化特性和文化集合的总和或集聚。通俗地讲，钱塘江文化就是钱塘江流域人民在漫长的历史时期里（从时间跨度上来说，从旧石器时代的建德人开始，至今已经十万年），在社会实践中所创造的物质财富和精神财富的总和，它包括一定的社会规范、生活方式、风俗习惯、精神面貌和价值取向，以及由此所达到的社会生产力水平等。而狭义的钱塘江文化，则是水利学意义上的文化，即海塘文化、潮文化、围垦文化以及与之密切相关的航运文化、鱼文化等。

其次，从钱塘江文化生存的地域范围来看，也同样有所不同。狭义的钱塘江文化的生存空间只包括萧山闻家堰以下至钱塘江出海口的地段；中义的钱塘江文化的生存空间，是指杭州淳安以下的新安江、富春江、钱塘江三江两岸地区，从今天的县级行政区来说，大致包括淳安、建德、桐庐、富阳、萧山、西湖、上城、拱墅、滨江、余杭、钱塘、海宁、海盐、平湖、上虞、余姚、慈溪、镇海等。而广义的钱塘江文化，则除新安江、常山港、衢江、兰江、富春江和钱塘江等干流流经区，还包括支流流经区，其范围要大得多，应包括绍兴地区的诸暨和金华地区的义乌、浦江、金华、东阳、永康，以及衢州的开化、常山、江山和安徽省的徽州地区。在空间范围上，钱塘江文化的地域范围可以说是占了浙江全省的半壁江山。因此，从广义上来说，钱塘江文化则是一个以上游新安江文化、中游富春江文化、下游钱塘江文化为主体，包含诸如衢江文化、浦阳江文化、兰江文化、金华江（婺港）文化、桐溪文化、姚江文化、曹娥江文化等亚文化层次而构成的庞大的

① 谭其骧：《长水集续编》，人民出版社1994年版，第253—254页。根据记录整理，原载浙江省地名委员会、浙江省地名学会编：《浙江地名文汇》1989年第1期。

文化体系。当然,这并不是说,凡是钱塘江干流和支流流经的地区,都应该纳入钱塘江文化的体系。这是因为,钱塘江文化是钱塘江流域地方共同体群中发现的文化的聚合。因此,我们在选择和确定钱塘江文化的生存空间时,不能单纯按照地理概念来界定钱塘江文化,而应该取决于它们所共享的,并不为相邻共同体所拥有的文化性质。例如,上游的新安江文化的生存的空间主要为山区,虽然也是农业文化区,但基本上以林业为主,因此我们在论述时应加以注意。而下游的钱塘江文化的生存空间则绝大多数地区为平原,又因其靠近出海口,故与海内外的联系非常密切,其文化发展程度也远比上游的新安江文化要发达。

总之,钱塘江文化是一个时空交织的多层次、多维度的文化共同体。它的文化内涵十分丰富,博大深邃,包括政治、经济、军事、艺术、哲学、科技、教育、语言文学、史学、宗教、民间信仰、道德规范和社会生活习俗等方面的内容,即文化概念中所包含的思想模式、情感模式和行为模式。大致来说,我们可以将其归纳为以下几个方面。

一是高度发达的物质文明,如陶瓷文化、茶文化、酒文化、丝绸文化、稻作文化等,这里素有"丝绸之府""鱼米之乡"等美称,自古以来,其代表性的器物或品牌有越王剑、越窑瓷器、秘色瓷、绍兴黄酒、龙井茶、张小泉剪刀、王星记扇子、都锦生丝绸等。

二是以王充、杨时、张九成、朱熹、吕祖谦、陈亮、杨简、邓牧、王阳明、龚自珍、章太炎、马一浮等所创立的哲学思想。

三是以沈约、白居易、施肩吾、贺知章、李频、方干、周邦彦、苏轼、范仲淹、罗隐、林逋、李清照、陆游、周密、汪元量、钱惟善、罗贯中、施耐庵、宋濂、张岱、袁枚、厉鹗、杭世骏、毛奇龄、李渔、阮元、俞樾、鲁迅、郁达夫、蔡东藩、夏衍为代表的文学家。

四是以黄宗羲、万斯同为代表的浙东史学家。

五是以王羲之、虞世南、褚遂良、萧悦、马远、夏圭、刘松年、李嵩、赵孟頫、鲜于枢、黄公望、蓝瑛、陈洪绶、丁敬、任熊、任薰、任颐、吴昌硕、任伯年、李叔同、林风眠、黄宾虹、丰子恺、潘天寿、沙孟海等所创造的书画文化。

六是以越剧为代表的戏曲文化。

七是以禅宗为核心的宗教文化。这里素有"东南佛国"之称,出现了慧理、竺法旷、真观、法旻、少康、道标、无著文喜、韬光、道林(鸟窠禅师)、寰中(性空)、法钦(国一禅师)、贯休、道济、天台德韶、永明延寿、赞宁、道潜(参寥子)、遵式(慈云忏主)、省常、契嵩、净沅、辨才、真歇清了、瞎堂慧远、无准师范、中峰明本、云栖袾宏(莲池)、弘一法师以及道教的葛洪、葛玄、杜京产等宗教名人。

八是以中国古代四大发明之一的活字印刷术的发明者毕昇、中国科技史上的坐标沈括、近代中国科技的开创者李善兰以及喻皓、杨辉、陈旉、单俊良、吴敬、李之藻、赵一清、李善兰、茅以升、钱学森等科学家所创造的科技文化。

九是以万松书院、浙江大学、中国美术学院以及教育家林启、俞樾、蔡元培、马寅初等所培育的教育文化。

十是以夏禹、越国国王句践、三国吴孙权、五代吴越国王钱镠、南宋高宗皇帝赵构以及中华人民共和国第一任总理周恩来为代表形成的政治文化。

十一是以范蠡、陈起、张小泉、丁丙、王星斋、叶揆初、胡雪岩为代表创造的商业文化。

十二是以大禹治水、钱王射潮筑塘、新安江水力发电站为代表的水利文化。

十三是以茅以升主持修建的钱塘江大桥为代表的交通文化。

十四是以严光、褚伯玉、陆羽、林逋、张雨为代表的隐逸文化。

十五是以弄潮、竞渡等为代表的体育竞技文化。

十六是以观潮、赶潮、祭潮神、放水灯等为代表的民俗文化。

五、钱塘江文化区的划分

如前所说,钱塘江文化是一个时空交织的多层次、多维度的文化复合体,那么,依据什么来划分钱塘江文化区呢?

我们认为,文化区就是指有着相似或相同文化特质的地理区域,即学术界所说的文化地理区。在同一个文化区中,其居民的语言、宗教信仰、艺术形式、生活习俗、道德观念及心理、性格、行为等方面具有一致性,带有浓厚的区域文化特征。作为文化特质的区域分类,文化区与行政区不属于同一概念。行政区是一个行政管理区域单位,而文化区则是不同文化特质的空间载体。前者是人为划分的,而后者则是在一定的地理环境中形成的。因此,不能简单地以行政区划的概念来代替文化区划,否则就无法得出正确的结论。当然,有一些行政区划由于是按照一定的地理环境划分的,加上历朝行政区划的延续性,久而久之也就具有了文化区的性质。

同时,文化区还是一个动态的概念,它是随着时间不断发展变化的。随着钱塘江文化的发展、扩散和融合,一些旧的区域文化衰落或消失,而一些新的文化区却出现了。如在新石器时代,钱塘江上游、中游、下游分别有浦阳的上山文化和下游的萧山跨湖桥文化、余姚河姆渡文化、嘉兴的马家浜文化、余杭的良渚文化五个文化区;在先秦时期,钱塘江文化在地域上可划分为吴文化区和越文化区;明清时,钱塘江文化又可划分为浙西文化区和浙东文化区。另外,文化区的文化特质也是一个不断变化的过程。在文化发展过程中,它不断地淘汰旧的因素,进行更新改造,自我组织,自我完善,形成和造就与传统文化区域性质和面貌完全不同的新的文化区域。因此,我们在研究文化区的分类和特征的时候,既要考虑传统的文化区域特征,也要认真研究和分析新文化区的形成、发展和变化。

基于上述认识,我们认为,可以根据流域内局部的和地区的多样性,将钱塘江文化划分为新安江文化、富春江文化、钱塘江文化三个核文化区和浦阳江文化、兰江文化、金华江文化、姚江文化、曹娥江文化等数个亚文化区(或称次文化区)。

六、钱塘江文化的特征

在漫长的历史发展过程中,钱塘江文化具有以下几个特征:一是多元性与包容性;二是关联性与集聚性;三是开放性与创新性。

（一）多元性与包容性

从钱塘江文化中各层次文化区的地理分布来看,由于自然环境和社会条件的不同,位于不同地区的文化群体会在文化特征上出现一些差异。梁启超就曾言:"凡河流之南北向者,则能连寒、温、热三带之地而一贯之,使种种之气候,种种之物产,种种之人情,互相调和,而利害不至于冲突。河流之向东西者反是,所经之区,同一气候,同一物产,同一人情,故此河流与彼河流之间,往往各为风气。"①钱塘江的上游地区属于山地文化,具有封闭性和排他性的特点。这里与长江文化中的巴蜀文化一样"容纳虽多,外射却少;保守意识容易生根,开放观念难以生长;创业精神强烈,外拓意识薄弱;文而不华,柔而不弱;具体而微,绌于宏观;善于筹措现实,不善规划未来;因悠久的地方文化传统而生自豪感与自

---

① 梁启超:《饮冰室合集·文集(10)》,中华书局1989年版,第78页。

大感；因历史传统的羁而生渴求新奇感与怀疑拒斥心；深沉有余而自省不足"①。而其下游地区则是入海通道之一，是海上丝绸之路的起点，宽广的海湾使其具有鲜明的海洋文化特色，富有开放性和冒险精神。它在吸收异质文化中的优秀成分的同时，还源源不断地四处向外传播自己的文化。② 梁启超在《地理与文化之关系》一文中，曾对这种文化加以阐述，他说："海也者，能发人进取之雄心者也。……试一观海，忽觉超然万累之表，而行为思想，得无限自由。彼航海者，其所求固在利也，然求之之始，却不可不先置利害于度外，以性命财产为孤注，冒万险而一掷之。故久于海上者，能使其精神日以勇猛，日以高尚。此古来海之民，所以能比陆居者活气较胜，进取较锐。"③根据文化地理学的理论，对于这种地理上的文化差异来说，时代越早，差异越大，时代越晚，差异越小。

从钱塘江文化的发展过程来看，其又具有包容性的特点。钱塘江是吴越文化的分野，可称"吴越并载之"，先天秉承了吴越文化的气质。吴越文化是钱塘江文化的根基和母体。吴越文化"海纳百川、兼容并蓄，聪慧机敏、灵动睿智，经世致用、务实求真，敢为人先、超越自我"的特征为钱塘江文化的发展打下深深的烙印。深厚而源远流长的江南文化是钱塘江文化形成的又一文化载体，钱塘江文化作为江南文化的一个组成部分有着江南文化的共性。据文献记载，自夏商时代开始，钱塘江文化的发展就一直受到黄河文化强有力的影响，自愿或不自愿地吸收和融汇了黄河文化的部分因素。此外，它还受到外来文化的影响。

（二）关联性与集聚性

充沛的水量、宽广的流域使钱塘江具有明显的大河精神；支流的丰富，又使其具有突出的关联特征。钱塘江历来是上游物质输送至沿海和徽商往来的主要通道，此地商贸文化兴旺发达，钱塘江文化具有显著的辐射与集聚特征。

（三）开放性与创新性

从钱塘江文化的整体功能来看，它是一个开放型的文化系统。所谓开放性，一是指它宽容的博爱精神，具有兼收并蓄、容纳百家的恢宏气度，在充分认识自己文化的基础上，敢于吸收和融汇异质文化系统的养分，不断地更新和增强自身；二是指它在吸收异质文化养分的同时，还能源源不断地输出自己文化

①　王世达、陶正舒:《巴蜀文化的特征及其对当代四川文化发展的影响》,《成都大学学报》1989 年第 4 期。

②　李桂海:《对我国地域文化发展特点的一点思考》,《云南社会科学》1989 年第 3 期。

③　梁启超:《饮冰室合集·文集(10)》,中华书局 1989 年版,第 114 页。

的能量,对其他文化体系产生十分深远的影响。

从历史上看,钱塘江文化是在各地区及吴、越、楚民族文化不断融合的基础上发展起来的,同时它也大量吸收了外来文化的因素(特别是黄河文化或中原文化)。史前和先秦时期的钱塘江文化就充分反映了这一点。当时生活在这里的先民,较早地掌握了制造和驾驭舟楫的本领,"以船为车,以楫为马,往若飘风,去则难从"①。早在数百年以前,他们就产生了一种朝江海外拓展的文化心理,开辟了一条走向海洋、走向世界的通途。他们舍生忘死,率领船队前仆后继地来到太平洋各岛屿,并抵达美国、墨西哥、秘鲁等美洲国家,奠定了中国古代航海事业的基础。②春秋时期越国大夫范蠡在今钱塘江河口南岸萧山西兴附近修建固陵军港,其建港时间之早、规模之大,在中国古代海港史上占有重要的地位。北宋时,杭州更是与广州、泉州、明州并列为全国四大对外贸易的海港,通过钱塘江,沟通了与日本、朝鲜及东南亚各地的联系。南宋时的杭州港则是中国历史上唯一曾经作为封建王朝都城的港口。到明清时期,钱塘江流域发达的商品经济,更加强了流域内各层次文化之间的横向联系,加强了它与其他异质文化的融合,使整个流域处于一种动态的开放状态。钱塘江文化率先接受了西方先进的科技文化,开始向近代文化转型。至近代,中国文化仍以钱塘江为中心的吴越文化为最盛。梁启超在《近代学风之地理分布》中说:"浙江与江南——江苏、安徽同为近代文化中心点。""实近代人文渊薮,无论何派之学术艺术,殆皆以兹域为光焰发射之中枢焉。"日本学者池田静夫在其所著的《中国水利地理史研究》一书中也认为"杭州就是近世中国的文化——包含物质文化和精神文化两个方面的摇篮"③,他说:

　　从杭州所处之地,即地理位置上来看,这是一处通过水路而与各方相通的四通八达之地,毫无疑问是一处交通要会。即,自古以来素以海潮而闻名的钱塘江,几乎就是从杭州的南面进入杭州湾。而江南大运河也从此地开始,经嘉兴、苏州而在镇江与长江相连。又,浙东运河也在杭州的对岸

---

① 〔汉〕袁康、吴平辑录:《越绝书》卷八《越绝外传记地传第十》,上海古籍出版社1985年版,第58页。
② 石钟健:《古代中国船只到达英洲的文物证据——石锚和有段石锛》,《思想战线》1983年第1期;《论悬棺葬和越人的海外迁徙》,《贵州社会科学》1983年第1期;(美)杨江:《马来—玻里尼西亚与中国南方文化传统的关系》,《浙江学刊》1991年第1期等。
③ 参见陈述主编:《杭州运河历史研究》,杭州出版社2006年版,第368页。

开始,经绍兴而至宁波。这一系列的运河自古以来就是中国北方与中部、南方相联络的唯一的基本交通线。与这些纵向的水路相对的是横向的长江和钱塘江。这两条横向的水路与运河相对应,可以说具有运河的补助水路的功能。众所周知,长江从四川成都流至其终点上海,拥有庞大的流域,因此自古以来就被视为天府之国的四川,其丰富的物资被巧妙地通过水路,集积到长江上,再通过长江主流而运往下游,在扬州和镇江等地,通过与之相连的大运河,向北可直达北京,往南则连至杭州。毋庸赘言,长江是中国中部的一条大动脉,其水运本身就具备独立的价值,而从国家经营的立场来看,更是十分重要的。其次为钱塘江,虽然从其规模上来看不及长江,但自古以来,它就是福建、江西、两广方面与杭州联系的重要水路。又杭州湾古来就海舶云集,使杭州作为近海贸易港的地位成为可能。如此看来,杭州兼具河港和海港的双重功能,是一个五方杂处之地,依靠水路的多种便利,从而拥有绝对的资格,可以作为中华帝国特别是江南帝国的首都。

然而,从历史上来说,江南帝国的首都多建立在建康(建业),即今日之南京,而不是在杭州。扼处于长江下游,居丘陵性的金陵台地之上的南京,自古就有帝王之气。根据中国古代的传说,今日流经南京的秦淮水,是秦始皇时候所开掘的,而据说正由于此河的开掘,才使这里一直郁藏着的帝王之气不断发散出来。总之,先不论传说如何,此地在南北朝时代连续为南朝五代三百年间的帝都,在后来的五代时期,它又成为南唐四十年的王都。明太祖在驱逐了元以后,在表面上显示了民族革命的成功,又确立汉民族的传统,建立起纯粹汉族文化的国家,当时他所选定的首都也是在南京。如此,可以最直截了当地说,自古在江南一带的帝王,都以南京作为首都,这也体现了汉民族的传统精神。

然而,南京从水路交通的便利上来看,毕竟不如杭州。在中国,从唐帝国以后,可以毫不夸张地说,帝国自身的生命和权威都是依存于水路上的。从而,控制水路也就是控制了帝国,从这样的角度来看,杭州又比南京更有优势。因此,南宋王朝就是充分认识到杭州本身所具有的地位,并利用其地之利而顺利地经营帝国的事业,建立在现实主义的立场上,将杭州定为首都。在南宋时期,杭州作为江南帝国首都的地位才实至名归,而这种情况一直持续了一百五十年左右,直至南宋灭亡。因而,杭州作为中国近世文化摇篮的地位,也正是在这个时期所育成的。

　　他进一步解释说:"南宋之后,继承它的元是蒙古人所建立的,他们将大都即北京城定为都城。不过,元代统治者并不能真正受到汉人的敬服,在当时汉人的心目中,都城依旧是杭州。那些不满元朝政治的一群文化人集中在他们心中的都城杭州,以此地为中心开展了一场很大的文化运动,而这些起源于杭州的文化就逐渐向四方流传。后来,那些与杭州文化关系密切的文化人,逐渐分散到各地,成为地方文化的母胎,这些文化不断地互相排斥又互相影响,最终形成近世的中国文化。"①同时,钱塘江文化对东亚文明的影响深远,特别是这里的佛教、文学艺术、西湖名胜、茶文化等对日本、韩国产生了重要影响。其丝绸、陶瓷、造船、航海、印刷等技术也对世界产生了一定的影响。南宋都城临安(即今杭州)在元代时被意大利旅行家马可·波罗称作"世界上最美丽华贵之天城"。

　　钱塘江文化的创新性也体现得非常突出。中国历史上最早的稻作文明、舟船文明、玉器文明以及干栏式建筑、水井、漆器和瓷器等,都诞生于此。约5000年前,良渚人在"美丽洲"繁衍生息,耕耘治玉,修建了"中华第一城",创造了灿烂的"良渚文化",被誉为"东方文明的曙光"。此后,钱塘江仍在中国文化、浙江文化或杭州文化中占有非常重要的地位。这里涌现出了众多的世界第一。杭州萧山跨湖桥的先民,制造了世界上最早的独木舟。良渚人则建造了中国现存最早的大型水利工程,也是世界上最早的拦洪水坝系统。毕昇在杭州发明了活字印刷术,被誉为中国古代四大发明之一,对世界文明做出了重要的贡献。北宋嘉祐元年(1056),将仕郎吕昌明重定浙江潮候表,这是全世界现存最早的潮候表。杭州是世界航海活动中最早使用指南针的地区之一。成书于南宋咸淳年间的《梦粱录》卷一二《江海船舰》便载:"风雨晦冥时,惟凭针盘而行,乃火长掌之,毫厘不敢差误,盖一舟人命所系也。……海洋近山礁则水浅,撞礁必坏船。全凭南针,或有少差,即葬鱼腹。"②由此可见,指南针在南宋的航海活动中具有十分重要的作用。1861年,马克思对此作出了极高的评价,他说:"火药、指南针、印刷术——这是预告资产阶级到来的三大发明。火药把骑士阶层炸得粉碎,指南针打开了世界市场并建立了殖民地;而印刷术则变成了新教的工具和科学复兴的手段,变成对精神发展创造必要前提的强大杠杆。"③世界著名的中国科技史学家李约瑟指出,指南针在航海中的应用,是"航海技艺方面的巨大改

---

① 参见陈述主编:《杭州运河历史研究》,杭州出版社2006年版,第368—369页。

② 〔宋〕吴自牧:《梦粱录》卷一二《江海船舰》,浙江人民出版社1984年版,第112页。

③ 马克思:《机器·自然力和科学的应用》,载《马克思恩格斯全集》,人民出版社1978年版,第67页。

革",它把"原始航海时代推到终点","预示计量航海时代的来临"。^① 大约在一百余年以后,西方人才从阿拉伯人手中学到使用指南针航海的知识。此后,麦哲伦、哥伦布环行地球、发现新大陆之壮举也是建立在宋代航海罗盘的发明这个技术基础之上。^② 这里还是世界上纸币、冲浪运动和金鱼文化的发源地,而钱塘江捍海塘更是被世人誉为中国古代万里长城、京杭大运河之外的第三大人工工程。"杨辉三角"或"贾宪—杨辉三角",这种数表图在国外称为"巴斯加三角",是17世纪法国数学家巴斯加(1623—1662)首先创立的,但却比我国迟近五百年。杨辉在《详解九章算法》及《算法通变本末》两书中论述了级数求和的问题,从而成为继北宋沈括之后在世界上最早研究高阶等差级数的人。在我国宋元数学家首创高次方程数值解法的卓越成就中,杨辉也做出了不可磨灭的贡献。他在南宋德祐元年(1275)编的两卷《田亩比类乘除捷法》中,编入了已失传的北宋数学家刘益所著《议古根源》一书中的一些方程问题,这是对一般高次方程的最早记载。在他所著的《续古摘奇算法》和《算法变通本末》两书中,杨辉还对中国古代演绎几何学的独立发展起了很大的推动作用。他在《续古摘奇算法》中所列的各色各样的"纵横图",是世界上对幻方最早的系统研究和记载。杨辉不仅提高了运算速度和精确度,而且还对我国明代珠算的发明起到了重要的推动作用,充分体现了当时数学的新成就、新趋势。此外,中国人自己设计、自己建造的第一座铁路大桥——钱塘江大桥,新中国建立以后的第一座自己设计和自制设备的大型水力发电站——新安江水电站等,也都诞生在这里。

钱塘江文化的精神禀赋也是非常丰富的,如奋发自强精神、尚文习武精神、爱国爱乡精神、苦干实干精神、开拓创新精神、追求卓越精神等。钱江潮闻名天下,是世界三大涌潮之一(印度恒河潮、巴西亚马逊潮与中国钱塘潮)。弄潮儿勇搏激流的精神逐步凝结出"弄潮儿"精神,即"勇立潮头"的精神特质。早在唐代,诗人李益的《江南曲》中就有"早知潮有信,嫁与弄潮儿"^③的诗句。至宋代,这种弄潮之风更是盛行。数百名擅长游泳的人,文身披发,或手拿大彩旗,或手持清凉伞,争先鼓勇,溯迎而上,出没于鲸波万仞中,腾身百变,表演惊险节目,

———————

① 王振铎:《中国古代磁针的发明和航海罗经的创造》,《科技考古论丛》,文物出版社1989年版,第219—228页。

② Joseph Needham, *Science and Civilization in China*, Cambridge, 1962, vol. 4, part 1, pp. 229-330.

③ 〔清〕彭定求等编:《全唐诗》卷一九,中华书局1999年版,第204页。

以此夸能。而豪民贵族,争赏银彩。[1] 对于吴儿善泅者这种惊险刺激的表演,当时文人多有描述。如北宋词人潘阆有词云:"长忆观潮,满郭人争江上望。来疑沧海尽成空。万面鼓声中。弄潮儿向涛头立。手把红旗旗不湿。别来几向梦中看。梦觉尚心寒。"[2]毫无疑问,这种"弄潮儿"精神,作为钱塘江文化的重要内核和特色,既体现了中国的文化担当、文化智慧,也是浙江精神、浙江价值观的象征。习近平主席在2016年二十国集团工商峰会(杭州峰会)开幕式上发表主旨演讲时,倡导二十国集团勇做世界经济的"弄潮儿"。

面对汹涌的钱江潮,历代人民不畏艰险、吃苦耐劳、奋发自强,他们修筑海塘,围垦滩涂,发展生产,将钱塘江两岸建设成千里富庶之地,使杭州成为"世界上最美丽华贵之天城"。今天,钱塘江流域的人们以"干在实处、走在前列、勇立潮头"的开拓创新精神,续写着追求卓越的文化特质,承担着向全世界展示中国方案、中国道路、中国智慧之鲜活样本的崇高使命,为"中国的明天"贡献更多的实践、素材和经验。

---

① 〔宋〕周密:《武林旧事》卷三《观潮》,浙江人民出版社1984年版,第45页。

② 〔宋〕潘阆:《酒泉子》其一〇,载唐圭璋编:《全宋词》第1册,中华书局1965年版,第5页。

第一章　钱塘江诗路历史文化研究

2018年1月，浙江省"两会"政府工作报告指出，要"积极打造浙东唐诗之路和钱塘江唐诗之路"。2021年1月，《浙江省诗路文化带规划》（征求意见稿修订稿）明确要求，重点打造大运河诗路文化带、钱塘江诗路文化带、浙东唐诗之路文化带、瓯江山水诗路文化带等四条诗路文化带。2021年4月28日，浙江省发改委举行《大运河诗路建设、钱塘江诗路建设、瓯江山水诗路建设三年行动计划（2021—2023）》新闻会。会上继浙东唐诗之路建设先行启动后，将有序启动其他三条诗路建设。其中，根据浙江省政府此前印发实施的《浙江省诗路文化带发展规划》，钱塘江诗路与大运河诗路将在杭州交汇。钱塘江诗路主要以钱塘江—富春江—新安江—兰江—婺江—衢江为主线，包括新安江至安徽黄山市支线、浦阳江支线、义乌江至东阳江支线，覆盖杭州、金华、衢州和海宁市等行政区域，其主线长400多千米，是四大诗路中最长的一条文化旅游路线。这条路线以古人的诗歌创作为线索，兼备文献、文学与地理学价值。它以"风雅钱塘，诗意画廊"为文化形象，挖掘诗风雅韵、宋都遗风、西湖印象、潮涌文化、南孔儒学以及严州古城、婺州古城、兰溪古城、衢州古城等千年古城的文化内涵。本书拟对钱塘江诗路的历史及其文学审美进行梳理，进而挖掘其所蕴藏的文化内涵。

一、钱塘江诗路的孕育——春秋战国时期的诗歌

钱塘江诗路的历史，可以追溯到春秋战国时期。其时，越国文种固陵送别句践的"祝词"，可以说是其源头。文种，也作文仲，春秋后期楚国郢都（今湖北江陵附近）人，是越国著名的政治家和谋略家。早年仕于楚国，后会同范蠡弃楚奔越，得到了句践重用。文种对名臣范蠡有知遇之恩，在句践危难之际，其成功

说服吴王议和。文种曾受命留守主持越国政，"内修封疆之役，外修耕战之备"，使得"荒无遗土，百姓亲附"①；重新统一民心、提振士气、发展经济，缓解了国内矛盾，为越国的反击奠定了物质基础。文种和范蠡一内一外，为句践成就霸业立下了汗马功劳。范蠡就曾对句践说"四封之内，百姓之事，蠡不如种也。四封之外，敌国之制，立断之事，种亦不如蠡也"②。可惜他最后不听范蠡"兔死狗烹"的劝告，因为功高震主，引起句践猜忌，于公元前 472 年被赐死。

文种和吴王谈成的议和虽然是城下之盟，但却阻止了越国的灭亡。句践在夫椒之战中败给了吴王夫差，后被困于会稽，"越王乃以余兵五千人保栖于会稽。吴王追而围之"③。文种就在这时受句践之命前往吴国议和，他膝行顿首地乞求夫差退兵，给出越王答应称臣、妻子服侍吴王的条件。吴王听取伍子胥的建议不同意罢战。句践绝望，试图和吴国背水一战，"欲杀妻子，燔宝器，触战以死"。文种制止了这种不理智的做法，他发挥自己的谋略，想出了一个使吴王接受和议的办法。他利用伯嚭的贪财好色和吴王无长远眼光的缺点，再次出使吴国，用美女、宝器贿赂吴太宰伯嚭，嚭受，向吴王引见文种。文种见吴王后膝行顿首，曰："愿大王赦句践之罪，尽入其宝器。不幸不赦，句践将尽杀其妻子，燔其宝器，悉五千人触战必有当也。"嚭因说吴王曰："越以服为臣，若将赦之，此国之利也。"④吴王意识到句践是还有一股反抗之力的，再加上伯嚭的劝说，就答应了议和条件，罢兵归吴。尽管伍子胥一再反对，但是吴王并没有理会。

公元前 492 年五月的某一天，钱塘江南岸的固陵城见证了越王句践从一个平平之君转变为一位杰出的君王。句践将从这里启程前往吴国并作为奴仆侍奉吴王。越国的文武百官们走出固陵城，一路送别他们的国君直到钱塘江畔，"临水祖道，军阵固陵"。"祖道"是先秦时期为出行者举行祭祀"道神"以求一路平安的仪式。先民们对大自然怀着敬畏之情，认为世间万物都由神支配，"道神"即是主宰人们出行道路平安的神。祖道的大致程序是：先进行载祭，通过祭道神以求得道神保佑旅途平安；后饮饯，主要是饯送行人，表达送行者的不舍，并对出行者给予安慰，亦即表达别情。⑤ 群臣在江岸为句践举行了祖道仪式，文

---

① 〔汉〕赵晔：《吴越春秋》卷七《句践入臣外传》，江苏古籍出版社 1986 年版，第 93 页。
② 《国语》卷二一《越语下》，上海书店出版社 1987 年版，第 234 页。
③ 〔汉〕司马迁：《史记》卷四一《越王句践世家》，中华书局 1959 年版，第 5 册，第 1740 页。
④ 〔汉〕司马迁：《史记》卷四一《越王句践世家》，中华书局 1959 年版，第 5 册，第 1740—1741 页。
⑤ 刘怀荣、孔哲：《先秦祖道仪式与〈诗经〉别情诗考论》，《清华大学学报》2013 年第 5 期。

种主持了这场仪式并宣读了祝词：

> 皇天祐助，前沉后扬。
>
> 祸为德根，忧为福堂。
>
> 威人者灭，服从者昌。
>
> 王虽牵致，其后无殃。
>
> 君臣生离，感动上皇。
>
> 众夫哀悲，莫不感伤。
>
> 臣请荐脯，行酒二觞。

句践听后仰天叹息，举杯垂涕，默无所言。文种举起酒杯，上前又祝云：

> 大王德寿，无疆无极。
>
> 乾坤受灵，神祇辅翼。
>
> 我王厚之，祉祐在侧。
>
> 德销百殃，利受其福。
>
> 去彼吴庭，来归越国。
>
> 觞酒既升，请称万岁。①

众人听后无不感伤，句践也为自己的境遇感到忧心忡忡，他反思自己为什么会走到这一步，并试图求解于群臣："吾不知其咎，愿二三子论其意。"扶同、若成、文种、范蠡、计倪都谈论了失败的原因，并劝越王不要太过悲观。句践又要求群臣明确各自的分工，"寡人将去入吴，以国累诸侯大夫，愿各自述，吾将属焉"。群臣推举文种总揽国政，表示他们会各司其职，齐心协力把越国治理强大。句践交代完毕后和范蠡转身进入江边的船里，出发去吴，江上"群臣垂泣，莫不咸哀"。

越国大夫文种在祖道仪式上所宣读的"祝词"，可谓是钱塘江诗路历史文化的源头。

---

①　〔汉〕赵晔：《吴越春秋》卷七《句践入臣外传》，江苏古籍出版社 1986 年版，第 89 页。

二、钱塘江诗路的起源——秦汉至六朝时期的诗歌

（一）中国历史上著名的咏潮赋《七发》

钱江潮是钱塘江的一大自然奇观，每当潮盛之时，汹涌澎湃，气吞山河，历来就被人们所瞩目。早在两千多年前的西汉时期，已有人"相约观潮"，并为之记，认为观潮是人生最大乐事之一。汉武帝时期，大辞赋家枚乘写了一篇《七发》，是为中国历史上著名的咏潮赋。

《七发》全篇大意说是楚太子有疾，吴客往问，一连说了七件最美、最乐、最奇、最妙的事，第六件就是"天下怪异诡观"的曲江观潮。吴客劝楚太子"将以八月之望，与诸侯远方交游兄弟，并往观涛乎广陵之曲江"。那么，曲江在什么地方呢？据古地理书，曲江就是如今的钱塘江。《七发》中叙述潮势的时候云："弭节伍子之山，通厉胥母之场，凌赤岸，篲扶桑，横奔似雷行"，此是一个最好的证据。关于潮水，《七发》里面描写得很详细，自然也逃不掉一般辞赋家都有的夸张毛病：

> 其始起也，洪淋淋焉，若白鹭之下翔。其少进也，浩浩溰溰，如素车白马帷盖之张。
>
> 其波涌而云乱，扰扰焉如三军之腾装。其旁作而奔起也，飘飘焉如轻车之勒兵。六驾蛟龙，附从太白。纯驰浩蜺，前后络绎。颙颙卬卬，椐椐强强，莘莘将将。壁垒重坚，沓杂似军行。訇隐匈礚，轧盘涌裔，原不可当！观其两旁，则滂渤怫郁，闇漠感突，上击下律。有似勇壮之卒，突怒而无畏。蹈壁冲津，穷曲随隈，逾岸出追。遇者死，当者坏！初发乎或围之津涯，荄轸谷分。回翔青篾，衔枚檀桓。弭节伍子之山，通厉胥母之场。凌赤岸，篲扶桑，横奔似雷行。诚奋厥武，如振如怒。沌沌浑浑，状如奔马。混混庉庉，声如雷鼓。发怒庢沓，清升逾跇，侯波奋振，合战于藉藉之口。鸟不及飞，鱼不及回，兽不及走。纷纷翼翼，波涌云乱。荡取南山，背击北岸。覆亏丘陵，平夷西畔。险险戏戏，崩坏陂池，决胜乃罢。澒汩潺湲，披扬流洒。横暴之极，鱼鳖失势，颠倒偃侧，沈沈湲湲，蒲伏连延。神物怪疑，不可胜言。直使人踣焉，洄闇凄怆焉。此天下怪异诡观也！太子能强起观之乎？①

---

① 〔南朝梁〕萧统：《文选》卷三四，上海古籍出版社1998年版，第1571—1573页。

枚乘在对于潮水的描写中堆砌了许多形容词,用了许多比喻,他还说:"虽有心略辞给,固未能缕形其所由然。"强调观潮对于身心皆有益,如枚乘《七发》所记云:"于是澡溉胸中,洒练五藏,淡澉手足,颒濯发齿,揄弃恬怠,输写澒浊,分决狐疑,发皇耳目,当是之时,虽有淹病滞疾,犹将伸伛而起躄,发瞽披聋而观望之也,况直眇小烦懑,醒醲病酒之徒哉!"①这种描写,在古文学里算是上上之作,是一篇天地奇文,可以说是描写钱塘潮的空前绝后的一篇文章。

(二)六朝时的钱塘江诗歌

六朝时,除了葛洪等对钱塘潮的理性认知和探究,还有更多的诗人也将钱塘潮写入诗赋之中,对此著名的景观进行了多方面的描写。这一时期有较确切文献记载的最早的诗人,是在东晋乱世中随王室南迁的士人。其中有东晋元帝时的郭璞,史载他是术数大师、堪舆之祖,能了悟世事、人生玄机及预言未来。同时,郭璞"著《江赋》,其辞甚伟,为世所称"②。他也是游仙诗的祖师,一生曾无数次登高相山水之象,并用诗歌描绘。他以道家玄言入诗,其《游仙诗》云:"朱门何足荣,未若托蓬莱",受到了老庄思想的影响。其四言诗"林无静树,川无停流",于静中见动,生气盎然,开辟了山水诗的新路。据说他只为后来形成"三面云山一面城"之势的杭州城留下两句诗:"天目山前两乳长,龙飞凤舞到钱塘。"③说钱塘江边的玉皇山、凤凰山山势蜿蜒,有龙凤之姿、帝王之气。他的这两句谶语,可看成最早的关于钱塘江的山水诗。

1.中国山水诗的鼻祖——谢灵运诗中的钱塘江山水

南朝时,钱塘江山水间有南朝宋诗人谢灵运的身影出没。谢灵运,又称谢康乐,他自称"越客",出身于东晋南朝最著名的陈郡谢氏家族。史载:"灵运父祖并葬始宁县,并有故宅及墅,遂移籍会稽,修营别业,傍山带江,尽幽居之美。"④谢灵运幼时曾被寄养于钱塘杜家,西湖是他的故园与旧游地,相传灵隐山上曾有一座梦谢亭,就是为纪念他这个"客儿"而建。谢灵运也是个虔诚的佛教徒,他在西湖边翻译了许多佛教典籍,下天竺莲花峰一带有"翻经台"遗址。谢家在会稽郡下的始宁县有故宅及别墅,谢灵运曾为始宁墅写下名篇《山居赋》,

① 〔南朝梁〕萧统:《文选》卷三四,上海古籍出版社1998年版,第1570—1571页。
② 《晋书》卷七二《郭璞传》,中华书局1996年版,第1901页。
③ 〔宋〕钱俨:《吴越备史》卷一《武肃王上》,载徐吉军主编:《杭州文献集成》,《吴越史著丛编》(上),第31册,浙江古籍出版社2017年版,第20页。
④ 《宋书》卷六七《谢灵运传》,中华书局1974年版,第1754页。

文字极为优美,如:"其居也,左湖右江,往渚还汀。面山背阜,东徂西倾。抱含吸吐,款跨纡萦。绵联邪亘,侧直齐平。近东则上田、下湖,西溪、南谷,石墉、石滂,闵硎、黄竹。决飞泉于百仞,森高薄于千麓。写长源于远江,派深毖于近渎。近南则会以双流,萦以三洲。表里回游,离合山川。崿崩飞于东峭,盘傍薄于西阡。拂青林而激波,挥白沙而生涟。近西则杨、宾接峰,唐皇连纵。室、壁带溪,曾、孤临江。竹缘浦以被绿,石照涧而映红。月隐山而成阴,木鸣柯以起风。近北则二巫结湖,两桨通沼,横、石判尽休,周分表。引修堤之逶迤,吐泉流之浩漾。山帆下而回泽,濑石上而开道。远东则天台、桐柏,方石、太平,二韭、四明,五奥、三菁。表神异于纬牒,验感应于庆灵。凌石桥之莓苔,越楢溪之纤萦。远南则松篴、栖鸡,唐嵫、漫石。崒、嵊对岭,曰孟分隔。入极浦而遭回,迷不知其所适。上嵚崎而蒙笼,下深沈而浇激。……远北则长江永归,巨海延纳。昆涨缅旷,岛屿绸沓。山纵横以布护,水回沉而萦浥。信荒极之绵眇,究风波之睽合。"①这个始宁墅即在曹娥江上游剡溪边。

谢灵运才华横溢,工诗善文,同时又个性狂傲。谢灵运一生爱好山水之游,因此写下大量山水诗作,被公认为中国山水诗的鼻祖。其中就有很多篇什是描写钱塘江的山水。

谢灵运在永初二年(421)外放永嘉太守,他先回了趟始宁老家,后沿浦阳江而下,渡渔浦,再溯钱塘江、富春江西上,经富春渚、七里濑,至东阳郡,舍舟陆行,经松阳县(今浙江丽水)境内,再顺瓯江东下,八月(或九月)十二日到达永嘉。可以说,这条路线的大部分区域都涉及钱塘江流域。谢灵运用他十分擅长的山水诗,为钱塘江风光留下了多篇名作,使山水增光。如其《过始宁墅》诗写了他这次归家省视时尽情游赏的情形:

> 束发怀耿介,逐物遂推迁。违志似如昨,二纪及兹年。缁磷谢清旷,疲荣惭贞坚。拙疾相倚薄,还得静者便。剖竹守沧海,枉帆过旧山。山行穷登顿,水涉尽洄沿。岩峭岭稠叠,洲萦渚连绵。白云抱幽石,绿筱媚清涟。葺宇临回江,筑观基曾巅。挥手告乡曲,三载期旋归。且为树枌槚,无令孤愿言。

① 《宋书》卷六七《谢灵运传》,中华书局 1974 年版,第 1757—1759 页;〔明〕王志庆编:《古俪府》卷一一《居处部》,文渊阁《四库全书》本。

《富春渚》诗云：

宵济渔浦潭，旦及富春郭。定山缅云雾，赤亭无淹薄。溯流触惊急，临
圻阻参错。亮乏伯昏分，险过吕梁壑。洊至宜便习，兼山贵止托。平生协
幽期，沧踬困微弱。久露干禄请，始果远游诺。宿心渐申写，万事俱零落。
怀抱既昭旷，外物徒龙蠖。①

这诗中写到的地点，都是在钱唐到富阳之间的钱塘江流域：渔浦，在富春
（今浙江富阳）东 15 千米；定山在钱唐西南 25 千米；定山东 5 千米，有赤亭。当
时谢灵运从始宁墅，去永嘉赴任，先乘船经西陵运河到钱塘江，然后溯流而上，
经过渔浦、赤亭、定山、富阳。又有《七里濑》诗：

羁心积秋晨，晨积展游眺。孤客伤逝湍，徒旅苦奔峭。石浅水潺湲，日
落山照曜。
荒林纷沃若，哀禽相叫啸。遭物悼迁斥，存期得要妙。既秉上皇心，岂
屑末代诮。目睹严子濑，想属任公钓。谁谓古今殊，异代可同调。②

诗中记叙的则是他经过富春江桐庐段时的所见所感，所经过的七里濑是一
段滩多湍急的河流，同时还有严子陵钓台。
还有两首《东阳溪中赠答》，当是他到了金华江流域一带所写的诗：

可怜谁家妇，缘流洗素足。
明月在云间，迢迢不可得。

可怜谁家郎，缘流乘素舸。
但问情若为，月就云中堕。

两首诗虽然不是他擅长的山水诗，但相互呼应，词语浅近，具有别种风情。
总之，钱塘江一带的江山之美，在他眼中成为优美的诗篇。

---

① 逯钦立辑校：《先秦汉魏晋南北朝诗》卷二《宋诗》，中华书局 1983 年版，第 1160 页。
② 逯钦立辑校：《先秦汉魏晋南北朝诗》卷二《宋诗》，中华书局 1983 年版，第 1160 页。

谢灵运描写钱塘江的诗歌,对后代影响很大。如诗人丘迟,其《旦发渔浦潭》一诗,从内容到形式都受谢灵运《富春渚》的影响:

> 渔潭雾未开,赤亭风已飐。
> 棹歌发中流,鸣鞞响沓障。
> 村童忽相聚,野老时一望。
> 诡怪下鼻鲁,巉绝峰殊状。
> 森森荒树齐,析析寒沙涨。
> 藤垂岛易陟,崖倾屿难傍。
> 信是永幽栖,岂徒暂清旷。
> 坐啸昔有委,卧治今可尚。①

这首诗从旦发渔浦潭落笔,依次写出江行景色,不仅有自然风光,也有乡村趣事。然后即景抒怀,情景交融,如在眼前。此诗也是描写富春江的名篇之一。

沈约的诗讲究对仗与音律的和谐,他在出守东阳之时,创作了不少写景诗,其路线甚至风格也都模仿谢灵运,可视为是系列仿作。如《早发定山》诗云:

> 夙龄爱远壑,晚莅见奇山。
> 标峰彩虹外,置岭白云间。
> 倾壁忽斜竖,绝顶复孤圆。
> 归海流漫漫,出浦水溅溅。
> 野棠开未落,山樱发欲然。
> 忘归属兰杜,怀禄寄芳荃。
> 眷言采三秀,徘徊望九仙。②

《新安江至清,浅深见底,贻京邑游好》云:

---

① 逯钦立辑校:《先秦汉魏晋南北朝诗》卷五《梁诗》,第1602—1603页。
② 逯钦立辑校:《先秦汉魏晋南北朝诗》卷六《梁诗》,第1636页。

眷言访舟客，兹川信可珍。

洞澈随清浅，皎镜无冬春。

千仞写乔树，万丈见游鳞。

沧浪有时浊，清济涸无津。

岂若乘斯去，俯映石磷磷。

纷吾隔嚣滓，宁假濯衣巾。

愿以潺湲水，露君缨上尘。①

此诗写新安江秀美的美丽风光，劝告友人不要恋于世俗之尘嚣，诗文的艺术性与思想性浑然一体。又《泛永康江》云：

长枝萌紫叶，清源泛绿苔。

山光浮水至，春色犯寒来。

临眺信永矣，望美暧悠哉。

寄言幽闺妾，罗袖勿空裁。②

此外，谢灵运的族弟、南朝宋谢惠连也善作诗，其《西陵遇风献康乐》是一首长篇古诗，情景交融，也十分著名。谢惠连《西陵遇风献康乐诗五章》云：

我行指孟春，春仲尚未发。趣途远有期，念离情无歇。成装候良辰，漾舟陶嘉月。瞻涂意少惊，还顾情多阙。

哲兄感仳别，相送越坰林。饮饯野亭馆，分袂澄湖阴。凄凄留子言，眷眷浮客心。回塘隐舻栧，远望绝形音。

靡靡即长路，戚戚抱遥悲。悲遥但自弭，路长当语谁。行行道转远，去去情弥迟。昨发浦阳汭，今宿浙江湄。

屯云蔽曾岭，惊风涌飞流。零雨润坟泽，落雪洒林丘。浮氛晦崖，积素惑原畴。曲汜薄停旅，通川绝行舟。

① 逯钦立辑校：《先秦汉魏晋南北朝诗》卷二《梁诗》，中华书局1983年版，第1635页。
② 逯钦立辑校：《先秦汉魏晋南北朝诗》卷二《梁诗》，中华书局1983年版，第1648页。

临津不得济，伫楫阻风波。萧条洲渚际，气色少谐和。西瞻兴游叹，东睇起凄歌。积愤成疢痗，无萱将如何！①

2. 其他诗歌中有关钱塘江的作品

在六朝众多的有关钱塘江的诗歌中，当以观潮的作品居多。其中，知名的有晋苏彦《于西陵观涛》诗：

> 洪涛奔逸势，骇浪驾丘山。
> 訇隐振宇宙，漰濭津云连。②

此诗的诗题表明，苏彦是在西陵，即西兴镇，今属杭州市滨江区，即钱塘江南岸观潮地区。又，南朝梁代的任昉《赋得观涛满》同样是一篇名作：

> 云容杂浪起，楚水漫吴流。
> 渐朝看遥树没，稍见碧远天浮。
> 渔人迷旧浦，海鸟失前洲。
> 不测沧溟旷，轻鲜鳞幸自游。③

任昉是南朝梁代的著名文人，他很可能是在钱塘江柳浦—西陵航线之间的渡口或渡江过程中，曾经看到雄伟壮观的浙江潮，并与朋友们一起赋诗，可惜只留下了任昉的作品。又如其《济浙江》诗：

> 昧旦乘轻风，江湖忽来往。
> 或与归波送，乍逐翻流上。
> 近岸无暇目，远峰更兴想。
> 绿树悬宿根，丹崖颓久壤。④

---

① 逯钦立辑校：《先秦汉魏晋南北朝诗》卷四《宋诗》，中华书局 1983 年版，第 1193 页。
② 逯钦立辑校：《先秦汉魏晋南北朝诗》卷一四《宋诗》，中华书局 1983 年版，第 924 页。
③ 〔宋〕李昉等编：《文苑英华》卷一六二，中华书局 1966 年版，第 775 页。
④ 逯钦立辑校：《先秦汉魏晋南北朝诗》卷五《梁诗》，中华书局 1983 年版，第 1597 页。

刘孝绰有《还渡浙江》诗：

> 季秋弦望后，轻寒朝夕殊。
>
> 商人泣纨扇，客子梦罗襦。
>
> 忧来自难遣，况复阻川隅。
>
> 日暮愁阴合，绕树噪寒乌。
>
> 濛漠江烟上，苍茫沙屿芜。
>
> 解缆辞东越，接轴骛西徂。
>
> 悬帆似驰骥，飞棹若惊兔。
>
> 言归游侠窟，方从冠盖衢。①

三、钱塘江诗路的兴起——唐代诗歌中的钱塘江

唐诗是中国古代诗歌中的一个高峰，然而钱塘江地区的诗人并不多。明代著名学者胡应麟在《诗薮》外编卷三《唐上》中说："唐诗人千数，而吾越不能百人。初唐虞永兴（世南）、骆临海（宾王），中唐钱起、秦系、严维、顾况，晚唐孟郊、项斯、罗隐、李频辈，今俱有集行世。一时巨擘，概得十二三，似不在他方下。"②

在这一时期，钱塘江之美才真正在文人骚客的笔下得到肯定。尤其是中唐以后，随着江南经济的发展，杭州也逐步迈入东南名郡的行列。北宋与司马光同时的越州山阴学者陆佃在《适南亭记》中感叹道："会稽为越之绝，而山川之秀甲于东南。自晋以来，高旷宏放之士多在于此。至唐，余杭始盛，而与越争胜，见元、白之称。然杭之习俗华媚善占形胜，而丹楼翠阁辉映湖山，如画工小屏，细巧易好，故四方之宾客过而览者，往往后越。夫越之美，岂至此而穷哉？意者江山之胜虽在，而昔贤往矣。"陆佃作为一名饱学之士，《宋史》本传称其"精于礼家名数之学，著书二一百四十二卷"，他对有唐一代余杭形胜取代了越州山水在文人名士心中地位的现实有所不平，其中虽不无地域观念，却也较为客观地反映了唐人对杭州景致之美的推崇。白居易《答微之见寄》中有"可怜风景浙东西，先数余杭次会稽"之句，也印证了同样的情况。而在杭州众多名胜中，唐人

---

① 逯钦立辑校：《先秦汉魏晋南北朝诗》卷一六《梁诗》，中华书局1983年版，第1832页。
② 〔明〕胡应麟：《诗薮》外编卷三《唐上》，上海古籍出版社1958年版，第179页。

印象最深的当属钱塘江。唐代士子文人在开放、自由的社会风气下热衷漫游，如果说长江在他们的漫游中扮演着重要的角色，并在不同程度上滋养着作家的心灵，给他们的文学创作带来影响的话，那么，唐代文人对钱塘江迟来的关注同样也或多或少地给他们的创作带来了一股清风。①

（一）唐诗中的钱塘潮

在这一时期，语及杭州乃至吴越，常会提到钱塘秋潮。在相当部分文人墨客的心目中，雄浑壮阔的钱塘潮水大概已成为杭州的名片。因此，唐人作品说到杭州，则往往言及钱江涌潮。

"初唐四杰"之一的骆宾王（638—？），婺州义乌（今浙江义乌）人。7岁时所作《咏鹅》诗："鹅鹅鹅，曲项向天歌。白毛浮绿水，红掌拨清波"，名振诗坛，至今尤为儿童所喜爱。他擅长五言诗，有文集10卷，其中《帝京篇》《于易水送人》两诗最为著名。其中后者云："此地别燕丹，壮士发冲冠。昔时人已没，今日水犹寒。"显然，作者以咏史为引，表现出离别悲壮的激烈情感。骆宾王所作《代李敬业传檄天下文》（即《讨武曌檄》）②亦为传世之作。史载唐考功员外郎宋之问以事累贬黜，后放还。至杭州，游灵隐寺。当时夜月极明，他兴致一来，便在长廊行吟起来，且为诗曰："鹫岭郁岧峣，龙宫锁寂寥。"第一联搜奇覃思，终不如意。时有一老僧点长命灯，坐在大禅床上，问曰："少年夜久不寐，而吟讽甚苦，何耶？"之问答曰："弟子业诗，适遇欲题此寺，而兴思不属。"僧曰："试吟上联。"即吟与之。再三吟讽，因曰："何不云'楼观沧海日，门对浙江潮。'"宋之问听了愕然，讶其遒丽。又续终篇曰："桂子月中落，天香云外飘。扪萝登塔远，刳木取泉遥。霜薄花更发，冰轻叶未凋。凤龄尚遐异，搜对涤烦嚣。待入天台路，看余度石桥。"宋之问《灵隐寺》诗，全诗虽以吟咏灵隐寺为主，但其中最为精警的句子却是遁入空门避祸的骆宾王所赠的一句"楼观沧海日，门对浙江潮"。第二天，宋之问要去拜访老僧，则不复得见。寺僧有知者告诉宋之问曰："此骆宾王也。"宋之问诘之，答曰："当徐敬业之败，与宾王俱逃，捕之不获。将帅虑失大魁，得不测罪。时死者数万人，因求类二人者函首以献。后虽知不死，不敢捕送。故敬业得为衡山僧，年九十余乃卒。宾王亦落发，遍游名山。至灵隐，以周岁卒。

---

① 参见傅璇琮、戴伟华：《唐诗中的钱塘江潮》，《浙江学刊》2011年增刊。

② 〔唐〕骆宾王著，〔清〕陈熙晋笺注：《骆临海集笺注》卷一〇，上海古籍出版社1985年版，第329—338页。

当时虽败,且以兴复唐朝为名,故人多获脱之。"①

唐代著名诗人孟浩然游历吴越,钱塘江潮给他留下了较深的印象。他的《与杭州薛司户登樟亭楼作》《与颜钱塘登樟楼望潮作》《初下浙江舟中口号》皆言及钱塘观潮之事。其中《与颜钱塘登樟楼望潮作》一作对壮阔江潮作了正面的描写:"百里闻雷震,鸣弦暂辍弹。府中连骑出,江上待潮观。照日秋云迥,浮天渤澥宽。惊涛来似雪,一坐凛生寒。"②孟浩然的诗风历来以"清"见称,然此诗语甚壮伟,盖受江潮雄壮之景影响所致。诗歌开篇以雷霆喻潮声之震撼,可谓先声夺人。潮涌未来之时,诗人正与友人鸣弦共乐,闻见潮声,众人皆舍清玄而观潮。江潮涌至,浪卷如雪,飞沫高溅,亦犹如秋雪纷下,使人寒意顿生。对比之下,孟浩然其他两首言及钱江观潮的诗虽未对潮涌现象作正面描写,但却反映了诗人徘徊于仕隐、进退之间的心态。在《与杭州薛司户登樟亭楼作》中,奔腾的江潮唤起了诗人积极入世的心态:"山藏伯禹穴,城压伍胥涛。今日观溟涨,垂纶学钓鳌。"③面对滚滚江潮,诗人雄心勃发,希冀建立非凡的功业。而在《初下浙江舟中口号》中,孟浩然却呈现出截然不同的人生追求:"八月观潮罢,三江越海浔。回瞻魏阙路,空复子牟心。"④历览三江烟波浩渺、潮起潮落以后,诗人的心情归于平静,曾经心怀之魏阙之念也归于空灵。处于进退之间的孟浩然,一如钱塘江潮,潮涨时热烈澎湃,潮落后却归于安宁平缓。

与孟浩然友善的大诗人李白,与钱塘江建立了非常密切的关系。李白《别储邕之剡中》诗中即说:"舟从广陵去,水入会稽长。"即从扬州经运河南下,渡钱塘江,从西兴进入浙东,再沿剡溪溯流而上,登上天台的石梁,亦即今人所说的"浙东唐诗之路"。王士性《尺牍》卷中载"李白所梦游天姥,便挐舟下剡川、泊鉴

---

①　〔宋〕李昉等编:《太平广记》卷九一《骆宾王》,中华书局1961年版,第2册,第605页;〔明〕田汝成:《西湖游览志》卷一〇《北山胜迹》,上海古籍出版社1958年版,第132页;〔明〕郎瑛《七修类稿》卷二二《辩证类·宋骆诗》:"杭灵隐寺'鹫岭郁岧峣'之诗乃唐骆宾王集中所载,然有一二字不同,不能别其为谁所作,独刘文安定公之集云:'初起二句乃宋之问诗,宋吟之而久无下韵,宾王隔壁朗吟,续以终篇,之问大骇,明发求见,则遁矣。'是知一首二人成之,故两系焉。世所传诵者如此,然《太平广记》又载,宋之问于灵隐夜吟未就,闻有人云:'何不道楼观沧海日,门对浙江潮?'不知何人,有识者曰:'此骆宾王也。'似此骆则二句矣。予又见一书云,之问正吟,遇老僧于殿灯之间应声成之,后知宾王。据后二书,两人皆相见矣,平日素知,不应又有何人之问及刘文安之说也。若只文安、《广记》之说,后世又不传骆之为僧也,诗亦未必各系之也,书俟博识。"上海书店出版社2009年版,第230页。

②　〔清〕彭定求等编:《全唐诗》卷一六〇,中华书局1999年版,第1649页。

③　〔清〕彭定求等编:《全唐诗》卷一六〇,中华书局1999年版,第1648页。

④　〔清〕彭定求等编:《全唐诗》卷一六〇,中华书局1999年版,第1670页。

湖、探禹穴、蹑会稽,修禊兰亭,弄潮钱塘而归,亦一快也"①。李白在《横江词》中亦对钱塘江潮之奔涌表示惊叹,诗云:"海神来过恶风回,浪打天门石壁开。浙江八月何如此,涛似连山喷雪来。"②钱塘江此种独绝奇观使得曾饱览壮丽山川的李白也心生惊异,其雄壮可见一斑。在《送王屋山人魏万还王屋》中,李白再次写到了令人惊绝的钱塘江潮:"逸兴满吴云,飘摇浙江汜。挥手杭越间,樟亭望潮还。涛卷海门石,雪横天际山。白马走素车,雷奔骇心颜。"③李白创作此诗时,身处吴越之地,人称万从干犀山远道而来,两人目睹了钱塘潮汐的壮观景象,因此李白在送别友人之际,再次忆起与友人共度的难忘时刻。诗人以令人称道的文笔,从视觉与听觉两方面勾勒出钱塘江潮的神韵:潮涌来时,波涛如千百万的白马素车奔涌而至,惊涛席卷山石,水石相撞与潮水声产生的巨响骇人心魄。此外,李白在越中所作的《越中览古》《越女词》等诗篇,使浙东山水风物大为增色。其《梦游天姥吟留别》,还为天姥山这一道家圣地营造出富有神话氛围的艺术境界。④

盛唐诗人宋昱在《樟亭观涛》中同样也道出钱塘江潮的汹涌:"涛来势转雄,猎猎驾长风。雷震云霓里,山飞霜雪中。激流起平地,吹涝上侵空。翕辟乾坤异,盈虚日月同。舻艎从陆起,洲浦隔阡通。跳沫喷岩翠,翻波带景红。怒湍初抵北,却浪复归东。寂听堪增勇,晴看自发蒙。伍生传或谬,枚叟说难穷。来信应无已,申威亦匪躬。冲腾如决胜,回合似相攻。委质任平视,谁能涯始终。"⑤宋昱对潮汐的描绘与孟浩然、李白相近,皆突出钱塘江潮涛白如霜雪,潮声如雷霆的特点。不过在此诗中,诗人却较有创作力地以千军万马的互攻决战来比喻江潮。此外,更言听怒潮以增勇,言语间透露着盛唐文人所特有的豪迈之气。⑥

白居易是唐代最伟大的诗人之一。长庆二年(822),白居易以中书舍人移官杭州刺史,当时吴兴太守钱徽、吴郡太守李穰均为文学名士,并且和白居易早有往来,于是诸人邀请当地名士,整日诗酒欢聚;"巧于应对,善歌舞"的官妓高玲珑、谢好好两人参与其中。白居易的足迹遍及杭州的山山水水:钱江观潮、天竺赏桂、孤山听雨、韬光品茗、湖上夜游、白堤踏春……处处留下了诗人题咏抒

---

① 《王士性地理书三种》,上海古籍出版社 1993 年版,第 587 页。
② 《李太白全集》卷七,中华书局 1977 年版,第 402 页。
③ 《李太白全集》卷一六,中华书局 1977 年版,第 748 页。
④ 参见邹志方:《浙东唐诗之路》,吴熊和《序》,浙江古籍出版社 1995 年版。
⑤ 〔清〕彭定求等编:《全唐诗》卷一二一,中华书局 1999 年版,第 1217 页。
⑥ 参见傅璇琮、戴伟华:《唐诗中的钱塘江潮》,《浙江学刊》2011 年增刊。

怀的篇章。离杭以后,其又作《寄题郡楼》诗:"官历二十政,宦游三十秋。江山与风月,最忆是杭州。"他还念念不忘杭州。据学者统计,白居易一生留下的诗篇近 3000 首,是唐代诗人中存诗最多的一位,其在杭州所作约 200 首诗①,且不少涉及钱塘江潮。如《忆江南》词第二首:"江南忆,最忆是杭州。山寺月中寻桂子,郡亭枕上看潮头。何日更重游?"②又,"潮声夜入伍员庙,柳色春藏苏小家"③等。此后不久,元稹为越州刺史、浙东观察使,"参其酬唱,每以筒竹盛诗来往"④,传为佳话。又,"会稽山水奇秀,稹所辟幕职,皆当时文士,而镜湖、秦望之游,月三四焉。而讽咏诗什,动盈卷帙。副使窦巩,海内诗名,与稹酬唱最多,至今称兰亭绝唱"⑤。

中晚唐时期的诗人在表现钱塘江潮时,诗意多与初盛唐诗人相近,不过部分诗篇也能自出新意。例如刘禹锡《白舍人自杭州寄新诗有柳色春藏苏小家之句因而戏酬兼寄浙东元相公》以"鳌惊震海风雷起,蜃斗嘘天楼阁成"⑥之句简言江潮气势;在《浪淘沙》中,诗人具体写到钱塘秋涛:"八月涛声吼地来,头高数丈触山回。须臾却入海门去,卷起沙堆似雪堆。"⑦刘禹锡的创作别出新意,在此诗中也不例外,除了和前人一样言钱塘秋涛的壮阔雄奇,诗人更紧扣诗题,描写了潮水骤来急去后遗留在河床上色白如雪的沙堆,这层层的沙堆的出现其实同样呈现出潮涌排山倒海的力量。又如徐凝有《观浙江涛》,其诗云:"浙江悠悠海西绿,惊涛日夜两翻覆。钱塘郭里看潮人,直至白头看不足。"⑧诗歌中写钱塘江潮部分,语句通俗流畅,诗意却并不新颖。⑨ 同样地,李廓《忆钱塘》:"往岁东游鬓未凋,渡江曾驻木兰桡。一千里色中秋月,十万军声夜半潮。桂倚玉儿吟处雪,蓬遗苏丞舞时腰。仍闻江上春来柳,依旧参差拂寺桥。"⑩也道出了钱塘潮的排山倒海的气势。钱起云"渔浦浪花摇素壁,西陵树色入秋窗"之类,皆钱塘城外

---

① 余莄:《合郡咸恩德,离别情依依——杭州与白居易》,周峰主编:《隋唐名郡杭州(修订版)》,浙江人民出版社 1997 年版,第 165—178 页。
② 〔唐〕白居易:《白居易集》卷三四,上海古籍出版社 1999 年版,第 527 页。
③ 〔宋〕葛立方:《韵语阳秋》卷一三,《历代诗话》下,中华书局 1981 年版,第 585 页。
④ 〔宋〕王谠著,周勋初校证:《唐语林校证》卷二,中华书局 1987 年版,第 144—145 页。
⑤ 《旧唐书》卷一六六《元稹传》,中华书局 1975 年版,第 4336 页。
⑥ 〔清〕彭定求等编:《全唐诗》卷三六〇,中华书局 1999 年版,第 4067 页。
⑦ 〔清〕彭定求等编:《全唐诗》卷三六五,中华书局 1999 年版,第 4123 页。
⑧ 〔清〕彭定求等编:《全唐诗》卷四七四,中华书局 1999 年版,第 5410 页。
⑨ 参见傅璇琮、戴伟华:《唐诗中的钱塘江潮》,《浙江学刊》2011 年增刊。
⑩ 一作赵嘏诗句,见孙望辑录,陈尚君修订:《全唐诗补逸》卷七,中华书局 1982 年版,第 10448 页。

江湖之景,盖行人客子于解鞍系缆顷刻所见尔。①

　　唐大和六年(832),与贾岛合称"姚贾"的姚合出任杭州刺史。姚合崇尚无为而治,其《杭州官舍偶书》诗云:"钱塘刺史谩题诗,贫褊无恩懦少威。春尽酒杯花影在,潮回画槛水声微。闲吟山际邀僧上,暮入林中看鹤归。无术理人人自理,朝朝渐觉簿书稀。"②可见他也和白居易一样常常流连杭州山水。其《柳枝词》便述及钱塘江文化:"句践初迎西子年,琉璃为帚扫溪烟。至今不改当时色,留与土挦系酒船。"姚合在杭期间,被尊为"诗宗",即江南诗坛宗主。此时在他周围,渐渐聚集了一群旨趣相投的江南寒士、山水隐逸诗人,如诗僧清塞(周贺)、钱塘诗人郑巢,睦州(今浙江淳安)诗人方干,睦州(今浙江建德)人、后成为姚合女婿的李频等人,组成了晚唐杭州诗人群。

　　总的来看,到唐代,钱塘江潮已成为钱塘江诗路中的一个具有标志性的自然景观,因此也有了"闲话钱塘郡,半年听海潮"③的说法。

　　(二)唐诗中的富春江

　　除钱江潮,富春江的秀美风光也多见于唐人的诗作。如严维,字正文,越州(今浙江绍兴)人。与刘长卿善。刘长卿《对酒寄维》云:"陋巷喜阳和,衰颜对酒歌。懒从华发乱,闲住白云多。郡简容垂钓,家贫学弄梭。门前七里濑,早晚子陵过。"严维答云:"苏耽佐郡时,近出白云司。药补清赢疾,窗吟绝妙词。柳塘春水漫,花坞夕阳迟。欲识怀君意,朝朝访槲师。"④刘采春诗:"那年离别日,只道往桐庐。桐庐人不见,今得广州书。"⑤吴融《富春》诗二首同样生动地描述了富春江之美:"天下有水亦有山,富春山水非人寰。长川不是春来绿,千峰倒影落其间。"⑥"水送山迎入富春,一川如画晚晴新。云低远渡帆来重,潮落寒沙鸟下频。未必柳间无谢客,也应花里有秦人。严光万古清风在,不敢停桡更问津。"⑦

　　① 〔宋〕尤袤:《全唐诗话》卷五《郑谷》,见《历代诗话》上,中华书局1981年版,第224、225页;〔宋〕葛立方《韵语阳秋》卷一三,《历代诗话》下,中华书局1981年版,第585页。

　　② 〔清〕彭定求等编:《全唐诗》卷五〇〇,中华书局1999年版,第5732页。

　　③ 〔清〕彭定求等编:《全唐诗》卷五八九,中华书局1999年版,第6894页。

　　④ 〔宋〕尤袤:《全唐诗话》卷三《严维》,《历代诗话》上,中华书局1981年版,第154页。

　　⑤ 〔明〕胡应麟:《少室山房笔丛》卷二〇《艺林学山二·唐诗翻三百篇意》,上海书店出版社2001年版,第207页。

　　⑥ 〔清〕彭定求等编:《全唐诗》卷六八四,中华书局1999年版,第7926页。

　　⑦ 〔清〕彭定求等编:《全唐诗》卷六八七,中华书局1999年版,第7965页。

在唐人的诗中,仍可见富春江沿线良好的生态。权德舆《新安江路》诗云:"深滩属浅滩,万转出新安。人远禽鱼静,山深古木寒。啸起青蘋末,吟瞩白云端。即事遂幽赏,何必挂儒冠。"①孟浩然《宿桐庐江寄广陵旧游》诗云:"山暝听猿愁,沧江急夜流。风鸣两岸叶,月照一孤舟。建德非吾土,维扬忆旧游。还将两行泪,遥寄海西头。"②韦庄《桐庐县作》诗亦云:"钱塘江尽到桐庐,水碧山青画不如。白羽乌飞严子濑,绿蓑人钓季鹰鱼。潭心倒影时开合,谷口闲云自卷舒。此境只应词客爱,投文空吊木玄虚。"③

唐代伟大的诗人杜甫,同样把江南之游列为其早年的壮举之一,诗人晚年所作的这首《壮游》长诗,尤表现出对昔时浙东行踪的念念不忘、珍惜有加之情:"枕戈忆句践,渡浙想秦皇。蒸鱼闻匕首,除道哂要章。越女天下白,鉴湖五月凉。剡溪蕴秀异,欲罢不能忘。归帆拂天姥,中岁贡旧乡……"④他的诗歌还涉及钱塘江文化中的知名人物、特产和事实,如杜甫《饮中八仙歌》诗说"知章骑马如乘船,眼花落井水底眠",将其列为八仙之首。《后出塞五首》第四首云:"云帆转辽海,粳稻来东吴。越罗与楚练,照耀舆台躯。"述及钱塘江流域出产的稻米和越罗。《解闷》诗云:"商胡离别下扬州,忆上西陵故驿楼。为问淮南米贵贱,老夫乘兴欲东游。"⑤诗中述及此地的外贸情况。

唐代范摅《云溪友议》卷上《苎萝遇》中载有唐代诗人王轩在钱塘江流域时一段风流韵事。王轩少为诗,颇有才思。游西小江,泊舟苎萝山际,题西施石曰:"岭上千峰秀,江边细草春。今逢浣沙石,不见浣纱人。"俄见一女子,振璠珰,扶石笋,低徊而谢曰:"妾自吴宫还越国,素衣千载无人识。当时心比金石坚,今日与君坚不得。"既欢会,复有恨别之辞。后萧山郭凝素,闻王轩之遇,每过浣纱溪,日夕长吟,屡题歌诗于石。寂尔无人,乃郁怏而返。进士朱泽嘲之,闻者莫不嗤笑。凝素内耻,无复斯游。诗云:"三春桃李本无言,苦被残阳鸟雀喧。借问东邻效西子,何如郭素拟素拟。"⑥

(三)唐代钱塘江流域产生的知名诗人

除前述的初唐诗人骆宾王、许敬宗等,盛唐诗人丘为、贺知章,晚唐诗人方

---

①　〔清〕彭定求等编:《全唐诗》卷三二五,中华书局1999年版,第3656页。
②　〔清〕彭定求等编:《全唐诗》卷一六〇,中华书局1999年版,第1640页。
③　〔清〕彭定求等编:《全唐诗》卷六九八,中华书局1999年版,第8110页。
④　浦起龙:《读杜心解》卷一,中华书局2010年版,第159—161页。
⑤　〔清〕彭定求等编:《全唐诗》卷二三〇,中华书局2010年版,第2517—2518页。
⑥　〔宋〕李昉等编:《太平广记》卷二五七《朱泽》,中华书局1961年版,第6册,第2002页。

干、李频、吴融等,都在唐诗中占有一席之地。

　　贺知章(659—744)为唐代著名的大诗人,少时即以诗文知名。武后证圣元年(695)考中进士,初授国子四门博士,后迁太常博士。开元十年(722),由丽正殿修书使张说推荐入该殿书院,参与撰修《六典》《文纂》等书,未成,转官太常少卿。开元十三年(713)为礼部侍郎、集贤院学士,后调任太子右庶子、侍读、工部侍郎。开元二十六年(738)改官太子宾客、银青光禄大夫兼正授秘书监,因而人称"贺监"。在朝为官近50年,常和张旭、李白等饮酒赋诗,被称为"醉中八仙",又和包融、张旭、张若虚一起被称为"吴中四士"。其诗文以绝句见长,除祭神乐章、应制诗,其写景、抒怀之作也是风格独特,清新潇洒,"名扬上京"。特别是他的诗作,不尚藻彩,不事雕饰,似乎无意求工却时有新意。正因为如此,使得贺知章在唐代诗歌发展史上,占有一席地位。① 如《咏柳》:

　　　　　　碧玉妆成一树高,万条垂下绿丝条。
　　　　　　不知细叶谁裁出,二月春风似剪刀。②

　　全诗构思新颖,设喻巧妙,借咏柳赞美春天的勃勃生机,堪称咏物诗中之杰作。天宝三年(744)因年老上疏请求回家,得到批准。离京时,唐玄宗作诗为赠,皇太子李亨率百官送行。著名的《回乡偶书二首》之一:"少小离家老大回,乡音难改鬓毛衰。儿童相见不相识,笑问客从何处来"③,以浅易的语言,真切地表达游子还乡时的复杂感受,令人体味不已。此诗至今仍广为传诵,被称为唐诗中的精华,奠定了他在盛唐诗坛的地位。其故居,据学者考证,在今湘湖南史家桥村,现已改名为蜀山街道,其中尚有贺家园、思家桥等有关贺知章的文化遗存。为了纪念贺知章,当地人又把包括史家桥村在内的周边几个村合并,起名"知章村",以纪念这位远去的古人。由于贺知章后迁居山阴,今绍兴市也有他的故居。《嘉泰会稽志》卷一三《古宅第》云:"唐秘贺监宅,在会稽县东北三里八十步。知章晚自号四明狂客。天宝初,请为道士还乡里,诏许之。以宅为千秋观,又求周公湖剡川一曲。宅今天长观也。"

　　丘为(约703—798),嘉兴人。初,累举不第,遂归山读书。天宝二年(743)

---

① 张炯、邓绍基、樊骏主编:《中华文学通史》,华艺出版社1997年版,第2卷,第78页。
② 〔清〕彭定求等编:《全唐诗》卷一一二,中华书局1999年版,第1147页。
③ 〔清〕彭定求等编:《全唐诗》卷一一二,中华书局1999年版,第1147页。

登进士第。累官太子右庶人。为人至孝。据说因孝事继母,尝有灵芝生堂下,一时传为佳话。丘为 80 余岁时,母犹无恙,官给俸禄之半以奉养。为诗工于五言,善于炼句,甚得王维赞许,二人互有唱和。《全唐诗》卷一二九存其诗 13 首,王重民《补全唐诗》又据敦煌遗书辑得 5 首。其诗与王维、孟浩然等人一样,多写田园山水,他们同属田园山水诗派。其《题农父庐舍》诗云:"东风何时至,已绿湖上山。湖上春已早,田家日不闲。沟塍流水处,耒耜平芜间。薄暮饭牛罢,归来还闭关。"令人如沐春风,心旷神怡。春风已至,且不言草木,只一个"绿"字,别有风情。终篇和平淡荡,却充满生活气息。难怪有人认为其人或如其诗,"不干天和",所以他能活到近百岁。①

　　方干(约 809—888),字雄飞,睦州清溪(今浙江淳安)人。幼有清才。以诗名于江南。然而连应十余试,只因其貌兔唇,有司恐为四夷笑中原乏士,终不得科名,遂归隐镜湖。所写之诗,清润小巧。王赞尝称之曰:"锼肌涤骨,冰莹霞绚,嘉春自将,不吮余隽。丽不芬葩,苦不癯棘,当其得志,倏与神会。"孙郃尝称之曰:"其秀也,仙蕊于常花;其鸣也,灵鼍于众响。"②钱塘江潮的震撼给他留下了深刻的印象,因此他在《叙钱塘异胜》中云:"暖景融融寒景清,越台风送晓钟声。四郊远火烧烟月,一道惊波撼郡城。夜雪未知东岸绿,春风犹放半江晴。谢公吟处依稀在,千古无人继盛名。"③《途中言事寄居远上人》以"震泽风帆归橘岸,钱塘水府抵城根"④来描述钱塘江潮。此外,方干推崇严光"富贵不能淫"的"高风亮节",曾有《题严子陵祠》诗二首赞美富春江畔的严陵祠,诗云:

> 物色旁求至汉庭,一宵同寝见交情。
>
> 先生不入云台像,赢得桐江万古名。
>
> 苍翠云峰开俗眼,泓澄烟水浸尘心。
>
> 惟将道业为芳饵,钓得高名直到今。⑤

　　晚唐时期,睦州寿昌(今浙江淳安)人李频、越州山阴(今浙江绍兴)人吴融、

---

　　① 〔清〕贺裳:《载酒园诗话·又编》,载孙映逵:《唐才子传校注》,中国社会科学出版社 1991 年版,第 191 页。

　　② 〔宋〕葛立方:《韵语阳秋》卷二,《历代诗话》下,中华书局 1981 年版,第 493 页。

　　③ 〔清〕彭定求等编:《全唐诗》卷六五一,中华书局 1999 年版,第 7479 页。

　　④ 〔清〕彭定求等编:《全唐诗》卷六五二,中华书局 1999 年版,第 7487 页。

　　⑤ 〔清〕彭定求等编:《全唐诗》卷六五三,中华书局 1999 年版,第 7505 页。

杭州新登(今浙江富阳)人罗隐等,也都是当时知名的诗人。

　　罗隐(833—909),字昭谏,号江东生。祖知微,福唐县令。父修古,应开元礼科。隐本名横,早年忙于科举考试,因为《谗书》讽刺了时政,触犯了统治阶级,所以他连考十次均落第,遂更名"隐"。咸通十一年(870)之后,罗隐奔波各地幕府求职,初从事湖南,历淮、润,做过几任小官,皆不得意。光启三年(887)润州发生兵变,镇海军节度使周宝被逐,罗隐回到家乡新登。同年,罗隐进入钱镠幕下,深得钱氏信任。史载罗隐"及来谒王,惧不见纳,遂以所为《夏口诗》标于卷末,云:'一个祢衡容不得,思量黄祖漫英雄'之句。王览之大笑,因加殊遇。复命简书辟之曰:'仲宣远托刘荆州,都缘乱世;夫子辞为鲁司寇,只为故乡。'隐曰:'是不可去矣。'王初授镇海节度,时命沈崧草谢表,盛言浙西繁富。成以示隐,隐曰:'今浙西兵火之余,日不暇给,今朝廷执政方切于贿赂,此表入奏,执政岂无意于要求耶?'乃请更之。其略曰:'天寒而麋鹿常游,日暮而牛羊不下。'朝廷见之,曰:'此罗隐辞也。'及为《贺昭宗更名表》曰:'上则虞舜之全文,右则姬昌之半字。'当时京师称为第一。"[①]累官钱塘县令,寻授镇海军掌书记、节度判官、盐铁发运副使,授著作佐郎、司勋郎中,历迁谏议大夫、给事中,赐金紫。卒年77岁。著有《吴越掌记集》3卷,《江东甲乙集》10卷,《江东后集》3卷,《湘南应用》3卷,《灵璧子》《两同书》10篇,《谗书》5卷,《淮海寓言》7卷等,多已散佚。[②]今存《江东甲乙集》10卷并补遗1卷,《谗书》5卷,《两同书》2卷,《广陵妖乱志》1卷及杂著30余篇。

　　作为一名诗人,罗隐的诗有两个特色:一是用俗语,二是讽刺。《唐才子传》说罗隐"恃才忽睨,众颇憎忌。自以当得大用,而一第落落,传食诸侯,因人成事,深怨唐室。诗文多以讽刺为主,虽荒祠木偶,莫能免者"。大致说出了其为人和遭遇,以及对现实之所以不满的原因。由于罗隐对于一些现实问题能够采取比较清醒的批判和揭发的态度,因而他的作品在思想上有一定光彩。如《感弄猴人赐朱绂》诗:

---

　　①　〔宋〕沈括:《梦溪笔谈》卷一三,齐鲁书社2007年版,第90页。

　　②　罗隐之著作,诸籍所载各有出入。今据〔清〕吴任臣:《十国春秋》卷八四《罗隐传》,中华书局1983年版,第3册,第1220页。

十二三年就试期,五湖烟月奈何违。

何如买取胡孙弄,一笑君王便著绯。①

在黄巢起义军进入长安而唐僖宗逃往四川时,随行伎艺人中有一个耍猴的,驯服过的猴子能与朝臣一起上朝,唐僖宗竟因此而赐耍猴人一件五品大官才能穿的绯袍。罗隐此诗就是对这种无能朝政的批判和揭露。又如《西施》诗:

家国兴亡自有时,吴人何苦怨西施。

西施若解倾吴国,越国亡来又是谁?②

这不仅是对"女祸亡国"论的批判,在李唐王朝业已显露出覆亡征兆的时候,诗人此作就有了更深刻的意义。罗隐偶尔也有同情劳动人民、反映民间疾苦的作品。如《题磻溪垂钓图》:

吕望当年展庙谟,直钩钓国更谁如?

若教生在西湖上,也是须供使宅鱼。③

"使宅鱼"是钱镠向西湖渔民征收的一种苛捐杂税。据说钱镠读此诗后,便废除了"使宅鱼"。后人对罗隐诗作的评价毁誉参半。赞颂者如清人李调元《雨村诗话》卷下谓其诗"坚浑雄博",称:"五代自以韩偓、韦庄二家为升堂入室,然执牛耳者,必推罗江东。"然批评者亦不乏其人,《丹铅总录》卷二〇谓其诗为"极恶劣者"。翁方纲《石洲诗话》卷二谓罗隐"极负诗名,而一望荒芜"。也有些人对罗隐诗作既有批评,又有赞誉。如王定保在《唐摭语》卷一〇中即说罗隐"才雄而粗疏"。又元人辛文房在《唐才子传》中一方面称赞罗隐"诗笔尤峻拔,养浩然之气",另一方面又说:"罗隐以褊急性成,动必嘲讪,率成谩作,顷刻相传。以其事业非不五鼎也,学术非不经史也,夫何齐东野人,猥巷小子,语及讥诮,必以隐为称首。凋丧淳才,揄扬秽德,白日能蔽于浮翳,美玉曾玷于青蝇,虽亦未必尽然,是皆阙慎微之豫。"又明人胡震亨《唐音癸签》卷八中也说:"罗昭谏酬情饱

---

① 雍文华校辑:《罗隐集》,中华书局 1983 年版,第 182 页。
② 雍文华校辑:《罗隐集》,中华书局 1983 年版,第 45 页。
③ 雍文华校辑:《罗隐集》,中华书局 1983 年版,第 183 页。

墨出之,几不可了。未少佳篇,奈为浮渲所掩,然论材笔,自在伪国诸吟流上。"对罗隐诗歌的批判多从其风格、语言两方面着手,或是批评他的文笔太过尖刻,或是批评他语言太过通俗。而这两点正是罗隐诗歌的特色,在今天一些批评家的眼中,这两点不仅已不再是罗隐诗歌的缺点,反而成为优点。

需要指出的是,唐代钱塘江流域还产生了一批满腹经纶、能诗会画、善于和士大夫阶层来往的高僧大德。史载:"江南多名僧,贞元、元和以来,越州有清江、清昼,婺州有乾俊、乾辅。时谓之会稽二清,东阳二乾。"①因限于篇幅,此不一一赘述了。

四、钱塘江诗路的发展——北宋诗歌中的钱塘江

北宋时期,随着钱塘江流域经济的发展,钱塘江的美也真正得到了文人骚客的肯定。特别是中秋的海潮,尤为壮观。当时,潘阆、范仲淹、蔡襄、苏轼、郑獬等骚人墨客都写过不少观潮的诗词名作,有许多名句居然留传迄今,成为观潮佳话。如苏轼"八月十八潮,壮观天下无"②。

(一)词

北宋时期观潮之风盛行,因此观潮的诗词也渐渐多了起来。

北宋初年词人柳永、潘阆对于吴儿善泅者这种惊险刺激的表演多有描述。潘阆(？—1009),字梦空,一说字逍遥,号逍遥子,大名(今河北邯郸)人,一说扬州(今江苏扬州)人。宋初著名隐士、文人。性格疏狂,曾两次坐事亡命。真宗时释其罪,任滁州参军。后曾隐居杭州,以卖药为生。据南宋叶绍翁《四朝闻见录》记载:"潘阆居钱塘,今太学前有潘阆巷(俗呼为潘郎)。"③他工诗词,有名于时。其作品现仅存《酒泉子》十首。潘阆的《酒泉子》(十之十)是最早以专题描写杭人观潮的词,词云:"长忆观潮,满郭人争江上望。来疑沧海尽成空。万面鼓声中。弄潮儿向涛头立,手把红旗旗不湿。别来几向梦中看,梦觉尚心寒。"④写出了作者观潮后惊心动魄之心情。此外,其词十之八、十之九两首也与钱江潮相关:"长忆吴山,山上森森吴相庙。庙前江水怒为涛。千古恨犹高。寒鸦日

---

① 〔宋〕王谠著,周勋初校注:《唐语林校证》卷四《栖逸》,中华书局1987年版,第1册,第397页。
② 〔宋〕施谔:《淳祐临安志》卷一〇《山川·江》《观潮诸诗》,载《南宋临安两志》,浙江人民出版社1983年版,第180—181页。
③ 〔宋〕叶绍翁:《四朝闻见录》甲集,《潘阆不与先贤祠》,中华书局1989年版,第2页。
④ 〔宋〕潘阆:《酒泉子》其一〇,载唐圭璋编:《全宋词》,中华书局1965年版,第1册,第5页。

暮鸣还聚。时有阴云笼殿宇。别来有负谒灵祠。遥奠酒盈卮。""长忆龙山,日月宫中谁得到。宫中旦暮听潮声。台殿竹风清。门前岁岁生灵草。人采食之多不老。别来已白数茎头,早晚却重游。"好事者以潘阆游浙江咏潮得名,以轻绡写其形容,谓之《潘阆咏潮图》。

柳永(耆卿)与孙何为布衣交,孙何知杭州,门禁甚严,柳永欲见之不得,便作《望海潮》词,往诣名妓楚楚,拜托名妓楚楚在孙何的集会上演唱《望海潮》:"欲见孙相,恨无门路,若因府会,愿启朱唇歌于相公之前,若问谁为此词,但说柳七。"孙府的中秋集会上,楚楚宛转歌之,并告诉了孙何该词的来历,柳永自然也就见到了昔日的朋友。词曰:"东南形胜,三吴都会,钱塘自古繁华。烟柳画桥,风帘翠幕、参差十万人家。云树绕堤沙。怒涛卷霜雪,天堑无涯。市列珠玑,户盈罗绮,竞豪奢。重湖叠𪩘清佳。有三秋桂子,十里荷花。羌管弄晴,菱歌泛夜,嬉嬉钓叟莲娃。千骑拥高牙。乘醉听箫鼓,吟赏烟霞。异日图将好景,归去凤池夸。"以柳永创制《望海潮》词牌为标志,钱塘江潮初次步入词人的视野。[1] 此词流传广泛,金主亮闻歌,欣然有慕于"三秋桂子、十里荷花",遂起投鞭渡江之志。近时谢处厚诗云:"谁把杭州曲子讴? 荷花十里桂三秋。那知草木无情物,牵动长江万里愁。"罗大经认为此词虽引发长江之愁,然卒为金主送死之媒,未足恨也。至于荷艳桂香,妆点湖山之清丽,使士夫流连于歌舞,遂忘中原,是则深可恨耳。[2]

林逋(967—1028),字君复,钱塘(今浙江杭州)人。他勤敏好学,通晓经史子集百家学说,长于书画,精于诗词。生前筑庐杭州孤山,隐居二十余年,足迹不到城市,不仕不娶,倾心育梅、栽竹、种松、养鹤等,以梅为"妻",以鹤为"子",有"梅妻鹤子"之说。宋真宗诏其入仕,他坚辞不就,赐号"和靖处士"。宋天圣六年(1028),林逋卒于孤山,宋仁宗追赐谥号"和靖先生"。所作诗词意境高远,多以咏梅为题材,《山园小梅》诗中有"疏影横斜水清浅,暗香浮动月黄昏"句,被誉为千古绝唱。为一时名公推重,有"山中宰相"之称。他的词作水平也极高,多涉及钱塘江,如其《惜别长相思》词:"吴山青,越山青,两岸青山相送迎。谁知离别情,君泪盈,妾泪盈。罗带同心结未成,江头潮已平。"甚有情致。[3]

---

① 谭钟琪:《文化视野下的南宋观潮词》,《中南民族大学学报(人文社会科学版)》2005 年第 3 期。

② 〔宋〕杨湜:《古今词话》,载《词话丛编》第一册,中华书局 1986 年版,第 26 页;〔宋〕罗大经:《鹤林玉露·丙编》卷一《十里荷花》,中华书局 1983 年版,第 240 页。

③ 〔明〕杨慎:《词品》卷三,载《词话丛编》第 1 册,中华书局 1986 年版,第 469 页。

苏轼对杭州一往情深,他两次在杭州为官,前后近6年时间,朝夕以湖山为伴,留下了许多诗篇与逸事。陈述古守杭,已及瓜代,未交前数日,宴僚佐于有美堂,因请贰车苏子瞻赋之,即席而就,寄摊破虞美人:"湖山信是东南美。一望弥千里。使君能得几回来。便使尊前醉倒,且徘徊。沙河塘里灯初上。水调谁家唱。夜阑风静欲归时。惟有一江明月,碧琉璃。"①他自己则在出任杭州知州时写了3首观潮的词作。如《瑞鹧鸪》词曰:"碧山影里小红旗。侬是江南踏浪儿。拍手又嘲山简醉,齐声争唱浪婆词。西兴渡口帆初落,渔浦山头日未欹。侬送潮回歌底曲,樽前还唱使君诗。"《小秦王》:"济南春好雪初晴。行到龙山马足轻。使君莫忘雪溪女,时作阳关肠断声。"又《别参寥长短句》云:"有情风,万里送潮来,无情送潮归。问钱塘江上,西兴渡口,几度斜晖。不用思量今古,俯仰昔人非。谁似东坡老,白首忘机。记取西湖西畔,正暮山好处,空翠烟霏。算诗人相得,如我与君稀。约他年东还海道,愿谢公、雅志莫相违。西州路,不应回首,为我沾衣。"而他在观潮之后,"笑看潮来潮去,了生涯"(《南歌子》),似乎悟得了人生如"潮中之沙"("寓身化世一尘沙")的哲理。其《行香子·过七里滩》云:"一叶舟轻,双桨鸿惊。水天清影湛波平。鱼翻藻鉴,鹭点烟汀。过沙溪急,霜溪冷,月溪明。重重似画,曲曲如屏。算当年空老严陵。君臣一梦,今古虚名。但远山长,云山乱,晓山清。"②则描述了其船过七里滩时看到的景色和心里的感受。

秦观填有四首《望海潮》词,吟咏已不限于钱塘潮,而是分别借用此调点染扬州、绍兴的美景,感叹年华易逝。他曾写有两体《望海潮》,同样107字,不同之处在于最后两句,前一体为上六下五,后一体为上四下七。至此,《望海潮》调正式定型。其流畅的韵律、长调的格式决定了词调明快的特质。

(二)观潮诗

北宋时,王安石、范仲淹、林逋、蔡襄、苏轼、米芾等一批最出色的诗人也撰写有不少关于钱塘江的诗作,赋予并确立了钱塘江诗歌旷达清逸的人文气息和文化品格。

1.观潮诗

如前所述,潘阆的《酒泉子》是最早专题描写杭人观潮的词。他的诗歌也很

---

①　〔宋〕杨绘:《时贤本事曲子集》,载《词话丛编》第1册,中华书局1986年版,第8页。

②　〔明〕杨慎:《词品》卷三《瑞鹧鸪》,载《词话丛编》第1册,中华书局1986年版,第470页。

好,如其《岁暮自桐庐归钱塘晚泊渔浦》诗:"久客见华发,孤棹桐庐归。新月无朗照,落日有余晖。渔浦风水急,龙山烟火微。时闻沙上雁,一一背人飞。"①另据南宋叶绍翁《四朝闻见录》记载:"潘阆居钱塘,今太学前有潘阆巷(俗呼为潘郎)。阆工唐风,归自富春,有'渔浦风波恶,钱塘灯火微'之句。识者称之。"②

范仲淹在杭州创作有不少诗作,其中不少是观潮之作,如《和运使舍人观潮二首》诗,其一曰:"何处潮偏盛,钱唐无与俦。谁能问天意,独此见涛头。海浦吞来尽,江城打欲浮。势雄驱岛屿,声怒战貔貅。万迭云才起,千寻练不收。长风方破浪,一气自横秋。高岸惊先裂,群源怯倒流。腾凌大鲲化,浩荡六鳌游。北客观犹惧,吴儿弄弗忧。子胥忠义者,无覆巨川舟。"其二曰:"把酒问东溟,潮从何代生。宁非天吐纳,长逐月亏盈。暴怒中秋势,雄豪半夜声。堂堂云阵合,屹屹雪山行。海面雷霆聚,江心瀑布横。巨防连地震,群楫望风迎。踊若蛟龙斗,奔如雨雹惊。来知千古信,回见百川平。破浪功难敌,驱山力可并。伍胥神不泯,凭此发威名。"③《过余杭白塔》:"登临江上寺,迁客特依依。远水欲无际,孤舟曾未归。乱峰藏好处,幽鹭得闲飞。多少天真趣,遥心结翠微。"④

苏轼为宋代文坛大家、唐宋八大家之一,其有多首诗作描写钱塘江,如苏轼《八月十五日看潮五绝》就是非常知名的一首:

> 定知玉兔十分圆,已作霜风九日寒。
> 寄语重门休上钥,夜潮留向月中看。
>
> 万人鼓噪骇吴侬,犹似浮江老阿童。
> 欲识潮头高几许,越山浑在浪花中。
>
> 江边身世两悠悠,人与沧波共白头。
> 造物亦知人易老,故教江水更西流!
>
> 吴儿生长狎涛澜,冒利轻生不自怜。
> 东海若知明主意,应教斥卤变桑田。

①　北京大学古文献研究所:《全宋诗》卷五六,北京大学出版社1991年版,第621页。
②　〔宋〕叶绍翁:《四朝闻见录》甲集,《潘阆不与先贤祠》,中华书局1989年版,第2页。
③　北京大学古文献研究所:《全宋诗》卷一六七,北京大学出版社1991年版,第1907—1908页。
④　北京大学古文献研究所:《全宋诗》卷一六七,北京大学出版社1991年版,第1898页。

> 江神河伯两醯鸡，海若东来气吐霓。
>
> 安得夫差水犀手，三千强弩射潮低。①

这首诗作传神地描绘了钱塘江潮的壮观和弄潮儿的惊险表演及看潮人"万人鼓噪"的紧张、激动心情，堪称观潮纪实之绝唱。在水银一般的月光下，加上那钱塘江白色浪花奔腾而上的景象，更兼因夜深人静以后，潮水澎湃的声浪，自然是动人心魄！据此可知，苏轼因久居江边，对钱塘江潮有着深刻体验，深得其中之三昧，他更是不怕危险，但苏轼并不鼓励弄潮儿的冒险行为，故作此诗加以警戒。

宋英宗治平年间，蔡襄任杭州知州，同样也有描写他在钱塘江观潮的诗：

> 天卷潮回出海东，人间何事可争雄？
>
> 千年浪说鸱夷怒，一夕全疑渤澥空！
>
> 浪静最宜闻夜枕，峥嵘须待驾秋风。
>
> 寻思物理真难到，随自亏圆亦未通。

米芾不仅是宋代的书法大家，其诗亦雄壮豪迈，具有凌云之气，如其咏潮诗云：

> 怒气号声逆海门，州人传是子胥魂。
>
> 天排云阵千家吼，地拥银山万马奔。
>
> 势与月轮齐朔望，信如壶漏报晨昏。
>
> 吴亡越霸成何事？一唱渔歌过远村。②

2. 名胜诗

除上述观潮诗，还有大量描写钱塘江流域各地名胜古迹或自然风光的诗歌。

范仲淹知严州、杭州、越州三地时，也留有许多非常知名的诗篇。如北宋初

---

① 〔宋〕苏轼：《苏轼诗集》卷一〇《八月十五日看潮五绝》其四，〔清〕王文浩辑注，孔凡礼点校：《苏轼诗集》，中华书局 1982 年版，第 2 册，第 484—486 页。

② 〔明〕顾元庆：《夷白斋诗话》，载《历代诗话》下，中华书局 1981 年版，第 796 页。

期的严州仍是一个安置贬谪官员的险恶之地,"稀逢贤太守,多是谪官来"①。此地山水优美,范仲淹对这座古城也非常喜欢,其曾在《与晏尚书书》中赞美道:

郡之山川,接于新定,谁谓幽遐,满目奇胜。衢、歙二水合于城隅,一清一浊(婺江浊、歙江清),如济如河,百里而东,遂为浙江。渔钓相望,凫鹜交下,有严陵之钓石与方干之隐茅。又群峰四来,翠盈轩窗:东北曰乌龙,崔嵬如岱;西南曰马目,秀状如嵩,白云徘徊,终日不去。岩泉一支,潺湲斋中。春之昼,秋之夕,既清且幽大,得隐者之乐,唯恐逢恩一日移去。且有章、阮二从事,俱富文、能琴,凤宵为会,迭倡交和,忘其形骸,郑声之娱,斯实未暇,往往林僧野客惠然投诗。其为郡之乐,有如此者。……

范仲淹称睦州为"潇洒溪山",写下了《潇洒桐庐郡十绝》用以描述睦州的山水风光,也借以抒发遭受政治打击后的郁闷心情:

潇洒桐庐郡,乌龙山霭中。
使君无一事,心共白云空。

潇洒桐庐郡,开轩即解颜。
劳生一何幸,日日面青山。

潇洒桐庐郡,全家长道情。
不闻歌舞事,绕舍石泉声。

潇洒桐庐郡,公余午睡浓。
人生安乐处,谁复问千钟。

潇洒桐庐郡,家家竹隐泉。
令人思杜牧,无处不潺湲。

----

① 〔宋〕范仲淹:《范文正公文集》卷五《新定感兴五首》,载《范仲淹全集》,四川大学出版社 2002 年版,上册,第 98 页。

潇洒桐庐郡,春山半是茶。

轻雷还好事,惊起雨前芽。

潇洒桐庐郡,千家起画楼。

相呼采莲去,笑上木兰舟。

潇洒桐庐郡,清潭百丈余。

钓翁应有道,所得是嘉鱼。

潇洒桐庐郡,身闲性亦灵。

降真香一炷,欲老悟黄庭。

潇洒桐庐郡,严陵旧钓台。

江山如不胜,光武肯教来。①

　　在上面的十首诗歌中,范仲淹每篇都以"潇洒桐庐郡"开头。其中,"乌龙山
霭中""心共白云空""日日面青山""绕舍石泉声""家家竹隐泉",写的都是梅城
原始的自然风光。家家户户仿佛都建起了画中楼阁,房屋都掩映在竹林之中,
屋旁还有泉水潺潺流过,宁静安详。人们一起去采摘莲蓬,嬉笑着登上木兰舟
出发。在清潭之畔,坐着静心垂钓的老翁。在如此宁静安详的环境中,人们自
然而然地会感悟到道教《黄庭经》的真谛。"潇洒"一词原用以形容人的风度神
态,有清高洒脱、飘逸清扬,不同凡俗之义。范仲淹借"潇洒"一词形容清丽爽洁
的严陵山水之胜,十分贴切而传神:严州山不高而秀,水不深而澄,林不密而茂,
石不怪而奇。清秀优美的山水滋养了潇洒风流的俊逸之士,哪怕是村夫野老,
也如世外神仙一般;山姑村妇,也能扪虱而谈。桐庐郡人有如此潇洒、逍遥、悠
然、安乐的休闲生活之处,难怪范仲淹要说自己是因祸得福,"谪官却得神仙境
了"。范仲淹不仅以"潇洒"形容严州山水,更以之概括人文之精神,因此才会有
"潇洒桐庐郡"之说。"潇洒"二字,抓住了严州山水和人文的气质、神韵,可谓千
古不朽。② 但后来的情况就有了变化。仁宗后期,张伯玉二任睦州(一次任通

---

① 〔宋〕范仲淹:《范文正公文集》卷五《潇洒桐庐郡十绝》,李勇先、王蓉贵校点:《范仲淹全集》,四川
大学出版社 2002 年版,上册,第 96—99 页。
② 参见建德市政协编:《严州古城——梅城》,中华书局 2004 年版,第 235—236 页。

判、一次任知州），他眼中的睦州已经是"千家楼阁丽朝晖"①了。

五、钱塘江诗路的繁荣——南宋诗歌中的钱塘江

南宋时的文学现象、文学形态、文学性质等均具有鲜明时代特点和重要历史地位。其时的作家、作品，不仅数量巨大，明显地超过了北宋，而且在内蕴特质、艺术成就上也有自己的特点。

（一）词

就词人来说，辛弃疾、姜夔、吴文英、李清照、张炎、陆游、王沂孙、周密、史达祖、刘克庄、张孝祥、高观国、朱敦儒、刘过、张元幹、叶梦得等都有关于钱塘江的词作。

1.宫中的文学创作活动

南宋凤凰山的皇宫内，时常会举行文学创作活动。有一天晚上，宫中词人以月词为例，进行创作。其中，曾觌《壶中天》词云："素飙漾碧，看天衢稳送，一轮明月。翠水瀛壶人不到，比似世间秋别。玉手瑶笙，一时同色，小按霓裳叠。天津桥上，有人偷记新阕。当日谁幻银桥，阿瞒儿戏，一笑成痴绝。肯信群仙高宴处，移下水晶宫阙。云海尘清，山河影满，桂冷吹香雪。何劳玉斧，金瓯千古无缺。"赵构听后大喜，曰："从来月词，不曾用金瓯事，可谓新奇。"赐金束带紫番罗水晶碗，孝宗亦赐其宝盏。直至深夜一更五点，太上皇才准备回德寿宫。这一夜，据说钱塘江对岸的西兴亦听到了宫中的音乐。②又，钱塘江江潮为天下所独有，南宋帝王时常宣谕侍官各赋诗词娱乐。《武林旧事》载淳熙十年（1183）八月观潮，"太上（高宗）宣谕侍宴官，令各赋《酹江月》一曲，至晚进呈。太上以吴琚为第一"，其词曰：

玉虹遥挂，望青山隐隐，一眉如抹。忽觉天风吹海立，好似春霆初发。白马凌空，琼鳌驾水，日夜朝天阙。飞龙舞凤，郁葱环拱吴越。此景天下应无，东南形胜，伟观真奇绝。好是吴儿飞彩帜，蹴起一江秋雪。黄屋天临，水犀云拥，看击中流楫。晚来波静，海门飞上明月。③

---

① 〔宋〕张伯玉《睦州》："千家楼阁丽朝晖，人到于今说钓矶。雨后数峰骄欲斗，春来两港活如飞。高吟多谢沈запад令，中酒长怜杜紫微。更爱严城无锁处，白云摇漾去还归。"〔宋〕董弅编：《严陵集》卷四，文渊阁《四库全书》本。

② 〔明〕杨慎：《词品》卷四《月词》，载《词话丛编》第1册，中华书局1986年版，第487页。

③ 〔宋〕周密：《武林旧事》卷七《乾淳奉亲》，浙江人民出版社1984年版，第124—125页。

上阕围绕"观潮"写潮起、潮势、潮声、潮去，下阕写观潮者、水军、弄潮儿，巧妙地将高宗和孝宗的对话融入词中，并借用祖逖之典，暗示孝宗恢复中原之志，堪称应制词中的佳作。两宫赏赐了很多金银，至月上始告结束。①

除宫中时常要举行文学创作活动，南宋宫中也多有擅长诗词的女子，对象包括皇后、嫔妃、公主和宫女等。例如宋端宗景炎元年(1276)丙子春正月："有王婉仪者，题《满江红》词于壁上云：'太液芙蓉，浑不似旧时颜色。曾记得春风雨露，玉楼金阙。名播兰簪妃后里，晕潮莲脸君王侧。忽一朝鼙鼓揭天来，繁华歇。龙虎散，风云灭，千古恨，凭谁说？对关河百二，泪沾襟血。驿馆夜惊尘土梦，宫车晓碾关山月。愿嫦娥相顾肯从容，随圆缺。'婉仪之词，传播中原，文天祥读之至末句，叹曰：'惜也，夫人于此少商量矣。'为之代作一篇云：'试问琵琶，胡沙外套生风色。最苦是姚黄一朵，移根仙阙。王母欢阑琼宴罢，仙人泪满金盘侧。听行宫雨半夜淋铃，声声歇。彩云散，香尘灭，铜驼恨，那堪说。想男儿慷慨，嚼穿龈血。回首昭阳离落月，伤心铜雀迎新月。算妾身不顾是天家，金瓯缺。'又和云：'燕子楼中，又挨过几番秋色。相似处如梦，乘鸾仙阙。肌玉暗消衣带缓，泪珠斜透花钿侧。最无端蕉影上窗纱，青灯歇。曲池合，高台灭，人间事，向堪说。向南阳阡上，满襟清血。世态便如翻覆雨，妾身元是分明月。笑乐昌一段好风流，菱花缺。'婉仪名清惠，字冲华，后为女道士。"②南宋末年宫妃王婉仪的《满江红》词，能够受到文天祥的评价，反映了南宋宫廷女子诗词教育水平之高。

2. 南宋词人的钱塘江词作

伴随着观潮活动的兴盛，钱塘江潮作为一种文化，融入南宋文人的心灵世界里，并被南宋词人广泛地带入词的创作中。他们常常借着汹涌的钱塘江潮抒怀，字里行间透露出豪迈悲凉的气息。③ 李光、朱敦儒、辛弃疾、陈人杰、赵鼎、史浩、曾觌、吴琚等就创作了许多与此相关的作品。

李光(1078—1159)，字泰发，号转物老人，越州上虞(今浙江宁波)人。崇宁五年(1106)进士，高宗朝迁为参知政事。他与李纲、赵鼎、胡铨并称为"南宋四大名臣"。因论和战与宰相秦桧不合，屡遭贬谪。去世后谥号庄简。著作有《庄简集》《庄简词》等。工诗词。绍兴二年(1132)，李光罢江东安抚大使返乡，途经

---

① 〔明〕杨慎：《词品》卷四《潮词》，载《词话丛编》第 1 册，中华书局 1986 年版，第 487 页。
② 丁传靖辑：《宋人轶事汇编》卷三，中华书局 1981 年版，第 104—105 页。
③ 参见谭钟琪：《文化视野下的南宋观潮词》，《中南民族大学学报（人文社会科学版）》2005 年第 3 期。

严陵濑时作《水调歌头·罢政东归十八日晚抵西兴》：

> 兵气暗吴楚，江汉久凄凉。当年俊杰安在，酌酒醉严光。南顾豺狼吞噬，北望中原板荡，矫首讯穹苍。归去谢宾友，客路饱风霜。闭柴扉，窥千载，考三皇。兰亭胜处，依旧流水绕修篁。傍有湖光千顷，时泛扁舟一叶，啸傲水云乡。寄语骑鲸客，何事返南荒。①

词中融入了他的爱国忧时之情与江山之思。上阕激越，下阕飘逸。

朱敦儒（1081—1159），字希真，洛阳（今河南洛阳）人。历秘书省正字、兵部郎中、临安府通判、秘书郎、都官员外郎、两浙东路提点刑狱、鸿胪少卿等。著有《岩壑老人诗文》，已佚；今有词三卷，名《樵歌》。其《西江月》二首，词浅意深，可以警世之役于非望之福者。其《相见欢》云："东风吹尽江梅。橘花开。旧日吴王宫殿长青苔。今古事，英雄泪，老相催。常恨夕阳西下晚潮。"《鹧鸪天》云："检尽历头冬又残。爱他风雪耐他寒。拖条竹杖家家酒，上个篮舆处处山。添老大，转痴顽。谢天教我老年闲。道人还了鸳鸯债，纸帐梅花醉梦间。"其《水龙吟》末云："奇谋报国，可怜无用，尘昏白羽。铁锁横江，锦帆冲浪，孙郎良苦。"从上述词句中亦可知其为人。②《好事近·渔父》词则描写钱塘江风情："拨转钓鱼船，江海尽为吾宅。恰向洞庭沽酒，却钱塘横笛。醉颜禁冷更添红，潮落下前碛。经过子陵滩畔，得梅花消息。"

张元幹（1091—1161），字仲宗，号芦川居士，又号真隐山人，永福（今福建永泰）人。工词，早在北宋承平时，其词就以婉丽见长，人称其词"极妩秀之致，真堪与片玉、白石并垂不朽"③。所著有《芦川归来集》《芦川词》。他在南宋都城临安时，诗词创作非常活跃，如其《渔家傲》一词云："钓笠披云青嶂绕。绿蓑雨细春江渺。白鸟飞来风满棹。收纶了。渔童拍手樵青笑。明月太虚同一照。浮家泛宅忘昏晓。醉眼冷看城市闹。烟波老。谁能认得闲烦恼。"胡仔在临安时与张元幹从游甚久，张元幹手写此词相示，说是过去所作。其词第二句，原是"撅头雨细春江渺"，胡仔对张元幹说："撅头虽是船名，今以雨衬之，语晦而病，

<hr>

① 唐圭璋编：《全宋词》，中华书局1965年版，第785页。
② 〔明〕杨慎：《词品》卷四《朱希真》，载《词话丛编》第1册，中华书局1986年版，第488页。
③ 〔清〕毛晋：《芦川词跋》，附《芦川词》，文渊阁《四库全书》本。

因为改作绿蓑雨细。"张元幹笑以为然。① 张元幹词作中也多有描写钱塘江潮的句子,如《八声甘州·西湖有感寄刘颜》:"更潮头千丈,江海两崔嵬。"

辛弃疾(1140—1207),字幼安,号稼轩居士,济南历城(今山东济南)人。有《稼轩词》,今存词 620 余首,数量为唐宋词人之最,而其尤以豪放词风为世所称。如《摸鱼儿·观潮上叶丞相》为南宋词作中的上乘之作,曰:"望飞来半空鸥鹭,须臾动地鼙鼓。截江组练驱山去,鏖战未收貔虎。朝又暮。悄惯得、吴儿不怕蛟龙怒。风涛平步。看红旆惊飞,跳鱼直上,蹴踏浪花舞。凭谁问,万里长鲸吞吐,人间儿戏千弩。滔天力倦知何事?白马素车东去。堪恨处,人道是、属镂子胥冤愤终千古。怨愤足千古。功名自误。漫教得陶朱。五湖西子。一舸弄烟雨。"上阕着力描绘钱塘江秋潮雄伟壮观的景象和弄潮儿的英雄气概,从侧面表达了词人对祖国壮丽山河的热爱。首四句写潮来时惊天动地的气势,先写天空飞鸟,继写江面波涛,有声有色,使读者如闻其声,如见其形,颇有身临其境之感。此词的艺术境界也远不止于此,面对"万里长鲸吞吐"般浩大的潮水,词人思绪万千,他想起后梁钱武肃王命令数百名弓弩手用箭射潮头,企图阻止潮水前进,所以说"人间儿戏千弩",其结果便是"滔天力倦知何事,白马素车东去"。辛弃疾在这里以伍子胥自喻,他想到自己光复中原的建议不被朝廷采纳,而且由此引来了恶意的攻击,受到贬谪,无法为国家建功立业,所以下句说"功名自误"。"漫教得陶朱,五湖西子,一舸弄烟雨",说的是吴王不听伍子胥的建议而亡国之后的事。陶朱公范蠡帮助越王句践灭吴后,便携西施乘小舟隐遁于"五湖"之中。辛弃疾忆起历史上的吴、越之争,联想到眼前国家命运之不堪,所以结尾意境极沉郁,与此词开头的阔大气魄对应来看,就可以看出他无时无地不在惦念国事,观潮、看"吴儿"戏水,本来兴高采烈,但触景伤情,他仍然无法摆脱惆怅、郁闷。此词或写景,或用典,无不生动自然。由观潮想到令人痛心的历史往事,想到自己的处境和国家的命运,词人时刻想着国家,他的爱国之情也就常常在他的作品中表现出来。又如《水龙吟·甲辰岁寿韩南涧尚书》:

渡江天马南来,几人真是经纶手?长安父老,新亭风景,可怜依旧!夷甫诸人,神州沉陆,几曾回首!算平戎万里,功名本是,真儒事、君知否?况有文章山斗,对桐阴、满庭清昼。当年堕地,而今试看,风云奔走。绿野风

---

① 〔宋〕胡仔:《苕溪渔隐词话》卷二,载《词话丛编》第 1 册,中华书局 1986 年版,第 176、181 页。

烟,平章草木,东山歌酒。待他年、整顿乾坤事了,为先生寿。①

　　寿词本是应酬之体,辛弃疾却借寿词议论国家大事,抒发理想抱负,变善祷善颂为激励之词,格调颇高,亦体现出其英雄本色。②

　　史达祖(1163—1220?),字邦卿,号梅溪,汴梁(今河南开封)人。南宋词人。一生未得科名,韩侂胄当国时以其为堂吏,颇得宠信,负责撰拟文书。开禧三年(1207)韩侂胄被杀,史达祖也受黥刑流放,死于困顿之中。其词以咏物名世,风格工巧绮丽,有《梅溪词》一卷,存词112首。清代楼敬思感慨曰:"史达祖南渡名士,不得进士出身。以彼文采,岂无论荐,乃甘作权相堂吏,至被弹章,不亦屈志辱身之至耶! ……乃以词客终其身,史臣亦不屑道其姓氏,科目之困人如此,不禁三叹。"③其《满江红·中秋夜潮》云:

　　　　万水归阴,故潮信、盈虚因月。偏只到、凉秋半破,斗成双绝。有物揩磨金镜净,何人拿攫银河决。想子胥、今夜见嫦娥,沉冤雪。光直下,蛟龙穴。声直上,蟾蜍窟对望中天地,洞然如刷。激气已能驱粉黛,举杯便可吞吴越。待明朝、说似与儿曹,心应折。④

　　史达祖这首题为"中秋夜潮"的词作,继承了苏、辛"豪放"之词风,写出了皎洁的中秋月色和钱塘夜潮的浩荡气势。整首词紧紧围绕中秋夜里的海潮和明月来写:月有盈缺,潮有涨落,潮之涨落却与月之盈缺相应相生;月光雪白晶莹,潮头也是如雪山般喷涌而来,仿佛月有声、潮有影,谁还能辨得清哪波是"潮"、哪波是"月"。这里的一个"雪"字,象征着伍子胥的"沉冤"得以昭雪! 作者借白浪、皓月的景象来表达伍子胥那纯洁无垢的心迹,抒发了自己胸中的一股激情与豪情,令人读后产生如闻钱塘潮般击荡于耳、嗡嗡回旋的感受。

　　总之,"弄潮儿"形象的不断深化是南宋观潮词的一个突出特点。在这一时期,弄潮儿的身份趋向多样化,在当时词人的眼中,"弄潮儿"贾勇也不再以售艺作为唯一目的。他们在巨浪中搏击,以迎接生命的挑战为荣,弄潮仿佛是一场

①　唐圭璋编:《全宋词》,中华书局1965年版,第1868页。
②　王水照、熊海英:《南宋文学史》,人民出版社2009年版,第190页。
③　参见张宗橚编,杨宝霖补正:《词林纪事补正》,上海古籍出版社1998年版,第796页。
④　〔宋〕史达祖:《满江红·中秋夜潮》,载唐圭璋编:《全宋词》,中华书局1965年版,第4册,第2343页。

特殊的战斗,而海边潮头便成了一个特殊的战场。由此,弄潮也从北宋词作中博艺夸能的市井英雄形象,一步步升华为南宋词人心中杀敌报国的理想化身,是射潮英雄在新时代文化背景下的进一步发展。①

3.女词人李清照与钱塘江

南宋时,钱塘江流域的文化明显受到北方中原文化的影响,如金华的婺学。朱熹说:"某尝谓气类近,风土远。气类才绝,便从风土去。且如北人居婺州,后来皆做出婺州文章,间有婺州乡谈在里面者,如吕子约辈是也。"②吕子约即吕祖俭,为吕祖谦弟。作为"北人居婺州"的吕祖谦,也不可避免地受到影响。而钱塘江流域的"南渡"的北人中,李清照便是其中之一。

李清照(1084—1155),自号易安居士,齐州章丘(今山东济南)人。系宋代著名女词人。父亲李格非,字文叔,为北宋有名的士大夫,有文名,曾以文章受知于苏轼,与廖正一、李禧、董荣称"苏门后四学士"。其传世著作有《洛阳名园记》。李清照的丈夫赵明诚(1081—1129)出身官宦之家,其父赵挺之(1040—1107)曾于徽宗朝拜相。不过,赵明诚后来的成就,并不在其仕宦,而在好古嗜书,长期收集和整理石刻碑文,撰有金石学名著《金石录》。李清照"自少年便有诗名,才力华赡,逼近前辈"③。她善属文,工诗,尤长于词,《漱玉词》现存50余首,无一不精。

宋徽宗建中靖国元年(1101),18岁的李清照嫁给了赵明诚。建炎二年(1128)十二月,青州沦陷,留存老家的书籍文物,皆毁于战火。次年八月十八日,赵明诚感染暑疾,病逝于建康(今江苏南京)。大约在建炎三年(1129)十一月到十二月初,李清照第一次南逃途中匆匆路过临安。④ 又据李清照《〈金石录〉后序》自述,绍兴二年(1132)春,她再度自越州返回临安。绍兴四年(1134)九月,金和伪齐合兵渡过淮河,消息传到临安后,引起朝野上下一片恐慌,人们纷纷逃奔。据该年十一月二十四日李清照所撰《打马图经序》自述:"今年十月朔,闻淮上警报,江浙之人,自东走西,自南走北,居山林者谋入城市,居城市者谋入山林,旁午络绎,莫不失所。易安居士自临安溯流,涉严滩之险,抵金华,卜居陈氏第。乍释舟楫,而见窗轩,意颇适然……"据此可知,李清照被迫于绍兴四年

---

① 参见谭钟琪:《文化视野下的南宋观潮词》,《中南民族大学学报(人文社会科学版)》2005年第3期。

② 〔宋〕朱熹著,〔宋〕黎靖德编:《朱子语类》卷一四〇,文渊阁《四库全书》本。

③ 〔宋〕王灼:《碧鸡漫志》,见唐圭璋编纂:《词话丛编》,中华书局1985年版,第88页。

④ 王璠:《李清照研究丛稿》,内蒙古人民出版社1987年版,第99页。

十月离开临安,沿着钱塘江水路而上,经过严州后抵达金华,寄居在一位陈姓朋友家中。寓居金华期间,李清照创作有《晓梦》《武陵春》《题八咏楼》等诗词和《打马图经》《打马赋》等作品,其中文字多有流离之情。如《武陵春》云:

> 风住尘香花已尽,日晚倦梳头。物是人非事事休,欲语泪先流。闻说双溪春尚好,也拟泛轻舟。只恐双溪舴艋舟,载不动,许多愁。

又如《题八咏楼》诗:"千古风流八咏楼,江山留与后人愁。水通南国三千里,气压江城十四州。"①《夜发严滩》诗:"巨舰只缘因利往,扁舟亦是为名来。往来有愧先生德,特地通宵过钓台。"②

大约在绍兴五年(1135)五月以后,李清照又返回临安,晚年便定居于此,直到绍兴二十五年(1155)去世,享年72岁。③ 在此期间,李清照常怀京、洛旧事。某年元宵佳节,赋《永遇乐》词。其谓:

> 落日熔金,暮云合璧,人在何处? 染柳烟浓,吹梅笛怨,春意知几许。元宵佳节,融和天气,次第岂无风雨。来相召,香车宝马,谢他酒朋诗侣。
>
> 中州盛日,闺门多暇,记得偏重三五。铺翠冠儿,撚金雪柳,簇带争济楚。如今憔悴,风鬟霜鬓,怕见夜间出去。不如向,帘儿底下,听人笑语。④

这首词上阕写元宵时节天气融和、景物相宜之景,但蓦地一句"人在何处",即将从佳节氛围中跳脱出来,想到自己漂泊异乡,纵有朋友相邀吟咏,终不免情绪低落,无心游赏。下阕更记起汴京往事,故都的元宵一派繁盛热闹,当初自己正值青春年华,更有丈夫赵明诚相伴,无限甜蜜。如今却是往事如烟,恍如隔世,旧京沦陷,旧人逝去,而自己亦与岁月共憔悴。国事不堪,家事不堪,人生情何以堪? 因此,他怕在夜间踏月出门,不如独自躲在垂帘之下,旁听他人的欢声

---

① 〔宋〕李清照著,徐培均笺注:《李清照集笺注》卷二,上海古籍出版社2002年版,第241页。

② 〔宋〕李清照著,徐培均笺注:《李清照集笺注》卷二,上海古籍出版社2002年版,第240页。

③ 参见何兆泉:《南宋名人与临安》,杭州出版社2010年版,第60—62页。然学者黄墨谷认为李清照可能在绍兴八年才重返临安,参见氏著:《重辑李清照集》,齐鲁书社1981年版,第179页。

④ 〔宋〕张端义:《贵耳集》卷上,商务印书馆1937年《丛书集成初编》本,第13—14页。有学者将该词系于绍兴九年元宵,参见李清照著,徐培均笺注:《李清照集笺注》,上海古籍出版社2002年版,第150—151页。

笑语。全词语虽平常，却字字沉痛，读来令人心酸。①

吴文英（1212？—1272？），字君特，号梦窗，晚号觉翁，四明（今浙江宁波）人，是南宋词坛与姜夔、辛弃疾鼎足而立的著名词家。著有《梦窗词》，存词350余首。作品除应酬之作，多为感旧怀人和咏物之词。其《齐天乐·与冯深居登禹陵》是登临感怀之名篇。其词写景、抒情皆给人寥远苍茫之感联想到大禹藏书的传说，由眼前的"积藓残碑、零圭断璧"联想到禹庙梁上神龙于风雨中"飞入镜湖与龙斗""此复归，水草被其上"的故事，景色苍凉，传说幽渺，词中时空、物我、主客、虚实错综杂糅，而以思绪流淌为线索，写出心中恍惝难言的感受，笔法十分奇特。②

　　天台陈刚中孚在燕，端阳日当母诞，作太常引二首，其一云："采丝堂敞簇兰翘。记生母、在今朝。无地捧金蕉。奈烟水、龙沙路遥。碧天迢递，白云何处，急雨潇潇。万里梦魂销。待飞逐、钱塘夜潮。"③

　　谢希孟在临安狎娼，陆氏象山责之曰："士君子乃朝夕与贱娼女居，独不愧于名教乎？"希孟敬谢，请后不敢，他日复为娼造鸳鸯楼。象山闻之，又以为言，谢曰："非特建楼，且有记。"象山喜其文，不觉曰："楼记云何？"即口占首句云："自逊、抗、机、云之死，而天地英灵之气，不钟于世之男子而钟于妇人。"象山默然。希孟一日在娼所，忽起归兴，遂不告而行。娼追送江浒，泣涕恋恋。希孟毅然取领巾书一词与之，云："双桨浪花平夹岸，青山锁你自归家。我自归说着如何过？我断不思量，你莫思量我，将你从前于我心，付与旁人呵。"④

　　近时有士人，常于钱塘江涨桥为狭邪之游，作乐府名玉珑璁云："城南路。桥南路。玉钩帘卷香横雾。新相识。旧相识。浅颦低笑，嫩红轻碧。惜、惜、惜。刘郎去。阮郎住。为云为雨朝还暮。心相忆。空相忆。露荷心性，柳花踪迹。得、得、得。"其后朝廷复收河南，士人者陷而不返。其友作诗寄之，且附以龙涎香。诗云："江涨桥边花发时。故人曾共着征衣。请君莫唱桥南曲，花已飘零人不归。"士人在河南得诗，酬之云："认得吴家心

---

①　参见何兆泉：《南宋名人与临安》，杭州出版社2010年版，第73页。
②　王水照、熊海英：《南宋文学史》，人民出版社2009年版，第308页。
③　〔明〕杨慎：《词品》卷五《陈刚中词》，载《词话丛编》第1册，中华书局1986年版，第506页。
④　〔明〕陆楫：《谈薮》，载《古今说海·说略十六》，巴蜀书社1981年版，第502页。

字香。玉窗春梦紫罗囊。馀薰未歇人何许，洗破征衣更断肠。"①

此外，南宋人的笔记中亦记有他们创作观潮词的故事。如《洞箫图志》卷五载："陆永仲，字维之，余杭人……作《观潮·酹江月词》云……高宗见之嘉赏，召见，辞不赴。"②这是不图名利的美谈。

综上所述，可见南宋有关钱塘江的词作迭出，具有艺术成就高、影响大、流传广的特点。作者身份除了爱国词人，还有中兴名臣、宫廷巨擘、婉约名家等。

（二）诗歌

南宋钱塘江流域的诗歌创作亦极为繁盛。据学者统计，《全宋诗》总数为254240首，数量最多的前十位，依次是陆游（9271首）、刘克庄（4557首）、杨万里（4284首）、赵蕃（3735首）、梅尧臣（2933首）、方回（2824首）、苏轼（2824首）、韩淲（2624首）、张耒（2268）、黄庭坚（2204）。③ 这十人中，陆游和方回便长期生活在这里，另外南宋诗坛有"中兴四大诗人"之称的杨万里、范成大两位大诗人，以及刘克庄等人也撰写有许多有关钱塘江的诗作。

1."中兴四大诗人"的钱塘江诗作

陆游（1125—1210），字务观，号放翁，越州山阴（今浙江绍兴）人。陆佃孙，陆宰子。他的一生与钱塘江文化密切相关。他三次赴临安应试，三次在临安任官。62岁那年，复起知严州（今浙江建德），赴任前依例至临安过阙陛辞，孝宗劝勉他："严陵山水胜处，职事之暇，可以赋咏自适。"④淳熙十五年（1188），严州任满的陆游终于除为军器少监，第二次到临安任职。次年，擢礼部郎中，兼实录院检讨官。期间，陆游寓居临安"砖街巷街南小宅之南楼"⑤，即今杭州孩儿巷一带。⑥ 所著有《剑南诗稿》《渭南文集》《南唐书》《老学庵笔记》等。他才气超逸，平生作诗近万首，时人誉为"自过江后一人"⑦。陆游最擅长七言诗，其七古、七

---

① 〔宋〕吴曾：《能改斋词话》卷一《玉珑璁词》，载《词话丛编》第1册，第132页。
② 唐圭璋：《宋词纪事》，上海古籍出版社1982年版，第248页。
③ 参见罗凤珠：《引信息的"术"入文学的"心"——谈情感计算和语义研究在文史领域的应用》，《文学遗产》2009年第1期。
④ 〔元〕脱脱等撰：《宋史》卷三九五《陆游传》，中华书局1977年版，第34册，第12058页。
⑤ 〔宋〕陆游：《渭南文集》卷二七《跋松陵集三》，载《陆游集》，中华书局1976年版，第2243页。
⑥ 〔清〕丁丙：《武林坊巷志》，浙江人民出版社1990年版，第7册，第123页。
⑦ 〔宋〕刘克庄：《后村先生大全集》卷三六《题放翁像》其一，《四部丛刊初编》本。

律、七绝都有很高的造诣，人谓"工妙宏肆，可称观止"①。如淳熙元年（1174）所作《同何元立赏荷花，追怀镜湖旧游》：

> 少狂欺酒气吐虹，一笑未了千觞空。
> 凉堂下帘人似玉，月色泠泠透湘竹。
> 三更画船穿藕花，花为四壁船为家。
> 不须更踏花底藕，但嗅花香已无酒。
> 花深不见画船行，天风空吹白苎声。
> 双桨归来弄湖水，往往湖边人已起。
> 即今憔悴不堪论，赖有何郎共此尊。
> 红绿疏疏君勿叹，汉嘉去岁无荷看。②

此诗写在蜀州西湖赏荷并忆及他年轻时游会稽镜湖的情景，诗歌俊逸、清丽、层层转折，好语如贯珠，极富情韵。陆游的诗还涉及他在家乡的爱情故事，如其《禹迹寺南有沈氏小园，四十年前尝题小阕壁间，偶复一到，而园已易主，刻小阕于石，读之怅然》是光宗绍熙三年（1192）重阳后感念前妻唐氏而作，云：

> 枫叶初丹槲叶黄，河阳愁鬓怯新霜。
> 林亭感旧空回首，泉路凭谁说断肠。
> 坏壁醉题尘漠漠，断云幽梦事茫茫。
> 年来妄念消除尽，回向禅龛一炷香。③

二人早岁仳离，至此近 40 年。诗中写出孤寂、衰颓的老人之心境，前事茫茫，虽不能胜情，而终无可奈何，只能以佛家说的"空"去消释遗憾。总的来看，无论是古体还是近体，陆游的诗歌都显示出他才力宏富、感情诚挚的艺术个性。其诗在平易晓畅之中蕴涵着恢弘踔厉、从容磅礴的气象，这种气象是博采众家，

---

① 陈衍《石遗室诗话》卷二七认为："放翁七言体，工妙宏肆，可称观止。古诗亦有极工者，盖荟萃众长以为长也。"称道"剑南七绝，宋人中最占上峰"（《石遗室文集》三集）。又《宋诗精华录》卷三谓："剑南最工七律、七言绝句。略分三种：雄健者不空，隽异者不涩，新颖者不纤。"
② 〔宋〕陆游：《剑南诗稿》卷五，岳麓书社 1998 年版，第 416 页。
③ 〔宋〕陆游：《剑南诗稿》卷二五，岳麓书社 1998 年版，第 1809 页。

尤其是唐代大家之长而得之。①

范成大(1126—1193),字致能,号石湖居士,吴郡(今江苏苏州人)。绍兴二十四年(1154)进士,孝宗朝累迁至参知政事。有《石湖诗集》。他的诗作多描写钱塘江的景色,如《浙江小矶春日》云:"客里无人共一杯,故园桃李为谁开?春潮不管天涯恨,更卷西兴暮雨来。"②《长安闸》则一方面真实地记录了临安航道拥堵、车船喧集的繁忙景象,"是间袤丈许,舳舻蔽川来。千车拥孤隧,万马盘一杯。篙尾乱若雨,樯竿束如堆。摧摧势排轧,汹汹声喧豗。逼仄复逼仄,谁肯少徘徊";另一方面又借舟人的艰辛抒发感慨道:"……吾观舟中子,一一皆可哀:大为声利驱,小者饥寒催。古今共往来,所得随飞灰。我乃畸于人,胡为乎来哉?"③他登临南山,有《九月十日南山见梅》诗云:"五斗留连首屡回,来寻南涧濯尘埃。春风直恐渊明去,借与横斜对菊开。"生平酷爱梅花,称梅花是"天下尤物"。他对此次南山早梅印象深刻,在晚年撰写《梅谱》时还回忆说:"早梅……钱塘湖上亦有一种,尤早开。余尝重阳日亲折之,有'横枝对菊开'之句。行都卖花者争先为奇,冬初折未开枝置浴室中,熏蒸令拆,强名早梅,终琐碎无香。"④

杨万里(1127—1206),字廷秀,吉州吉水(今江西吉安)人。绍兴二十四年(1154)进士,张浚教之以"正心诚意",遂号诚斋。仕孝、光两朝,有《诚斋集》。其描写钱塘江的诗数量不少,如《浙江观潮》:"海涌银为郭,江横玉系腰。吴侬只言黠,到老也看潮。"⑤《甲午出知漳州晓发船龙山暮宿桐庐二首》之一:"一席清风万壑云,送将华发得归身。海潮也怯桐江净,不遣涛头过富春。"⑥《晚憩富阳二首》:"苕溪到得富春滩,度绿穿青半日间。未出浙西心已喜,眼中初见浙东山。""春余客里政无聊,忽报潮头雪样高。急唤清空竹陵酒,旋尝梅子与樱桃。"⑦《富春登舟待潮回文》:"山接江清江接天,老人渔钓下前滩。寒潮晚到风无定。船泊小湾春日残。"⑧

①　参见沈家庄:《论放翁气象》,《文学遗产》1999年第2期;王水照、熊海英:《南宋文学史》,人民出版社2009年版,第151、154页。

②　〔宋〕范成大:《石湖居士诗集》卷一,载《范石湖集》,上海古籍出版社2006年版,第10页。

③　〔宋〕范成大:《石湖居士诗集》卷一,载《范石湖集》,上海古籍出版社2006年版,第7页。

④　〔宋〕范成大:《范成大笔记六种·梅谱》,中华书局2002年版,第254页。

⑤　北京大学古文献研究所:《全宋诗》卷二二七八,北京大学出版社1991年版,第26122页。

⑥　北京大学古文献研究所:《全宋诗》卷二二八〇,北京大学出版社1991年版,第26153页。

⑦　北京大学古文献研究所:《全宋诗》卷二二八七,北京大学出版社1991年版,第26244页。

⑧　北京大学古文献研究所:《全宋诗》卷二二八七,北京大学出版社1991年版,第26244页。

　　李宗勉(？—1241)，字强父，杭州富阳人。南宋开禧元年(1205)进士，历任吏部架阁、太学正、国子博士、著作郎、参知政事、左丞相兼枢密使等职，以光禄大夫、观文殿大学士致仕。卒赠少师，谥文清。墓葬富阳城北小隐山。史载李宗勉为昭文相，曾到六和塔游览，题诗云："往来塔下几经秋，每恨无从到上头。今日登临方觉险，不如归去卧林丘。"①

　　姜夔《萧山》诗三首，皆为意境空灵、笔法清峭、格调高雅、情致隽永之作。严州乌石寺在高山之上，有武穆岳飞、循王张俊、太尉刘光世题名。刘光世文化水平低，无法书写，遂令侍儿意真代书。有鉴于此，姜夔题诗云："诸老凋零极可哀，尚留名姓压崔嵬。刘郎可是疏文墨，几点胭脂涴绿苔。"②

　　2.观潮诗

　　南宋时，观潮诗较多，有钱塘军人作《弄潮诗》赞曰：

弄罢江潮晚入城，红旗飐飐白旗轻。
不因会吃翻头浪，争得天街鼓乐迎？③

　　又，王琼《观潮》诗：

旗彩斜飞一命轻，舟人却立万舟迎。
不应当日将军事，犹到如今气未平。④

　　徐集孙《观秋潮》诗赞曰：

八月西风嘘沆瀣，长江协候肆澎湃。
钱塘王气天所钟，非为子胥逞灵怪。
海门三山缥缈青，双练夹岸奔雷霆。
蛟龙鼋鼍匿形影，银涛雪浪翻沧溟。

　　① 〔宋〕罗大经：《鹤林玉露》乙编卷二《六和塔诗》，中华书局1983年版，第130页。
　　② 〔宋〕罗大经：《鹤林玉露》乙编卷六《乌石题名》，中华书局1983年版，第219页。
　　③ 〔清〕厉鹗：《宋诗纪事》卷九六，上海古籍出版社1983年版，第4册，第2289页。
　　④ 〔宋〕陈起：《江湖小集》卷四八，文渊阁《四库全书》本。

踏浪群儿惯行险，出没波心旗闪闪。

须臾澌滟潮信平，荡漾渔舟千万点。

天低暮霭袭人衣，游子兴尽各云归。

独有骚翁看不足，吟到夜月扬清辉。①

3. 钓台诗作

施逵，字必达，建阳（今福建南平）人。少负其才，有诗名。建炎间早擢上第，为颍州教官，秩满而归。其《严子陵钓台》诗："悬崖断壑少人踪，只合先生卧此中。汉业已无一抔土，钓台今是几秋风。同学刘郎已冕旒，未应换与此羊裘。子云到老不晓事，不信人间有许由。"②

罗大经《鹤林玉露》一书也载有众多的钓台诗作：

余三十年前，于钓台壁间尘埃漫漶中得一诗云："生涯千顷水云宽，舒卷乾坤一钓竿。梦里偶然伸只脚，渠知天子是何官！"不知何人作也，句意颇佳。近时戴式之诗云："万事无心一钓竿，三公不换此江山。当初误识刘文叔，惹起虚名满世间。"句虽甚爽，意实未然。今考史籍，光武，儒者也，素号谨厚，观诸母之言可见矣。子陵意气豪迈，实人中龙，故有"狂奴"之称。方其相友于隐约之中，伤王室之陵夷，叹海宇之横溃，知光武为帝胄之英，名义甚正，所以激发其志气，而导之以除凶剪逆，吹火德于既灰者，当必有成谋矣。异时披图兴叹，岸帻迎笑，雄姿英发，视向时谨勒之文叔，如二人焉。子陵实阴有功于其间。天下既定，从容访帝，共榻之卧，足加帝腹，情义如此。子陵岂以匹夫自嫌，而帝亦岂以万乘自居哉！当是之时，而欲使之俛首为三公，宜其不屑就也。史臣不察，乃以之与周党同称。夫周党特一隐士耳，岂若子陵友真主于潜龙之日，而琢磨讲贯，隐然有功于中兴之业者哉！余尝题钓台云："平生谨敕刘文叔，却与狂奴意气投。激发潜龙云雨志，了知功跨邓元侯。""讲磨潜佐汉中兴，岂是空标处士名。堪笑史臣无卓识，却将周党与同称。"③

---

① 〔宋〕陈起：《江湖小集》卷一六，文渊阁《四库全书》本。

② 〔宋〕陈鹄：《西塘集耆旧续闻》卷六，中华书局 2002 年版，第 350 页。

③ 〔宋〕罗大经：《鹤林玉露》乙编卷四，中华书局 1983 年版，第 190 页。

六、钱塘江诗路的继续发展——元代诗歌中的钱塘江

元朝实现了南北统一,浙江成为全国性的游览胜地。许多外地知名的文人纷纷来钱塘江游览,他们在此聚会,为这里的湖光山色所陶醉,为这里的古迹而感慨,创作了大量的诗歌,其中有一些至今仍脍炙人口的诗篇。

(一)本地诗人的诗歌创作

1.汪元量诗歌中的钱塘江

汪元量(1241—约 1317),字大有、水方、楚狂,钱塘(今浙江杭州)人。幼时入宋宫,稍长,入宫给事,讲习书史。南宋度宗咸淳(1265—1274)初,以词章给事宫掖,并以琴事皇太后谢氏及王昭仪。恭帝赵㬎德祐二年(1276)春,元兵入杭,随幼帝赵㬎等被掳去大都(今北京),元量随行。至元十六年(1279)文天祥被俘至大都,元量曾多次慰问文天祥于囚所,以诗唱和,成为莫逆之交,并与文天祥以"必以忠孝白天下"相勉。后与宋三宫出居庸关至居延、天山,终以黄冠道流南归杭州,漫游四方,自号水云子。曾结诗社于杭州,后不知所踪。著有诗集《水云集》、词集《水云词》《湖山类稿》等。其诗皆清丽可人,有大量反映宋亡国变的诗篇,如《湖州歌》98 首、《越州歌》20 首、《醉歌》10 首。作品以高度的纪实性,超出此时其他遗民同类作品的深度和广度,能补正史之不足,道正史所不能言。"纪其亡国之戚,去国之苦,艰关愁叹之状,备见于诗。微而显,隐而彰,哀而不怨,唏嘘而悲",人谓可比杜甫诗记开元、天宝之事,故称"水云之诗亦宋亡之诗史"。① 杭城破,其诗有曰:"西塞山边日落处,北关门外雨来天。南人堕泪北人笑,臣甫低头拜杜鹃。"又曰:"钱塘江上雨初干,风入端门阵阵酸。万马乱嘶临警跸,三宫洒泪湿铃銮。童儿剩遣追徐福,厉鬼终当灭贺兰。若说和亲能活国,婵娟剩遣嫁呼韩。"《醉歌》后五首写元军入杭后的种种行为,其十云:"伯彦丞相吕将军,收了江南不杀人。昨日太皇请茶饭,满朝朱紫尽降臣。"②

作为一个杭州人,汪元量的"诗史"诗多涉及杭州。《湖州歌》之五说:"一掬吴山在眼中,楼台迢迢间青红。锦帆后夜烟江上,手抱琵琶忆故宫";之二十四说:"寻常只道西湖好,不识淮南是极边";《湖州歌》之三十说:"抛却故家风雨外,夜来归梦绕西湖";③至于《湖州歌》98 首,依次记述元兵入杭、宋室投降及元

---

① 〔元〕李珏:《湖山类稿跋》,载《增订湖山类稿》附录一,中华书局 1984 年版,第 188 页。
② 〔元〕汪元量:《增订湖山类稿》卷一,孔凡礼辑校,中华书局 1984 年版,第 14—16 页。
③ 〔元〕汪元量:《增订湖山类稿》卷四,孔凡礼辑校,中华书局 1984 年版,第 37 页。

量随行"杭州万里到幽州"时的所历所感。《湖州歌》中之湖州,指杭州城北傍运河之湖州市,南宋时湖州商贸极为兴盛。宋室被掳去人员,沿运河乘船而去大都。这组诗其一至其六写元兵入杭,宋室投降;其七至其六十八写赴大都及赴大都时途中的情况;其六十九至九十八写抵达大都后之情况。这98首《湖州歌》非作于一时,至大都后所集成。其一:

> 丙子正月十有三,挝鞭伐鼓下江南。
>
> 皋亭山上青烟起,宰执相看似醉酣。

皋亭山即今半山,在杭州北部,山旁即运河,其时伯颜驻兵皋亭,形成逼迫宋室投降的态势。宋室宰执相顾无言,面红耳赤。

汪元量也是南宋的遗民,同样工词,作有《水云词》,其中有《传言玉女·钱塘元夕》《满江红·吴山》等词写宋亡后西湖的景况。如《满江红·吴山》词:"一霎浮云,都掩尽、日无光色。遥望处、浮图对峙,梵王新阙。燕子自飞关北外,杨花闲度楼西侧。慨金鞍、玉勒早朝人,经年歇。昭君去,空愁绝。文姬去,难言说。想琵琶哀怨,泪流成血。蝴蝶梦中千种恨,杜鹃声里三更月。最无情、鸿雁自南飞,音书缺。"①

2. 元初的《宋宫观潮图》诗

至正二十年(1360)秋八月初,元人练川严恭拿出《宋宫观潮图》,请朋友观赏,并要大家题诗唱和,他说:"得奇语,始可抗浙江之奇观。"继而他又让家人拿出美酒,请大家品尝,希望大家畅饮酣醉后能为之吐锦囊句。这些诗歌皆雄强雅健,感慨悲壮。如杨维桢诗云:"八月十八睡龙死,海龟夜食罗刹水。须臾海劈鼋赭门,地卷银龙薄于纸。艮山移来天子宫,宫前一箭随西风。劫灰欲洗蛇鬼穴,婆留朽铁犹争雄。望海楼头夸景好,断鳌已走金银岛。天吴一夜海水移,马蹀沙田食沙草。厓山楼船归不归,七岁呱呱啼轵道。"又,张仁近诗:"神鳅怒决沧溟水,浪沸波腾亘天起。巨灵擘山山为开,玉龙卷雪从东来。腥风撼地坤舆剖,长江万鼓雷霆吼。雄威欲吞吴越军,强弩三千皆缩手。金堤既成事已非,钱塘江上开皇畿。雕阑玉槛照东海,贪看秋潮忘黍离。中原不复民易主,百万貔貅宿沙渚。倚楼望潮潮不来,六帝同归一邱土。人间废兴何代无?谁能耽乐

---

① 〔元〕汪元量:《增订湖山类稿》卷五,孔凡礼辑校,中华书局1984年版,第173页。

思艰虞？良工不解写无逸，丹青却作观潮图。"又，张宪（字思廉，号玉笥，会稽[今浙江绍兴]人）诗云："磁州夜走泥马驹，卧牛城中生绿芜。炎精炯炯照吴会，大筑钱塘作汴都。玉殿珠楼连翠阁，七宝帘栊敞云幕。生移艮岳过江南，不数东京旧欢乐。茂树盘盘迷绿云，龙飞凤舞峰峦奔。玉床下压大江小，海水正入东华门。木樨花开秋可数，纨纨灵鼍振天鼓。海开一线截江来，雪壁银城尽飞舞。吴商楚贾千万艘，黄龙战船头尾高。岂无海道走中土？长驱逐北乘风涛，烟霞苍苍绕城郭，屋瓦鱼鳞互参错。百万骄民事醉酺，坐使中原压羊酪。因循六帝不复仇，西风八月凭江楼。橇宫人饮白骨恨，洪波不洗青衣羞。邦基削尽师臣逐，轵道人稀子婴哭。绣胸文颈踏浪儿，反首谁能报君辱？庙子沙头卓大旗，天吴缩颈不敢驰。行人指塔话杨琏，三十六宫秋草腓。""至正二十一年（1361）秋八月既望，自姑苏来云间，寓延庆方丈，云谷讲师出《宋宫观潮图》征诗。尝记父老言，宋亡时丞相伯颜驻师沙上，潮不至者三日。又记，庚午岁正月十四晓，有雷自北高峰飞至故宫塔顶，火不灭者二日。抚卷忆旧，不觉慨然，为赋七言长诗一解，适宋仲温（名克，长洲[今江苏苏州]人，凤翔同知）至，遂命书之。"又，杨基（字孟载，号眉庵，吴人）："君不见，十五湖上月，十八江上潮。君王连日醉，伐鼓更吹箫。箫声忽如天上落，大内临江起飞阁，绣户朱楹十二阑，嫔娥岁岁观潮乐。潮水信可定，日夕来朝宗。人心独不如，而不思两宫。两宫未雪耻，屡下班师旨，白马素车神。何不令天吴，磔食大奸髓。奸髓不可食，国耻不可涤。嗟尔江上潮，虽雄亦可益？潮无益于人，看潮徒损神。横将铁骑来，三日飞埃尘，历数固有归，尔潮胡不仁？致令鸾凤雏，戚戚悲残春。春光浩无主，花落随暮雨。回首几秋风，旌旗又如许。又如许，君勿悲，古来在德不在险，一杯之潮安足奇？"①

（二）元代诗人作品中的钱塘江

元代与钱塘江有缘的诗人很多，如方回、龚璛、戴表元、仇远、张炎、白珽、萨都剌、黄溍、虞集、张养浩、张翥、钱惟善、张雨、张昱等。可以说，凡是到过钱塘江的诗人，无不因湖光山色引发创作的冲动，写下各种形式的诗篇。

戴表元（1244—1310），字帅初，一字曾伯，号剡源，庆元奉化（今浙江奉化）人。工诗文，著作有《剡源集》30卷、《剡源佚文》2卷、《剡源佚诗》6卷。他的弟

---

① 〔明〕郎瑛：《七修类稿·续稿》卷五《诗文类》，上海书店出版社2009年版，第588页。

子袁桷评价说："其文清深整雅，蓄而始发，间事摹画，而隅角不露。"①宋濂也对戴表元推尊备至："及览先生之作，新而不刊，清而不露，如青峦出云，姿态横逸，而联翩弗断；如通川萦纡，十步九折，而无直泻怒奔之失。"②如其《客钱唐，赠鲜于伯机、邓善之诸君，兼托善之书剧达寄赵子昂》诗："我昔杭州居，浮沉万公卿。重来故物尽，但有吴山青。"③他对钱塘江的中秋潮情有独钟，三十年后忆起当时醉坐吴山绝顶赏月观潮时的情景，仍心潮涌动："君不见浙江中秋中夜潮，凌空斗起如银桥。又不见西湖中秋中夜月，满眼玲珑散冰雪。红尘车马晓争门，画船歌鼓晚相闻。"④而《次韵林敬与浙江潮》则描绘了钱塘潮水的波澜壮阔和弄潮儿的活泼形象："海口初惊卷素红，江心忽见激层空。南来鬼泄鸥夷怒，西去天开铁箭功。渔子支持轻出汉，蜑人腾路斗称雄。同游四客君年少，奇气滔滔日未中。"⑤

仇远（1247—1332），字仁近，一字仁文，号山村民，钱塘（今浙江杭州）人。宋末元初文学家、书法家。宋亡，落魄江湖，博通经史，有诗声。至元（1264—1294）中，曾任溧阳儒学教谕、杭州路总管府知事等，致仕后家居钱塘，不久罢归。晚年曾住过余杭仇溪，归隐钱塘门白龟池边，时称"山村居"。死后葬在西湖北岸栖霞岭下。著有《仇山村集》《金渊集》，词集《无弦琴谱》。《无弦琴谱》存词120首，其词往往托物言情，寓意深远，词风凄婉蕴藉。如《钱塘观潮》："一痕初见海门生，顷刻长驱作怒声。万马突围天鼓碎，六鳌翻背雪山倾。远朝魏阙心犹在，直上严滩势始平。寄语吴儿休踏浪，天吴象罔正纵横。"⑥《渡越》："苍烟迷古道，白水满平畴。落雁湘湖月，孤名姑粤树秋。壮心消蜡屐，老泪入貂裘。市饮成凄断，何人识马周。"⑦

张炎（1248—1320），字叔夏，号玉田，晚号乐笑翁。先世凤翔（今陕西宝

①　〔元〕袁桷：《戴先生墓志铭》，载《戴表元集》下册，浙江古籍出版社2014年版，第806页。

②　〔明〕宋濂：《戴剡源先生文集序》卷首，载《戴表元集》下册，浙江古籍出版社2014年版，第811页。

③　〔元〕戴表元：《剡源佚诗》卷一，载《戴表元集》下册，浙江古籍出版社2014年版，第710页。

④　〔元〕戴表元：《剡源佚诗》卷二《仆异时尝中秋夜醉坐吴山绝顶观月，四无人踪，飘飘然江湖高爽处也。去之三十年，想念此乐如新。李公略坐中示高郎中画图，援笔为赋》，载《戴表元集》下册，浙江古籍出版社2014年版，第714—715页。

⑤　〔元〕戴表元：《剡源佚诗》卷五，载《戴表元集》下册，浙江古籍出版社2014年版，第788页。

⑥　翟均廉撰：《海塘录》卷二四，载《景印文渊阁四库全书》第583册，台北"商务印书馆"2008年版，第764页。

⑦　〔元〕仇远撰，项梦昶编：《山村遗集》，载《景印文渊阁四库全书》第1198册，台北"商务印书馆"2008年版，第69—70页。

鸡),寓居临安府(今浙江杭州)。曾祖父镃,祖父濡,父枢,皆是精通音律的词家。宋亡后,张炎家产丧失,遂浪迹江湖。他曾北游燕京(今北京),为谋求一官半职,却未如意,后返回杭州。往来于杭州、绍兴、苏州等地,创作了许多描写江浙一带农村生活的诗词。他与周密、戴表元、邓牧、王沂孙等南宋末年诗词家多有应酬与切磋诗词。①

白珽(1248—1328),字廷玉,号湛渊,晚号栖霞山人,钱塘(今浙江杭州)人。他自幼聪慧,喜读书,博通经史。南宋灭亡前夕,白珽作《西湖赋》,全面介绍西湖的山水古迹、风土人情。宋亡后,杭州一部分遗民组织诗社,名"孤山社",白珽便是孤山社的成员。元廷慕其才名,以安丰县丞召之,他推辞不赴,闭门读书十余年。后游中原、大都。为了生计,曾出任太平路儒学学正、常州路儒学教授、江浙儒学副提举、兰溪州判官等。晚年谢事归隐杭州,"所居西湖,有泉自天竺来,及门而汇,榜之曰湛渊,因以自号。晚归老栖霞,又号栖霞山人"。死后,葬在栖霞山之阳,"其子遵治命,题曰'西湖诗人白君之墓'"②。著有《湛渊遗稿》。其《同陈太博诸公登六和塔》诗:"龙山古化城,浮屠峙其巅。开殿生妙香,金碧森贝筵。应真俨若生,倒飞青金莲。头陀绀林丛,导我丹梯缘。初犹藉佛日,阅境鯈已玄。回头失谁何,叫啸衣相牵。且复忍须臾,当见快意天。娇儿诧先登,网户相钩连。炯若蚁在珠,九曲随盘旋。烂烂沧海开,落落云气悬。群峰可俯拾,背阅黄鹄骞。奇观兴懦夫,便欲凌飞仙。绝顶按坤维,始见南纪偏。神京渺何许,王气须停骖。舟车集百蛮,岛屿通人烟。一为帝王州,气压三大千。罡风洒毛发,绎语空蝉联。红红杏园花,愧乏慈恩篇。"③

萨都剌(1272—1355),字天锡,他的身份众说纷纭,应以回回人为是。泰定四年(1328)进士,曾任多种官职,晚年一度寓居杭州。为元代后期享有盛誉的诗人,有不少诗篇传诵一时。他"寓居武林,性好游,瓢笠芒屩遍走两山间,至得意处辄为诗歌以题咏之。今两山多有遗墨,而《西湖十景词》尤脍炙人口,竟莫知所终"④。著作有《雁门集》。史载其曾尝游吴山最胜处紫阳庵,遂有挂冠栖托之志,作诗曰:"天风吹我登鳌峰,大山小山石玲珑。赤霞日射紫玛瑙,白露夜滴

---

① 湖南师范学院中文系古代文学教研室编:《中国历代作家小传》中册,湖南文艺出版社 1986 年版,第 813 页。

② 〔明〕宋濂:《文宪集》卷一九《元故湛渊先生白公墓铭》,文渊阁《四库全书》本。

③ 〔元〕白珽:《湛渊集》,载《景印文渊阁四库全书》第 1198 册,台北"商务印书馆"2008 年版,第 95 页。

④ 〔清〕李卫编:《西湖志》卷二〇《名贤二》,引《杭州府志》,上海古籍出版社 1995 年版,第 1 页。

青芙蓉。飘飘云气穿石屋,石上凉风吹紫竹。解冠何日赋归来？煮石篝灯洞中宿。"自后和者不下百余人,好事者汇而刻梓。①

黄溍(1267—1357),字晋卿,义乌(今浙江义乌)人。元朝著名的文学家,与虞集、揭傒斯、柳贯齐名,号"儒林四杰"。他"弱冠西游钱唐",从当时的名士问学。延祐二年(1315)进士。出仕后曾任江浙儒学提举,又到杭州。其著作《金华先生文集》中有不少涉及钱塘江人物和名胜古迹的诗文。知名的有《吊宋内(凤凰山)》诗,云:"沧海桑田事渺茫,行逢遗老叹荒凉。为言故国游麇鹿,漫指空山号凤凰。春尽绿莎迷辇道,雨多苍翠上宫墙。遥知汴水东流畔,更有平芜与夕阳。"

吴师道(1283—1344),字正传,婺州兰溪(今浙江兰溪)人。著有《吴礼部诗话》。其《浙江》诗云:"两山喷雪眩转,三道奔波森漫。白塔故宫高殿,行人来倚阑干。"②《题高彦敬越山图三首》:"渔浦渡头烟淡,钱塘江上潮平。吴越兴亡何在,青山长对人横。""潮平风定日落,云白山青雨干。忆得晚秋天气,浙江亭上凭栏。""西域有兹奇士,东州无限佳山。一幅西兴渔浦,风流千载人间。"③

樊时中为浙江参政,曾去观潮,并题诗樟亭云:"烟波闪闪海门开,平地潜生万壑雷。大信不亏天不老,浙江亭上看潮来。"可见其志。

杨维桢(1296—1370),字廉夫,号铁崖,别号梅花道人、铁笛道人、东维子等,诸暨(今浙江诸暨)人。元泰定四年(1327)中进士,任天台县尹。三年后因得罪当地豪强而丢官,元统二年(1334)转任钱清盐场司令。五年后父亲去世,归乡守丧,继而母亲又谢世。至正元年(1341)服阕,遂携家赴钱塘,补官不得,于是浪迹钱塘、吴兴、平江、昆山和松江等地,授学为生。至正十年(1350),以友人荐举,得杭州四务提举一职。至正十六年(1356),转任建德路总管府理官。由此可见,他基本上活动和生活在钱塘江流域。他是元代最出色的诗人之一,诗文集有《东维子文集》《铁崖古乐府》等。他素爱杭州的山水,早在中举前便住在杭州吴山铁崖岭,在岭上种了数百株绿萼梅,又建层楼来放置万卷书籍,自号"铁崖"。他不分四季、昼夜,日日都在湖上游赏,以求穷西湖之趣,而且常常在

---

① 〔明〕陈霆:《渚山堂诗话》卷二,载《稀见明人诗话十六种》上,上海古籍出版社 2014 年版,第 18 页。

② 〔清〕翟均廉:《海塘录》卷二五,载《景印文渊阁四库全书》第 583 册,台北"商务印书馆"2008 年版,第 774 页。

③ 〔元〕吴师道:《礼部集》卷八,载《景印文渊阁四库全书》第 1212 册,台北"商务印书馆"2008 年版,第 81 页。

湖上欣赏歌舞、参加宴席。"闹红一舸"就是他在湖上所乘之船名,以姜夔词句为名。他独创的"湖上嬉春体"诗的《钱塘湖上五首之二》:"西子湖头春色浓,望湖楼下水连空。柳条千树僧眼碧,桃花一株人面红。天气浑如曲江节,野客正是杜陵翁。得钱沽酒勿复较,如此好怀谁与同!"真可谓风华绮丽,写得西湖春色明媚无比,也写出了他胸中无限真切的愤懑之情。再如《钱塘湖上》组诗里的"何处被春恼不彻?好春最好是湖边""可人坐上三株树,美酒沙头双玉船""燕子绕林红雨乱,鬼雏冲岸浪花圆""杏花城郭青旗雨,燕子楼台玉篴风"①等句,无不是一种轻灵明艳的感觉。再看他的《西湖》诗:"西湖风景开图画,墨客骚人入咏嗟。扇底龙鱼吹日影,镜中莺燕老年华。苏堤物换前朝柳,葛岭人耕故相家。今日消沉一杯水,两峰长照夕阳斜。"②有人斥他为"文妖",说瑰崛过之而雅正则远。这个"妖"字,正是杨维桢自称"铁崖体"诗的最大特色。

元代有很多表现钱塘江"弄潮"的诗作,如杨维桢《次韵省郎蔡彦文观潮长歌,录呈吴兴二守、云间先生》中的"招潮小儿不畏死,两鳌蹋浪心何粗"之句。他在至正初年首次有意识地大规模创作《西湖竹枝词》。他写《西湖竹枝词》时,已闲居西湖七八年,因常与住浴鹄湾黄蔑楼的张雨等诗人优游西湖、诗文唱和,有感于西湖风物之美,西湖清丽的水光山色渐渐充溢于他的胸间。于是有了这九首《西湖竹枝词》,其中便有关于钱江潮者,云:

> 望郎一朝又一朝,信郎信似浙江潮。
> 浙江潮信有时失,臂上守宫无日消。③

倪瓒看到杨维桢的《西湖竹枝歌》,为之心动,于是便依杨诗的格调写成八首《西湖竹枝歌》,借眼前之西湖景写心中事,其中不少就涉及钱江潮:"春愁如雪不能消,又见清明卖柳条。伤心玉照堂前月,空照钱塘夜夜潮。"但元人有诗云:"一着羊裘便有心,虚名浪说到如今。当年若着渔蓑去,烟水茫茫何处寻!"这意思是说严子陵若真心做隐士,就应该与普通的渔夫一般,蓑衣蓑笠,出没于烟水迷茫中,这样汉代的光武帝便无法找到他了!但他在炎热的六月却穿了羊裘,并且是反穿,自然是借此骇俗,这样来看便有点做作了。而刻意想傲王侯,

---

① 〔明〕田汝成:《西湖游览志余》卷一一《才情雅致》,上海古籍出版社 1998 年版,第 158 页。

② 〔清〕顾嗣立编:《元诗选》初集,中华书局 1987 年版,第 3 册,第 2012 页。

③ 〔元〕杨维桢:《西湖竹枝歌》,载《杨维桢诗集》,浙江古籍出版社 1994 年版,第 133—134 页。

未见得是真正的清高！①

除了以上几位诗人，元末杭州又有"钱塘十景"之说。此说始见于高得旸、凌云翰两人的诗集。高得旸作有《钱塘十景》诗，其所定十景分别为"西湖夜月""浙江秋涛""孤山霁雪""两峰插云""东海朝暾""北关夜市""九里云松""六桥烟柳""灵石樵歌""冷泉猿啸"。②

（三）元代词作中的钱塘江

刘辰翁（1232—1297），字会孟，号须溪，庐陵（今江西吉安）人。宋景定三年（1263）进士。因亲老请为赣州濂溪书院山长。咸淳元年（1265）为临安府教授，德祐元年（1275）入文天祥幕府。宋亡后托身方外，隐居著述以终。有《须溪集》传世。他的词抒写胸臆情怀，在宋亡前常将其忧国愤世之情付于词作，其词激越、劲健、豪壮、悲凉。如他写的《唐多令》，借钱江潮宣泄国仇家恨，寄托壮志难酬："万弩落潮头。灵胥还怒不。满湖山、犹是春愁。"

周密（1232—1298），字公谨，号草窗，济南（今属山东）人，流寓湖州（今属浙江），号弁阳老人，又号四水潜夫。宋亡不仕，寓杭州癸辛街。词集有《蘋洲渔笛谱》二卷、集外词一卷，《草窗词》二卷及补二卷。编选有《绝妙好词》。诗集有《草窗韵语》《弁阳诗集》《蜡屐集》，已佚。他早年即负词名，戈载的《宋七家词选》将周密与周邦彦、史达祖、姜夔、吴文英、王沂孙、张炎并列，称周密词"尽洗靡曼，独标清丽，有韶倩之色，有绵渺之思"。宋亡之后，周密的词常常寄托亡国之情，充满苍凉之感。恭帝德祐二年（1276）临安陷落，周密流亡至绍兴，作《一萼红·登蓬莱阁有感》云：

> 步深幽，正云黄天淡，雪意未全休。鉴曲寒沙，茂林烟草，俛仰千古悠悠。岁华晚、飘零渐远，谁念我、同载五湖舟？磴古松斜，厓阴苔老，一片清愁。回首天涯归梦，几魂飞西浦，泪洒东州。故国山川，故园心眼，还似王粲登楼。最怜他、秦鬟妆镜，好江山、何事此时游！为唤狂吟老监，共赋消忧。③

上阕写凄清空远之景，触发词人身世孤零、漂泊无依的感伤。下阕直抒胸臆，满

---

① 陈其英：《富春江上访严陵》，《旅行杂志》1947 年第 21 卷第 10 号。

② 〔明〕田汝成：《西湖游览志余》卷一二《才情雅致》，上海古籍出版社 1998 年版，第 179—180 页。

③ 唐圭璋编：《全宋词》，中华书局 1965 年版，第 3291 页。

心忧愤欲奔泻而出，又以"好江山、何事此时游"一语咽住，词哀婉而情跌宕，人谓"苍茫感慨，情见乎词""虽使美成、白石为之，亦无以过"①。此外，周密还引唐代杜牧《杭州新造南亭子记》中的"江平入天，越峰如髻，越树如发，孤帆白鸟，点尽（上声）疑在。半夜酒余，倚老松，坐怪石，殷殷潮声起于月外。东闽两越官游善地，天下名士多往之"②，描写钱塘江的优美风景。

王沂孙（1233—1293），字圣与，号碧山，又号中仙，会稽（今浙江绍兴）人。咸淳十年（1274）与周密订交，又与唐钰、张炎等交游酬唱。元至元中，曾任庆元路儒学学正，考其行事交游，仍属南宋遗民。传世有《碧山乐府》（或名《花外集》），存词 64 首，大半是咏物词，常将麦秀黍离、感喟苍凉之意寄托于风花雪月、粉怯珠愁中，词虽秀美秾丽，而感情沉哀入骨。如《齐天乐·蝉》词云：

> 　　一襟余痕宫魂断，年年翠阴庭树。乍咽凉柯，还移暗叶，重把离愁深诉。西窗过雨。怪瑶佩流空，玉筝调柱。镜暗妆残，为谁娇鬓尚如许。
> 　　铜仙铅泪似洗，叹携盘去远，难贮零露。病翼惊秋，枯形阅世，消得斜阳几度。余音更苦。甚独抱清高，顿成凄楚。谩想薰风，柳丝千万缕。③

上阕写蝉之形态，此蝉寄身于无情之碧树，或鸣咽于寒枝，或深藏于暗叶，而恨声不歇。首句用"齐王后怨愤而死后化蝉"之典，在蝉的意象中暗寓一长恨之人。雨来蝉振翅惊飞，词人却将之类比为女子环佩敲击、调筝移柱之声。又通过想象和修辞，勾勒出一位发鬓姣美而形容憔悴的玉人，与蝉翼关合。下阕首借用李贺诗，将蝉吸风饮露之习性与王朝盛衰兴亡结合。秋蝉无露可饮，更不堪秋寒，吟声酸楚更甚于前，结以表达今昔之感。④ 这首词的创作背景是元至元二十一年（1284）元僧杨琏真伽发南宋诸帝后陵，弃骨于草莽间事。有义士唐钰闻其事悲愤，与友人林德旸邀集里中少年收帝后遗骸共瘗之，且自宋故宫移置冬青树植于冢上。⑤ 此事件之后，周密、唐钰、王沂孙、张炎、王易简、冯应瑞、唐

---

① 〔清〕陈廷焯：《白雨斋词话》卷二"公谨一尊红"条，载《词话丛编》，人民文学出版社 1959 年版，第 3806 页。

② 〔宋〕周密：《澄怀录》卷上，《周密集》第五册，浙江古籍出版社 2015 年版，第 2 页。

③ 唐圭璋编：《全宋词》，中华书局 1965 年版，第 3357 页。

④ 参考叶嘉莹《王沂孙其人及其词》一文，见《迦陵论词丛稿》，河北教育出版社 1998 年版，第 159 页。叶嘉莹《唐宋词十七讲》第十七讲"王沂孙"，河北教育出版社 2003 年版。

⑤ 发陵惨状，见〔元〕陶宗仪《南村辍耕录》卷四《发宋陵寝》、周密《癸辛杂识》续集上《杨髡发陵》。

艺孙、吕同老、李居仁、陈恕可、赵汝钠、仇远等十四人,结吟社于越中,用五个不同的词调,以龙涎香、莼、蟹、蝉、白莲等五物分题赋词,共 37 首,编为《乐府补题》一集。清代厉鹗认为此一卷咏物词寄托了对发陵一事的哀痛之意,作诗感慨云:"头白遗民涕不禁,补题乐府在山阴。残蝉身世香莼兴,一片冬青冢上心。"①

陈以庄,字敬叟,号月溪,建安(今福建建瓯)人。曾撰有《水龙吟》一首,自注:"记钱塘之恨。盖谢太后随北虏去事也。"其词曰:"晚来江阔潮平,越船吴榜催人去。稽山滴翠,胥涛溅恨,一襟离绪。访柳章台,问桃仙囿,物华如故。向秋娘渡口,泰娘桥畔,依稀是、相逢处。窈窕青门紫曲,旧罗衣、新番金缕。仙音恍记,轻拢慢撚,哀弦危柱。金屋难成,阿娇已远,不堪春暮。听一声杜宇,红殷丝老,雨花风絮。"是时谢太后年 70 多岁,故有"金屋阿娇,不堪春暮"之句。又以秋娘、泰娘比之,惜其不能死。

七、钱塘江诗路的鼎盛(上)——明代诗歌中的钱塘江

(一)明代钱塘江的观潮诗作

钱塘江观潮风俗经久不衰,明代时有关的文学作品也是层出不穷。这些作品大多描绘各种姿态的潮水,在创作艺术上,运用白描、比喻、夸张等手法,突出钱塘潮的形、自、势,展现出丰富的想象力,给读者以强烈的视觉冲击力。同时作者又借潮水抒发心中的各种情感,如离愁相思、归隐避世、歌咏盛世、惊叹造化之妙等,于是钱塘潮也便成为一种文学意象。② 如明代刘绩《题西陵送别图送姚进士》中的"悠悠复悠悠,风吹江上舟。今朝天色好,送客西陵头。西陵在何许,幂历春郊树。搔首望行人,迢迢上京路。京路一千程,官梅照眼明。春风浓似酒,难浣别离情。别离余几日,忙得君消息。折取杏园花,慰我长相忆。相忆梦相仍,高楼只自登。春潮知我意,日夜向西陵"③。借潮水表达相思。明代来集之《百字令·乘潮晚渡》:"子胥怒气,亘万古、想见英雄本色。浩浩江流,平白地、卷起狂涛千尺。白练翻鱼,银花溅鸟,雷鼓惊虫蛰。钱王射弩,秦皇空自鞭石。眼见吴山影里,兴亡经几遍,故宫寥寂。东涨西坍,最恨是,两岸潮朝汐夕。

---

① 〔清〕厉鹗:《樊榭山房集》卷七《论词绝句》之六,文渊阁《四库全书》本。
② 乔国恒:《两宋钱塘潮诗词研究》,南京师范大学硕士学位论文,2008 年,第 14 页。
③ 钱谦益辑:《列朝诗集》乙集第八,载《四库禁毁书丛刊》集部第 95 册,北京出版社 1997 年版,第 623 页。

与月盈虚,随风进退,定不差时刻。素车白马,此恨如何消得。"《汉宫春·赠汪仲昌》:"千里飞帆,带皖江风色,远渡钱塘。正好荷叶帖绿,梅弹悬黄。端阳初过,吊湘魂、再整余觞。捉手臂、临风翦烛,相与闲话西窗。忆惜君家兄弟,我叨陪立雪,待罪名邦。霎时城生驼棘,海长田桑。神情面孔,满人闲、改尽炎凉。十载后、今余尔我,依然似雪肝肠。"①诗中借用伍子胥的历史典故,或表达忠信的主题,或寄托了故国往事的历史沧桑。明代汪应轸的《过竹林寺——上人乞赠萧邑丞》诗同样如此:"南越衣冠古,西陵感慨多。寒潮平到浦,比旧更如何。"②

　　明代诗歌中的观潮作品数量较多,因篇幅所限,以下仅讨论几个较有代表性的作品。

　　1. 刘基眼中的钱江潮

　　刘基(1311—1375)是元末明初著名的政治家、军事家、文学家。多才艺,能诗文,尤善形家言。曾于钱塘担任儒学提举,十年以后,刘基解官,与一朋友在海盐之横山再次相见,两人把臂道故,至于信宿。刘基对这个朋友说:"中国地脉俱从昆仑来,北龙、中龙人皆知之,惟南龙一支从峨眉并江而东,竟不知其结局处。顷从通州泛海至此,乃知海盐诸山是南龙尽处。"这个朋友问他是怎么知道的,刘基回答说:"天目虽为浙右镇山,然势犹未止,蜿蜒而来,右束黟、浙,左带苕、霅,直至此州长墙、秦驻之间而止。于是以平松诸山为龙,左抱以长江、淮、泗之水,以庆、绍诸山为虎,右绕以浙江、曹娥之水。然诸水率皆朝拱于此州,而后乘潮东出,前复以朝鲜、日本为案。此南龙一最大地也。"这个朋友又问:"此何人足以当之?"刘基说:"非周、孔其人不可,然而无有乎尔,吾恐山川亦不忍自为寂寂若此也。"③其诗歌众体皆备,有很高的成就。清代著名诗人沈德潜即言:"元季诗都尚辞华,文成独标高格,时欲追逐杜韩,故超然独胜,允为一代之冠"④,沈德潜对刘基在诗坛上的成就给予了肯定。有学者指出,刘基的诗歌深受韩愈诗风的影响,主要体现在意境的雄奇险异、气势的磅礴酣畅、语言的华丽艳奇诸方面⑤,《为詹同文题浙江月夜观潮图》即是典型例子。兹引如下:

---

① 饶宗颐初纂,张璋总纂:《全明词》,中华书局 2004 年版,第 2530 页。
② 姚成元:《明清钱塘潮意象研究》,《学术探索》2014 年第 4 期。
③ 〔元〕姚桐寿:《乐郊私语》"刘伯温论南龙",中华书局 2012 年版,第 124 页。
④ 〔清〕沈德潜:《明诗别裁集》卷一"引",上海古籍出版社 1997 年版,第 1 页。
⑤ 吕立汉:《刘基诗歌的表现手法和风格特征:刘基诗歌艺术研究之一》,《丽水学院学报》2007 年第 6 期。

君不见，四时平分成岁功，以秋继夏独不同。
炎官挟长握天炳，七月赤日炽玄穹。
蓐收抱钺蹲白水，野气赫赫摅赪虹。
阳侯喘汗河伯暍，少昊上诉愁天公。
会须万物长养遂，期以仲月虚宵中。
此夜姮娥魄正满，命驾四蟾骖两駥。
指挥禺强出元渚，荡涤歊熇清霾蒙。
河汉发源牛斗下，曲江上与天津通。
初看一发起溟徼，如曳组练来于东。
渐闻殷辚鼍鼓发，倏忽万雷声撼风。
天吴掉尾出溟涬，马衔扬鬐招海童。
霓旌缟帐鹭羽帱，瑶台十二浮空濛。
蕊珠仙人乘玉辂，腾驾鹤鹄飞氉毴。
长庚欻霍掞光耀，电母扶龙嗥戛铜。
宓妃起舞素女从，琼佩綷縩云帡幪。
冰绡雾縠纷飒缅，霜旂雪幡高翳空。
鲸鱼呀呷鲛鳄遁，蒲牢咆哮冯夷宫。
瞿塘巫峡起平地，滟滪若象麈回漴。
先驱已过赤亭嶂，后从始发龛山嵷。
商声爽淅合群籁，泽国凛溧寒欲冻。
先生玩月在楼上，夜气澄寂神和冲。
凭栏快睹烦暑退，呼儿命酒浇咽咙。
自舞自歌歌自作，月照白发三千总。
歌声迤扬林壑应，竹树戛击丝与桐。
渊鱼跃波栖鸟作，紫桂绕屋清香融。
君歌曲终响未终，我欲激烈留征鸿。
瞠眸相视俱老矣，况有聚病来交攻。
圣明天子御宇宙，威惠与天相比隆。
首丘倘许谢羁绊，犹有古月光曈胧。

行当唱和三百首,永与潮汐流无穷。①

由名称可知,该诗是刘基为友人詹同文所作。② 全文极尽铺张排比之势,语言铺陈繁复。该诗先描绘气候转换的情境,以"炎官""阳侯""河伯""少昊"等天神表现炎热的中秋时节之特点。诗人想象为是夜姮娥(即嫦娥)出行的隆重场景:车驾队伍浩浩荡荡,列仙相随,天河倾下,万雷震鸣,以此形容钱塘江大潮的奔腾壮阔。"初看一发起溟溦,如曳组练来于东。渐闻殷辚鼍鼓发,倐忽万雷声撼风",潮水从海面湧起,潮头白浪翻滚,远远望去就像一组白练从东而来。大潮逐渐逼近,声如巨雷。"鲸鱼呀呷鲛鳄遁,蒲牢咆哮冯夷宫。瞿塘巫峡起平地,滟滪若象麤回㳈",此句运用夸张的手法形容大潮的气势磅礴,狂涛汹涌。诗文结尾"先生玩月在楼上,夜气澄寂神和冲。凭栏快睹烦暑退,呼儿命酒浇咽咙。自舞自歌歌自作,月照白发三千总……瞠眸相视俱老矣,况有聚病来交攻"等句,描写诗人观潮的情形,流露出诗人对年华老去、疾病缠身的感伤。汹涌的江潮或许就像诗人一生波澜壮阔的经历,澎湃过后终归平静。"首丘倘许谢羁绊,犹有古月光朦胧。行当唱和三百首,永与潮汐流无穷"则表现出诗人欲归隐避世、以安顿生命的情意。总之,《为詹同文题浙江月夜观潮图》一诗雄壮磊落,想象奇特,纵横捭阖,可谓刘基诗词中表现瑰丽的想象和奇崛的风格的代表作。

2.高启的观潮诗

高启(1336—1374),字季迪,号槎轩,长洲(今江苏苏州)人。元末明初著名诗人。才华卓荦,学问渊博,能文,尤精于诗,兼采众家之长,诗风豪放雄浑,与刘基、宋濂并称"明初诗文三大家"③。他创作有观潮诗《宿汤氏江楼夜起观潮》,诗云:

① 〔明〕刘基:《为詹同文题浙江月夜观潮图》,载《刘基集》,浙江古籍出版社 1999 年版,第 298 页。
② 按:詹同文,名同。元彬州学正,陈友谅以为翰林学士承旨,入明后进翰林直学士、吏部尚书兼学士承旨。与刘基有诗往来。刘基有《为詹同文题浙江月夜观潮图》《戏为雪鸡篇寄詹同文》等。参见潘猛补:《刘基交游考》,载张显清主编:《明史研究》第 12 辑,黄山书社 2012 年版,第 65 页。徐文平:《元末至正时期刘基书画交游略考》,《浙江师范大学学报(社会科学版)》2012 年第 1 期。
③ 按:明末著名文学家王世贞在评论明初诗歌时将高启与刘基相提并论:"立赤帜者两家而已。才情之美,无过季迪;声气之雄,次及伯温。"王世贞:《艺苑卮言》卷五,载《弇州四部稿》卷一四八,文渊阁《四库全书》本。

舟师夜惊呼,隔浦乱灯集。潮声若万骑,怒夺海门入。

初来听犹远,忽过睇无及。震摇高山动,喷洒明月湿。

霜风助翻江,蛟龙苦难蛰。应知阴阳气,来往此呼吸。

登楼觉神壮,凭险方迥立。何处望灵旗,烟中去波急。[①]

此诗展现出诗人的才华横溢。此诗气势宏大,堂皇整饬,先写观潮时江边的景象,继而从潮来时开始描写潮水不断推进的过程,后描绘涌潮的状态直到潮水退却时的景色,中间又夹杂着作者本身的感受。整首诗脉络清晰,层次分明而富有变化。对潮水的描写给人留下了深刻的印象,使人看到诗就能在脑海中涌现出涌潮的整个过程。[②]

3.徐渭的观潮体会

徐渭(1521—1593),字文长,号天池,晚号青藤道士,山阴(今浙江绍兴)人。明代中叶著名文学家、书画家。著有《徐文长全集》《南词叙录》《四声猿》等。其文章纵肆,诗歌奇恣。他善于将不同的风格融为一体,形成自己诗歌的特色。他的诗歌将现实之境与精骛八极的想象融为一体,熔沉郁与奇谲的风格于一炉。如《八月十五映江楼观潮次黄户部》,诗云:

鱼鳞金甲屯牙帐,翻身却指潮头上。

秋风吹雪下江门,万里琼花卷层浪。

传道吴王渡越时,三千强弩射潮低。

今朝筵上看传令,暂放胥涛掣水犀。[③]

作者写江潮奔涌之状,形象鲜明,以"秋风吹雪""万里琼花"比喻海潮翻涌形成层层白浪的壮观之势。"三千强弩射潮低"的事典,很好地烘托了"暂放胥涛掣水犀"亦即抗倭之战正酣时的肃杀情境。该诗借古以托今,有杜诗的苍雄老健;又意蕴跌宕,从观潮思古起笔,而终结于"掣水犀",颇具长吉劲拔奇诡之

---

① 〔明〕高启:《高太史大全集》卷三《吴越纪游十五首》,《四部丛刊》影印明景泰刊本。

② 张学辉:《历代钱塘观潮诗歌探微》,载张伟主编:《浙江海洋文化与经济》第5辑,海洋出版社2011年版,第303页。

③ 〔明〕徐渭:《八月十五日映江楼看潮次黄户部》,载《徐文长逸稿》卷二《七言古诗》,载《徐渭集》第2册,中华书局1983年版,第723页。

风。① 王夫之评价道:"英眉仙掌,全以气别,然亦不以气矜。文长绝技,尤在歌行,袁中郎欲效之,不得也。"②此外,徐渭的《三茅观观潮》诗同样精彩:

> 黄幡绣字金铃重,仙人夜语骑青凤。
> 宝树攒攒摇绿波,海门数点潮头动。
> 海神罢舞回腰窄,天地有身存不得。
> 谁将练带括秋空,谁将古概量春雪。
> 黑鳌戴地几万年,昼夜一身神血干。
> 升沉不守瞬息事,人间白浪今如此。
> 白日高高惨不光,冷虹随身萦城隍。
> 城中那得知城外,却疑寒色来何方。
> 鹿苑草长文殊死,狮子随人吼祇树。
> 吴山石头坐秋风,带着高冠拂云雾。

值得一提的是,徐渭还作有《伍公祠》一诗,此虽不是观潮诗,但是涉及对钱塘潮神伍子胥的历史评价。诗云:"吴山东畔伍公祠,野史评多无定时。举族何辜同刈草,后人却苦论鞭尸。退耕始觉投吴早,雪恨终嫌入郢迟。事到此公真不幸,镯镂依旧遇夫差。"③此诗围绕伍子胥复仇和入吴后最终仍遭不幸两件事展开议论,辞锋十分犀利。伍子胥复仇一事,但随着君主专制的强化,伍子胥的行为受到越来越多的非议。因为按照严格的"名分"观念,不管君主有什么过错,臣子都不可表示不敬,何况鞭尸。徐渭针对这种意见,把"举族何辜同刈草"与"后人却苦论鞭尸"两桩事实对举,试图理解伍子胥的行为,认为伍氏一族的性命比楚王的尸骨重要。至于伍子胥投吴,始受任于阖闾,末受害于夫差,说明为臣不易,无论在楚在吴,终究都是一样的,流露出对伍氏的同情,也表达出对历史的感慨。④

4. 张岱的看潮诗

张岱(1597—1689),一名维城,字宗子,又字石公,号陶庵,山阴(今浙江绍

① 周群、谢建华:《徐渭评传》,南京大学出版社 2006 年版,第 212 页。
② 〔清〕王夫之评选,李金善点校:《明诗评选》,河北大学出版社 2008 年版,第 71 页。
③ 〔明〕徐渭:《伍公祠》,《徐文长三集》卷七《七言律诗》,载《徐渭集》第 1 册,中华书局 1983 年版,第 285 页。
④ 骆玉明:《纵放悲歌》,中华书局 2004 年版,第 187 页。

兴)人。明末清初著名文学家、史学家。他早年过着精舍骏马、鲜衣美食的贵公子生活,落拓不羁,喜游山玩水,长寓杭州。明亡,隐于山中,以诗文、山水自娱。著有《琅嬛文集》《陶庵梦忆》《西湖梦寻》等。其小品文,出自真性情,简洁凝练,清秀隽美,除有很浓的生活气息,还常有故国之思。如张岱的《白洋潮》一文就写得非常精彩,可谓其中的代表作。其文曰:

　　故事,三江看潮,实无潮看。午后喧传曰:"今年暗涨潮。"岁岁如之。庚辰八月,吊朱恒岳少师。至白洋,陈章侯、祁世培同席。海塘上呼看潮,余遄往,章侯、世培踵至。立塘上,见潮头一线,从海宁而来,直奔塘上。稍近,则隐隐露白,如驱千百群小鹅,擘翼惊飞。渐近,喷沫,冰花蹴起,如百万雪狮蔽江而下,怒雷鞭之,万首镞镞,无敢后先。再近,则飓风逼之,势欲拍岸而上,看者辟易,走避塘下。潮到塘,尽力一礴,水击射溅起数丈,著面皆湿。旋卷而右,龟山一挡,轰怒非常,炮碎龙湫,半空雪舞,看之惊眩,坐半日,颜始定。先辈言:浙江潮头自龛、赭两山漱激而起,白洋在两山外,潮头更大,何耶?①

此文记叙了崇祯十三年(1640)作者偕友人陈洪绶、祁彪佳在杭州湾南岸、绍兴府西北的三江镇一起观看钱塘江潮的全过程。文章用笔细腻,富有层次。描写了白洋潮的雄伟壮观,主要借助比喻展现潮头越来越近、越来越高、越来越迅猛的气势:如千百群白鹅展翅惊飞,如百万雪狮昂首攒动、拍岸欲上。如炮轰龙潭、半空雪舞;观潮的人的反应,开始立塘上遥望,后来退走避塘下,满面皆湿,最后神惊目眩、坐半日始定。② 简短的语句,急迫的语气,便将大潮的气势描写得十分逼真,让人读后如亲临其境。

张岱的《白洋看潮》一诗,同样写得精彩,兹引如下:

　　潮来自海宁,水起刚一抹。摇曳数里长,但见天地阔。
　　阴阒闻龙腥,群狮蒙雪走。鞭策迅雷中,万首敢先后?
　　钱镠劲弩围,山奔海亦立。疾如划电驱,怒若暴雨急。
　　铁杵捣冰山,杵落碎成屑。聚然先怪在,沐日复浴月。

① 〔明〕张岱:《陶庵梦忆》卷三《白洋潮》,中华书局 2007 年版,第 37 页。
② 赵庆培选注:《古代小品文精华》,人民文学出版社 1992 年版,第 156 页。

> 劫火烧昆仑,银河水倾决。观其冲激威,环宇当覆灭。
> 用力扑海塘,势大难抵止。寒栗不自持,海塘薄于纸。
> 一扑即回头,龟山挡其辙。共工触不周,崩轰天柱折。
> 世上无女娲,谁补东南缺?潮后吼赤泥,应是玄黄血。
> 从此上小罾,赭龛嗥两颊。江神驾白螭,横扫峨眉雪。①

该诗描写极为酣畅淋漓,以时空为序,绘声绘色地描写出钱塘潮由远及近的一个又一个的奇观,堪称一幅惊心动魄的"潮涨图"。从开始的潮头一线,到渐渐露白,再到如群狮怒吼,吞天沃日。作者由远而近,由形而声,层层递进,描绘出了潮涌时磅礴宏大的气势。"寒栗不自持,海塘薄于纸""潮后吼赤泥,应是玄黄血""共工触不周,崩轰天柱折"等句更是运用夸张、比喻的手法把大潮的气势形象地展现出来,造成一种波涛汹涌的气势,使人有身临其境之感。

张岱的《伍相国祠》诗:

> 突兀吴山云雾迷,潮来潮去大江西。
> 两山吞吐成婚嫁,万马奔腾应鼓鼙。
> 清浊溷淆天覆地,玄黄错杂血连泥。
> 旌幢幡盖威灵远,檄到娥江取候齐。
>
> 从来潮汐有神威,鬼气阴森白日微。
> 隔岸越山遗恨在,到江吴地故都非。
> 钱塘一臂鞭雷走,龛赭双颐嗥雪飞。
> 灯火满江风雨急,素车白马相君归。②

《伍相国祠》诗的前半节描绘了钱塘江潮排山倒海、摧枯拉朽的雄奇画面。后半节则抒发个人的感慨。"清浊溷淆天覆地,玄黄错杂血连泥"一句既是在渲染大潮的汹涌奔腾,也是暗指吴王夫差忠奸不分、残害忠良的昏庸行径。"隔岸越山遗恨在,到江吴地故都非",伍子胥报国无门、愤恨而死的故事虽发生在千年之前,但明末君主昏庸,不辨忠奸的例子也并不少见,明王朝的灭亡很大程度

---

① 〔明〕张岱:《张岱诗文集》,上海古籍出版社 1991 年版,第 37 页。
② 〔明〕张岱:《西湖梦寻》卷五《伍公祠》,中华书局 2007 年版,第 223 页。

上可归因于此。在历经易代鼎革之后,张岱故地重游,故国早已不再,或许只能将故国之思与亡国之痛倾注到钱塘潮中了。

（二）明代钱塘江灵洞山房的诗作

灵洞山景区位于浙江兰溪洞源村内。这里峰峦叠嶂,有遐迩闻名的神窟洞府若干,自古以来就是名士显宦们讲学、游玩之胜地。北宋太平兴国八年(983),这里建有栖真教院。绍兴三年(1133),南宋刑部尚书方元若在此建华石书院。元代名儒吴师道之子吴沉,曾与被朱元璋誉为明代开国文臣之首的宋濂同在灵洞山栖真教院及教院旁的华石书院讲学。宋濂还撰有《兰溪栖真院记》,其中称"兰溪之佳山水,洞岩为胜",洞岩即灵洞山。此后,明代有吴沉、赵志皋、王锡爵、张位、叶向高等五位内阁大学士先后驻足此地,留下多篇优美感人的诗文。特别是万历朝内阁首辅赵志皋(1524—1601),字汝迈,号瀫阳,兰溪(今浙江兰溪)人。素有山水之癖,青年时即慕灵洞山之美,常徘徊其间。万历五年(1577),赵志皋从翰林院被贬至广东任职时,途经兰溪,以所积官俸购下灵洞山之地。三年后又遭谪官归家,遂在栖真教院旧址上筑灵洞山房隐居。每日焚香静坐,诵读诗书,自在逍遥。期间,赵志皋主要做了三方面的工作:一是造景、题景,以提升灵洞山的旅游品质。其中,包括拓建天池泉、玉液池、秘书石屋、三山斋、六虚堂,修复半山亭、莲花庵,种植桃树、柳树等,增设玉露洞、金华第一泉、飞云等题刻,命名古洞栖霞、天池漾月、中岩干宵、三山环璧、石屋藏书、涧泉漱玉、片石飞云、琼崖积雪、梵刹钟声、山亭樵语、山亭樵语、溪桥烟柳等景点。二是招揽游客,以提升灵洞山的人气。据文献记载,到灵洞山游览的这些人的身份非常多样,有打秋风的山人,有显赫一时的文坛领袖,还有不同品级的朝廷官员,知名的有王世贞、王祖嫡、郭子章、喻均、赵汝申、赵子信、徐敬舆、胡元瑞、郭叔清、徐茂才、唐宗胤、童孔宾、范如金、赵文甫、张位、赵子敏、汪道昆、欧大任、胡元瑞等。三是邀人题诗作文,以提升灵洞山的知名度。涉及的作者有赵用贤、王稚登、杨汝讽、王世贞、王祖嫡、郭子章、詹景凤、吴子玉、李自奇、章云龙、王锡爵、徐用检、喻均、胡应麟、赵佑卿、胡僖、唐邦佐、赵邦甫、赵子敏、张西铭、杨成、吴文华、董裕、陈文烛、方万山、陈邦科、周应治、冯景隆、胡旦、周天球、黄仁荣、梁鹏、周世科、顾汝学、汤显祖、曾春元、陆可教、郑汝璧、张元忭、韩世能、尹瑾、江以东、包容大、王之弼、章瞻、区大相、叶梦斗、郭尧辅、胡颂、张凤翼、朱廷益、苏民怀、徐秉正、周邦杰、张试、蔡毅中、李祝、赵志皋等,达58人之多。如万历十二年(1584)就官任礼部尚书兼文渊阁大学士的王锡爵,受赵志皋之邀,遍游灵洞山,作《灵洞山房歌》一首,详细描述了栖真寺、涌雪洞等幽美景致,其中有句"今朝手把灵洞记,夜夜梦随溪水寒",欣慕之情溢于言表。两年后,赵志皋复出,公务之余,他将自己在隐居灵洞山时所作及与友人唱和之诗文汇编成册,取名为《灵洞山房集》,凡《序》2 篇,《记》3 篇,《赋》1 篇,《诗》447 首,并刊印于世。[①] 从此灵洞山名扬天下。万历十九年(1591),赵志皋升任礼部尚书兼东阁大学士,一年后代领首辅,后又升任吏部尚书兼建极殿大学士,正式出任首辅。在京期间,赵志皋仍念念不忘灵洞山和灵洞山房。我们从他所写的"别山经五载,千里梦长游。春日花寻坞,秋风月上楼。云根坐奇石,岩底漱清流。却怪翩然蝶,俄惊还是周"句中,即可体会到他对灵洞山的眷顾之情。

八、钱塘江诗路的鼎盛(下)——清代诗歌中的钱塘江

(一)清代钱塘江流域的诗人

清代钱塘江流域文人辈出,在诗词方面成就突出,在中国文学史上占有重要的地位。

在清初,著名的诗人有毛先舒、毛奇龄、姜宸英、朱彝尊、彭孙遹、李良年、查慎行、汤右曾、龚翔麟等。雍正以后,则有厉鹗、赵昱、严遂成、胡天游、杭世骏、梁诗正、吴颖芳、金甡、钱载、郑虎文、袁枚、孙士毅、周春、梁玉绳、梁玉绳、陈文述、汤金钊、宗稷辰等。后期则有毛先舒(1620—1688),原名骙,字驰黄,后改名先舒,字稚黄,钱塘(今浙江杭州)人。清初文学家。明诸生,父殁即奔去,不求仕进。少受知于陈子龙,后又从刘宗周学。一生不出里门,以著作终老。时人以之与萧山毛奇龄、遂安毛际可并称为"浙中三毛,文中三豪"。为"西泠十子"之一,与柴绍炳同订《西陵十子诗选》。据《四库全书总目》所称,其诗大抵音调嘹亮,音律规整,犹有建安七子的余风。著述宏富,有《思古堂文集》《东苑文钞》《东苑诗钞》等传世,辑为《思古堂十四种书》。

毛奇龄(1623—1716),原名甡,又名初晴,字大可,号秋晴,萧山(今浙江萧山)人。以郡望西河,学者称"西河先生",为清初文学家、学者,是清初诗界有所追求、有所创新的诸多大家之一。康熙十八年(1679)荐举博学鸿词,授检讨,充明史纂修官、会试同考官。假归不复出。经术湛深,通乐律,工诗词歌赋。特别是其诗文,体式多样,擅长在寻常的景物上力创新境,别出新意,不乏佳作。如

---

① 刘建明:《赵志皋〈灵洞山房集〉》,《南华大学学报》2012 年第 5 期。

他的不少七言古诗,写得非常凝练,栩栩如生,堪称清代叙事诗中的上乘之作。其中五绝如《苎萝村(二首)》,五律如《山行过美施闸(二首)》,七绝如《湘湖采莼歌(二首)》等吟咏故乡景物情事的诗作,诗韵优雅,读之朗朗上口,不仅有相当的文学价值,而且有很高的地方文献价值。著作宏富,诗文有《西河文集》《西河诗话》《西河词话》,全集称《西河合集》。

姜宸英(1628—1699),字西溟,号湛园,慈溪(今属浙江)人。清初文学家。明末诸生。康熙十九年以布衣荐入明史馆任纂修官,纂修《刑法志》,又入《大清一统志》局为分纂。康熙三十六年(1697)进士,以殿试第三名授翰林院编修。后二年,充顺天乡试副考官,因主考官舞弊,被连累下狱死。绩学工古文辞,名达禁中,与朱彝尊、严绳孙并称"江南三布衣"。能诗词,如《赠陆翼王征君》《偶题有讽》《杂咏》等诗,《临江仙》《秋柳》《蝶恋花》等词,或抒愁怀,或感身世,颇有寄托。著有《湛园未定稿》《湛园题跋》《苇间诗集》《西溟文钞》等,后人编撰有《姜先生全集》33卷。

朱彝尊(1629—1709),字锡鬯,号竹垞,秀水(今浙江嘉兴)人。清初著名学者和文学家、藏书家。康熙十八年(1679),举博学鸿词科,授翰林院检讨。康熙二十二年(1683),入直南书房。博通经史,参加纂修《明史》。其学识渊博,通经史,能诗词古文。词作风格清丽,为"浙西词派"的创始人,与陈维崧并称"朱陈"。康熙十七年(1678),朱彝尊编成《词综》,其创作开"浙派词"端绪,在全国产生了重要影响。① 他的诗有学者气,重才藻,求典雅,但缺乏初唐、盛唐诗歌激荡奔放的气概,与王士禛同时驰名诗坛,时称南北两大诗宗。精于金石,购藏古籍图书不遗余力,为清初著名藏书家之一。著述甚丰,有《曝书亭集》80卷,《日下旧闻》42卷,《经义考》300卷;其医学著作有《食宪鸿秘》三卷,系食物本草之类,现有刊本行世。另编成《明诗综》100卷,《词综》36卷(汪森增补)。

彭孙遹(1631—1700),字骏孙,号羡门,又号金粟山人,海盐(今属浙江)人。清初文学家。顺治十六年(1659)进士,授中书,罢归。康熙十八年(1679)召试博学鸿词,授编修,历官吏部侍郎,兼翰林院学士,充经筵讲官、《明史》总裁。工诗,以五言、七言律诗为长。沈德潜《国朝诗别裁集》谓其诗"词气和平,在唐人中最近大历十子,在十子中最近文房"。著有《松桂堂全集》《延露词》《金粟词话》等。

----

① 浙江省文学志编纂委员会编:《浙江省文学志》,中华书局2001年版,第56页。

　　李良年（1635—1694），原名法远，又名兆潢，字武曾，号秋锦，秀水（今浙江嘉兴）人。浙西词派的重要开创者之一。少有隽才，举试博学鸿词科，不遇。徐乾学开志局修《一统志》于洞庭西山，聘李良年为主分修。工诗词，为古文尤长于议论。诗与兄李绳远、弟李符齐名，时称梅里"三李"；常与同里诗人王翃、周筼、缪泳、沈进等相互唱和。他的诗风新颖而又奇特，为诗友所赞赏。又与朱彝尊并称"朱、李"。著作甚丰，有《秋锦山房集》22卷，《外集》3卷；另有《三礼解》《国朝文纬》等。

　　查慎行（1650—1727），初名嗣琏，字夏重，号查田，后更今名，字悔余，号初白、他山，海宁（今属浙江）人。"清初六家"之一，继朱彝尊之后被尊为东南诗坛领袖。在诗歌创作、诗歌艺术研究和诗学理论研究上均有建树，生平诗作不下万首，堪称多产诗人。其诗兼采唐宋而以宋为长，尤得力于苏轼、陆游。诗风清新隽永。所作多写山水行旅，不仅生动地描绘出了祖国各地绚丽多姿的风光景色以及丰富多彩的民俗风情，而且表达出了诗人对祖国大好河山的热爱之情，反映出诗人高尚的情操和不俗的审美情趣。也有反映民生疾苦之作，如《闸口观罟渔者》等，描写民瘼，情辞真切。艺术上善用白描手法，极少藻饰，如他的《青溪口号八首》皆信口而出，不加任何修饰，通晓明畅，纯真自然。张维屏《国朝诗人征略》谓其诗"极清真，极隽永，亦典切，亦空灵，如明镜之肖形，如化工之赋物，其妙只是能达"。著有《敬业堂诗集》《查初白诗评十二种》等。

　　汤右曾（1656—1722），字西崖，仁和（今浙江杭州）人。康熙二十七年（1688）进士，官至吏部侍郎兼掌院学士。工诗，与朱彝尊齐名。沈德潜《国朝诗别裁集》云："浙中诗派，前推竹垞，后推西崖。竹垞学博，每能变化；西崖才大，每能恢张。变化者较耐寻味也。后有作者，几莫越两家之外。"谓朱彝尊、汤右曾相继主浙中诗教，而汤略逊于朱。著有《怀清堂集》。

　　龚翔麟（1658—1733），字天石，号蘅圃，又号稼村，仁和（今浙江杭州）人。清代文学家、藏书家。康熙二十年（1681）副贡生。由工部主事累迁至御史，有直声，致仕归。初居武林田家湾，自号田居。后得横河沈氏之居，谓之玉玲珑山馆，因获宋宣和花纲玉玲珑，因以名其楼。刻书多，以春秋集传为主，名为《玉玲珑阁丛书》。工诗词，与朱彝尊等合称"浙西六家"，著有《田居诗稿》《红藕庄词》。他曾把朱彝尊《江湖载酒集》、李良年《秋锦山房词》、李符《耒边词》、沈暤日《柘西精舍词》、沈岸登《黑蝶斋词》及自己的《红藕庄词》一并镂刻成《浙西六家词》。该合集的出现，对"浙西词派"的形成起到了巨大作用。

赵昱(1689—1747),原名殿昂,字功千,号谷林,仁和(今浙江杭州)人。清诗人、藏书家。家有小山堂,富藏书,藏书多其外祖山阴祁氏家澹生堂旧本,插架之盛,与扬州马氏丛书楼齐名。筑春草园,叠石疏泉,有池馆之胜,读书自娱,或与诸名流觞咏其中。曾与弟信并工诗,常与杭世骏、厉鹗、全祖望等相唱和。又曾与沈嘉辙等七人各赋《南宋杂事诗》百首,享誉海内。著有《爱日堂集》《秋芙蓉吟稿》《春草园小纪》,另撰辑《南宋杂事诗》《小山堂唱酬集》等行于世。

厉鹗(1692—1752),字太鸿,号樊榭、南湖花隐等,钱塘(今浙江杭州)人。清代著名文学家、学者。乾隆元年(1736)荐举博学鸿词,报罢。此后,终身未仕。学问渊博,诗词兼工,尤熟于辽史、两宋朝章典故,所撰《辽史拾遗》《南宋杂事诗》,征引浩博,为考史事者所重。长于诗词,向称为朱彝尊以后浙西诗派和浙西词派的代表作家。其诗多表现闲逸情致,时有孤寂之感,风格清幽淡雅。他一生创作了许多以山水为题材的诗词,《樊榭山房集》中可以说是“十诗九山水”。其中以写浙江名胜为多,最突出的是刻画钱塘江的自然风光。厉鹗吟咏钱塘江山水景色、迷人风光的诗篇,数量繁多,范围广泛。可以说这里的山山水水,一花一木,都成为他诗歌描绘的对象。如厉鹗写秋夜听潮的诗就极具特色,其《秋夜听潮歌寄吴尺凫》诗曰:

> 城东夜月悬群木,汹汹涛声欲崩屋。
> 披衣起坐心茫然,秋来此声年复年。
> 壮心一和小海唱,二毛不觉盈吾颠。
> 胸中云梦吞八九,要挽天河斟北斗。
> 倏忽晴空风雨来,杳冥水府神灵走。
> 时哉会见沧溟立,自是乾坤有呼吸。
> 轩辕张乐万耳聋,洞庭天远鱼龙泣。
> 须臾声从静里消,一蛩独语声萧萧。
> 天明作歌寄吴子,想子中宵夜听潮。

吴焯(1676—1733),名尺凫,钱塘诸生,是厉鹗的同乡好友,雍正十一年(1733)卒,厉鹗有《哭吴尺凫诗》序说他“学积行修,意气高爽”,诗云:“平生一掬知交泪,杯酒相和滴到泉。”可见其为人及他们之间的感情之深。吴焯逝世前十年,即雍正元年(1723)秋,厉鹗夜听钱塘潮声,感情激动,不能自已,第二天便写下这首诗寄给吴焯,抒发了自己内心的骚动和苦闷。此诗构思非常巧妙,主要从听觉角度渲染钱塘江潮的气势,并写出潮水来去的不同声响和诗人的心态变化。潮水来时,潮声汹涌,撼天动地,似乎要把房屋都掀倒了;潮水消退时,"一蛩独语星萧萧",有一种茫然若失之感,点题并照应前篇。诗人的心潮与钱塘江潮呼应,不禁热血沸腾,激起阵阵狂澜,感情与之共鸣,变为"壮心一和《小海唱》"。生命也仿佛变得年轻而充满了活力,忘记了自己两鬓已早生华发。此外,他写的有关钱塘江的《花坞二首》《富春·富春县前江》等诗亦同样精彩。《清代学者像传》中称赞厉鹗"为诗精深峭洁,截断众流,于新城(王士禛)、秀水(朱彝尊)外自树一帜"。著作宏富,以所辑《宋诗纪事》为最。自著有《樊榭山房集》。

严遂成(1694—?),字崧瞻,号海珊,乌程(今浙江湖州)人。雍正二年(1724)进士,官山西临县知县。乾隆元年(1736)举博学鸿词,值丁忧归。后补直隶阜城知县。迁云南嵩明州知府,创办凤山书院。后起历雄州知州,因事罢。在官尽职,所至有声。工诗,为诗兼雄奇、绮丽之长,工于咏物,读史诗尤隽。尝自负为咏古第一。论者谓朱彝尊、查慎行后能自成一家。著有《海珊诗钞》11卷、补遗2卷,《明史杂咏》4卷及《诗经序传辑疑》2卷。其《明史杂咏》4卷,时人称为"诗史"。著作尚有《诗经序传辑疑》《海珊诗钞》《海珊诗钞补遗》等。

胡天游(1696—1758),初姓方,名游,后改姓胡,名骙,字稚威,复取方外天游之意,名天游,号云持,山阴(今浙江绍兴)人。清代文学家。乾隆元年(1736)荐举博学鸿词,以服丧未赴,次年补试,因病不终场而出。乾隆十四年(1749),再举经学,又因病报罢。游食四方,享高名而为人所忌。善作骈体文,代表作有《大夫文种庙铭》《逊国名臣赞序》《柯西石宕记》等。诗学韩愈、孟郊而自成面目,在清代争奇斗艳的诗歌流派中,胡天游以其雄奇瑰伟的诗风,首开清诗奇诡之风,几可与"神韵说""性灵说"相媲美。其五古《烈女李三行》,长达625韵,堪称名篇。所著有《石笥山房集》。

杭世骏(1696—1773),字大宗,号董浦,晚号秦亭老民,仁和(今浙江杭州)人。清代学者、文学家、藏书家。乾隆元年(1736)举博学鸿词,授翰林院编修,校勘《廿四史》《十三经》,纂修《三礼义疏》。改御史,以言"朝廷用人,宜混满汉之见",得罪罢归。晚年主讲广东粤秀书院、扬州安定书院。长于诗文创作,其诗才情烂漫,清逸中又见劲骨,在当时与厉鹗齐名,尝赋《方镜诗》24首,在京城被传诵一时。生平勤力学术,著述颇丰,多达几百卷,其中知名的有《道古堂文集》《道古堂诗集》《榕桂堂集》《词科掌录》《史记考证》《三国志补注》《两浙经籍志》《续礼记集说》《经史质疑》《榕城诗话》《历代艺文志》等。

梁诗正(1697—1763),字养正,又字养仲,号芠林,钱塘(今浙江杭州)人。雍正八年(1730)进士,授编修。历官侍读、侍讲学士、侍读学士、内阁学士,刑部、户部侍郎,户部、兵部、刑部、吏部尚书,翰林院掌院学士,协办大学士。以事革职,命留任。以父丧归。乾隆二十八年(1763),授东阁大学士,加太子太傅。谥文庄。擅诗文,与杭世骏、陈兆嵛等六人结"月课诗社",编同人之作为《质苇集》。《晚晴感诗汇》称其"应制诸作,庄雅雍容,自然合节。情文相生之妙,专家苦吟,不过如是"。著有《矢音集》,还曾与人共编官书《钦定叶韵汇辑》《西湖志纂》《西清古鉴》《钱录》《石渠宝籍》《秘殿珠林》。

沈廷芳(1702—1772),字畹叔,一字荻林,号椒园,仁和(今浙江杭州)人。学者、诗人。乾隆元年(1736)以监生荐举博学鸿词,授编修,官山东道监察御史,直言敢谏。历官山东登莱青道,河南、山东按察使,有政声,与陈鹏年、陆陇其齐名。以年老致仕,卒于京师寓所。师事方苞,受古文法。工诗,风流儒雅。著有《隐拙斋集》《理学渊源》《鉴古录》《古文指授》。

吴颖芳(1702—1781),字西林,自号树虚,仁和(今浙江杭州)人。一意研学,终身不复谋仕进。家有桑竹园池之胜,游客常至,必以赏花、钓鱼、下围棋、赋诗、吹笛、鼓琴等相待,尽欢而散。生平博览群书,究心金石、文字、音韵之学,精于六书、音乐,又精佛学。能诗善文,"诗如水碧金膏,自然清丽",与厉鹗、杭世骏各有专长。著有《临江乡人诗集》4卷,《吹豳录》50卷,《说文理董》40卷,《音韵讨论》4卷,《文字源流》6卷,《金石文释》6卷,均传于世。

金甡(1702—1782),字雨叔,号海住,仁和(今浙江杭州)人。雍正元年(1723年)举人,授国子监学正。乾隆七年(1742)进士,授修撰,迁侍讲学士、礼部侍郎。典试广东、江西、山西,督学安徽、江西。前后入直上书房17年。以病乞归,主讲敷文书院。精研经史,长于诗文。著有《静廉斋诗集》《清语录》《史汉平林订误》。

钱载(1708—1793),字坤一,号蘀石,又号匏尊,晚号万松居士、百幅老人,秀水(今浙江嘉兴)人。乾隆十七年(1752)进士,改庶吉士,散馆授编修,后授内阁学士兼礼部侍郎、上书房行走、《四库全书》总纂、山东学政等。官至二品,而家道清贫,晚年卖画为生。工诗文,乾嘉年间与汪孟鋗、汪仲鈖兄弟、万光泰、朱休度、诸锦、金德瑛等交往,谈诗治学,形成诗歌创作上有共同创作倾向的流派——"秀水诗派",为秀水诗派的代表诗人。著有《石斋诗文集》。钱仲联《梦苕庵诗话》称赞钱载的诗云:"清真铲刻,神景开阔,体大思精,卓然大家。在雍、乾间无敌手。"

郑虎文(1714—1784),字炳也,号诚斋,秀水(今浙江嘉兴)人。乾隆七年(1742)进士,改翰林院庶吉士,散馆授编修。三充顺天乡试同考官,一主河南乡试,又充礼都会试同考官,先后任湖南、广东学政。致仕后,主讲徽州紫阳书院一年,及杭州紫阳书院、崇文书院五年。家有盛湖草堂,常邀文士作诗酒之会。于学无所不通,尤工诗文。著有《吞松阁集》。

袁枚(1716—1798),字子才,号简斋,晚年自号仓山居士,钱塘(今浙江杭州)人。乾隆四年(1739)进士,选翰林院庶吉士。乾隆七年(1742),外调江苏,先后任溧水、江浦、沐阳、江宁县令,为官勤政,颇有声望,称循吏。乾隆十四年(1749),辞官隐居于江宁小仓山,号随园,吟咏其中。奖掖后进,广收诗弟子,女弟子尤众。擅长写诗文,为乾嘉时期的代表诗人、散文家和文学批评家。论诗倡导"性灵说",主张诗文审美创作应该抒写性灵,要写出诗人的个性,表现其个人生活中的真情实感,在当时影响颇大,与赵翼、蒋士铨合称为"乾嘉三大家"。诗学理论,详见于《随园诗话》等书中。著作繁多,主要传世的著作有《小仓山房集》《随园食单》等,均收入《随园全集》中。

孙士毅(1720—1796),字智冶,又字致远,号补山,仁和(今浙江杭州)人。乾隆二十六年(1761)进士,历官内阁中书,户部郎中,广西、山东布政使,云南、广西、广东巡抚,两广、四川、两江总督,兵部尚书,协办大学士,加太子太保。谥文靖。平生出将入相,而酷嗜吟咏,诗格雄丽。郭麐《灵芬馆诗话》谓其"集中五七古浑厚沉雄,皆出胸中之所有,不屑依傍前贤,而骨体自高。五七律不作唐以后语,七律尤高华典赡,精光显然"。著有《百一山房集》等。

周春(1729—1815),字芚兮,号松霭,晚号黍谷居士,海宁(今属浙江)人。乾隆十九年(1754)进士,官广西岑溪知县。父死丁忧去官。归家后,绝意仕途,专心著述30余年,家富藏书,刊刻自著书6种。深于诗学,所著《辽诗话》,得沈德潜赞赏,《辽诗话序》称其"事典而核,语赡而雅"。著有《松霭吟稿》《松霭诗话》《杜诗双声叠韵谱话》《笔余诗话》《十三经音略》《海昌览胜》《海昌拾遗》《海潮说》等。他还是最早研究《红楼梦》的学者之一,早在乾隆五十九年(1794)就写出了我国第一部红学专著《阅〈红楼梦〉随笔》。

梁玉绳(1745—1819),字曜北,号谏庵,自号清白士,钱塘(今浙江杭州)人。

学者、诗人。增贡生。家世显赫,祖父梁诗正、父亲梁同书皆名宦,叔山舟侍讲尤知名。年未四十,即弃举子业,潜心著述。与弟履绳以学问相勉励、切磋,时有"二难"之目。又与钱大昕、孙志祖、卢文弨、汪中等友好,每书成,辄与诸人商榷,极受推崇。学问广博,尤精史部,深造有得,撰著《史记志疑》36 卷,钱大昕称之为司马迁功臣。亦工诗文,著作有《清白士集》。

吴锡麒(1746—1818),字圣征,号毂人,钱塘(今浙江杭州)人。清代文学家。乾隆四十年(1775)进士,授编修,历官赞善、侍讲、侍读、祭酒,乞养亲归里。曾主讲扬州安定、乐仪书院。诗词、骈文并工。诗笔清淡秀丽,古体有时藻采丰赡,在浙派诗人中能继朱彝尊、杭世骏、厉鹗之后自成一家,代表作有《双忠祠》《凤凰山怀古》《观夜潮》《读放翁集》等;词又与严遂成、厉鹗、袁枚、钱载、王又曾合称"浙西六家",为浙西词派之后劲。张维屏《国朝诗人征略》谓其"诗熔汉魏六朝唐宋为一炉,而得力于宋人者为多"。著有《有正味斋集》73 卷,其中诗集16 卷,诗续集 8 卷,外集 5 卷。有《渔家傲》传奇,已佚。

陈文述(1771—1843),初名文杰,字隽甫,号云伯,又号退庵、碧城外史、颐道居士、莲可居士等,钱塘(今浙江杭州)人。诗人。嘉庆五年(1800)举人,历官江都、全椒、昭文等县知县。工诗,诗学钱谦益、吴伟业,博雅绮丽,以多为贵,仅"香查"一体,即有 20 卷。后期一变,敛华就实,渐归雅正,有关心民间疾苦之作。著有《碧城仙馆诗钞》《颐道堂集》《秣陵集》《西泠怀古集》《西泠仙咏》《西泠闺咏》《碧城诗髓》等。

汤金钊(1772—1856),字敦甫,一字勖兹,萧山(今属浙江)人。清代诗人。嘉庆四年(1799)进士,选庶吉士,授编修。历官内阁学士,礼部、吏部、工部、户部侍郎和尚书之职,协办大学士,降调光禄寺卿,旋以老病致仕。咸丰四年(1854)重宴鹿鸣,加太子太保衔,卒谥文端。居高位数十年,常不改布衣本色。为政廉明,负一时清望。所学以治经为务,立敬为本,不沾沾于辞章。诗和平忠厚,多奉和御制及历官纪思之作。著有《寸心知室存稿》《儒门法经辑要》等。

龚自珍(1792—1841),诗歌能开拓创新,多表现对黑暗现实的不满,追求理想,风发云逝,超逸异常,富有浪漫主义色彩。柳亚子称他是"三百年来第一流"的大诗人,对晚清"诗界革命"诸家和南社社员有较大影响。[1]

宗稷辰(1792—1867),原名绩辰,字迪甫,一作涤甫,号涤楼,又号越岘山

---

[1]　郑方泽:《中国近代文学史事编年》,吉林人民出版社 1983 年版,第 10 页。

人,会稽(今浙江绍兴)人。清代文学家、学者。道光元年(1821)举人,主持过虎溪、流溪两书院讲席。九年,援例授内阁中书。充军机章京,转起居注主事、户部员外郎、监察御史、给事中,官至山东运河道,赏加盐运使衔。罢官回籍后,主持余姚龙山书院、山阴蕺山书院,成就甚众。学问渊博,工诗古文辞,文章简洁澹宕。为学宗王守仁、刘宗周,为文主桐城派。著有《躬耻斋诗文钞》《四书体味录》等。

吴振棫(1792　1870),字仲云,号毅甫,晚号再翁,钱塘(今浙江杭州)人。诗人,嘉庆十九年(1814)进士,选庶吉士,授编修。历官大理、登州、沂州、济南、凤阳知府,山东登青莱道、贵州粮储道,贵州按察使,山西、四川布政使,云南、陕西巡抚,四川、云贵总督。同治七年(1868)还乡,在敷文书院讲学。熟于清代掌故,著有《国朝杭郡诗续辑》46卷、《无腔村笛》2卷、《黔语》2卷、《花宜馆诗钞》16卷及《续钞》1卷、《养吉斋丛录》《余录》等。

项鸿祚(1798—1835),原名继章,后改名廷纪,字莲生,钱塘(今浙江杭州)人。清代词人,与龚自珍同时为“西湖双杰”。道光十二年(1832)举人,两应进士试不第,遂穷愁而卒,年仅38岁。一生专力攻词,出入五代、两宋之间,所作多表现抑郁、感伤之情,愤世嫉俗而出以绮罗香泽,具清真哀艳、婉转幽深的特色。著有《忆云词甲乙丙丁稿》。谭献《箧中词》评曰:“莲生,古之伤心人也。荡气回肠,一波三折,有白石之幽涩,而去其俗。有玉田之秀折,而无其率。有梦窗之深细,而化其滞。殆欲前无古人。……以成容若之贵,项莲生之富,而填词皆幽艳哀断,异曲同工,所谓别有怀抱者也。”认为他与纳兰性德、蒋春霖二百年中分鼎三足。

邵懿辰(1810—1861),字位西,号半岩,仁和(今浙江杭州)人。清代目录学家、文学家、藏书家。道光十一年(1831)举人,历官内阁中书、刑部员外郎,入值军机处。咸丰四年(1854)坐济宁府,以治河无功被撤职。咸丰九年(1859)由安庆引疾归,家居养亲,研治经籍。后太平军攻破杭州,在战乱中身亡。他对经学颇有研究,学宗程、朱,于近儒则推李光地、方苞,兼采汉学家言。撰著有《杭谚诗》《半岩庐遗著》《半岩庐日记》《礼经通论》《孝经通论》《尚书通义》等,其孙辑有《半岩庐所著书》。其中,所辑《杭谚诗》,书中记载杭州名谚甚多,有年画谜语、儿歌、赌场术语等,为重要的地方史料。后来同郡葛元煦及诸友又加考释,改名《杭谚证略》1卷,内收杭谚250余条。又精于目录学,所编《四库简明目录标注》20卷,是研究中国目录版本学的重要参考书。

张景祁（1827—1900），字蘩甫，又字素甫，号蕴梅，一作韵梅，又号新蘅主人，钱塘（今浙江杭州）人。清末著名文学家。同治十三年（1874）进士，改庶吉士，曾任福安、连江等地知县。晚岁曾渡海至台湾，宦游淡水、基隆等地。工诗词。历经世变，多感伤之音，作品贴近时代，有许多叙事咏史之作。著有《掌雅堂全集》《新蘅词》《秦淮八咏》。《台湾诗钞》卷六载其《台湾纪事诗》8 首、《台疆杂感》10 首。

李慈铭（1830—1894），初名模，字式侯，后更今名，字爱伯，号莼客，会稽（今浙江绍兴）人。晚清文学家。光绪六年（1880）进士，官至山西道监察御史，屡有疏言事，不报。平时读书所得，按日记述，成《越缦堂日记》，字数多达数百万字，内容涉及经史百家、诗文与时事。学识渊博，治经学、史学，蔚然可观。诗尤工，他在《白华绛跗阁诗甲集至己集初定本自序》中说自己在创作方面"所得意者莫如诗"，今传已刻之诗起自道光二十四年（1844）至同治十三年（1874），共 850 首，内容涉及山水风物、交游唱和、政治民情、反帝慨时等。主张"学诗之道必不能专一家限一代。凡规规摹拟者，必其才力薄弱，中无真诣"。同时主张广泛向前人学习，广采诸家之长，"汰其繁芜，取其深蕴，随物赋形，悉为我有"（《越缦堂诗话》）。长于骈文，沉博绝丽，被称为"旧文学的殿军"。著作有《杏花香雪斋诗》《白华绛跗阁诗》《越缦堂文集》《霞川花隐词》《湖塘林馆骈体文》。

谭献（1832—1901），初名廷献，字仲修，号复堂，仁和（今浙江杭州）人。清代文学家。同治六年（1867）举人，署秀水教谕，先后官安徽全椒、合肥、宿松、含山等县知县。晚年，张之洞创办湖北经心书院。其学负一时重望，论学推重章学诚，文宗八代，诗法三唐，尤推重明七子。于词致力尤深，内容多抒写士大夫之情趣，文辞隽秀，朗朗可诵，尤以小令为长。在朱祖谋以前，其久为词坛主盟。著有《半庵丛书》，内收有《复堂文》《复堂诗》《复堂词》《复堂日记》。

朱一新（1846—1894），字鼎甫，号蓉生，义乌（今属浙江）人。清代文学家。光绪二年（1876）进士，选庶吉士，历官内阁中书舍人、翰林院编修、陕西道监察御史。张之洞官两广总督，建广州广雅书院，聘其为主讲。对经学尤有研究，重宋儒理学，务通经以致用，为清末汉宋调和学派代表人物之一。著述颇丰，有《诗古文辞杂著》《佩弦斋集》《无邪堂答问》《京师坊巷志》《汉书管见》。

秋瑾（1875 或 1877—1907），原名秋闺瑾，字璇卿，号旦吾，留学日本时易名瑾，字竞雄，别署汉侠女儿、鉴湖女侠，山阴（今浙江绍兴）人。近代民主主义革命烈士、妇女解放运动先驱、诗人。光绪二十二年（1896），适湘潭豪绅子王子芳。光绪二十九年(1904)春,随夫进京,阅读新书报,始有革命思想。光绪三十年(1905),留学日本,参加留学生组织的爱国活动,创刊《白话》杂志。光绪三十一年(1906)春归国省亲,入光复会,再东渡日本。同盟会成立,即由冯自由介绍入会。归国,应聘为湖州清溪女学教员,与校长徐自华订交。又在沪创办《中国女报》,宣传反清革命。后任绍兴大通学校校长,联络反清志士,与徐锡麟谋武装起义,事败被捕遇害。秋瑾工诗词,流传下来有120多首诗、38首词。她的文学创作情感真挚,热烈,意象神奇瑰丽,风格雄浑豪放、大义凛然,在中国女性文学史上具有独创意义,它表现了女性意识的觉醒,也代表了女性文学的光辉。其对女英雄及宝刀、宝剑的歌颂,对祖国命运的担忧,表现出浓厚的"丈夫气"。今人辑其著述为《秋瑾集》。

(二)清代钱塘江的观潮与弄潮诗

清代钱塘江的观潮诗较多,著名者如清代钱名世的《观潮》诗:"早潮滟滟明星没,晚潮浩浩初月出。潮去潮来自古今,秋毫不见江波溢。渡江着屐升颠崖,江流端正白道斜。吞海亭前放两眼,渀然耳畔喧雷车。汀凫渚雁知潮信,拍翅惊飞排水阵。半江崩浪大千山,突过中流肯平进。白马粗毛十万匹,怒蹄蹴踏寒风飘。如荼素甲鼓声高,睒睒霜刀横击律。雪龙夭矫空中飞,飞鱼怪物相追随。鳞爪变现颔珠落,毒涎雾喷光淋漓。斗霆击电海门碎,巨壑荡潏藏舟移。汩没沙洲不胜计,但凭远峰露螺髻。云根直欲信流去,虹洞苍茫极风势。江豚掀簸岂自由,天吴叫啸水仙愁。弄潮吴儿好身手,蓦波燕跃伸黄头。蔜岸水痕添一丈,渔舟个个浮天上。绝港空陂尽灌输,枯荷败藁皆神王。涛偃端平镜面圆,千溪小艇乘江涨。君不见钱塘罗刹凌浙西,岁岁啮坏江边堤。英雄豪气夺天险,犀弩立射潮头低。此地凭栏却回首,青门文采今何有。闲看七发广陵潮,急买六朝京口酒。"①傅仲辰《钱塘观潮》:"潮汐生钱塘,奇绝天下冠。海门波浪平,放眼菱花灿。忠信罔失时,横江初一线。倏忽如电驰,势欲凌云汉。鼋鼍隐见骄,滂湃摧高岸。谁能不惊惶,而我偏感叹。霸业逐鸥夷,素车长愤惋。还思万弩雄,襟期增灏瀚。"②黄德贞《望海潮·乍浦天妃宫观潮》:"扶桑缥缈,霓光龙采,金宫砥柱银涛。烽堠星罗,营屯棋布,惊看碧浪迢遥。万叠舞鲛绡。恍琼鳌

---

① 〔民国〕徐世昌辑:《晚晴簃诗汇》卷五六,载《续修四库全书》,上海古籍出版社2002年版,第1630册,第256页。

② 〔清〕傅仲辰:《心孺诗选》卷二四,载《清代诗文集汇编》,上海古籍出版社2010年版,第235册,第660—661页。

驾水,白马凌霄。一蹴春霆,千寻秋雪势滔滔。几回目眩魂摇。羡东南形胜,奇绝神皋。云佩庄严,绣幢屹峙,沧波昼夜腾骄。浴日海门潮。更昏微胁魄,时共盈消。闻说蓬瀛鼋梁,虚驾笑秦桥。"[1]吴伟业《沁园春·观潮》:"八月奔涛,千尺崔嵬,春然欲惊。似灵妃顾笑,神鱼进舞,冯夷击鼓,白马来迎。伍相鸱夷,钱王羽箭,怒气强于十万兵。峥嵘甚,讶雪山中断,银汉西倾。孤舟铁笛风清。待万里乘槎问客星。叹鲸鲵未翦,戈船满岸,蟾蜍正吐,歌管倾城。狎浪儿童,横江士女,笑指渔翁一叶轻。谁知道,是观潮枚叟,论水庄生。"[2]曹溶《满江红·钱唐观潮》:"浪涌蓬莱,高飞撼、宋家宫阙。谁荡激、灵胥一怒,惹冠冲发。点点征帆都卸了,海门急鼓声初发。似万群、风马骤银鞍,争超越。江妃笑,堆成雪。鲛人舞,圆如月。正危楼湍转,晚来愁绝。城上吴山遮不住,乱涛穿到严滩歇。是英雄、未死报仇心,秋时节。"[3]这几首诗词都充满了想象。

在这一时期,康熙、乾隆两帝的观潮诗值得一说。有一次,康熙帝到浙江海宁观潮,但潮竟不至,他并没因此懊恼,题诗云:"相传冰岸雪崖势,滚滚掀翻涌怒涛。风静不闻千里浪,三临越地识江皋。"又题"恬波利济"四字匾额。[4]乾隆二十二年(1757)正月十一日,乾隆帝第二次南巡。三月初九日,乾隆帝至海宁观潮楼阅水师,当他见到"两岸沙滩自为捍御,滨海诸邑得庆安澜,利及民生",非常高兴,乘兴赋诗一首,题为《阅海塘作》,诗云:"骑度钱塘阅海塘,闾阎本计圣漠长。长江已辑风兮浪,万户都安耕与桑。南北由中赖神佑,生灵永奠为民庆。涨沙百里诚无事,莫颂惟增敬不遑。"[5]乾隆二十五年(1760)以后,海潮渐趋北岸,海宁一带屡屡告警,当时浙江地方官员对于海潮的治理意见不一,没有具有说服力的结论。乾隆皇帝决定亲自前往浙江查验,寻觅治理海潮威胁之策。乾隆二十七年(1762)三月初二日,乾隆帝直奔海宁而来。当乾隆一行沿着海塘到了情势最为危急的老盐仓处,塘工们正在忙碌着修补海堤。这时有报"潮水将至",乾隆登上高台(现存,名为白石台),那日正逢初春大潮,但见那高昂数丈的潮头滚滚而至,掀起惊涛骇浪,呼啸而过,顿时刚修起的柴塘被冲得七零八

---

① 〔清〕蒋景祁:《瑶华集》卷一五,载《四库禁毁书丛刊》集部,北京出版社1997年版,第37册,第261—262页。

② 〔清〕吴伟业:《梅村家藏稿》卷二二后集十四诗余,载《续修四库全书》,上海古籍出版社2002年版,第1396册,第163页。

③ 〔清〕王昶辑:《国朝词综》卷一,载《续修四库全书》,上海古籍出版社2002年版,第1731册,第11页。

④ 王国平主编:《海塘录》卷首二《圣制》,载《钱塘江文献集成》,杭州出版社2015年版,第2册,第19页。

⑤ 王国平主编:《海塘录》卷首二《圣制》,载《钱塘江文献集成》,杭州出版社2015年版,第2册,第27页。

落。乾隆帝的心中不知是何等的滋味。他当下谕示:"朕稽古时巡,念海疆为越中第一保障;比岁潮势渐趣北大门,实关海宁钱塘诸邑利害,计于老盐仓一带,柴塘改建石工,即多费帑金,为民永远御灾捍患,良所弗惜。"当日,他又谕示:"尖山塔山之间,旧有石坝,朕今亲临阅视,见其横截海中,直逼大溜,犹河工之挑水大坝,实海塘扼要关键,波涛冲激,保护匪易。但就目下形势而论,或多用竹篓加镶,或改用木柜排砌,固宜随时经理,加以防修。如将来涨沙渐远,宜即改作条石坝工,俾屹然成砥柱之势,庶于北岸海塘,永资保障。"然议者以施工难易,彼此意见分歧,难成定论。乾隆因命大学士刘统勋、河道总督高晋、巡抚庄有恭往工所试打桩木,他亲往观看。当看到修建石塘时必须从旧塘坝向后移数十丈才能打桩,这样势必会毁掉许多百姓的田地和村庄,乾隆皇帝看到这种情况说,本来想保护民众,现在反而害了他们。遂决定先修筑柴塘,并要求每年用竹篓装上石头加固堤根,以为补偏救弊之策。[①] 为此,他写下长诗《观海塘志事示总督杨廷璋、巡抚庄有恭》详述决策梗概:

> 明发出庆春,驾言指海宁;
>
> 海宁往何为? 欲观海塘形。
>
> 浙海沙无常,南北屡变更;
>
> 北坍危海宁,南坍危绍兴;
>
> 惟趋中小门,南西两获平。
>
> 然苦中门窄,其势难必恒。
>
> 绍兴故有山,为害犹差轻;
>
> 海宁陆且低,所恃塘为屏。
>
> 先是常趋南,涨沙率可耕;
>
> 两度曾未临,额手谢神灵。
>
> 庚辰忽转北,海近石塘行。
>
> 接石为柴塘,易石自久经;

---

① 〔清〕王先谦:《乾隆朝东华续录》"乾隆二十七年三月丙申",载《近代中国史料丛刊三编》第96辑,台北文海出版社 2006 年版,第 957 册,第 740 页。

费帑所弗惜，无非为民生。

或云下活沙，石堤艰致擎；

或云量移内，接筑庶可能。

切忌通旁论，不如目击凭。

活沙说信然，尺寸不可争。

移内似可为，闾阎栉比并。

其无室庐处，又复多池院。

固云举大事，弗顾小害应，

然以卫民心，忍先使民惊？

以此吾意决，致力柴塘成。

担水篓石置，可固堤根撑。

柴艰酌加价，田俾司农程。

补苴示大端，推行宜殚诚。①

这首诗歌写出了乾隆"切忌道旁论，不如目击凭"，亲临试桩，斟酌对比各种决策利弊，最终寻求出一条当前最可行的方案。初四日，帝嘱有司伺机立砌石塘，"鱼鳞一例接，方为经久策"②。

"弄潮"这一民俗在清代仍然还存在，诗人也有所描述，如清代钱名世《观潮》中的"天吴叫啸水仙愁，弄潮吴儿好身手"。施闰章《钱塘观潮》中有"绝岸愁倾覆，轻舟故溯洄"，将潮涌之声势与弄潮儿的弄潮之气魄结合起来，突出了钱塘江潮惊涛拍岸的气势，更衬托出了弄潮儿迎潮而上、不畏艰险的气魄。李调元《观钱塘潮歌》则写道："八月十五钱塘潮，吴侬拍手相呼招。士女杂坐列城下，人声反比潮声高。江头日上潮未起，渔子拿舟泊沙觜。箫鼓乍鸣人竞看，一齐东向沧溟指。忽闻江上声如雷，迢迢一线海门开。万马奔腾自天下，群龙踏跳随波来。潮头十丈飞霜霰，水气横空扑人面。天为破碎城为摇，百万貔貅初罢战。迨遝不闻市声死，群儿夸强弄潮水。小舸颠簸似浮萍，一时出没烟波里。我是人海中一粟，睹此目眩身为缩。明朝风静渡钱塘，犹恐再遇灵胥纛。相传

---

① 〔清〕高晋、萨载、阿桂等编：《钦定南巡盛典》卷九，文渊阁《四库全书》本。
② 〔清〕高晋、萨载、阿桂等编：《钦定南巡盛典》卷九，文渊阁《四库全书》本。

潮神为伍子胥。"①对弄潮现象有具体的描写,并以弄潮儿的逍遥、淡定与作者的害怕形成对比,凸显他们的勇敢与弄潮的高危险性、可观性。

以诗著称于世、与洪亮吉并称为常州"二俊"的黄景仁,也是乾隆年间人,他的《观潮行》与《后观潮行》都获得了很高的评价。其《观潮行》:

> 客有不乐游广陵,卧看八月秋涛兴。
> 伟哉造物此巨观,海水直捧心飞腾。
> 璎溟万万凤未屈,对此茫茫八埏隘。
> 才见银山动地来,已将赤岸浮天外。
> 砰岩礌岳万穴号,雌呿雄吟六节摇。
> 岂其乾坤果吁吸,乃与晦朔为盈消。
> 殷天怒为排山入,转眼西追日轮及。
> 一信将无渤澥空,再来或恐鸿蒙湿。
> 唱歌踏浪输吴侬,曾贵何物邀海童。
> 答言三千水犀弩,至今犹敢撄其锋。
> 我思此语等儿戏,员也英灵实南避。
> 只合回头撼越山,那因抉目仇吴地。
> 吴颠越蹶曾几时,前胥后种谁见知。
> 潮生潮落自终古,我欲停杯一问之。②

又其《后观潮行》:

> 海风卷尽江头叶,沙岸千人万人立。
> 怪底山川忽变容,又报天边海潮入。
> 鸥飞艇乱行云停,江亦作势如相迎。
> 鹅毛一白尚天际,倾耳已是风霆声。
> 江流不合几回折,欲折涛头如折铁。

---

① 〔清〕李调元:《童山诗集》卷四,载《清代诗文集汇编》,上海古籍出版社 2010 年版,第 384 册,第 166 页。

② 〔清〕黄景仁:《两当轩全集》卷一,载《续修四库全书》,上海古籍出版社 2002 年版,第 1474 册,第 316 页。

一折平添百丈飞，浩浩长空舞晴雪。

星驰电激望已遥，江塘十里随低高。

此时万户同屏息，想见窗棂齐动摇。

潮头障天天亦暮，苍茫却望潮来处。

前阵才平罗刹矶，后来又没西兴树。

独客吊影行自愁，大地与身同一浮。

乘槎未许到星阙，采药何年傍祖洲。

赋罢观潮长太息，我尚输潮归即得。

回首重城鼓角哀，半空纯作鱼龙色。①

诗人极力称赞越人敢于弄潮，与海神游戏，至今犹似当年吴越国王钱镠敢用弓箭射潮头。袁枚在其《随园诗话》中全录《观潮行》，并称赞其"诗近太白"，其《仿元遗山论诗绝句》之二十七云："常州星象聚文昌，洪顾孙杨各擅场。中有黄滔今李白，看潮七古冠钱塘。"古来写钱塘江的诗词名作有很多，袁枚是钱塘人，也写过钱塘江，但却推黄仲为第一，亦可见其出于公心。此外，徐嘉、刘大观都和袁枚一样高度评价了这两首诗。②

在这一时期，清代诗人与唐宋诗人的作品一样，主要借用历史典故，或表达伍子胥忠信的主题，或歌颂五代吴越国钱王射潮的壮举。借用历史典故，如清代赵执信《雨中钱塘江登舟》中"潮如万山雪，胥怒殊未休"③；或歌颂五代吴越国钱王射潮的壮举，如前述钱名世《观潮》诗中所言："英雄豪气夺天险，犀弩立射潮头低。"④

改朝换代，历代从不缺乏对王朝倾覆的追悼与反思，只是在此之前，由于诗歌悠久的传统，这个文学命题通常由诗歌来承担，而到了明末清初，词作中的这一命题才蔚然成风，寄托了诗人感慨于故国往事的历史沧桑感。钱塘江潮的意象中往往倾注了亡国之民的故国之思与亡国之痛。潮起潮落与人世盛衰、故国

---

① 〔清〕黄景仁：《两当轩全集》卷一，载《续修四库全书》，上海古籍出版社 2002 年版，第 1474 册，第 316—317 页。

② 姚成元：《明清钱塘潮意象研究》，《学术探索》2014 年第 4 期。

③ 〔清〕赵执信：《因园集》卷五，载《景印文渊阁四库全书》，台北"商务印书馆"2008 年版，第 1325 册，第 345 页。

④ 〔民国〕徐世昌辑：《晚晴簃诗汇》卷五六，载《续修四库全书》，上海古籍出版社 2002 年版，第 1630 册，第 256 页。

难再的历史命运相互应发、象征，并与现实的忧患、历史的思索以及个体的独特人生体验相融合，叠合成一个自然、社会和历史的多角度、多层次的立体空间，这样就丰富并扩展了钱塘江潮意象的内涵。如曹溶在未入清前作《满江红·钱塘观潮》：

> 浪涌蓬莱，高飞撼、宋家宫阙。谁荡激，灵胥一怒，惹怒冲发。点点征帆都卸了，海门急鼓声初发。似万群风马骤银鞍，争超越。江妃笑，堆成雪；鲛人舞，圆如月。
>
> 正危楼端转，晚来愁绝。城上吴山遮不住，乱涛穿到严滩歇。是英雄未报仇心，秋时节。①

这首词借伍子胥被屈杀后、冤魂化为钱江怒潮的传说表达明朝灭亡的易代之悲，钱塘江潮不仅见证着流逝的历史，亦见证着词人悲天悯人的情怀与沉痛的故国深情，黍离之悲和铜驼荆棘之感尽现。朱彝尊称赞曹溶这首词在写钱塘江潮的词中"最为崛奇"②。此外，顾贞观《眼儿媚·西兴候潮》"西陵渡口，潮头如雪，卷尽兴亡"③的遗民之痛；吴伟业《沁园春·观潮》："八月奔涛，千尺崔嵬，砉然欲惊。似灵妃顾笑，神鱼进舞，冯夷击鼓，白马来迎。伍相鸱夷，钱王羽箭，怒气强于十万兵。峥嵘甚，讶雪山中断，银汉西倾。孤舟铁笛风清。待万里乘槎问客星。叹鲸鲵未翦，戈船满岸，蟾蜍正吐，歌管倾城。狎浪儿童，横江士女，笑指渔翁一叶轻。谁知道，是观潮枚叟，论水庄生。"④反思南明事，由此引发出对于命运的悲慨、对于历史的反思。

此外，也有对钱塘江上的历史人物进行歌颂的。沈云英（1624—1660），萧山（今属浙江）人。她是一位名垂青史的明代女将，出身武将世家，为道州守备沈志绪女。文武全才，自幼喜爱习武，擅长骑马射击，耽于书籍，强于记忆，饱读经史，对宋代胡安国的《春秋传》颇有研究。青年时随父征战。父亲战死，她有胆有识，守卫父营，组织父亲旧部解除道州之危。曾匹马闯入敌阵，夺父尸而

① 〔清〕王昶辑：《国朝词综》卷一，载《续修四库全书》，上海古籍出版社 2002 年版，第 1731 册，第 11 页。

② 〔清〕朱彝尊：《词综》，上海古籍出版社 1978 年版，第 213 页。

③ 〔清〕顾贞观：《弹指词》卷下，载《续修四库全书》，上海古籍出版社 2002 年版，第 1725 册，第 105 页。

④ 〔清〕吴伟业：《梅村家藏稿》卷二二后集十四诗余，载《续修四库全书》，上海古籍出版社 2002 年版，第 1396 册，第 163 页。

还。因功敕封为游击将军。夫贾万策战死荆门，沈云英辞官扶柩归葬。通春秋学，曾在家乡办私塾讲学授徒。后清兵南渡钱塘江，她欲投水自杀，幸好母亲力救，才免于死。晚年家境贫寒。清顺治十七年（1660）秋，忧郁而卒，葬于今衢前境内水搬山上，乡民八方举哀。毛奇龄为其撰墓志铭，董恒严作芝龛记。沈云英是中国历史上的一位巾帼女英雄，英勇杀敌，与花木兰无异，因而昭东在明代到民国时称为"云英乡"，以示纪念云英将军。故里长巷有"云英将军讲学处"，长巷沈氏宗祠内还留存"将军讲学处"石匾。清陈文述《江上咏沈云英》诗曰：

> 芝龛记里两娉婷，天女华鬘玉女星。
> 苟灌早年曾救父，宣文老去尚横经。
> 凄凉湘水和烟暝，激荡江潮带雨听。
> 指点海门青一角，西河太史旧书铭。①

（三）清代的富春江诗作

清代严州境内的富春江，景色绝美。毛奇龄《溯大江泊桐君山下作》："浙江直上溯新安，为爱桐君系缆看。几树绿萝悬露湿，半林黄叶带霜寒。三时水屿迷烟市，万叠秋山漱锦湍。婺宿影含书阁晓，浙潮声傍钓台宽。帆樯估客歌黄淡，橘柚人家翦绿团。花种上城怀杜牧，草环故宅问方干。紫岩洞口云犹闭，乌桕门前雨未干。丘壑俨然羞豹隐，江山如此笑龙蟠。望中未睹双峰涧，去后应过七里滩。绣石障村真足羡，仙棋布地有谁观。滔滔水国凭孤艇，漭漭天涯负一竿。那信戴颙还到此，双柑斗酒暂盘桓。"袁枚《过桐江》："桐江春水绿如油，两岸青山送客舟。明秀渐多奇险少，分明山色近杭州。""兰溪西下水萦回，分付船窗面面开。紧记心头须早起，明朝无数好山来。""七里泷边水竹虚，烟村约略有人居。鹭鸶到此多清绝，不去衔鱼看钓鱼。""久别天台路已迷，眼前尚觉白云低。诗人用笔求遒峭，何不看山到浙西。"周茂源《雨中溯富春江》："烟雨片帆开，凌空望钓台。龙湫穿石下，鸟道拂云回。终古沧江色，千山落木哀。同行惊旅鬓，吟眺独徘徊。"吴翊寅《严州山水佳胜诗以纪之》云："江天秀色开灵岩，别有造化工雕劚。丹青紫翠不可状，晴峰重叠烟云嵌。泠然吟啸杂鸾凤，远瀑百

---

① 〔清〕陈文述：《西泠仙咏》卷三《江上咏沈云英》，载〔清〕丁丙、丁申编：《武林掌故丛编》，广陵书社2008年版，第1页。

道飞寒杉。琤琮涧响漱碧玉，波光净拭如鉴函。清溪忽转路疑断，湘水九曲随风帆。岚气蒙蒙作微雨，午阴薄润霏轻衫。茶瓯饮罢睡初足，放眼饱看心犹馋。恨无鹅溪数幅绢，粉墨缩本摹层岩。静观潇洒得天趣，桐花乱落山鸟衔。招邀深嶂去采药，手茯苓携长镵。缘悭未许俗骨蜕，丹崖白石撑巉巉。回看村落晚炊上，鸡犬莫辨仙与凡。登峰径待去屐齿，腰脚健谢松萝挽。山川世代有时改，千载钓台还姓严。"又，吴兰雪《桐江舟中》云："烟鬟低漾水风柔，夹岸青山笑不休。诗梦卅年无冗外，画眉声里又严州。"[1]其中，七里泷、严子陵钓台等为诗作主题。

1. 七里泷

富春江最美的一段要数七里泷，又名七里濑、七里滩，位于钓台以西七里之间，两岸都是叠叠青山，仿佛一座座的翠屏一样，这里的水又浅又清，可以看见水中的游鱼、水底的石子；还可以看到滚滚的急流和漩涡，是难得的奇观。朱彝尊《泷中吟》云：

> 泷中行，不知远，雨初消，云乍卷，药苗长，蒲叶短。一夫牵船九折坂，缆逾急，舟逾缓。前峰合，后峰开，一曲转，一曲回，密树重重暗，飞泉处处来。人家三五居泷里，半是樵夫半渔子，又白鱼，捕鸟鬼，钓车钓轮满沙觜，黄白花开照泷水，未必他乡能有此。泷中吟，子歌不足我嗣音。

厉鹗曾在月夜坐船经过七里滩，为此撰有《百字令》一阕：

> 秋光今夜，向桐江，为写当年高躅。风露皆非人世有，自坐船头吹竹。万籁生山，一星在水，鹤梦疑重续。桨音遥去，西岩渔父初宿。心忆汐社沉埋，清狂不见，使我形容独。寂寂冷萤三四点，穿破前湾茅屋。林净藏烟，峰危限月，帆影摇空绿。随流飘荡，白云卧深谷。

梁绍壬《舟行七里泷阻风长歌》云：

---

① 参见〔民国〕颜士晋编：《桐庐县志》卷一六《文征外篇下》，第 588、591、593 页等。

层青叠翠千万重，一峰一格羞雷同。

篷窗坐眺快眼饱，故乡无此青芙蓉。

或如兔鹘起落势，或如鸢鹤回翔容。

槎枒或似踞猛虎，蜿蜒或若游神龙。

忽堂忽奥忽高圹，如壁如堵如长墉。

老苍滴成翡翠绿，旧赭流作珊瑚红。

巨灵手擘逊巉峭，米颠笔写输玲珑。

中间素练若布障，两行碧玉为屏风。

无波时露石齿齿，不雨亦有云蒙蒙。

一滩一锁束浩荡，一山一转殊巃嵷。

前行已若苇港断，后径忽觉桃源通。

樵歌隐隐深树外，帆影历历斜阳中。

东西二台耸山半，乾坤今古流清风。

我来祠畔仰高节，碧云岩下停游踪。

搜奇履险辟藤葛，攀附无异开蚕丛。

千盘百折始到顶，眼界直欲凌苍穹。

斯游寂寞少同志，知者惟有羊裘翁。

狂飙忽起酿山雨，四围岚气青葱茏。

老鱼跳波瘦蛟泣，怒涛震荡冯异宫。

舟师深惧下滩险，渡头小泊收帆篷。

子陵鱼肥新笋大，柁楼晚饭饤盘充。

三更风雨五更月，画眉啼遍峰头峰。

陈澧有《百字令》一阕，系以《小序》："夏日过七里泷，飞雨忽来，凉沁肌骨。推篷看山，新黛如沐，岚影入水，扁舟如行绿颇黎中。临流洗笔，赋成此阕，傥与樊榭老仙倚笛歌之，当令众山皆响也。"词云：

江流千里，是山痕寸寸，染成浓碧。两岸画眉声不断，催送蒲帆风急。叠石皱烟，明波蘸树，小李将军笔。飞来山雨，满船凉翠吹入。便欲舣棹芦花，渔翁借我，一领闲蓑笠。不为鲈香兼酒美，只爱岚光呼吸。野水投竿，高台啸月，何代无狂客？晚来新霁，一星云外犹湿。

冯云伯《百字令》咏《七里泷》云：

> 一星今古，向严江遥认，故人芳躅。四面画眉啼不断，只在白云丛竹。乱石穿沙，暗泉生雨，渔唱前汀续。此时高卧，闲鸥留住同宿。回望夕照西台，补唇晞发，来伴风流独。我亦清狂还故态，欲借松门茅屋。波静鱼跳，月凉鹤语，著个烟蓑绿。山灵无恙，仙黉疑响空谷。

读了上述这些诗词，我们可清楚地知道七里泷的美丽之处，确是名不虚传。

2.严子陵钓台

曹溶《水调歌头·钓台》云："行过富春渚，绝壁倚青天。披裘男子高卧，安取客星悬。手弄桐庐烟雾，秋水不随人老，花覆打鱼船。青史几兴废，笠影至今圆。摘松鼠，摩薜石，恨高寒。谢家如意，偏到山顶泣婵娟。欲起云台将相，罗拜先生床下，汉鼎定千年。旧事休深论，溪畔且安眠。"

朱彝尊《秋霁·严子陵钓台》云："七里滩光，见拥树归云，石壁衔照。渔火犹存，羊裘未敝，只合此中垂钓。客星曾老，算来无过烟波好。况有个，偕隐市门，仙女定娟妙。当此更想，去国参军，白杨悲风，应化朱鸟。翠微深，鸬鹚飞处，半林茅屋掩秋草。历历柁楼人影小。水远山远，君看满眼江山，几人流涕，把莓苔扫。"

毛际可《满江红·夜过钓台》："日暮孤征，新绿遍，小洲芳杜。溯急濑，频催两桨，富春东路。七里澄光天共水，客星倒挂悬崖树。更休云，物色为羊裘，虚名误。云台彦，羞渔父。铜柱绩，惊鸥侣。任帝增于往，狂奴如故。傲骨谁能官谏议，流风尚自矜厨顾。问溪西，清节有谁聆，高人墓。"

史承豫《高阳台·秋日登严子陵钓台》："岚翠侵衣，苹香刺水，片帆高挂清秋。七里滩明，当年曾隐羊裘。层台百尺凌霄汉，凫纶竿，独钓寒流。仰高风，系缆沙边，拄杖峰头。江山千古长如画，叹先生去久，星阁空留。窈窕岩扉，白云低覆深幽。断猿晴鸟悲啼处，闪残阳，枫叶飔飔。更堪怜，埋骨参军，谁酹荒丘？"[1]

3.富春道中之景及两岸山野中的乌桕树

深秋时节，富春江两岸山野中的乌桕树都已变红，掩映着绿水青山，分外娇

---

[1]　以上参见〔民国〕颜士晋编：《桐庐县志》卷一六《文征外篇下》，第607—608页。

艳。吴锡麒《台城路·富春道中》词云："江流不管闲鸥梦,匆匆似随帆转。鬓短笼烟,衫轻浣雪,禁得天涯人惯。丝风乍卷。听万竹阴中,画眉低啭。镇日狂歌,早催斜照堕天半。回头山远水远。只依依霁月,无限情恋。短笛能横,长鱼欲舞,相对蓬壶清浅。空明一片。想深谷高眠,白云都懒。钓火何来,隔滩流数点。"下半阕写江上夜景,清幽如画。除了这江上明月使人留恋,还有那白天的映日乌桕,也在游客的心上刻下了深深的痕迹。又,清代著名词人郭频迦《买陂塘》一词,更将富春江上的乌桕写得十分美丽,此词《小序》曰:"富阳道中,见乌桕新霜,青红相间;山水映发,帆樯洄沿,断岸野屋,皆入图绘,竟日赏玩不足。词以写之:'绕清江一重一掩,高低总入明镜。青要小试婵娟手,点得疏林妆靓。红不定。衬初日明霞,斜日余霞映。风帆烟艇。尽闷拓窗棂,斜欹巾帽,相对醉颜冷。桐江道,两度沿缘能认。者回刚及霜讯。萧闲鸥侣风标鹭,笑我鬓丝飘影。风一阵,怕落叶漫空,埋却寻幽径。归来重省。有万木号风,千山积雪,物候更凄紧。'"

第二章　钱塘江历代绘画艺术研究

绘画和书法是中国美术的重要组成部分。钱塘江秀丽奇诡的自然景观,历来是艺术家创作的重要源泉,激发了他们的创作灵感。有不少画家、书法家、篆刻家都与钱塘江结下了不解之缘,特别是西湖,更成为历代书画家们青睐的创作题材。由此,历代描绘钱塘江的图画作品不计其数。以杭州西湖为例,据不完全统计,有记载的描绘西湖文化景观的作品总计在 2000 件以上,其中仅潘青臣《西湖画寻》就汇辑历代西湖图画 669 件,计唐代 1 件,宋代 118 件,元代 70 件,明代 182 件,清代 298 件。又录有现代西湖图 29 件。① 这些绘画作品承载了唐、宋、元、明、清乃至近现代社会各阶层的情感寄托和审美享受。毫无疑问,它们是钱塘江文化的重要组成部分,在中华文明史、特别是中国绘画史上占有极其重要的历史地位。

一、钱塘江绘画的历史

(一)史前时期的钱塘江绘画

钱塘江绘画,源远流长。早在史前时期,这里的先民便展现出了高超的绘画技艺(主要是指陶器上的部分纹饰)。其中,当以河姆渡文化和良渚文化为代表。

从距今 7000 年左右的余姚河姆渡遗址中出土的各种精美的艺术品来看,河姆渡人普遍具有绘画的禀赋,他们善于用苍劲古朴、粗犷有力的线条描画事物,既有形象的写实图像,又有抽象的写意作品。天空中飞翔的野禽、地面上奔

---

① 潘青臣辑录:《西湖画寻》"前言"及"编后记",浙江人民美术出版社 1996 年版。

走的动物、水中游弋的鱼类、田里种植的植物以及自然界中的太阳、树木花草等,都成为他们绘画的主题。他们竭力想把实物以最逼真的方法重现在图画中,画面简洁,风格朴实而又生动自然,表现了河姆渡人对大自然的赞美,富有浓厚的生活气息。鱼禾纹陶盆、稻穗纹陶盆、猪纹陶钵、植物纹陶块等,都是河姆渡人绘画艺术的代表。如猪纹陶钵,在陶钵外腹壁两侧各刻有一猪的图像,猪的造型为尖嘴、细耳、大眼,身上还刻有花叶纹,把写实描绘与图案化表达结合起来,极其生动,惟妙惟肖,体现了史前先民在美术创作上所具有的智慧和能力。而五叶纹陶块上的植物图像,线条更是简洁明快,画面厚重而粗犷,呈现出一派郁郁葱葱、生气勃勃的艺术景象。

河姆渡文化遗址出土的刻纹陶盆

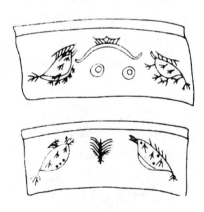

陶器上的刻画鸟纹

距今四五千年的良渚文化,其玉器、陶器等器皿上的图案更为奇异、精致、繁密,这表明其时的绘画技艺已经达到了一定的水平。如余杭反山良渚文化墓地 12 号墓出土的一件玉琮(M12：98),有两节呈方柱体,在结构上与常见的孔大壁薄的琮有所不同,孔径仅 4.9 厘米,而射径达 17.1—17.6 厘米,成为孔小

河姆渡文化遗址出土的五叶纹陶块

壁厚的琮,俯视似呈玉璧形。有的学者更明确地说,这件玉琮"是琮璧合二为一的特殊礼玉,上面小孔圆璧,象征着天;琮身四面八方,象征着地;琮下面琢磨得凹凸不平,象征着地下阴间。由此可见,琮代表着天上、地上和地下三个世界,即神界、阳界和阴界"[①]。可见,这件玉琮在制作前,设计者必然要考虑到当时人们思想意识中的认知,而精心设计出来的。目前发现的仅有这一件,十分可贵。琮上的纹饰,在正面的四个直槽上下各有一个神像形纹(也有学者称为神人兽面纹),共有八个,形象基本相似。每个神像形纹仅占有约 12 平方厘米的大小。而神像头部、四肢俱全,头上还戴有冠帽。冠略呈无弦弓形,其上有十余组微弧的线条。内层为帽,刻有十余组卷云纹。脸呈倒梯形,眼、鼻、嘴俱全。上肢为耸肩、平臂、弯肘,五指平张叉向腰部。下肢作蹲踞状,脚为三爪的鸟形足。四肢和躯体上都密布卷云纹、短直线和弧线。在神像的胸腹部,以浅浮雕刻出兽

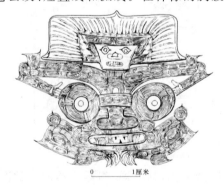

反山 M12:98 玉琮上的神徽图案线图

---

① 殷志强:《试论良渚文化玉器的历史地位》,载《东方文明之光——良渚文化发现 60 周年纪念文集》,海南国际新闻出版中心 1996 年版。

面纹。每个神像形纹仅占 12 平方厘米的大小，面积很小，神像的各个部位俱全，还有卷云纹等装饰，"肉眼极难看清所有细部"。有的花纹中仅在 0.1 厘米的宽度内，竟刻有四五根细线，"神工鬼斧，堪称微雕"[①]。

（二）先秦时期的钱塘江绘画

春秋战国时期，越国统治者非常重视绘画的政治功能，专门设有绘画的"国手"。如《吴越春秋·句践伐吴外传》载：越国乐师曾对称霸中原归来的越王句践说："君王……功可象于图画，德可刻于金石。"同书又载范蠡功成身退，"出三江，入五湖，人莫知其所适"，"越王乃使良工铸金，象范蠡之形，置之坐侧，朝夕论政"。此外，还有人体装饰画，即纹身。如《淮南子·泰族训》许慎注："越人以箴刺皮为龙文，所以为尊荣之也。"由此可见，越人以纹身为尊、为荣、为美。

与当时的中原地区一样，越国贵族的墓葬中也盛行装饰壁画。如孔晔《会稽记》"陈音山"条载："昔有善射者陈音，越王使简士习射，射于郊外，死因葬为冢。今开冢，壁悉画作骑射之象。"陈音墓中的壁画无疑是世俗生活的写照，这说明越国不仅有以政治和军事为题材的绘画，还有以日常生活为主题的绘画，甚至是墓葬壁画。

需要说明的是，越国的线刻铜器绘画，在整个东周线刻铜器绘画中的地位越来越重要。如 2005 年以后浙江省文物考古研究所在对越国西施山遗址进行的考古发掘中，出土有 6 件战国初线刻铜器绘画的文物。例如青铜锥画四系盘 1 件，高 3.5 厘米、口径 23.1 厘米、底径 18 厘米。薄胎，口微敛，浅腹，斜弧壁，饰两对四只竖钮衔环耳，平底。盘内壁刻锥画线图，远处太阳高照，近景是直立的树枝。刻有 19 人，他们正在举行仪式，头带羽饰，或击鼓，或舞蹈；多数人在室内，部分站在高台上，陈设有酒坛和放在架上的鼓。盘之内底刻蟠龙纹，纹饰呈"S"形，首尾相连，盘壁之间以锯齿纹隔开，布局有条不紊，构成一幅有声有色的祭祀场面。青铜锥刻三足盘 1 件，通高 5 厘米、口径 19 厘米、足高 2.5 厘米。薄胎，直口，浅腹，直壁平底，三扁兽形足，带三铺首衔环系，均用铆钉连接。在刻有水波纹、三角纹的内外腹壁之间，刻饰有追逐奔跑的野兽和在沼泽中觅食的鹭群等，栩栩如生。[②]

---

① 浙江省文物考古研究所反山考古队：《浙江余杭反山良渚文化墓地发掘简报》，《文物》1988 年第 1 期。

② 刘侃：《绍兴西施山遗址出土文物研究》，《东方博物》2009 年第 2 期；绍兴博物馆：《走近大越——纪念绍兴建城 2500 年》，上海人民美术出版社 2014 年版，第 330—339、343 页。

（三）秦汉时期的钱塘江绘画

进入秦汉以后，在先进的中原文化的影响下，钱塘江流域的绘画水平进步较快。海宁县长安镇曾发现一座东汉晚期的画像石墓，该墓平面布局为前后两室带甬道，前室两侧各有一个耳室，墓壁下段全用长条形石灰石迭砌，条石之上用砖起券。在前室、两耳室及甬道的石砌部位刻有画像，内容丰富多样，刻画表现极为精彩。① 在墓门和石室中，装饰图案除了卷云纹等，还有朱雀、玄武、青龙、白虎、嘉禾、瑞草、天鹿、奔马等表现吉庆的题材；又有雕饰有车马出行、乐舞百戏、庖厨宴饮、神灵祥瑞、楼台亭馆等反映古代封建贵族生活的题材。还有"汉高祖斩蛇""荆轲刺秦王""老莱子娱亲"等历史故事和其他神话、传说的题材。表现形式主要为阳刻块面加阴刻线条。画面、构图灵动多变，造型、线条质朴生动，人物形象和衣饰流畅优美。特别需要指出的是，在石室内部门楣上方还雕刻有五辆不同形制的马车，是为一支车队，即辎车、棚车、轺车、斧车、耕车。1987年上海辞书出版社出版的《中国美术辞典》一书中撰写并收录了《海宁画像》《海宁舞乐百戏》《海宁马厩图》三个条目。而这样完整的《马厩图》，在其他地区的汉代画像石刻和墓葬发掘中是非常少见的。此外，墓中还出土有几何纹样的画像砖。

需要说明的是，其时会稽（今浙江绍兴）是东汉时期铜镜的知名产地，生产的画像镜、神兽镜等，镜背之装饰纹细致富丽，具有绘画性。如绍兴出土的数百面汉朝铜镜，花纹优美流畅，有四灵、禽兽、神话传说、历史人物等主题的画像镜。工匠以山阴鲍氏、唐氏等最为著名。在今湖北鄂城发掘出来的大量铜镜制品中，有些铜镜铭文有"会稽山阴鲍唐""扬州会稽山阴师鲍唐""吴师"等，可见当时绍兴所产铜镜远销各地。有的制镜工匠还东渡日本传艺，其精湛的技术、浓郁的地方特色，在中国青铜艺术史、冶金工业史上占有重要的一页。

（四）六朝时期的钱塘江绘画

六朝时期，钱塘江流域出现了一批画家和雕塑家。这一时期，人物画、山水画、花鸟画及绘画理论的发展，标志着我国绘画艺术的成熟。知名的作品有中年以后长期居会稽剡县的戴逵所绘的《吴中溪山邑居图》、刘填作《吴中行舟

---

① 嘉兴地区文管会、海宁县博物馆：《浙江海宁东汉画像石墓发掘简报》，《文物》1983年第5期。2009年浙江大学出版社出版的由黄雅峰教授著、杭州师范大学汉画艺术研究所和海宁市博物馆组编的《海宁汉画像石墓》一书，通过大量珍贵的文字资料与图像信息，对该墓作了一次全面的介绍和系统深入的研究。

图》、毛惠秀《剡中溪谷村墟图》等。

东晋时,戴逵(326—396)既善绘画,又善雕塑。他本是谯郡铚(今安徽宿县)人,后徙居会稽剡县,遂为剡县人。早年师从名儒范宣,博学多才,善于鼓琴,工画人物和山水。终身不仕,坚拒太宰武陵王(司马晞)召命及王徽之雪夜拜访。成语"雪夜访戴"说的就是他的故事:王子猷居山阴,夜大雪,眠觉,开室,命酌酒,四望皎然。因起彷徨,咏左思《招隐》,忽忆戴安道。时戴在剡,即夜乘小船就之。经宿方至,造门不前而返。人问其故,王曰:"吾本乘兴而行,兴尽而返,何必见戴?"文中所说的"戴"就是戴逵。戴逵的山水画极妙,真实反映了当地的秀美山水。其人物画有《阿谷处女图》《孙绰高士图》《胡人献兽图》等,山水画有《吴中溪山邑居图》《南都赋图》。相传范宣原不重画,"以为无用",看了《南都赋图》,赞叹不已,"甚以为有益,始重画"①。戴逵又擅长雕塑佛像,所刻佛像形神兼备。晋孝武帝中叶,他曾为会稽灵宝寺作一尊一丈六尺高的木雕无量寿佛,于技艺精益求精,常潜坐帷中,密听众论褒贬,辄加详研,花了三年时间,终于刻制成一尊符合佛经教义、体现民族风格、深受观众喜爱的佛像。唐道宣在《法苑珠林》中情不自禁地赞叹道:"自泥洹以来,久逾千祀,西方像制,流式中夏。虽依经溶铸,各务仿佛;名士奇匠,竞心展力,而精分密数,未有殊绝。晋世有谯国戴逵,字安道者……机思通赡,巧凝造化,乃所以影响法相,咫尺应身,乃作无量寿挟持菩萨……准度于毫芒,审光色于浓淡,其和墨、点采、刻形、镂法,虽周人尽策之微,宋人象楮之妙,不能逾也。"戴逵此像一出,观者无不称妙,争相仿效,并把外来佛像的形体修改为宽额、浓眉、长眼、垂耳、笑脸、大肚的形象,这可以说是戴逵对佛教在中国传播所作出的一大贡献。所著有《戴逵集》9卷,今已散佚。

戴逵的儿子戴颙(377—441),字仲若。他继承父业,善于弹琴写字,擅于绘画、雕塑,且很有创见,也是南朝时著名的雕塑家。一生都居住在会稽剡县。桐庐县有很多名山,戴颙和兄长戴勃两人一起去游览,因而留居下来。戴勃生病,医药不足,戴颙对戴勃说:"我跟随兄长得以闲暇,并不是有意沉默。兄长现在病重,无法求治。我应当去求官禄来接济我们。"于是上书朝廷求取海虞令,事情将要办成时,戴勃去世,就此作罢。桐庐县地处偏僻,难以养病,于是他到吴

---

① 〔南朝宋〕刘义庆:《世说新语·巧艺第二十一》,见徐震堮校笺:《世说新语校笺》,中华书局1984年版,第386页。

地定居下来。吴地的读书人为他建房,搬运石头,开涧引水,栽植树木,林木不多时就长得繁密茂盛。戴颙论述庄子思想的精要,作《逍遥论》,注释《礼记》的《中庸》篇。三吴守将和郡里士大夫邀请他一起野游,他从不虚情假意,因此众人都赞美他。戴颙对造像艺术很有研究,在雕塑上卓有成就。有一次都城建康瓦棺寺铸了丈六铜像,"既成,面恨瘦,工人不能治,乃迎颙看之。颙曰:'非面瘦,乃臂胛肥耳。既错减臂胛,瘦患即除,无不叹服"①。

需要说明的是,会稽地区的铜镜铸造,在孙吴时达到极盛。这里铸造的各种神兽镜和画像镜,数量之多,远非其他地区所能比,在中国工艺史上占有极其重要的地位。当时铸造的铜镜往往铸有铸造时间、地点和工匠姓名等铭文。如在湖北鄂城发现的神兽境,半数以上有纪年铭文,年号除"建安",还有孙吴的"黄武""黄龙""嘉禾"和"赤乌"等,其中有相当一部分是会稽方面的工匠制作的。画像镜的出土地点有杭州、南京、扬州、长沙等地,亦都在吴国境内。画像镜缺乏纪年铭,但从图纹中有描绘吴王和伍子胥的历史故事,也可看出其地方特色。②

(五)隋唐时期的钱塘江绘画

隋唐时期,国家的统一给画家们创造了进一步互相学习和交流的条件,与世界各国的频繁交往又给中国美术提供了借鉴与吸收国外美术资源的方便,加之其他艺术形式的影响,以及皇家贵族对绘画、书法的浓厚兴趣和大力扶持,中国绘画和书法在隋唐时期也进入了繁荣时期。其间,浙江籍画家作出了极为重要的贡献。

据文献记载,隋代时浙江地区开始修纂图经。唐代褚朝阳《观会稽图》诗中便载:"良使求图籍,工人巧思饶。全移会稽郡,不散钱江潮。夏禹犹卑室,秦皇尚断桥。宛然山水趣,谁道故乡遥?"③从此诗中可知,当时已经刻印出了会稽全郡的山水形势图——《会稽图》了。

唐朝绘画名家辈出,释道鬼神、贵族人物、山水花鸟等题材都有较大的发展。钱塘江流域著名的画家有陈闳、孙位、张志和、程修己等。代表作则有会稽人孙位绘的《高逸图》、王默《严光钓濑图》。此外,曾在此做官的韩滉和戴嵩分

---

① 《宋书》卷九三《隐逸·戴颙传》,中华书局1974年版,第2277页。
② 王仲殊:《关于日本三角缘神兽镜的问题》,《考古》1981年第4期。
③ 〔宋〕孔延之:《会稽掇英总集》卷一五,见邹志方:《〈会稽掇英总集〉点校》,人民出版社2006年版,第205页。

别画有《五牛图》与《斗牛图》等，今斗牛风俗还盛行于金华一带。

陈闳，会稽人，朱景玄评其为"妙品中五人"之首。擅长肖像及人物仕女画。因绘画精绝而被荐入京。曾为永王府长史。开元(713—741)中召入为宫廷画家，曾多次为玄宗、肃宗画像，又与吴道子等人合作《金桥图》，其中玄宗形象即为陈闳所执笔。"又画明皇射猪、鹿、兔、雁并按舞图等"不少反映帝王游乐生活的作品。陈闳也善画佛道寺观壁画。《唐朝名画录》说其曾在"咸宜观内天尊殿中画上仙，及图当时供养道士、庖丁等真容，皆奇绝"。传为陈闳所作的《八公图》，画北魏南平公长孙嵩、山阳侯奚斤等八人肖像(现仅存其中6人)，绢本设色，人物平列，皆为立像，或系自前代画本传摹而出。陈闳也师法曹霸而擅长画马，笔法细润，曾画过"照夜白"等御马，惜无作品流传。

孙位，自称会稽山人，宋代《宣和画谱》说其于光启中画应天寺壁，"画成，矛戟森严，鼓吹夏击，若有声在缥缈间。至于鹰犬驰突，云龙出没，千状万态，势若飞动，非笔精墨妙，情高格逸，其能与于此耶"？世称孙位尤长于描绘龙、水，有《高逸图》等传世。

张志和(约730—约810)，字子同，初名龟龄，婺州金华(今浙江金华)人。在吴兴(今浙江湖州)时，颜真卿知其高节，曾以渔歌5首赠之。张志和遂作卷轴，根据诗句赋以人物、舟船、鸟兽、烟波、风月等，"曲尽其妙"，"深得其态"。唐代张彦远《历代名画录》以其"非画之本法，故目之为逸品"，但同时也认为他"盖前古未之有也"。

此外，还有一位程修己，祖籍冀州(今属河北)人，其祖父于大历间(766—779)任越州(今浙江绍兴)医博士，修己随同寓居越州。其时周昉任越州长史，遂让修己跟自己学画，传授其绘画妙诀。宝历间(825—827)擢明经。大和间(827—835)应文宗之命重作晋明帝朝卫协之《毛诗图》。又曾在文思殿作竹障屏风，文宗为之作歌云："良工运精思，巧极似有神。临窗时乍睹，繁阴合再明。"在朝学士皆奉诏作诗相和。朱景玄《唐朝名画录》称其"尤精山水、竹石、花鸟、人物、功德、古贤、异兽等，首冠于时，可居妙品也"①。

（六）五代吴越国和北宋时期的钱塘江绘画

1. 五代吴越国时期的绘画

五代吴越国时，杭州作为一国之都，书画名家荟萃。其时，声名卓著、成就

---

① 《历代名画录·画录》，转引何志明、潘运告编著：《唐五代画论》，湖南美术出版社1997年版，第92—93页。

最高的人要数画僧贯休。他善画罗汉,罗汉造型富有艺术夸张的意味,所"画罗汉十六帧,庞眉大目者,朵颐隆鼻者,倚松石者,坐山水者,胡貌梵相,曲尽其态"①。他自己说是梦中所见,醒后画之,因称"应梦罗汉"。所画罗汉造型生动逼真,用笔遒劲,线条紧密,在造型上富有夸张意趣。据说贯休在杭州时,曾受众安桥强氏药肆之请,画出罗汉一堂,谓:"每画一尊,必祈梦得应真貌,方成之。""当时卿相,皆有歌诗"。宋太平兴国初,宋太宗搜访古画,程羽将贯休所绘罗汉 16 帧进呈,欧阳炯作《禅月大师应梦罗汉歌》:"西岳高僧名贯休,高情峭拔陵清秋,天教水墨罗汉,魁岸古容生笔头……若将此画比量看,最是人间为第一。"②贯休的罗汉画,是古代佛教绘画史上的名作,可惜真迹传世绝少,多数是宋代摹本,还有不少是后人伪托。有的流传至日本,有的刻本则分散各地。杭州孔庙内尚存有他画的罗汉刻石十六方,刻石原在西湖圣因寺内。

此外,吴越国的画家还有王耕,善画牡丹。钟隐,天台人,因长期隐于钟山,故名;善画花竹禽鸟,山水人物。罗塞翁,以画羊著名。蕴能是一位画僧,善画佛像,也能画山水、花卉。

吴越国的统治者钱镠也爱好书画。他有时也作书或画墨竹。③ 他的后代中也有不少善画的。当时入吴越的北方画家,如山东的王道求、高唐的李群、河北的张质等,这与钱镠重视书画艺术有一定的关系。

至于书法,钱镠"能书写,甚得体要"④。他"喜作正书",作品"刚劲结密,似非出用武手"⑤。忠懿王钱俶"善草书",宋太宗曾命其书写上进,诏书褒奖。⑥而在民间,当以贯休最为著名,他擅长书法,独创一体,作字奇崛,草书尤胜,人称为"姜体"。《宋高僧传》称其"篆文雄健"。钱镠初踞两浙时,正想树堂立碑,大封功臣,要贯休题诗刊于碑阴。贯休遂向钱镠献诗一首。罗隐虽不以书法显名,但其所作行书"尚有唐人典刑,无季世衰弱之习"⑦。

---

① 〔宋〕黄休复:《益州名画录》卷下《能格下品七人·禅月大师》,载傅璇琮等主编:《五代史书汇编》,杭州出版社 2004 年版,第 10 册,第 6153 页。
② 〔宋〕黄休复:《益州名画录》卷下《能格下品七人·禅月大师》,载傅璇琮等主编:《五代史书汇编》,杭州出版社 2004 年版,第 10 册,第 6153—6154 页。
③ 〔元〕夏文彦:《图绘宝鉴》卷二,《丛书集成初编》本。
④ 〔宋〕薛居正监修:《旧五代史》卷一三三《钱镠传》,中华书局 1976 年版,第 6 册,第 177 页。
⑤ 《宣和书谱》卷五,《丛书集成初编》本。
⑥ 〔元〕脱脱等:《宋史》卷四八〇《吴越世家》,中华书局 1977 年版,第 40 册,第 13907—13908 页。
⑦ 〔元〕陶宗仪:《书史会要》卷五《五代》,文渊阁《四库全书》本。

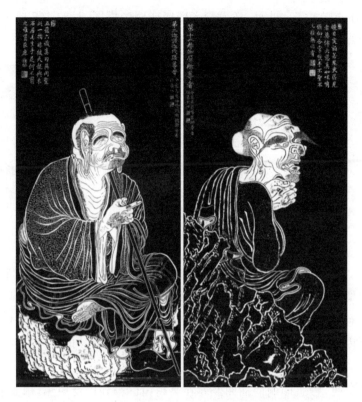

五代贯休《十六罗汉图》石刻

　　需要指出的是，吴越国统治者崇奉佛教。从周世宗显德三年(956)开始，钱俶亲自主持史无前例的大规模的佛经刊刻活动，时间持续了近 20 年，前后三次刻经，每次刊印 84000 卷，总计刊印 20 余万卷。此外，钱塘(今浙江杭州)人、灵隐寺主持永明延寿禅师也组织刻印了大量的佛经，据《莲宗宝鉴》卷四载："师念世间业系众生，不能解脱，惟念佛可以诱化，乃印弥陀塔十四万本，劝人礼念。"此书"遍施寰海，吴越国中念佛之兴由此始也"。另外，他还印有《法界心图》70000 本，包括《弥陀经》《楞严经》《法华经》《观音经》等。其时雕版印行的佛经大都有图像。其时，代表中国雕版画制作最高水平的，除敦煌石室秘藏的雕版佛画，当是五代吴越国刻印的佛教版画(如《十二面观音像》、雷峰塔藏经扉画)，它和雷峰塔图一起，是迄今我国现存最早的木版画之一，对于研究浙江木版画的创始与沿革具有深远的历史意义。如杭州雷峰塔出土的开宝八年(975)的《陀罗尼经》卷，全长 211 厘米，高 7.3 厘米，卷首刻礼佛图，次为经文，卷首题有"天下兵马大元帅吴越国王钱俶造此经八万四千卷，舍入西关砖塔，永充供奉，乙亥八月日记"等字。此外，还发现了雕版印刷的塔图，长约 100 厘米，每层画一塔，四塔相叠，上画讲经故事，雕刻精细，印刷清晰。

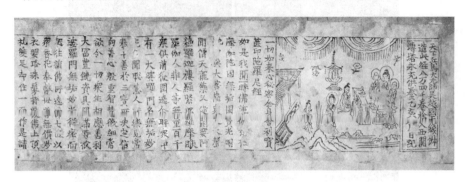

钱弘俶刻印的《宝箧经》

此外，雷峰塔遗址还发现木板刻印的塔图，全卷塔图长约 100 厘米，每层所画塔形似僧帽样，塔图刻印的主题是佛经中的人物故事，一只仙鹤，风格精细，四周并刻有螭纹、水波纹等作为装饰。当年佛教徒们刻印经文制作塔画，秘藏于砖塔之内长期供奉，目的也是与建造大塔一样，为祈盼"闻者灭罪，见者成佛"之意。①

由此可见，雕版印刷的插图经卷在吴越国已得到广泛应用，扉画和塔图的制作风格已经相当成熟，形成了在中国版画发展上具有划时代意义的经典式样，反映了当时的版画水平，在我国版画艺术领域显示出重要的历史地位和艺术价值。

2. 北宋时期的钱塘江绘画

北宋时期钱塘江绘画继续得到发展，其中代表人物当数大名鼎鼎的苏轼。据《龙井见闻录》记载：龙井寺里收藏有苏轼送给寺中高僧辩才的水墨罗汉八轴。轴皆二像，仁皇飞白四字，与南唐草字四纸。

在这一时期，钱塘江的版画仍以佛教题材为主，在独幅的宗教木板画中，更多的是单帧刷印的佛像、菩萨像。这些雕刻在独幅木板上的佛像画，下端记载着出资者的官衔、姓名。佛像画被施印后广泛地流传于佛教信徒中，作为他们的供养之资。

《弥勒菩萨像》，五代名画家、西蜀人高文进绘，越州（今浙江绍兴）天台宗名

---

① 参见张秀民：《五代吴越国的印刷》，《文物》1978 年第 12 期。

僧知礼刻。北宋雍熙元年(984)绍兴刊本,日本京都清凉寺藏。图高54厘米,宽28.5厘米。图绘释迦佛坐莲花座上,下绘佛弟子,上绘飞天,佛像庄严,线条生动。图中左右上方刊署"待诏高文进画""越州僧知礼雕"。中部于菩萨像两边分别刻有"云离兜率,月满娑婆,稽首拜手,惟阿逸多,沙门仲休赞"(右)、"甲申岁十月丁丑朔十五日辛卯雕印普施,永充供养"(左)款式。同时发现的尚有《文殊菩萨》《普贤菩萨》及《灵山变相图》等。每幅题宋雍熙元年(984)刊本。《文殊菩萨骑狮像》图绘文殊菩萨坐于狮背之莲花座上,文殊右手持如意,头顶上绘有祥云及梵文字母,狮子造型雄健,四足各踏莲花,作回首状,狮子左边有昆仑奴牵引,右端为童子合十而立,画面下方有十三行题记。《普贤菩萨骑象像》与《文殊菩萨骑狮像》为一对作品,风格大致相同。《灵山变相图》上半绘释迦讲经盛况,下半绘佛经故事等,形象众多,画面繁复精细。

北宋"咸平四年"杭州赵宗霸组织雕刻的两幅《经咒》,其中的《大隋求陀尼罗经咒》于1978年4月在苏州市盘门城内瑞光塔第三层塔心窖穴内发现,与其一起发现的还有一批五代末期至北宋初年的文物,包括真珠舍利经幢、佛经经咒卷轴、经帙、佛像及丝织品等。经鉴定,其年代为上限956年、下限1017年,以大中祥符及天禧年间的文物为主,现由苏州博物馆收藏。其中在出土的经卷中,有《大隋求陀尼罗经咒》一件,为雕版印刷品,宋咸平四年(1001)苏州军州张去莘刊印,下部长方框内记刊刻缘起云:"剑南西川成都府净众寺讲经论持念赐紫义超同募缘传法沙门蕴仁……咸平四年十月□日杭州赵宗霸开。"赵宗霸为宋代初年杭州的木刻版画艺人。图高44.5厘米,宽36.1厘米,《经咒》图中心绘释迦牟尼像,四周环以汉字咒文,经文为圆圈形排列,共27层,四角为持国、广目、多闻、增长四天王像,上部正中饰以图案,绘刻精良。另一图绘佛教经变故事,左右两边各有十四个垒叠神像,代表二十八宿。中央有代表巴伦黄道十二宫的十二个图形。左下角刊有"北宋景德二年八月□日记"。这是隋唐经咒的变本,也是后世织造陀罗尼经被的依据,被后人视为不可多得的上乘宗教木刻资料。此外,杭州钱姓人家于宋仁宗庆历二年(1042)至熙宁二年(1069)的数十年间刻印的《妙法莲华经》,经文印于白色罗纹麻纸上,经文前附印的扉画木刻已较成熟,也可以说是木版画中的佳品。

(六)南宋时期的钱塘江绘画

南宋是钱塘江绘画的繁荣时期。绍兴年间(1131—1162),宋高宗仿宣和故实,置御前画院,后人称为绍兴画院。经宋高宗的多方经营,画院画家云集,特别是流寓四方的曾任职于北宋宣和画院的画家,如李唐、朱锐、苏汉臣、刘宗古、李从训、李安忠等,纷纷回到画院中,成为绍兴画院的中坚力量。同时,南宋画院也吸收了许多新的画家,在绍兴画院存在的一百多年里,有姓名可考的画家有近 120 人。据清厉鹗《南宋院画录》一书所载,南宋画院仅宋高宗朝就有画家20 人,著名的有李唐、杨士贤、马公显、李迪、李安忠、李从训、朱锐、李端、张浃、刘宗古、顾亮、周仪、焦锡、阎仲、萧照等。此后,孝宗、光宗、宁宗、理宗等朝也有不少名家高手,如林椿、阎次平、马远、刘松年、梁楷、夏圭、李嵩、张茂、马和之、苏显祖、马麟、白良玉、陈宗训、陈清波、苏汉臣、鲁宗贵等。南宋统治者为画院画家提供优厚的生活待遇和创作条件,使他们的才华得以施展,从而创作出一大批精美的作品。

在这一时期,西湖是山水画家最常描绘的主题,描绘西湖的绘画蔚然成风。然而不应忽略的是,钱塘江题材的绘画也蔚然壮观。画家们多生活在都城临安,对江南的环境和景物有深入的、独到的感受,并将这种感受与理解通过最恰当的艺术形式表现出来,将自然物象转换成艺术形象。江南的地理环境决定了他们善于营造江南山水的烟雨朦胧,热衷于描绘钱塘江壮阔的自然风光。

从现存的作品来看,其内容大致又可以分为以下几类:一是山水作品,主要是直接描绘钱江潮的钱塘江两岸的山水风光,如宋代许道宁《高秋观潮图》,李嵩《月夜看潮图》《钱塘观潮图》(又名《宋宫观潮图》),佚名《钱塘秋潮图》(旧传夏圭),夏圭《钱塘观潮图》,赵伯骕《万松金阙图》,朱惟德《江亭揽胜图》;也有一些虽然没那么明显,但具有水面开阔、大型船只往返、风急浪高等特征,基本能判断画的是钱塘江,如李唐《长夏江寺图》《坐石看云图》,佚名《江山小景图》(旧传李唐),夏圭《溪山清远图》,佚名《远水扬帆图》,佚名《天末归帆图》(旧传赵构),夏圭《烟江帆影图》,夏珪《风雨行舟图》,夏圭《山水十二景》,祝次仲《苍矶清樾图》,佚名《秋江帆影图》(旧传李唐),佚名《澄江碧岫》,佚名《江上青峰》,佚名《柳阁风帆》,佚名《早秋夜泊》(旧传马和之)。二是描绘钱塘江两岸的历史人文、风俗等内容的画作,如苏汉臣《秋庭婴戏图》《货郎图》《杂技戏孩图》《秋庭婴戏图》《桐荫玩月图》《靓妆仕女图》,刘松年《南宋四将图》《博古图》《茗园赌市图》《瑶池献寿图》,马远《华灯侍宴图》《松风楼观图》,李嵩《货郎图》《市担婴戏图》《骷髅幻戏图》《斗浆图》《卖浆图》《花篮图》《观灯图》,马麟《夏禹王图》,赵伯驹《宫苑图》,陈清波《瑶台步月图》,梁楷《归渔图》《布袋和尚图》,钱选《王羲之观鹅图》《招凉仕女图》,李迪《风雨归牧图》《雪中归牧图》,佚名《春江帆饱图》

《江亭闲眺图》《柳溪归牧图》《宫苑婴戏图》《女孝经图》《桐荫玩月图》《蕉荫击球图》《杂剧打花鼓图》《杂剧眼酸药图》《歌乐图》《小庭婴戏图》《柳亭送别图》。

李唐(1066—1150),字晞古,河阳三城(今河南孟县)人。南宋画家。初以卖画为生,宋徽宗赵佶时入画院。南渡后以成忠郎衔任画院待诏。擅长山水、人物。变荆浩、范宽之法,风格苍劲古朴,气势雄强,开南宋水墨苍劲、浑厚一派先河。晚年去繁就简,用笔峭劲,创大斧劈皴,所画石质坚硬,立体感强,画水尤得势,有盘涡动荡之趣。兼工人物、牛。与刘松年、马远、夏圭并称"南宋四大家"。存世作品有《万壑松风图》《清溪渔隐图》《长夏江寺》《烟寺松风图》《采薇图》等。其所作的《万松宫阙图》,画凤凰山下的南宋宫殿。群松于壑内,两边立方块峻峰,左低而右高。左有水流,下松壑而出。右有水流,下宫阙而出。下段石坡,皆为斧劈皴。上段峰头,用侧笔直皴。画法清润,结构高妙,为李唐山水画作中的神品。其《秋江潮汐图》,清吴其贞《书画记》载其:"图之右角画松风楼阁观潮之意,左边皆烟水,潮浪如山奔,舟楫浮沉出没,使观者神震骇。"①

张训礼,生卒年不详,本名敦礼,避光宗(1190—1194 在位)讳改。南宋光宗朝画家。山水、人物学李唐,恬洁滋润,时辈不及。为刘松年之师。传世作品有《春山渔艇图》《围炉博古图》。《春山渔艇图》,扇页,绢本设色,着色青绿,画面表现出春天钱塘江两岸山水的迷人景色。小中见大,咫尺千里。现藏故宫博物院。

赵伯骕(1124—1182),宋太祖七世孙,赵令穰之子,字希远。伯驹弟。少从宋高宗于康邸,以文艺侍左右。淳熙七年(1180)为和州防御使。擅画山水、花鸟,也长于人物,楼阁界画尤妙。曾与其兄合作画集英殿屏,深得宋高宗赞赏。其《万松金阙图》,清润雅丽,自成一家。此外,《德寿殿图》也是描绘钱塘江边南宋宫殿的画作。

钱塘(今浙江杭州)人刘松年,因居清波门外,俗称暗门刘。为孝宗淳熙时(1174—1189)画院学生,光宗绍熙年间(1190—1194)任画院待诏。宁宗时(1195—1224)曾进《耕织图》,赐金带,院中人称为绝品。其代表作《西湖春晓图》,笔法秀美,设色古雅。《四景山水图卷》,现藏故宫博物院,绢本,设色清丽妍秀,笔墨精严细谨,界画工整,共四段,分别描绘西湖春、夏、秋、冬四时之景,

① 〔清〕吴其贞:《书画记》,转引自〔清〕厉鹗:《南宋院画录》卷二《李唐》,浙江人民美术出版社 1982 年版,第 12 页。

并配以水榭屋宇,穿插人物活动,对西湖四季中湖光山色的自然变化有着极其细腻生动的描写。

马远(? 一约 1225),字遥父,号钦山,原籍河中(今山西永济),后移居钱塘(今浙江杭州)。宋光宗、宁宗、理宗三朝画院待诏。据《图绘宝鉴》卷四载,马远"画山水、人物、花禽,种种臻妙,院人中独步也"。今存《寒江独钓图》《水图》《对月图》《枢台夜月图》《林和靖图》《孝经图》等。明人曹昭《格古要论》评其画说:"全幅不多,其小幅或峭峰直上,而不见其顶;或绝壁直下,而不见其脚;或孤舟泛月,而一人独坐。此边角之景也。"故有"马一角"之称①。他的水墨山水画风格独特,善用健硬有力的斧劈皴描绘峭拔雄奇的巨石和山势,给人以极其深刻的印象。取景构图独具一格,往往以山水之一角而画出形象鲜明、诗意浓郁的江南景色。对南宋临安宫廷生活与场景的描绘,是马远绘画的一大特色。在其山水画中,位于钱塘江边凤凰山南宋宫廷的形象触目可及。《华灯侍宴图》《宫苑乞巧图》《宫廊雪霁图》《踏歌图》《雪景图》《风雨山水图》《雪中水阁图》《玩月图》《林和靖图》《孝经图》等画作,在崇山峻岭或溪山无尽的连绵间,均安置有巍峨的殿宇、回旋的长廊、高耸的楼阁,它们在云雾的笼罩和林木的掩映中或隐或现,一改以往帝王宫殿金碧辉煌、庄严肃穆的传统形象,在气韵生动的自然律动中,以"半边""一角"的造境之趣和林木苍郁的山川气息,为我们留下了一个有关南宋宫殿的独特印象。

夏圭,生卒年不详,字禹玉,钱塘(今浙江杭州)人。宁宗朝为画院待诏,赐金带。工人物,善山水,用笔苍老,墨色酣畅淋漓。师于李唐,善用"拖泥带水皴",同时构图简洁,"水墨西湖,画不满幅"②,故有"夏半边"之称。《图绘宝鉴》卷四评价其"善画人物,高低酝酿,墨色如傅粉之色,笔法苍老,墨汁淋漓,奇作也。雪景全学范宽。院人中画山水,自李唐以下,无出其右者也"。代表作品有《溪山清远图卷》《长江万里图》《西湖柳艇图》《山水十二景卷》《江山佳胜图》《溪山无尽图》《松溪乏月图》等。《钱塘观潮图》是描绘当时京城观潮的名作。《溪山幽隐图》《观瀑图》《松溪泛舟图》《溪山清远图》等则描绘了钱塘江两岸的景色。

夏森,字仲蔚,夏圭之子。亦善画,运笔不及其父,独林石差胜。代表作有

---

① 明代汪珂玉《珊瑚网》评价马远说:"评画者谓远多剩山残水,不过南渡偏安风景耳,世又称马一角乃此。"(转引自〔清〕厉鹗:《南宋院画录》卷七《马远》,浙江人民美术出版社 1982 年版,第 192—193 页)

② 〔清〕厉鹗:《南宋院画录》卷七《马远》,浙江人民美术出版社 1982 年版,第 167 页。

《飞阁观涛图》《烟江帆影图》等。夏圭的《钱塘观潮图》在空间营造上别具匠心，此画表现了钱塘江山水之一角，对钱塘江之景进行了高度的概括，重点突出画面层次，以一角为实，描绘了崖石劲松的环境，继而以此环境衬托出澎湃的巨浪。巨浪之后是大量翻滚的江水，画面中部及后部运用留白与虚化，使近景的特写更加明显，远景更加幽远。画面中虚实相间，相辅相成，整体气韵统一，不画大片江水，我们仍感受到钱塘江的壮阔。画面中澎湃的巨浪拍打着江岸，崖石上的树在疾风中摇曳，这壮阔的动势与近景中厚重的崖石、临江而立的六和塔形成强烈的对比，动静结合，使画面更富节奏感；江面上驶过小舟，似画者居于其上，行进在这波涛汹涌、壮阔悠远的江面上，远山淡墨渲染、连绵起伏、时隐时现，简淡悠远的远方正表现了画家的精神状态，体现了其淡然的心态。这幅画的表现方式与其他南宋小景山水画有所区别，在"咫尺"之内却表现出"千里"的空间感，可谓抒情的佳作。① 现藏于苏州博物馆的《钱塘观潮图》扇面，则是一件少见的小景精品。《钱塘观潮图》又名《钱塘秋潮图》，绢本，设色，纵 25.2 厘米，横 25.6 厘米，无款，保存状况良好。右下角有"少师郧国公孙"收藏印一枚，左方署有"夏□"两字（其中一字缺失）。这幅山水画描绘的是钱塘江秋季初潮将至时的景象。近景多集中在画面的左下角，近处的崖石、树木交杂，郁郁葱葱，疾风中群树摇曳，几间楼阁隐现其中，左侧的六和塔临江而立；中景白浪翻滚，接天的巨浪汹涌而来，不停地拍打着江岸，气势磅礴，动静结合；远景江面开阔，一艘小船行于其上，远处山峦连绵起伏，时隐时现。画家用高超娴熟的技巧，描绘出钱塘江巨浪澎湃的壮观，同时表现出"咫尺千里"的空间感，此作可谓小景山水的佳作。《溪山清远图》中画有一处临江的城门建筑，城门下停泊着一些船只，应该取材于城南某个靠近钱塘江的城门。

李嵩（1166—1243），钱塘（今浙江杭州）人。少为木工，颇精绳墨。后因其绘画技能，被宫廷画家李从训收为养子，并在其亲自指点下，技艺大进。工人物、山水、道释，尤长于界画。历任光宗、宁宗、理宗三朝画院待诏。他的作品深受人们的好评，如《钱塘观潮图》《宫苑楼阁图》《龙舟殿宇图》《楼阁积雪图》《货郎担图》《夜潮图》《茶会图》《西湖图》等，都极为工致。他的《月夜看潮图》《宋宫观潮图》描绘的是南宋皇族观潮的情景。

梁楷，生卒不详，祖籍东平（今山东东平），寓居钱塘（今浙江杭州）。南宋宁

---

① 荆欣:《〈钱塘观潮图〉赏析》,《美术大观》2016 年第 11 期。

宗嘉泰年间(1201—1204)担任过画院待诏。喜画山水、佛道、鬼神。传世作品有《六祖伐竹图》《李白行吟图》《泼墨仙人图》《八高僧故事图卷》《雪景山水图》等。他有不少钱塘江题材的作品,如《右军书扇》《羲之观鹅》《黄庭经换鹅》《田乐图》等。而《归渔图》描绘了钱塘江流域渔民的生活场景。

李东,生卒年及籍贯均不详。生活于宋理宗时期,是一位知名的民间画家。喜绘村舍田园之类的题材,常在钱塘江边的南宋都城御街出售他所画的《村田乐》《尝醋图》一类的风俗画,深受人们的喜欢。元代庄肃《画继补遗》便载有李东事迹:"理宗朝时,尝于御街鬻所画,多画村田乐、尝醋图之类,不可以清玩,仅可娱俗眼耳。"传世作品有《雪江卖鱼图》,有"七绝"题于画上:"江天大雪白茫茫,玉色千山暮影长。一棹渔蓬临水阁,蓑衣卖得鲤鱼香。"此作描述的是钱塘江冬天的雪景和渔民的艰苦生活。

朱惟德,生卒年及籍贯均不详,为南宋晚期画院画家。代表作品《江亭揽胜图》,现藏辽宁省博物馆。其画面取边角之景,山岩虬松,江面辽阔,对岸山峦平缓,境界清旷,描绘的是今天万松岭、凤凰山一带钱塘江两岸的风光。它与赵大亨《薇亭小憩图》及佚名《玉楼春思图》《江亭晚眺图》《仙山楼阁图》《楼阁图》等,都是南宋绘画中描绘亭台楼阁题材的代表作品。

苏显祖,生卒年不详,钱塘(今浙江杭州)人。南宋宁宗朝嘉定年间画院待诏。工画山水、人物,俗呼其画为"设兴马远"。传世作品《风雨归舟图》淋漓尽致地描绘了钱塘江两岸的景色,可谓生动细腻,美奂绝伦。

《柳亭行旅图》,台北故宫博物院藏,绢本墨笔,横23.2厘米、纵24.2厘米。作品布局空灵疏朗,具南宋绘画边角构图的特征。画中天空水阔、风疾浪卷、柳疏亭虚、舟泊人行,充满南宋小品画优雅恬美的意境。此图乍一看很容易误认为描绘的是西湖景致,然而其所画实为钱塘江北岸的一处小型的渡口,并有官方配建的供旅客歇脚的亭子,是南宋常见的秋江晚泊、弃舟登岸之类的绘画题材。该图风格属于阎次平、阎次于派系,非常接近夏圭早期的风格。据地貌特征推断,从钱塘江北岸的凤凰山到六和塔一带的风光最符合此图的描绘。此类钱塘江题材绘画中所描绘的建筑桥梁、舟楫渡口等具有重要的史料和艺术价值。[①]

钱选(1239—1299),宋末元初著名画家。传世作品有《牡丹图》《柴桑翁像》

---

① 张德勇:《解读南宋〈柳亭行旅图〉及其背后的钱塘江题材绘画》,《美术界》2017年第9期。

《卢仝烹茶图》《浮玉山居图》等。其《西湖吟趣图卷》和《孤山图》,现均藏故宫博物院。

（七）元代的钱塘江绘画

元代的钱塘江绘画虽不及宋代繁盛,但也有不少名家、名作。著名的画家有赵孟頫、高克恭、邓文原、鲜于枢、黄公望等。

1. 赵孟頫与钱塘江

赵孟頫（1254—1322）,元初著名书画家、艺坛领袖,吴兴（今浙江湖州）人。他在绘画、书法上都有很高成就,在当时和后世都产生了很大影响。他是南宋宗室,年轻时便来过杭州,与当地的文人同游西湖、钱塘江等名胜。从成宗大德三年（1299）起,赵孟頫任江浙行省儒学提举,一直到武宗至大二年（1309）离任,在杭州近10年。此后在大都（今北京）任职,仁宗延祐六年（1319）回乡,次年夏与友人重游西湖。[①] 从上面简单的介绍可以看出,杭州在赵孟頫的生活中占有重要的地位。传世画迹有《重江叠嶂图》《鹊华秋色图》《秋郊饮马图》等。他不仅与杭州有很深的缘分,还创作有许多与杭州西湖、钱塘江等有关的书画作品。词人张翥作《朝中措》,末句是:"若个仙翁画得,翠微倒影楼台。"注道:"湖堤晚归,望葛岭诸山倒影水中,昔赵文敏公常欲画此,故友之。"[②] 赵孟頫以西湖为题材作画,作品有《孤山放鹤图》《白塔古松图》《林山小隐图卷》《琴清轩图》《西溪图》等。其《题孤山放鹤图》诗:"昔年曾到孤山,苍藤古木高寒。想见先生风致,画图留与人看。"[③] 又有《题西溪图赠鲜于伯几》诗。[④] 赵孟頫有《虞美人·浙江舟中作》词:"潮生潮落何时了? 断送行人老。消沉万古意无穷,尽在长空淡淡鸟飞中。海门几点青山小,望极烟波渺。何当驾我以长风? 便欲乘桴浮到日华东。"欲以兴亡万古事宽解自我。

2. 黄公望与《富春山居图》

黄公望（1269—1354）,本姓陆,名坚,常熟（今江苏常熟）人。因家境贫寒,后过继给永嘉府（今浙江温州）平阳县黄氏为子,居虞山（今宜山）小山,因改姓黄,名公望,字子久,号大痴、大痴道人、一峰道人。黄公望中年时当过浙西廉访

---

① 　任道斌:《赵孟頫系年》,河南人民出版社1984年版。

② 　唐圭璋编:《全金元词》,中华书局1979年版,第1021页。

③ 　〔元〕赵孟頫:《松雪斋集》卷五,文渊阁《四库全书》本。

④ 　〔清〕顾嗣立编:《元诗选》初集,中华书局1987年版,第1册,第555页。

司和御史台察院的吏员,一度因受政治牵连入狱;出狱后"归隐西湖筲箕泉"①,皈依"全真教",在江浙一带卖卜为生。他经常与友人出入西湖山水之间,"一日,与客游孤山,闻湖中笛声,子久曰:'此铁笛声也。'少顷,子久亦以铁笛自吹下山。游湖者吹笛上山,乃吾子行也。二公略不相顾,笛声不辍,交臂而去。一时兴趣又过于桓伊也"②。西湖的隐居生活对他的创作有很大的影响,作品见诸文献记载的有《西泠烟霭图》《溪山雨意图》《虎林秋晚图》《灵隐山图卷》《筲箕泉图》《琴鹤轩图》等。

黄公望擅画山水,师法董源、巨然,兼学李成法,得赵孟頫指授。所作绘画笔力老到,简淡深厚。又于水墨之上略施淡赭,世称"浅绛山水"。晚年以草籀笔意入画,气韵雄秀苍茫,与吴镇、倪瓒、王蒙合称"元四家"。擅书能诗,撰有《写山水诀》。黄公望的书画作品现存 51 件,其中 20 余件流散海外,存世的比较著名的作品有《富春山居图》《九峰雪霁图》《丹崖玉树图》《天池石壁图》《溪山雨意图》《剡溪访戴图》等。

《富春山居图》是黄公望的代表作,堪称南宋之后山水画的巅峰之作,可与书法中的《兰亭序》相媲美。它开始创作于黄公望 79 岁时,为画好这幅画,他不辞辛劳,奔波于富春江两岸,观烟云变化之奇,察江山钓滩之胜,遇到好景,随时写生。作为写意山水画中的精品,《富春山居图》是画家七年心血的结晶,集黄公望一生写意山水的技法与理解于一纸,画面苍率潇洒,笔墨简远超迈,境界高旷,气势雄秀,自成一家。整幅画卷长六米多,水是"千丈见底"的,连绵的山岗雄秀苍茫,山峰起伏。富春江的灵动与清润于画中尽显。整卷画简洁明快,虚实相生,布局由平面向纵深拓展,空间表现极其自然,画家用水墨技法描绘出了富春江一带秋天的景色,表现出秀润淡雅的风貌,气度不凡。

清代初年,《富春山居图》流落到吴正志手中,后传其子吴洪浴,洪浴爱之如命,临死前令家人烧掉家中所有书画,以殉其身。幸而此图被家人从火中抢出一部分,但此时的《富春山居图》已被烧成两段,较短的一段被后人称为《剩山图》,现藏于浙江省博物馆,较长的一段被后人称为《无用师卷》,现藏于台北故

---

①　〔元〕杨维祯:《西湖竹枝词》,《武林往哲遗著》本。而《富阳县志》记载,元代大画家黄公望"放浪江湖,爱富春山水之胜,泼墨画大岭山图,遂结庐于鸡笼山之筲箕泉,以终老焉"。他遍游名山大川,唯独钟情富春山水,晚年结庐隐居富春江畔的筲箕泉达二十余年,耗尽毕生精力创作的传世名画《富春山居图》,以长卷的形式表现了富春江两岸的旖旎风光和田园阡陌的景色。

②　〔元〕杨瑀:《山居新语》卷四,中华书局 2006 年版,第 231 页。

宫博物院。"后归丹阳张氏,今归泰兴季氏。"①清代末年,曾有摹本流入内府,此摹本被乾隆看作真迹,并在上题词,后真本出现,反被乾隆定为赝品,成为书画史上的一大笑柄。

3. 王蒙与钱塘江

王蒙(1308—1385),字叔明,号香光居士,吴兴(今浙江湖州)人。元代画家。外祖父赵孟頫、外祖母管道昇、舅父赵雍、表弟赵彦徵都是元代著名画家。元末官理问,弃官后隐居仁和(今浙江杭州)黄鹤山,自号黄鹤山樵、黄鹤山人。明初,出任泰安(今山东泰安)知州。尝谒胡惟庸于私第,与会稽郭传、僧知聪观画。因胡惟庸案牵累,死于狱中。据《临平记补遗》卷三《附记》载:"理问王蒙墓,在黄鹤山下。"

王蒙能诗文,工书法。尤擅画山水,得外祖父赵孟頫法,以董源、巨然为宗而自成面目。写景稠密,布局繁复,善用解索皴和渴墨苔点,表现林峦郁茂苍茫的气氛。山水之外,兼能人物。所作对明清山水画影响甚大,仅次于黄公望,后人将其与黄公望、吴镇、倪瓒合称为"元四家"。董其昌曾在他的作品中题词:"王侯笔力能扛鼎,五百年来无此君。"传世的代表作《青卞隐居图》《春山读书图》《葛稚川移居图》《秋山草堂图》。②

4. 高克恭《吴山夜景图》

高克恭(1248—1310),字彦敬,号房山。他的祖先是西域人。元代的西域,泛指中亚和西南亚及其以西的地区。高氏之族源缺乏明确的记载。元朝将全国居民按种族和地域分为蒙古、色目、汉人、南人四等,在政治上待遇不同,蒙古、色目有各种特权,汉人、南人受歧视。高克恭属于色目人,但他的家族较早接受中原传统文化,他本人有很高的汉人的传统文化修养。至元二十六年(1289)高克恭以尚书省右司都事的身份奉命到杭州"考核籍书",就是清查账目,这是他首次与西湖接触。事毕北返大都。至元二十八年(1291)被任命为江浙行省左右司郎中,成宗大德元年(1297)调离。期间,他为杭州百姓做了一件便民的大好事。史载:"至元末年尚有火禁。高彦敬(克恭)为江浙省郎中,知杭民藉手业以供衣食,禁火则小民屋狭,夜作点灯必遮藏隐蔽而为之,是以数致火患,甚非所宜。遂弛其禁,杭民赖之以安。事与廉叔度除成都火禁之意一也。

---

　　① 〔清〕王弘:《山志》初集卷三《富春山图》,中华书局 1999 年版,第 73 页。

　　② 〔元〕倪瓒:《清閟阁全集》卷一二《外纪下》,文渊阁《四库全书》本;〔清〕朱彝尊:《曝书亭集》卷六三《王蒙传》,文渊阁《四库全书》本。

余因书之,俾后人知公之德政利人者如此。"①后官至刑部尚书(正三品)。高克恭"在杭爱其山水清丽,公退即命僮挈榻,杖履适山中,世虑冰释,竟日忘归"。他在绘画艺术上有很高的成就,"好作墨竹,妙处不减文湖州。画山水,初学米氏父子,后乃用李成、董元、巨然法,造诣精绝"②。所作有《吴山夜景图》③,又称《夜山图》,表现西湖南岸吴山夜间的景色。赵孟頫、鲜于枢、邓文原等均为之题诗。④ 另据记载,高氏有《吴山观月图》⑤,应是《吴山夜景图》的另一名称,也可能是同一主题的另 幅作品。高克恭与赵孟頫是很好的朋友,常在一起游览西湖名胜。赵孟頫《题高彦敬画二轴》中写道:"记得西湖新霁后,与公携杖听潺湲。"⑥有时还共同创作:"高文简公一日与客游西湖,见素屏洁雅,乘兴画奇石古木。数日后,文敏为补丛竹。""高文简公"即高克恭,"文敏"即赵孟頫。后来虞集为之题诗:"不见湖州三百年,高公尚书生古燕。西湖醉归写古木,吴兴为补幽篁妍。……赵公自是真天人,独与尚书情最亲。高怀古谊两相得,惨淡酬酢皆天真。"这幅图画后来被称为"三绝"。

5.吴镇、赵雍及其他

吴镇(1280—1354),字仲圭,号梅花道人,浙江嘉兴人。终身不仕,卖卜于钱塘(今浙江杭州)等地。善画山水,与黄公望、王蒙、倪瓒三人一起被推为"元四家"。传世作品有《双桧平远图》《墨梅图》等,其《渔父图》《秋江渔隐图》等多以钱塘江上的渔民和山水风光为创作对象。

赵雍(1289—1369),字仲穆,吴兴(今浙江湖州)人。元代书画家。父赵孟頫是元初著名书画家、艺坛领袖。赵雍以父荫入仕,守昌国(今浙江定海)、海宁(今浙江海宁)两州,官至集贤待制、同知湖州路总管府事。书画继承家学,赵孟頫尝为幻住庵写《金刚经》未半,赵雍将其抄完。其连续处,人莫能辨。擅山水,尤精人物鞍马,亦作界画。书善正、行、草,亦长篆书。精鉴赏。传世作品有《人马图》《狩猎人物图》《挟弹游骑图》《马戏图卷》《兰竹图》《溪山渔隐》《前浦理纶

---

① 〔元〕杨瑀:《山居新语》卷三,中华书局 2006 年版,第 222 页。
② 〔元〕邓文原:《巴西集》卷下《刑部尚书高公行状》,文渊阁《四库全书》本。
③ 〔元〕虞集:《道园遗稿》卷三《赵伯高所藏高彦敬吴山夜景图》,文渊阁《四库全书》本。
④ 〔元〕赵孟頫:《松雪斋集》卷三《题李公略所藏高彦敬夜山图》,文渊阁《四库全书》本;〔元〕鲜于枢:《高尚书夜山图》,《元诗选》二集《困学斋稿》,中华书局 1987 年版;〔元〕邓文原:《题高尚书夜山图》,载《元诗选》二集《素履斋稿》,中华书局 1987 年版。
⑤ 〔元〕仇远:《山村遗集·题李公略示高郎中吴山观月图》,《武林往哲遗著》本。
⑥ 〔元〕赵孟頫:《松雪斋集》卷五,文渊阁《四库全书》本。

图《先贤图卷》《春郊游骑图》《高峰原妙禅师像》《骏马图》《秋林远岫图》等。他与钱塘江关系密切，除出守海宁，他也到过杭州等地从事艺术创作活动。美国普林斯顿大学美术馆就收藏有赵雍的书法墨迹《暂自杭回帖》。

盛懋，字子昭，生卒年不详。父盛洪，临安（今浙江杭州）人，寓居嘉兴魏塘。盛懋活动于元后期。承接家学，善画人物、山水、花鸟。传世作品有《秋林高士图》《秋江待渡图》《沧江棋笛图》《溪山清夏图》《江山图》《秋石图》《江枫秋艇图》等。其《渔乐图》《秋舸清啸图》等是以钱塘江等背景创作的绘画作品。

萨都剌来回两次过严陵，都是沿水路而行，途经风景优美的富春山水，并在此留下了《夜泊钓台》《钓台夜兴》等数首诗文，通过这种方式来诠释他的赞美和留恋之情。他创作的《严陵钓台图》是历史上最早描绘严子陵钓台的作品。同时，这幅画也是最早描绘富春山水的作品，八年以后，黄公望才开始创作《富春山居图》。

玉涧是僧道隐的号，这位僧人俗姓李，海盐（今属浙江）人。为西湖净慈寺僧。师惠崇，画山水。刘基有一首诗，题为《玉涧和尚西湖图歌》，诗中写道："大江之南风景殊，杭州西湖天下无。浮光吐景十里外，迭嶂涌出青芙蕖。百年王气散荆棘，惟有歌舞留欢娱。重楼峻阁竞铅黛，媚柳娇范使人爱。老僧不善儿女情，故作粗豪见真态。"[①]他的《西湖图》应是用粗放的笔法写西湖景色。可惜的是上述这些作品都已失传。

（八）明代的钱塘江绘画

明代是钱塘江绘画大发展的时期。就杭州而言，明代可以称得上是绘画创作的兴盛时期，出现了一些具有全国影响和足以画史留名的画家、画派和作品。戴进、沈周、徐渭、李流芳、蓝瑛、陈洪绶可谓是其中的代表。

1. 明代著名画家与钱塘江

戴进（1388—1462），字文进，号静庵，又号玉泉山人，仁和（今浙江杭州）人。明代著名的浙派画家，在宣德、正统年间驰名海内，山水、人物、花草、瓜果、翎毛无不精通。其画继承南宋以马远、夏圭为代表的"院体"画风，并融入时代风尚和个人风格，开创了一个地域画派，被后人推为"浙派"领袖，在当时享有很高的声誉。《两浙名贤录》谓其"画集诸家之大成，山水、人物、花草、翎毛无不精妙。……真皇明画家第一，足以照映古今者也"。戴进传世作品很多，如《春山积

---

① 〔明〕刘基：《刘基集》，林家骊点校，浙江古籍出版社 1999 年版，第 411—412 页。

翠图》《风雨归舟图》《夏山避暑图》《关山行旅图》等，其中就有不少描绘钱塘江景色的作品，如《浙江名胜图》描绘吴山、西湖、孤山、玉泉、南北高峰等景色，被吴宽誉为"笔法精妙入神，为本朝第一"（此图后纸有吴宽长跋）。《山高水长图》描绘了钱塘江辽阔壮观的美丽景色。《南屏雅集图》记元末杨维桢与故老宴于西湖之事。这些传世作品，行笔顿挫，表现山石多用斧劈皴，水墨淋漓，足以代表他山水画上的成就。

沈周为明代著名的文人画大家、吴门画派的代表人物。他多次来杭州屠游、创作，曾寓居西湖宝石峰僧舍，并留下许多以杭州西湖、钱塘江为题材的画作。除长卷《湖山佳趣图》，尚有《踏雪寻梅图》《六桥烟雨图》《西湖夜雨泛舟图》《钱江观潮图》《西湖泛月图》《岳坟诗画》《灵隐旧游山水图》《岳王坟图》《天竺图》《飞来峰图》《吴山图》《溪山落木图》《湖上陇树图》《钱塘山行图》《南屏诸山长卷》《怀鹤图》《越水图》《灵隐山图卷》《扁舟载鹤图》《冷泉亭图》等。他非常珍爱藏品《富春山居图》，后因请人题跋而不慎失去，令他久久不能忘怀。他一生喜好游历，成化二十年（1484），沈周在富春江上领略黄公望隐居过的青山绿水，又因仰慕严子陵的高风，泛舟赴建德登严子陵凭吊，并作《子陵垂钓》《题严子陵像》等纪游诗。成化二十三年（1487），沈周凭借惊人的记忆力，将画卷从头至尾背临下来，来安慰自己的思念之苦，这便是他的名作之一《仿黄公望富春山居图》。富春山水经过沈周的重新诠释，展现出清雅秀丽的一面，也成为沈周创作高峰期的标志性作品。

董其昌仿黄公望的作品较多，如《仿大痴山水图》《临富春册图》《仿黄公望山水图》《仿黄公望山水卷》等。

李流芳一生酷爱西湖山水，每年必游西湖，他作有《西湖江南卧游册》。这些画大抵记录其在西湖的旅游生活，将自己的感受乃至发现真实地记录下来，画中自写题跋，以记其因由。李流芳《西湖卧游图题跋》所记关于西湖的风景仅有 20 则，分别为"紫阳洞""云居寺""西泠桥""西峰罢雾图""法相寺山亭图""胜果寺月岩图""六和晓骑图""永兴兰若""冷泉红树图""断桥春望图""南屏山寺""雷峰暝色图""紫云洞""洞中第一桥""云栖晓雾图""烟霞春洞""江干积雪图""岣嵝云洞""孤山夜月图""三潭采莼图"等。①

---

① 〔明〕李流芳：《西湖卧游图题跋》，载王国平主编：《西湖文献集成》，杭州出版社 2004 年版，第 3 册，第 1091—1102 页。

蓝瑛(1585—约1664),字田叔,号蝶叟,晚号石头陀,自号东郭老人。钱塘(今浙江杭州)人。善画山水,兼工人物、花鸟、兰竹,是具有杭州绘画特色的"武林画派"的领袖人物,其被后人称为"武林画派"始祖,其绘画对明末清初影响很大。代表作有《红树青山图》《秋山红叶图》《九夏清泉图》《白云红叶图》《松岳高秋图》《苍岩嘉树图》《溪山雪霁图》《仿一峰道人山水图》《溪阁清言图》《仿王蒙山水》《云壑清声图》《秋山清话图》《松岩涧泉图》《松溪垂钓图》《风雨山水图》等,其中与钱塘江相关的有《春江渔隐图》《江皋话古图》《西湖十景图》《风雨归舟图》《富春高士图》以及《仿黄公望山水》扇页等。蓝瑛的版画作品不多,代表作为崇祯六年(1633)墨绘斋刻本《天下名山胜概记》中的"西湖"全景图。《天下名山胜概记》又题为《名山胜概记》或《名山记》,全书48卷,明何宾岩编。包括名山图和附录各一卷,成书后流传甚广。此书为纸本,线装1册,合页连式,首附插图56页。内有《西湖》一幅插图,为蓝瑛等画,刘叔宪摹图,绘刻杭州西湖全景,颇具史料价值。在《新刻名山胜景一览》《太平山水图画》等明清多种山水刊本中,《天下名山胜概记》被誉为山水之冠,所谓搜尽奇峰打草稿,千变万化,妙趣天然。

陈洪绶(1598—1652),字章侯,幼名莲子,一名胥岸,号老莲,别号小净名,晚号老迟、悔迟,又号悔僧、云门僧。诸暨(今浙江诸暨)人。明末著名画家。他幼年早慧,诗文书画俱佳。成年后来到绍兴蕺山,投身于一代名儒刘宗周门下,求学问道,深受其人品、学识的影响。崇祯三年(1630)应会试未中。崇祯十二年(1639)到北京宦游,与周亮工过从甚密。后以捐赀入国子监,召为舍人,奉命临摹历代帝王像,因而得观内府所藏古今名画,绘画技艺益精,尤专工人物画,富于夸张,名扬京华,与崔子忠齐名,世称"南陈北崔"。明朝覆没后,清兵入浙东,陈洪绶避难至绍兴云门寺,削发为僧,一年后还俗。晚年学佛参禅,在绍兴、杭州等地鬻画为业。生性怪僻,愤世嫉俗,身处忧患之时,所交师友多为正义之士。著有《宝纶堂集》。

陈洪绶的一生,除了两三次进京,大多生活在钱塘江下游的诸暨、绍兴、萧山一带。他在《隐居十六观图册》中的题诗便说:"老莲无一可移情,越水吴山染不轻。"①陈洪绶小时候因家道中落,亲人相继去世,就寄居在萧山长河的岳父来斯行家,来家是当地的名门望族。传说他4岁时就表现出了与生俱来的艺术天

①　〔清〕张照:《石渠宝笈》卷一二《贮》,文渊阁《四库全书》本。

分,朱彝尊在《陈洪绶传》中这样描写他在来家私塾学习的一段经历:"年四岁,就塾妇翁家。翁家方治室,以粉垩壁。既出,诫童子曰:'毋污我壁'。洪绶入视良久,给童子曰:若不往晨食乎?童子去,累案登其上,画汉前将军关侯像,长十尺余,拱而立。童子至,惶惧号哭,闻于翁。翁见侯像,惊下拜,遂以室奉侯。"即陈洪绶在岳父萧山来斯行家,于墙上画关侯像,长十尺余,拱而立。来斯行看见此图,立即敬而下拜。① 据文献记载,年仅 10 岁的陈洪绶从萧山长河镇过钱塘江,来到杭州向浙派名家蓝瑛、孙杕学习绘画。孟远在《陈洪绶传》中写道:"十岁时,即濡笔作画。老画家孙杕、蓝瑛辈见而奇之,曰:'使斯人画成,道子、子昂均当北面,吾辈尚敢措一笔乎?'而绶意不在也。"②据说大画家蓝瑛看到 10 岁时的陈洪绶的画作后,对其画技非常惊讶,自叹不如,从此蓝瑛直到去世都没有再作其擅长的人物画。如毛奇龄《陈老莲别传》就记载道:"初法傅染,时钱唐蓝瑛工写生,莲请瑛法傅染,已而轻瑛。瑛亦自以不逮莲,终其身不写生,曰:'此天授也。'"③

　　陈洪绶的绘画由于得到了高人的指点,进步神速。从后世留存下来的绘画作品看,蓝瑛对陈洪绶的影响较大,尤其在山石、花鸟方面,从蓝瑛的《华岳高秋图》和陈洪绶的《杨升庵簪花图》中的树木的形态中可以窥见一二。在陈洪绶中期的人物画中常会看到,"浙派"和蓝瑛那种顿挫刚劲的方折笔调,他将花鸟画、山水画的用笔移植到人物画中,与当时的唐寅、仇英的传统的、圆整的人物画法拉开了距离,可以说陈洪绶的绘画在此层面上达到了"愈古愈新"的境界。关于陈洪绶在杭州学画的经历,其挚友周亮工在《读画录》中曾有一段著述:"章侯儿时学画,便不规规形似。渡江拓杭州府学龙眠七十二贤石刻;闭户摹十日,尽得之,出示人曰:'何若?'曰:'似矣。'则喜。又摹十日,出示人曰:'何若?'曰:'勿似也。'则更喜。盖数摹而变其法;易圆以方,易整以散,人勿得辨也。"④由此可见,陈洪绶在杭州学画之初就有临摹李公麟的《七十二贤石刻》,尽数模而变其法,易圆以方,易整以散,就如他自己所说的要"师其意思,自开乾坤",从而达到自如的境界。

　　大约 17 岁时,陈洪绶娶了萧山来斯行的女儿。陈洪绶曾为其岳父立传,在

---

①　〔明〕陈洪绶:《陈洪绶集》,吴敢点校,浙江古籍出版社 2012 年版,第 664 页。

②　〔明〕陈洪绶:《陈洪绶集》,吴敢点校,浙江古籍出版社 2012 年版,第 659 页。

③　〔明〕陈洪绶:《陈洪绶集》,吴敢点校,浙江古籍出版社 2012 年版,第 662 页。

④　〔清〕周亮工:《读画录》卷一,清康熙烟云过眼堂刻本。

《槎庵先生传》中写道："洪绶十七岁,即侍先生几杖。"传记中形容他的岳父"为人和厚简易,虽卑贱之人可得以情告之者。不欲傲世,而高情远举,俗自不可以得错处,以故少年有恃才狂士之称。每自喜志大遇迟,当老其材。数与市中小儿攫饮食,醉后辄披发长啸。读书务实用……讲学日盛,先生见儒学与佛氏,且吾作一家言,通二宗旨……乃作一舟,放之白马、湘湖间。丝竹陶写,改读书室为伽蓝,饭一老僧,卧起与俱"[①]。字里行间展现出陈洪绶很钦佩他的岳父。万历丙辰年(1616)秋冬间,19 岁的陈洪绶到了萧山来氏府邸,住在年长他 20 岁的来风季家中。二人于松石居学《楚辞》,相咏屈原的《离骚》,"高梧寒冰,积雪霜风,拟李长吉体,为长短歌行,烧灯相咏"。来风季取古琴作激楚声,二人相视,"四目莹莹然,耳畔有寥天孤鹤之感"[②]。在这样的环境下,屈原忧国忧民的凄苦心情引起了陈洪绶的共鸣,他只用两天时间就创作出了不朽之作《九歌图》,含自"东皇太一"到"礼魂"十一幅白描,末附"屈子行吟图"一幅。《九歌图》及《屈子行吟图》描写的都是鬼神故事,其中有不少鬼神的恋爱情节。这一套图中人物个性的刻画非常成功,尤其是屈原像,把屈原爱国爱民、流涕长叹的神态刻画入微。屈原面部憔悴,身体羸弱,长冠宽衣,夹带长剑,画中之表现特征与屈原自述特征相合。新安程象在初刻《宝纶堂集》的题跋中赞道:"因忆髫年客游浙中,捧读《楚辞》,见卷首叙述并绘《屈子行吟图》,次第抽毫,骊括殆尽,是章侯陈先生笔,传布海内,亦志屈子之所志也。频见大幅小帧,种种臻妙,人共宝之。其铭赞简洁,脱胎经史,书法遒劲,借骨颜柳,岂谨以文章翰墨见长哉!"[③]明崇祯十年(1637),萧山来钦之述注《楚辞》时,将陈洪绶画的《九歌图》刊于卷首。

明亡之后,陈洪绶落发出家于云门寺。清顺治六年(1649)春,他来到杭州,主要寓居于吴山火德庙之西爽阁,靠卖画为生。[④] 据朱彭《吴山遗事诗》说:"老莲放旷好清游,卖画曾居西爽楼,晓步长桥步归去,翠花篱落看牵牛。"如他自己所说:"庚申丙子廿年间,不住南山便北山",他对杭州有着深厚的感情。在杭州,与其交往最密的乃是生于山阴仕宦家族的张岱。他们曾共读于岣嵝山房,共饮于"不系舟"。陈氏赞叹张岱"才大气刚,志远学博"。陈氏的代表作之一《水浒叶子》便是在张岱的敦促下历时四月完成的。陈洪绶与张岱的兄弟也堪

①　〔明〕陈洪绶:《陈洪绶集》,吴敢点校,浙江古籍出版社 2012 年版,第 19—20 页。

②　〔明〕陈洪绶:《陈洪绶集》,吴敢点校,浙江古籍出版社 2012 年版,第 9 页。

③　〔明〕陈洪绶:《陈洪绶集》,吴敢点校,浙江古籍出版社 2012 年版,第 656 页。

④　〔民国〕胡祥翰辑:《西湖新志》卷一〇《人物一·陈洪绶》,上海古籍出版社 1998 年版,第 513 页。

称莫逆之交。

　　陈洪绶有关钱塘江的画作也较多,其中与杭州有关的、见诸文献记载的有《雷峰西照小景图》《西湖垂柳图》《湖堤踏歌图》《湖上两峰图》《香山四乐图卷》《归去来图卷》《隐居十六观图册》等。这些画作,上面均有作者的题画诗。著名的版画作品有《九歌图》《屈子行吟图》《水浒叶子》《博古叶子》及《鸳鸯冢娇红记插图》《张深之正北西厢记》《娇红记》等,这些作品及插图,绘刻精美,独具匠心,有着强烈的木刻版画特色,表现出古雅简朴、内涵隽永、清劲圆润、散逸疏旷的艺术风格,是我国版画史上的瑰宝。

　　此外,谢时臣、卞文瑜、周龙、宋懋晋等画的《西湖十景图》,均涉及钱塘江风光;冷谦《吴山图》,王生《南屏对雪图》,石锐《湖山佳趣图》,刘珏《临安山色图》,唐寅《钱塘景物图》《吟香草亭图卷》《青山读书图》《越城泛月图》,周用《万峰松雪图》,项元汴《樟亭芝旸图》,文嘉《云山图卷》,董其昌《三竺溪流图》《三竺溪流山水轴》《春湖烟村图》《纪游画册·西湖》,宋旭《钱塘图》《水乐洞图》《三竺松云图》《慈云岭图》《南屏佛日图》《五云山图》《西湖图卷》《松霭南屏图》,齐民《西湖十景图册》,孙枝《西湖纪胜图》,李长蘅《云栖晓雾画册》,等等,也多多少少与钱塘江有关。晚明吴门画派名家之一的张复的《桐庐山水》长卷,从崇祯二年(1629)十月开始动笔,一直到次年仲冬才基本完工,历时14个月。画卷以严陵地域为背景,描写富春江两岸的桐庐山水,将万壑千岩、云水雾气、密林杂树、村落茅舍汇于一卷之上,而纵横挥洒,掩映向背,俱有条理。邵弥曾到严州,游富春江,一路上对当地风光赞誉不绝,归后作《桐江归棹图》卷,来抒发这片山水给他带来的创作灵感。崇祯七年(1634)春,项圣谟与友人相约黄山之行,却因故未能成行。等到八月,项圣谟和表弟重拾旧约,从杭州的江干泛舟,沿富春江溯流而上,经富阳、桐庐到建德,然后进入新安江,到淳安县,转入武强溪,最后到达遂安,全程共约五百里。他一边游览山水景观,一边写生取景,而后绘制了一幅纪游山水——《剪越江秋图》长卷。这卷长达近7米的画卷,就是根据这次旅行展开,一路雨霁天晴、或晦或明、烟雨蒙蒙、风急浪高、江波滚滚的气象和沿途千姿万态的景色,以及名胜古迹与标志性建筑,如严州城外埠头的繁盛景象及南北双塔等景观,都在画家的笔下得到生动细腻地呈现,极其微妙地描绘出富春江和新安江沿岸的旖旎风光,给人一种咫尺千里的感觉。整幅画作犹如幻景一般,散发着幽雅的气息,赋予了严陵山水深邃的意境与内涵。

2.明代钱塘江版画

随着明代钱塘江流域的杭州等地商业经济的繁荣及市民阶层的形成,艺术创作的形式与欣赏品位也随之发生变化。市民意识和市民情趣在其中得到了充分的体现,诗词、小说、传记、戏曲、谱录等大受民众欢迎,这些作品中的版画插图也成为流行的美术作品,版画由此进入创作和刻印的黄金时期。有学者认为:"明代在版画插图上力求精致的现象,便可反映出读者所要求的是视觉上的赏心悦目,故明代书籍中的插图,已不完全是为了点缀装饰,而成为一种书的有机组成部分。有些插图本身就是一件艺术品。"①

在这一时期,涉及钱塘江的版画作品数量众多,表现题材不断扩大,除过去常见的佛教版画,志书、小说、戏曲剧本、山水游记、画谱等书的插图同样受到欢迎,尤其是著名绘画大师陈洪绶等人的出现,使版画的版刻质量和艺术水平都达到了高峰,并形成了独特的地域风格,即后世所谓的武林派版画,精品迭出,与安徽、江苏等地一样,武林派版画亦具有全国性的影响。

(1)名胜山水著作中的版画

明代钱塘江的名胜山水当以杭州西湖居首,所以当时武林版画中表现西湖的作品自是不少。其中,知名度和质量最高的当推彩色套印本《湖山胜概》。此书技艺超凡,精益求精,美妙绝伦,令人爱不释手,为明代版画中屈指可数的精品力作之一。它的出版人是杭州人陈昌锡。

明代万历年间(1573—1620),陈昌锡邀请朋友和他一起完成了这部再现西湖盛景的图文绘本——《湖山胜概》。他在跋语中指出了出版此书的目的:

> 虎林湖山甲天下,凡游人慕西湖来者,辄舍舟而舆,寓目吴山,尽其胜而后返。第西湖旧题十景,吟咏者后先相映图册,而吴山独未图且咏之,岂山灵有所秘,不一露之毫楮耶!不佞从父老口谭得十景,政拟于二三友朋讨论图咏,适司礼孙公绘图进内地。兹不佞读礼之暇请彼画工悉仿图之,因遍求名家诗笔。凡诗不尽意者图写之,图不尽景者诗道之,庶阅兹编而结想湖山者,不出户庭,湖光山色在几席间矣,岂不当古之卧游乎?若不佞读书湖山间,浑然不知图之为咏,不知咏之为图,盖酣于趣而不必解者,当

---

① 林惠珍:《明刊〈西厢记〉戏曲版刻插图研究》,台湾淡江大学汉语文化暨文献资源研究所硕士班1997年硕士论文。

于笔墨之外求之。

即时人所谓的"卧游"："不出户庭,湖光山色在几席间矣。"

　　《湖山胜概》代表了晚明书籍印刷出版的杰出成就,堪称诗、书、画、印、刻五绝。书中有 33 面手书体上版刻印的题咏诗歌,使用了楷、行、草三种不同书体。12 面四色套印的插图,刻印的是当时西湖名胜吴山十景,分别是紫阳洞天、云居松雪、三茅观潮、玄通避暑、宝奎海旭、青衣石泉、太虚步月、海会祷雨、岳宗览胜和伍庙闻钟,另有一幅吴山总图。插图的套印风格完全采用点线面的平涂着色,不加渲染,单纯质朴,极富装饰感。在当时,四色套印是非常先进的一种印刷手段,其制作难度非常大,每种颜色需要各雕一版,印刷时再一层层印在同一页纸上。藏书家叶德辉曾这样描绘彩色套印书籍的魅力："斑斓彩色,娱目怡情,能使读者精神为之一振。"如此费时费力制作一本彩色书,可能并不是为了售卖。据专家推测,《湖山胜概》很可能只是在一个很小的文人圈中流传收藏。这部漂亮的书目前全世界只存世一部,是法国收藏家 Lieure 先生于 20 世纪初从中国购得、并于 1943 年二战期间卖给了巴黎的法国国家图书馆,是名副其实的孤本。

　　除陈昌锡的彩色套印本《湖山胜概》,还有《西湖游览志》《西湖志类钞》《西湖志摘粹补遗奚囊便览》几本图书的版画也值得一说。

　　《西湖游览志》24 卷,明田汝成辑撰。田汝成(约 1503—?),字叔禾,钱塘(今浙江杭州)人。明嘉靖五年(1526)进士,官至广西布政司右参议、福建提学副使。田汝成卸官归田后,盘桓家乡的湖山,特别是走遍了西湖的名胜古迹。他对西湖的描述触发了"五岳山人"黄省曾旅游的强烈愿望,黄省曾对他说："西湖无志,犹西子不写照,霓裳不按谱也,子盍图之。"①正是在黄省曾的鼓励下,田汝成完成了《西湖游览志》的写作,对西湖的名胜古迹作了极其翔实地叙述,从而使其在当时成为一部极具影响力的旅游畅销书。《四库全书总目提要》称此书："因名胜而附以事迹,鸿纤巨细,一一兼赅。非惟可广见闻,并可以考文献。其体在地志、杂史之间,与明人游记徒以觞咏登临、流连光景者不侔。"②《西湖游览志》与《西湖游览志余》为姊妹篇,专记西湖的湖山之胜,附以事迹,鸿纤巨细,

---

① 〔明〕田汝成:《西湖游览志余》,上海古籍出版社 1958 年版,第 3 页。
② 参见《钦定四库全书总目》史部二十六·地理类三,中华书局 1996 年版,第 957 页。

一一兼赅,既可见名胜山川之沿革,又可作史实文献之参考。书初刻于嘉靖二十六年(1547),后有万历二十二年(1594)范鸣谦重修本及万历四十七年(1619)商惟浚增删本(继锦堂刊本),增入万历年间之事。内有武林郭之屏画图20幅,即宋朝京城图、宋朝西湖图、宋朝浙江图、今朝郡城图、今朝西湖图以及西湖十景等,单、双面版式,给后来的风光绘刻者以相当影响。① 郑振铎认为:"万历二十二年(1594)刻的《西湖游览志》,其插图的精美,足为杭郡的木刻画别树一帜。"②

《西湖志类钞》,明俞思冲编撰、新安汪弘栻绘,万历七年(1579)刊本。俞思冲,字似宗,钱塘(今浙江杭州)人。兹书因田汝成西湖总叙略汇抄成一编,条理清晰,文字易懂。全书共4卷。卷首一卷,有图18面,双面版式,尺寸为20.3厘米×25.7厘米。前有"西湖新志引言",署"万历乙卯闰望花溪朗士吴之鲸书于读易草堂";"西湖志类抄序",署"武林黄克谦"。第十八、十九页题"新安汪弘栻写"。画西湖及钱塘江诸地的胜景,如湖山一览图、烟霞龙井图、净慈虎跑图、钱塘江图、壁观峰图等。

《西湖志摘粹补遗奚囊便览》,明高应科编撰。此书为一本通俗性的西湖导游书,主要取材于《西湖游览志》,加上作者的研究心得,增删汇辑而成。有万历二十九年(1601)武林刊本,单面版式,4册,12卷。书前有浙江省城图、湖山一览图、孤山六桥图、龙王祠、昭庆大佛图、灵隐天竺图、烟霞龙井图、净寺虎跑图、浙江看潮图、吴山十庙图等。图由杭州吴熹所绘,刻画者是新安黄尚中。

此外,《镜湖游览志》《新镌海内奇观》《小瀛洲社会图》三本书也值得一说,其版画插图也均属上乘之作。

《镜湖游览志》,五卷,明陈树功撰,天启七年(1627)刊本。镜湖又名鉴湖,位于绍兴东郊,周围数百公里隐秀萧远,隽永可喜。《镜湖游览志》内有鉴湖秋色、禹庙松涛、炉峰烟雨、兰亭修禊图等十二幅,双面版式,尺寸为21厘米×26.6厘米。

《新镌海内奇观》,简称《海内奇观》,由杭州出版商杨尔曾编辑,其家夷白堂于万历三十七年(1609)刊出。全书计10卷,写各地山川胜景,是一部有图有说明文字的海内山水画册。书中卷一载五岳景色;卷二载孔林、金陵、黄山诸胜;

---

① 清康熙末年,姚靖增删明田汝成撰《西湖游览志》《西湖游览志余》而成《西湖志》,书凡7卷,首附插图风景15幅。康熙二十八年(1689)姚氏三鉴堂刊本,收有山水图11幅(单面)、地理图7幅(三双,一单)。

② 郑振铎:《中国古代木刻画史略》,上海书画出版社2011年版,第74页。

其中卷三、卷四为《西湖图说》;卷十载五台山、桂林诸胜等,内有130余幅全国风景名胜的插图,以图领文,并以单面、合页成图的多种方式呈现,视觉图像的重要性甚至超过文字说明,正所谓"灵山异境,略存仿佛;福地洞天,尽入形容。万象缩之毫端,千嶂叠之尺幅"①。《海内奇观》由钱塘职业画匠陈一贯、郭之屏绘图,徽州新安著名刻工汪忠信镌刻。创作者出于插图主题的需要,以戏曲剧情、名著、民间故事、梗概为主线,以插图人物的活动为主体,配以当时典型的环境和山水景观,充分体现出插图内容的深刻性,同时凸显了武林盛世的地方景观。特别是其所画"词咏西湖十景""咏钱塘十胜""咏五云六景"中的钱塘江、五云山、壁观峰、吴山诸庙、东海朝暾、浙江秋涛、闲亭候潮等图饶有趣味,各有特色,体现出武林派画家表现复杂画面的熟练技巧,是这一类武林版画插图的代表作。《北关夜市图》是一幅生动的风俗画,极有可能是画家本人亲睹其景的作品。这幅画反映了当时钱塘地区商业买卖的贸易状况。夜市设在城关附近,市中有小吃店,店堂内有灯高悬,挂着鱼肉以招揽顾客。又有一茶店,茶客似把盏交谈,一背孩童者则正临窗闲听。街上多有行人,其中一老者似醉酒而归。另有饼摊糖担,表现出一派世俗生活的喧闹场景。此图生动地再现了17世纪初钱塘商业繁荣的景象。在构图上,这些山水插图别具风格,以对不同山水的传神造型为要义,或以粗笔平刀表现高山峻岭的挺拔,或以细腻飘韵之线描画杭州山形的缠绵。全书绘制工整,镌刻精妙,笔笔传神,刀刀得法。这本书虽在杭州出版,但销路很广,成为当时全国颇具影响力的一本旅游指南。

《小瀛洲社会图》,又名《小瀛洲十老社会诗图》《瀛洲社十老小传》,明钱孺毂、明钟祖述辑,明陈洵绘,申于燕临。明万历四十一年(1613),黄应光刻于海宁。此书记载和描绘了明嘉靖二十一年(1542)徐咸仿西园故事,邀集当地的名流朱朴、徐泰、钟梁、吴昂于小瀛洲结社,宴饮赋诗,洵一时盛事。是图十面连式,并专门请画士陈询绘图。

(2)戏曲中的钱塘江版画

戏曲除了运用文字塑造、刻画人物的艺术形象,如果能够辅之以精美的艺术插图,更使人物形象栩栩如生,深得读者的欢迎。这正如明天启五年(1625)武林刻本《牡丹亭还魂记·凡例》中所说:"戏曲无图,便滞不行,故不惮仿摹,以

---

① 〔明〕陈邦瞻:《海内奇观引》,载杨尔曾撰:《新镌海内奇观》,收入《续修四库全书》史部地理类第721册,上海古籍出版社2002年版,第341—342页。

资玩赏,所谓未能免俗,聊复尔尔。"①

明代以杭州为主,包括湖州、海宁、宁波、绍兴、萧山等地书坊出版的戏曲、小说中,还往往附有许多质量很高的精美版画插图,其中的一些插图出自名画家、名刻工之手,形成了自身的特色,成为重要的一派,被后人称为"武林版画",与建安(福建建安,建瓯一带)、金陵(南京)、苏州、徽派等地的版画齐名于世。由于这些书籍做到了选题好,多为徐渭、汤显祖等名家的著作,且图文并茂,更为广大人民群众所喜闻乐见,从而取得了较好的社会效益和经济效益。

据顾志兴先生的研究,明代杭州刻书籍中的戏曲版画插图主要有以下一些②:

《崔莺莺待月西厢记》,简称《西厢记》,又称《王西厢》《北西厢》,是元代王实甫依据唐代元稹《莺莺传》传奇小说所描写的张生与莺莺的爱情故事创作的杂剧名作,它在中国文学史和戏曲史上颇负盛名,被贾仲明誉为"新杂剧,旧传奇,《西厢记》天下夺魁"。全剧叙写了书生张生(君瑞)与小姐崔莺莺一见钟情,而崔母出于家族利益和封建礼法而百般阻挠,最后,在红娘的帮助下,崔莺莺与张生冲破重重阻挠,终成眷属的爱情故事。该剧情节引人入胜,形象鲜明生动,文采斐然,极具诗情画意。作品表达了男女青年恋爱自由、婚姻自主的愿望,具有浓重的反封建礼教的色彩。由于该书在当时颇受大家的欢迎,到明代有李日华、陆天池等人的《南西厢记》,之后出现了大量的"翻""续"之作。书商们更是在出版上下足了工夫,请大名家唐寅、汪耕等绘制插图,请黄一楷、黄一彬等名家镌刻,精心印制,从而使这部书有了更好的艺术效果。在这一时期,《西厢记》出版了诸多版本,据郑振铎先生撰文列出《西厢记》的版本有 26 种;傅惜华《元代杂剧全目》收录明刊本 41 种。其中,虎林书林容与堂万历三十八年(1610)刊《李卓吾先生批评北西厢记》和起凤馆刻《元本出相北西厢记》(汪耕绘稿,黄一楷、黄一彬刻版),万历四十二年(1614)山阴朱朝鼎香雪居刊本《新校注古本西厢记》(五卷,王骥德校注,沈璟评,谢伯美、朱朝鼎校),崇祯年间山阴李告辰本《徐文长批评北西厢记》(绘、刻者不详)、金陵天章阁本《李卓吾先生批评西厢记真本》和由陈洪绶独立完成的插图本即崇祯十二年刊本《张深之先生正北西厢秘本》等,都是当时的版刻佳作。仅在卷首绘有莺莺像,如"唐崔莺莺真""莺莺

---

① 〔明〕汤显祖:《牡丹亭还魂记》,明天启五年(1625)梁台卿刻《词坛双艳》本,中国国家图书馆藏。

② 顾志兴:《略论明代杭州书坊刻书》,载宋涛主编《明代杭州研究》上册,杭州出版社 2009 年版,第 191—193 页。

遗艳""崔娘遗照""双文小像"等,且多为单独一人的展演,审美和抒情的意味非常浓郁。

在明代众多的《西厢记》版本中,陈洪绶参与绘制的有以下几种:

《张深之先生正北西厢秘本》的版画成就最为引人注目。此书的插图,由陈洪绶一人单独完成,项南洲刻版,书前附有"双文小像",即莺莺像。画家取全剧主要情节绘成"目成(正撞着五百年前风流业冤)""解围(若将军不管,纵贼寇骋无端)""窥简(拆开封皮孜孜看,颠来倒去不害心烦)""惊梦(想人生最苦是别离,可怜见千里关山,独自跋涉)""报捷(他如今功成名就,则怕他撇人在脑背后。到如今悔教夫婿觅封侯)"五幅插图,以人物形象的塑造为主,注重人物的独特个性、真实性情的塑造和表现,栩栩如生地刻画出了张生的儒雅俊朗,莺莺的娴静温婉及红娘的活泼伶俐。把剧中主人公对爱情的渴望,热恋中的激情与娇羞都毫不掩饰地表现了出来,揭示了发自原始的两性欲望及为冲破封建礼教束缚的巨大力量。它赞赏的是那种随性而来、挣脱捆绑及争取自由人生的精神,对思想解放有推动作用。特别是陈洪绶所绘的《窥柬》插图,历来为人们所重视和称道,因为该插图对莺莺和红娘的内心世界给予了极为细腻的描摹。与其他版本的《西厢记》不同,陈洪绶没有描绘莺莺闺房的全景,而是只描绘了一张大型的屏风,通过崔莺莺读信的情景和这张屏风,反衬出莺莺的紧张与娇羞。图中莺莺双眉眉角微微下垂,樱桃小口,表现出娇羞的"美人样"。聪明活泼的红娘敢于支持崔莺莺,她把手指含在唇下躲在屏风后作探听状,形象格外鲜明,也体现出了红娘的贴心。人物与景物相互协调,线条松紧有度、疏密有序、婉约柔美、折劲有力,加上构图上极强的形式感,灵巧自然地描绘出画面中的特质,繁复中透着单纯,气质清新优美,意境甜美,内容细腻丰富。①

李告辰本《徐文长批评北西厢记》,简称《北西厢》,崇祯年间刊本。卷首有陈洪绶所绘莺莺像,半身,执扇,神态松弛,美丽含情。书中有40幅月光版插图,每页正面表现故事情节,如"遇艳""解围""就欢""报第"等,以景物为主,结构严谨,情节突出,并富于装饰性;背面副页则图绘山水、竹石、柘树、梅花、翎毛、畜兽。画家题名有陈洪绶、蓝瑛、蓝孟、黄石、董其昌、魏之克等,可谓名家荟萃。

《李卓吾先生批评西厢记真本》,西陵天章阁崇祯十三年(1640)刊本,是晚

---

① 赵蓓:《论中国明代木刻版画中的线"象"》,河北师范大学硕士学位论文,2012年。

明诸多以李卓吾评点为特色的《西厢记》刊本之一，因为在书前有西陵天章阁醉香主人写于崇祯十三年的序文而定其创作年份。明代陈洪绶等绘图，李贽评。首页为莺莺小像，书中除了《双文小像》，共有挂陈洪绶、曾鲸等人之名的插图 20 幅，由项南洲刻板。插图采用双面合页，并非依各出内容叙事作图，而是以 10 幅美人图与 10 幅花鸟图交错出现，在晚明诸本中体制特殊。插图亦分正副两种，正图 10 幅，分别呈现单一女子倦睡、倚楼、园中散步、拈花、调鹦鹉等种种样态，别出心裁地描绘出莺莺一人在不同情节中的形象，如"赖婚"画莺莺在窗前理妆，准备去堂前宴会上会见张生。"惊梦"画梦境中的莺莺在荒郊野外逆风奔走的情景。画家题名有陈洪绶、陆喆、米英、隐之、陆枀、陆玺、陆善、任士沛等，是一部集体创作的优秀作品。有学者认为，《李卓吾先生批评西厢记真本》中的诸插图，"所绘注重揭示人物的内心活动，辅之以匠心独运的场景描绘，艺术想象力极强"①。

需要指出的是，北京大学图书馆现存历史最为悠久的《西厢记》插图本《新刊大字魁本全相参增奇妙注释西厢记》，版高 25 厘米，宽 16 厘米。原书天头地脚阔大，十分爽朗，全书高 39.7 厘米，宽 24 厘米。北京金台岳氏于明弘治戊午年（1498）冬季刊刻，现存插图 156 题，273 面，有单面、双面连式、多面连式，多面连式有的一处题记多达八面连式图，其中"钱塘梦景""郑恒扣红答郑恒"均为八面连式图，场面十分宏大。画风粗犷，人物造型丰满，画面中花草树木、庭院假山随意点缀，无不恰到好处。线条流畅，充满粗细变化，画面生动传神。从其古朴粗犷的风格看，与闽派建安风格相类似，而与徽派版画细腻、繁复的风格形成鲜明对照。《新刊大字魁本全相参增奇妙注释西厢记》除了正文，还收入"崔张引首""闺怨蟾宫""增相钱塘梦"等诗词曲调。这些诗词都是对《西厢记》故事主要情节的描写，生动传神，对读者理解、欣赏《西厢记》可谓是锦上添花。

《新镌节义鸳鸯冢娇红记》，简称《节义夺鸳鸯冢娇红记》《鸳鸯冢娇红记》或《鸳鸯冢》，是陈洪绶为好友孟称舜的剧本所作，并作了一篇长序。由著名刻工项南洲镌刻，四开，明崇祯十二年（1639）武林刊本。插图 4 幅都为娇娘像，形态娇婉秀美，极为精美，在人物塑造及画面构思上都属上乘之作。据学者研究，此书的插图和题词颇具深意，一方面，陈洪绶根据孟称舜的剧本创作插图，不过他所绘的插图与戏曲文本的关联并不十分紧密，因为他只是精心绘制了 4 幅娇娘

---

① 首都图书馆：《古本戏曲十大名著版画全编》，线装书局 1996 年版，第 311 页。

像而已,从图像本身似乎很难看出剧本的情节内容,甚至连男主人公申纯都没有出现在画面中;另一方面,孟称舜又为陈洪绶绘制的每一幅娇娘像分别题句,如第二幅娇娘像的题句为:"碧玉搔头云拥髻,六幅裙拖,斜曳湘江水。香墨弯弯涂雁字,双尖位压秦峰翠。倦把圈金红拂子,闲蹋空庭就里人知未。目送芳尘无限意,情多几为伤情死。"图文唱和,文图印证,一唱三叹,抒情意味极浓。不仅如此,陈洪绶除了亲笔绘制了娇娘像,还在第二幅娇娘像上亲笔题词:"青螺斜继玉搔头,却为伤春花带愁;前程箪径多是恨,汪洋不泻泪中流。"从伤、愁、恨、泪等字眼以及娇娘像所呈现出的愁容不难看出,陈洪绶在娇娘身上不知贯注了多少个人感情与生命激情:"陈洪绶给《西厢记》《鸳鸯冢》作插图,是他不满现实的另一面,体现出他对礼教反抗者寄予深切的同情。"①恰如有的学者诠释陈洪绶笔下的娇娘像时所概括的:"陈洪绶的插图,不画申纯,只画娇娘,说明画家的视点不在'鸳鸯',更不在'节义',他唯一着力表现的,只是一位具有独立人格的女性! 他画出了一位具有独立人格的女性美,从而把对冲破封建礼教的自由恋情的歌颂,发展到对真诚纯洁的女性的歌颂。"②应该说,这样的插图体现出了文人画家所特有的情趣,具有浓郁的文人画色彩,因而是另一种形态的文人画。③ 除陈洪绶参与绘制的上述戏曲著作,还有下述一些戏曲著作中同样有精美的插图。

《重刻吴越春秋乐府浣纱记》,别题《李卓吾先生批评浣纱记》,二卷,明梁辰鱼撰。万历年间(约 1598—1619)武林阳春堂刊本。《浣纱记》是一出极为崇高而苦涩的爱情悲剧。此剧演越王句践被吴王夫差大败后,用文种、范蠡之计,为夫差洗马尝粪,又献美女西施,并贿赂吴太宰伯嚭,终得回国;句践于是卧薪尝胆,力图东山再起。夫差中越国反间计,诛忠臣伍员,沉溺酒色,终至败亡;范蠡则于功成后,偕西施隐退于湖上。此书中国国家图书馆有收藏。黄鸣岐(一凤)、黄一楷、黄一彬、黄叔吉(应祥)同刻。图双面版式,尺寸为 20.4 厘米×26.4 厘米。插图作风与《环翠堂乐府》诸本相近。

《李卓吾先生批评幽闺记》二卷,是万历年间杭州容与堂根据元施惠撰、明李贽评《幽闺记》而刊刻。中国国家图书馆有藏本。是书框高 22.5 厘米,宽

---

①　黄涌泉:《陈洪绶年谱》,人民美术出版社 1960 年版,第 177 页。

②　裘沙:《陈洪绶研究:时代、思想与插图创作》,人民美术出版社 2004 年版,第 75 页。

③　张玉勤:《明刊戏曲插图与明代绘画语汇的互文性关系》,《江苏师范大学学报(哲学社会科学版)》2014 年第 3 期。

13.3厘米。《幽闺记》又名《拜月亭》，是"荆、刘、拜、杀"四大南戏之一，被列为中国古典十大喜剧之一。施惠，字君美、均美，钱塘（今浙江杭州）人。生卒年不可考，约生活于元至顺以前。为元代戏曲作家。据元钟嗣成《录鬼簿》所述，施惠巨目美髯，好谈笑，居杭州吴山城隍庙前，以坐贾为业，是一位书会才人。与钟嗣成、范居中、赵君卿、陈彦实、颜君常等相交，曾与范居中合撰《肃霜裘》杂剧。作有南戏《拜月亭》，另据传抄本《传奇汇考标目》所载，施惠尚作有《芙蓉城》《周小郎月夜戏小乔》两剧，今皆佚。

《琵琶记》，元高明撰，为中国古典十大悲剧之一。在明代钱塘江流域也多有刊印。万历年间杭州刊有李贽评《南琵琶记》，绘稿风格与《西厢记》相同，但不刊画师姓名，疑亦出于汪耕手笔，由名刻工黄一楷、黄一彬等刻图。这些插图的绘刻甚至比徽州玩虎轩本更为精致，隔扇的花棂、铺地的花砖、衣纹的图案都进行了不厌繁复地绘制。《李卓吾先生批评琵琶记》，二卷，四十二出。此书版画为由拳（今嘉兴）赵璧画，黄应光刻。框高22厘米，宽14厘米。行款为半页十行，行二十一字，白口，四周单边。容与堂本插图仅此本署"由拳赵璧模"。

《李卓吾先生批评红拂记》二卷，明张凤翼撰，李贽评，虎林书林容与堂万历间刊本。板画插图为黄应光、姜体乾等名工所刻。是书框高22.5厘米，双面宽26厘米。"匹马长途愁日暮""片帆江上挂秋风"等画幅意境倍出。

《李卓吾先生批评玉合记》二卷，明梅鼎祚撰，李贽评，虎林书林容与堂万历间刊本。是书版画插图为黄应光刻。框高22厘米，双面宽28厘米。

《李卓吾先生批评金印记》二卷，二册，明苏复之撰，李贽评，武林容与堂万历间刊本。是书框高19.6厘米，双面宽27厘米。版画插图刻者不详。插图工细、精美。

《四声猿》，包括《狂鼓史渔阳三弄》《玉禅师翠乡一梦》《雌木兰代父从军》《女状元辞凰得凤》四个剧目，明徐渭撰、袁宏道评点，古歙汪修画，钱塘钟人杰刊本，刻工不详。万历四十二年（1614）刊本。此书版画插图为古歙汪修画，黄伯符镌刻。书框高21.2厘米，双面宽28厘米，卷首冠图，插图为双面连式大图，山水占了相当大的比重，追求景物对情节气氛的烘托，有的甚至完全是一幅山水版画。此书收录于明汪道昆撰《大雅堂杂剧》中。徐渭（1521—1593），初字文清，后改字文长，号青藤道士、田水月、天池山人等，山阴（今浙江绍兴）人，是一位兼善诗、文、书、画、戏曲的天才，其水墨大写意画独树一帜，与陈淳并称"青藤、白阳"。徐建融先生在《徐渭与中国画史的隆、万之变》一文中总结道："中国画学思想自隆万开始的由尚中贵和到怪力乱神的变异,以徐渭为代表,作为特定社会历史背景下的一个艺术史现象,针对正文化画品的日趋保守之弊,自有其激发绘画史活力的革新之功。"①

《牡丹亭还魂记》,简称《牡丹亭》,也称《还魂梦》《牡丹亭梦》,明代剧作家汤显祖撰,是中国戏曲史上杰出的作品之一,与《西厢记》《窦娥冤》《长生殿》合称为中国四大古典戏剧。该剧分上下二卷,文辞典雅,语言秀丽。武林失名书坊万历四十五年(1617)镌刻本。中国国家图书馆馆藏。书中有戊戌清远道人题词及丁巳季夏石林居士书于消夏轩的序,且在清远道人题词之后有"程子美刻"四字,各卷之下题"明临川汤显祖若士编",共计附图40幅。框高20厘米,宽14厘米。版画插图为黄德新、黄德修、黄一楷、黄一凤(鸣岐)、黄端甫、黄吉甫等徽派木刻名匠合刻。绘刻俱佳,整体富丽完美,人物生动传情,形神俱备;刀刻纤丽流畅,用线细腻多变,反映了徽派刻工的繁复细密、富丽精雅的版刻风范,是明代杭州地区版画的代表作品。后有清乾隆十五年(1750)冰丝馆重雕本和民国年间暖红室翻刻本,均不及原本风貌,可见其影响之大。

《樱桃梦》,杭州府海宁县陈与郊撰,明万历四十四年(1616)陈与郊家自刻本。其中书内页有20幅插图,《清谈》为长洲钱榖画,以室内陈设盆景与柴扉为背景,人物形象突出,画面完整,镌刻精细。陈与郊(1544—1611),原姓高,字广野,号禺阳、玉阳仙史,亦署高漫卿、任诞轩,海宁(今属浙江)人。万历二年(1574)进士,累官至太常寺少卿。万历二十四年(1596),上疏乞归乡里,隐居盐官隅园(即清代江南名园安澜园之前身),埋头著述。工乐府,雅好戏曲,著有传奇《宝灵刀》《麒麟罽》《鹦鹉洲》《樱桃梦》4种,合称《诮痴符》。又有杂剧5种,今存《昭君出塞》《文姬入塞》《袁氏义犬》3种。能谱曲,音调典雅,为评论家所重。辑有《古名家杂剧》《古今乐考》等10余种,对整理、发展我国戏曲颇有贡献。另有《黄门集》《考工记辑注》《檀弓辑注》《蘋川集》《隅园集》等。

《玉簪记》是明代作家高濂创作的传奇(戏剧),自问世以来,明清两代刻本不少。《重校玉簪记》二卷,明万历间陈氏继志斋刻本即是其中之一,此刻本为金镶玉装。是书内收双面连式版画插图11幅,线条流畅而不失雅质,人物体态修长,与富春堂(长春堂)刊刻的版画风格相近,从中可见金陵派版画受徽派风格之影响。此版本稀见,未见《中国版画史图录》《中国古籍善本总目》著录,版

---

① 徐建融:《徐渭与中国画史的隆、万之变》,载《元明清绘画研究十论》,复旦大学出版社2004年版。

式为十一行二十字,小字双行同,白口,四周单边,眉栏注音。目录题:"新镌女贞观重会玉簪记",卷首题:"重校玉簪记",版心题:"全像注释玉簪记"。1954 年上海商务印书馆有影印本。1956 年上海古典文学出版社出版的黄裳校注本即以此本为底本,用汲古阁刻《六十种曲》本为校本,插图亦采自此本。此外,明万历二十六年(1598)徽州观化轩还刊行有《新镌女贞观重会玉簪记》。黄近阳镌。全书插图 13 幅,双面合页连式,其插图人物生动,线条流畅,装饰性较强,为上海图书馆收藏的诸多中国古代戏曲版画精品之一。

《顾曲斋元人杂剧选》,简称《古杂剧》,明顾曲斋主人(王骥德)编。王骥德,字伯良,号方诸生,会稽(今浙江绍兴)人。精于曲学,著有《曲律》。此书有明万历四十七年(1619)顾曲斋刊本,黄德新、黄德修、黄一凤、黄一彬、黄应秋、黄言、黄庭芳、黄端甫、黄翔甫同刻。此本图书,中国国家图书馆、上海图书馆都有收藏,不全,合计收杂剧 20 种,十册。图单面版式,尺寸为 20.3 厘米×13.2 厘米。每种插图 3 幅或 4 幅,版心上端镌(图)目,下端镌"顾曲斋藏版"。图版绘刻均极精工,人物秀俊,线条挺拔,刀锋犀利。

《碧沙剧》,又称《碧沙笼》,萧山来集之撰。来集之,明末萧山(今属浙江)人。著有《挑灯剧》《碧沙笼》杂剧,均有明天启七年(1627)武林刊本。《碧沙剧》,一卷,演唐代王播少年时孤而贫寒,在扬州惠照寺木兰院攻读,随僧斋食。僧厌之,改饭后击钟,播不得食,被激愤而攻读更苦。后显贵,出镇扬州,寺僧惶恐,将播所题诗以碧沙笼护之。此剧图双面版式,尺寸为 18.5 厘米×26.4 厘米。绘刻生动,极具功力,刀刻绵密,风致婉约。《挑灯剧》图双面版式,风格与《碧沙剧》同。

《商辂三元记》,又名《断机记》《三元记》,明无名氏作。《今乐考证》注云:"当为沈寿卿(龄)作。"二卷,38 折,叙浙西人商霖聘妻秦雪梅,未娶而霖竟一病而亡。其妾鲁爱玉产下遗腹子商辂。秦雪梅为抚养商家后代,辞其父母,至商门守节,与鲁氏共抚商辂,并仿孟母断机教子。商辂发愤读书,终于连中三元,驰封二母。此剧后世评价不高,祁彪佳《远山堂曲品》将其列入"杂调"。有明万历年间金陵富春堂刻本《出像音注商辂三元记》,民国二十三年(1934)郑振铎收入《汇印传奇》第一集,《古本戏曲丛刊初集》又据以影印。而《海外孤本晚明戏剧选集三种》中的《精刻汇编集新声乐府雅调大明天下春》卷七也收录了《三元记》,共四出:《雪梅观画》《贺生商辂》《断机训子》《三元捷报》。

此外,《古今名剧选》《环翠堂乐府》《红梅记》《新刻出像点板西湖记》等书中都附有丰富而精致的插图。如《新刻出像音注岳飞破虏东窗记》中的"秦桧遇风和尚""母子殡埋尸首",《新刻出像音注释义王商忠节癸灵庙玉玦记》中的"王商同妓游西湖"。这些版画均有一定的史料价值和艺术价值,有学者认为:"杭州戏曲插图版式上的新发展是月光版的流行,打破了长期流行的长方形画面而更为活泼和带有装饰性趣味。还有的插图将长方形与月光版画面交错使用,使版面更富有变化。"①

（3）散曲中的钱塘江版画

散曲又叫清曲,是词以后的又一种诗体,由文人在民间小调的基础上加工而成。在明代的散曲选集中,往往附有绘制精美的插图,它们的艺术成就甚至超过词曲本身。

《吴骚合编》全称《白雪斋选订乐府吴骚合编》,前三集为张楚叔所编,主要选录当时以昆腔演唱的南曲。初集于明万历四十二年（1614）梓行后,"纸贵洛阳",于是又有二集和三集的编印。后来张楚叔又和从弟张旭初一起,在这三部曲选中细加挑选,"去泛滥,近补新声",成《吴骚合编》,计4卷。共收套数200多篇,小令40多首,除11套北曲,余均为南曲。记录了明中叶传诵的诸作,收录作品最多的则为梁辰鱼,次为陈铎、王骥德、沈璟等,是现存明代最后一部较大规模的散曲选本,它吸收了不少其他晚明散曲选本的内容和观点,集选录、评点、文献等于一身,在众多散曲选本中具有独特价值。中国国家图书馆藏《吴骚合编》刊刻于明崇祯十年（1637）,书中有木刻版画22幅,为杭州项南洲与徽州洪国良、汪成甫三人合刻,内容均为歌唱男女柔情之作。版画布局自然,笔法工丽精致,人物、屋宇、庭院、竹树、山水等皆表现细致入微,情景交融,栩栩如生,深受读者喜爱,是我国古代版画艺术中不多见之精品,史称"雅典绮丽、柔情绵绵,幅幅佳作"。

《彩笔情辞》,共12卷,明代杭州张栩编辑,古歙黄君倩刻图。杭州失名书坊明天启四年（1624）刊本。该书辑录了元代以来文人有关青楼女子的散曲作品。所收共80家,其中元代作者30人,明代作者50人。作品按类编排,每类开始处有一小段"辞题",类似于序或解题,言简意赅地说明此类之含义。"辞题"后以"画图摘句"的形式,从所收散曲作品中摘取最能反映此类内蕴的一句

---

① 陈野:《明代杭州的绘画艺术》,载宋涛主编:《明代杭州研究》上册,杭州出版社2009年版,第258页;元鹏飞:《论明清的戏曲刊本插图》,《雁北师范学院学报》2007年第3期。

曲辞,并依据此句的风格情调,将曲辞内容形象化。每类下分列"南散套""北散套"及小令。套数 200 余套,小令 300 余首,分赠美、合欢、调和、题赠、间阻、离别、感怀、相思、寄酬等九类,内容"不越离合悲欢,多与《青楼韵语》相表里"。据中国国家图书馆藏本,此书框高 20.5 厘米,宽 12.5 厘米,半页九行,行二十字,白口,四周单边。全书附版画插图 12 幅,都出自徽派刻工黄君蒨之手。双面大版,对页连式,场景开阔,布局雅致。卷首张栩自序称:"图画俱系名笔仿古,细摩词意,数日始成一幅。后觅良工,精密雕镂,神情绵邈,景物灿彰。"所图山光水色,屋宇、树石、人物及器用皆潇洒绵密,摇曳多姿,情景交融,意味深长。这一幅幅绘刻清丽典雅的精美插图,与一首首情真意切的动人曲辞相得益彰,使得该书在晚明版画史中占有重要的地位。

《青楼韵语》,原名《嫖经》,或称《明代嫖经》。明朱元亮辑注校证,杭人张梦征汇选并摹像绘图。武林张梦征刊印于明万历四十四年(1616)。这部书由徽派名匠黄一彬、黄桂芳(应秋)、黄端甫镌刻。中国国家图书馆有藏。是书为第一部专门辑录青楼女妓诗词曲的散曲总集,辑录晋、南齐、梁、隋、唐、宋、元、明约 180 名古代名妓的诗词韵语,共 500 余首。四卷,四册。书前内附有 12 幅联叶式精美版画,其画风体现了晚明居第、园林建筑风潮对于版画创作的影响。双面版式,尺寸为 20.2 厘米×24.6 厘米。张梦征在此书的"凡例"中称:"图画仿龙眠,松雪诸家,岂云遽工。然刻本多谬称仿笔,以诬古人,不佞所不敢也。"诗词集搭配版画之风尚,此书或为滥觞之作,向称名品。

(4)笔记小说等文学作品中的钱塘江版画

明代是小说创作和刊刻的高峰,在中国文学史上占有极其重要的地位。特别是嘉靖、万历以后,小说创作进入高潮,各地书坊竞相刻印,小说插图版画得以迅速发展。正如鲁迅所言:"版画降至明代,为用愈宏,小说传奇,每作出相,或拙如画沙,或细如擘发,亦有画谱,累次套印,文采绚烂,夺人目睛,是为木刻之盛世。"

据学者研究,明代天启、崇祯年间,杭州小说的出版超过了建阳,同苏州、金陵两地共同成为通俗文学出版的中心。在这一时期,杭州书坊刊印出版了大批小说,以品种多、质量精美而取胜于时。如洪楩所刻《清平山堂话本》《新编分类夷坚志》,夷白堂所刻《新镌海内奇观》,藏珠馆刻《新刊徐文长先生批评唐传演义》,泰和堂所刻《新镌东西晋演义》,钱塘王慎修书肆所刻《三遂平妖传》,峥霄馆所刻《峥霄馆评定出像通俗演义魏忠贤小说斥奸书》《禅真后史》《新镌出像通俗演义辽海丹忠录》《型世言》，笔耕山房所刻《宜春香质》《弁而钗》《醋葫芦》，以及其他书坊所刻《新镌批评出相韩湘子》《牡丹亭还魂记》《彩笔情辞》《欢喜冤家》《钱塘渔隐济颠禅师语录》《隋史遗文》《云合奇踪》《轮回醒世》《禅真逸史》《隋唐演义》《唐传演义》《北宋志传》《南宋志传》等，共30余部。

为了使所刻的图书更能吸引读者的眼球，以扩大销路，明代的书坊坊主还经常在小说中配制精美插图。明末清初衙爽阁本《禅真逸史》的"凡例"中就说："图像似作儿态，然史中炎凉好丑，辞绘之；辞所不到，图绘之。昔人云，诗中有画。余亦云，画中有诗。俾观者展卷，而人情物理，城市山林，胜败穷通，皇畿野店，无不一览而尽。其间傲景必真，传神必肖。可称写照妙手，奚徒铅堑为工。"[①]这里借用了"诗中有画，画中有诗"的绘画理论，强调"傲景必真，传神必肖"，于是提示了小说中插图与文本互补的理想功能。[②]杭州的坊主自然也不例外，如上述所列的小说基本上都附有插图。而且，与建阳的书坊相比，杭州书坊的出版物中插图更加精美，与内容也更加契合。[③]

明代钱塘江流域传世的知名小说插图本有：《忠义水浒传》，元施耐庵撰，明万历十七年(1589)武林容与堂刊刻，刘君裕刻绘。其版刻插图，技艺高超，自有武林风貌，特别是其中《神归涌金门》《六和寺圆寂》几幅与钱塘江相关的版画更是如此。

《西湖二集》，明武林(今浙江杭州)人周楫撰，共34卷，该书以著名的杭州西湖为中心，收集与西湖有关的故事并加以描写，属于典型的拟话本小说。此书的编纂目的，诚如"湖海士题于玩世居"的"序"中所说："天下山水之秀，宁复有胜于西湖者哉！"他充分肯定周辑的功劳："苏长公云：'杭州之有西湖，如人之有眉目也。'而使眉目不修，张敞不画，亦如葑草之湮塞矣。西湖经长公之开浚，而眉目始备；经周子清原之画，而眉目益妩，然则周清原其西湖之功臣也哉！即白、苏赖之矣。"[④]谈迁在《北游录·纪游上》中记载："观西河堰书肆，值杭人周清

① 清溪道人：《禅真逸史》上，载古本小说集成编辑委员会：《古本小说集成》第2辑影印本，上海古籍出版社1991年版，第4页。

② 金秀玹：《论明清时期的小说插图意识及其功能》，《温州大学学报(社会科学版)》2014年第5期。

③ 参见张献忠：《明代杭州民营出版业述略》，载宋涛主编：《明代杭州研究》上册，杭州出版社2009年版，第221—222页。

④ 〔明〕湖海士：《西湖二集·序》，载周清原《西湖二集》附录，刘耀林、徐元校注，浙江人民出版社1981年版，第566—567页。

原,云虞德园先生门人也。尝撰西湖小说。噫! 施耐庵岂足法哉!"①鲁迅、郑振铎、阿英等人都曾做过考证,但迄今为止尚无定论。② 据考证,作者还编著有《西湖一集》。《西湖二集》在崇祯年间有聚锦堂刊本,有插图 56 幅。③ "西湖景物已为嘉隆以来的木刻画家们数数取之成为熟径了,但《二集》的插图却走了另一条路。也以西湖的湖光山色为背景,却注重在人物的描写,中心别有所在,意境便大为不同了。"④

(九)清代的钱塘江绘画

清代是钱塘江绘画的鼎盛时期。清代山水画正统派大家王时敏、王鉴、王翚、王原祁合称"四王",加上吴历、恽格合称"清六家",他们均有描绘钱塘江流域的风景画作,如王时敏有《隔岸越山多图》,王鉴有《三竺溪流图》,"金陵八家"之一的高岑有《仿黄公望富春山居图》,"清六家"之一的恽寿平有《富春山图》,王原祁有关钱塘江题材的绘画作品也不少,有《富春山图》《富春大岭图》《仿黄公望富春山图》《仿大痴山水卷》《仿黄公望山水图》《子久画意图》《仿王蒙夏日山居图》《仿大痴富春图》《仿大痴山水》《西湖十景图》《西湖图轴》《严滩春晓图》,吴历《湖山春晓图》,恽格《春涛滚风图》等。除正统派,还有一批在野的山水画家也创作有不少钱塘江题材的画作。如龚贤《江山夜色图》、蓝深《雷峰夕照图》等。嘉庆、道光以后的山水画家如方薰、戴熙、奚冈、汤贻芬合称"山水四大家",他们也多有钱塘江题材的画作。此外,知名的还有金农《红藕花中泊伎船图》等。同时,这一时期也是中国古代版画的集大成时期,举凡明代的版画工艺,此时无不继承,但遗憾的是未能进一步发展。⑤ 可见钱塘江流域的版画艺术是在承袭明代的余绪后,表现出了蓬勃发展的局面。

在这一时期,出现了一批以西湖为题材的宫廷绘画作品。清代宫中设立画院,尤以雍乾时期最为发达。画家大致分为专职画家、词臣供奉两类。山水、花鸟是宫廷绘画的重要内容,西湖成为宫廷绘画的题材,除了其本身风光秀丽,更重要的原因是,西湖景观经康熙南巡的御赏品题、雍正年间(1723—1735)的整

---

① 〔明〕谈迁:《北游录》,中华书局 1960 年版,第 65 页。
② 〔民国〕鲁迅:《中国小说史略》,人民文学出版社 1973 年版,第 173 页;阿英:《西湖二集所反映的明代社会》,《文学》1935 年第 5 期;吴礼权:《〈西湖二集〉:一部很值得研究的小说》,《明清小说研究》1991 年第 2 期。
③ 〔明〕周清原:《西湖二集》,上海古籍出版社 1990 年版,《古本小说集成》据傅惜华藏本影印。
④ 郑振铎:《中国古代木刻画史略》,上海书画出版社 2011 年版,第 134 页。
⑤ 元鹏飞:《论明清的小说刊本插图》,《广东技术师范学院学报》2009 年第 4 期。

治,其品质和知名度大为提升,直接影响了乾隆对西湖景观的兴趣。如乾隆帝在首次南巡的前一年即命以词臣供奉的杭州富阳籍宫廷画家董邦达(1699—1769)绘制《西湖图卷》(台北故宫博物院藏),并于画上御题一诗,诗末写道:"明年春月驻翠华,亲印证之究所以。"可知,董邦达《西湖图卷》是为乾隆南巡杭州时实地印证、鉴赏西湖景色而预先绘制的实景对照蓝本。另据董邦达《西湖四十景》四册本(载《石渠续编》),第一册为《西湖十景图》,有乾隆御笔:"董邦达所画西湖诸景,辛未(乾隆十六年)南巡携之行笥,遇景辄相印证,信能曲尽其胜。因以十景汇为一册,各题绝句志之。"第二册为八景图:大观台、水乐洞、云栖寺、放鹤亭、天竺寺、飞来峰、冷泉亭、云林寺,有乾隆御笔:"十景擅西湖之胜,脍炙久矣。其他丛林名迹,目不周赏,邦达并为图之。今春巡浙,皆所亲历,即境成诗,证以是册,益觉会心不远,因各书其上。"第三册也有八景图:圣因寺、四照亭、湖心亭、蕉石山、清莲寺、韬光寺、净慈寺、理安寺,乾隆御笔称:"是册所图,多精蓝古刹及山房亭榭。今春南巡,皆所赏历,即景成吟,辞不尽高。质之图中丘壑,略得梗概云。"第四册有十四景:昭庆寺、来凤亭、初阳台、西泠桥、紫云洞、金鼓洞、玉带桥、慈云岭、石屋洞、积庆寺、烟霞洞、万松岭、紫阳洞,并有乾隆御题文字:"学士董邦达曾为西湖各景图以献。兹临明圣游览畅观,信足娱志。以境证画,允擅传神。旧有十景及灵隐、云栖诸胜,久膻芿人间者,无不究妙吟奇,所作即书邦达册端,以志雅兴。而一溪一壑,或以路便偶经,未有专诗,或以他处幽邃,不及领要,则在全图中尚余此十四景,船窗展玩,南望情驰,各体不拘,聊云补空。中关行宫再识。"据上可知,董邦达所绘西湖四十景的详细目录,以及乾隆帝南巡以画对景、逐一题诗的史实,可见董邦达西湖画的独特价值。据《西湖志纂》卷一《名胜》载:"乾隆十六年春,圣驾巡幸湖山,回銮舟中,题董邦达西湖画册。"这进一步证实董邦达《西湖图卷》《西湖四十景》的真实用途。董邦达一生画过许多西湖山水图,他的作品除上述诸作,另有《西湖十景册》《西湖十景图册》《西湖十景图》《乾隆御制西湖泛舟诗意图轴》等作品传世,其中仅故宫博物院和台北故宫博物院就藏其描绘西湖的绘画20多件。这些画作中都有乾隆帝的亲笔题诗,如《西湖八景弘历书诗图卷》《断桥残雪高宗御题》等。

任熊(1823—1857),字渭长,号湘浦,又号不舍,萧山(今属浙江)人。其画法源自明末陈洪绶,但又有所突破,笔法清新活泼,气息静穆,色彩绚丽,富有装饰趣味,深受时人喜爱,为"海上画派"创始人。周闲《任处士传》中对其艺术风格作了详细的描述:"任熊,画初宗陈洪绶,后出入宋元诸大家,兼蹑两唐。变化神妙，不名一法，古人所能无不能亦无不工。其布局运笔，惨淡经营，不期与古人合而间有古人所不能到。设色精彩，复能胜于古人。当其一稿甫脱，零缣片楮，识与不识，悉皆珍若拱璧；且有窥其残墨剩本奉为规模者，猗与盛哉！画之圣矣！"①清人张鸣珂《寒松阁谈艺琐录》中则称赞他："工画人物，衣褶如银钩铁划，直入陈章侯之室，而独开生面者也。一时走币相乞，得其寸缣尺幅，无不珍如球璧。"在其短暂的一生中，任熊以其绘画的天资和勤奋，糅合民间绘画和文人画于一体，创作了无数鲜明而又生动的、具有爱国主义与民族精神的佳作，取得了巨大的艺术成就。其创作人物画最多，人物画也最具代表性。《自画像》轴是任熊人物画的代表作，亦是中国绘画史上的杰作，介于任熊的另两大杰作《大梅山民诗意图》册（又称《姚大梅诗意图册》和《范湖草堂图》卷之间，三者鼎足而列，成为任熊创作巅峰的标志性作品。此外，任熊的人物画还有《女仙图》《四红图》《瑶宫秋扇图》《汉宫女图》《麻姑献寿图》《东坡先生笠屐图》《熏笼图》《八高士屏》《钟馗像》《丁蓝叔参军三十岁小影》《十六罗汉图》《十六应真图》《读易图》《米颠拜石图》等，都有非常高的艺术价值。其山水画有《范湖草堂图》《十万图》《富春山图》《钱江龙见图》《山水图》等，其中尤以《范湖草堂图》卷和《十万图》册最为著名，笔法秀劲，清雅兼备，鲜明而不浮华，为其传世精品。他在《富春山图》上题诗道："乍闻人说富春山，对峙奇峰一水间；便展溪藤传写得，自然粉本接荆关。"总之，他借鉴民间艺术和西洋绘画艺术，革故鼎新，借古开今，开启了近代"海上画派"的先声，开拓了近代绘画的新局面。②

　　同样，在版画方面，任熊创作的四部人物画木刻画谱《剑侠像传》《列仙酒牌》《高士传图像》《于越先贤传》（合称《任渭长四种》《任氏四种》或《任熊版画》），是任熊继承陈洪绶之线条造型后的插图木刻精品，表现手法多样，形象鲜明，人物性格刻画入微，对清代末期版画艺术的发展起了重要作用。

　　《列仙酒牌》是任熊创作的第一套版画作品，根据丁文蔚、曹峋和任淇为《列仙酒牌》所作之序，任熊于咸丰三年（1853）绘制完成《列仙酒牌》，随后交由蔡照初镌版，于咸丰四年（1854）春刻成。此套版画收集了先秦两汉、魏晋唐宋的仙者逸闻，绘成48幅列仙像，包括老子、蓝采和、张果老、嫦娥等各种生动传神的

---

① 〔清〕周闲：《范湖草堂遗稿》卷一《任处士传》，载《晚清四部丛刊》第二编《集部》115，台北：文听阁图书有限公司2010年版。

② 刘媛媛：《风开一帜"海派"先声——简论任熊的艺术成就》，《美与时代（中）》2016年第1期。洪丽娅：《浅论任熊的绘画》，《东方博物》2007年第2期。

仙人形象,仙者的传奇故事和精妙的造型引人入胜。版画最初是在咸丰四年孟春任熊长子(任预)满月大宴宾客的汤饼会上,用初印成的《列仙酒牌》来行令饮酒,席终并分送来宾亲友各一套作品。由于任熊绝妙的绘画技艺和蔡照初精湛的雕刻工艺,使得此套版画的艺术价值远远超过其实用价值。如《列仙酒牌》中的林逋这幅版画,描绘了"孤山之麓,妻梅而子鹤"的主题,恰到好处地把鹤对林逋的依恋、梅与林逋的关系表达出来,烘托出林逋与尘世隔绝的清高性格,给人留下了深刻的印象。[①]

《剑侠像传》原名为《三十三剑客图》。这套版画是任熊应其友丁文蔚(即蓝叔子)之邀而作,以唐宋时人所作《剑侠传》为文字依托,绘成 33 个侠客形象,然后交由蔡照初镌版完成。根据任熊扉页题词"蓝叔子属任渭长画蔡容庄雕时在咸丰丙辰三月"可知,此作完成于咸丰丙辰(1856)三月。咸丰七年(1857),任熊同乡王龄邀请任熊及蔡照初到湘湖的王氏养和堂,王龄便是这王氏养和堂的主人,三人在此合作完成《于越先贤像传赞》后,将《三十三剑客图》改名为《剑侠像传》重新出版。扉页由任熊族叔任淇题名以取代任熊之前的题名,背面印有王氏养和堂的牌记:"咸丰戊午(咸丰八年)五月初王氏养和堂校刊。"图像前新增王龄所撰序言及目录,后附王龄重刻的《剑侠传》文字部分。赵之谦于序言中写道:"萧山任渭长以陈章侯且画水浒牌,仿之为此象,甫成而遽殇,其友丁蓝叔属蔡容庄刻以示余,且索题字,因牵连书此于卷端,每幅各系数言,少存予夺微意,当世揽者,综覆本末,或亦有寒光逼人、空中刀剑击戛声也,咸丰九年十有二月会稽赵之谦。"[②]直到 1859 年赵之谦题字完成,《三十三剑客图》正式印行面世。

《于越先贤像传赞》及《高士传》均为任熊绘、蔡照初镌版,最初均由王龄的萧山王氏养和堂刊行。《于越先贤像传赞》为任熊 1856 年根据王龄编纂的于越地区历代先贤的传记绘制,共 80 图,任熊耗费两个多月的时间绘制完成再交由蔡照初镌版,后王龄为其作序并将对应文本刊于图后,其族叔任淇为其题写封面,时在 1857 年 12 月,因此刊行时间应在任熊辞世(1857)之后。《高士传》为任熊 1857 年根据晋代皇甫谧撰《高士传》所作,是年他旧疾复发,十月辞世,所以仅完成了上卷 26 人(仍缺披衣、颜子两人),中下卷未绘成。王龄于序言中写道:"渭长绘剑侠象即毕,复绘是传,仅止上卷二十六人,缺披衣颜子两图,而渭

①　周永良:《梦幻世界尽逍遥——任熊绘蔡照初刻列仙酒牌及其版本问题》,《收藏家》2008 年第 8 期。
②　〔清〕任熊绘:《三十三剑客图》,咸丰原刻本,浙江省图书馆藏。

长遽瘵死,中下卷遂废不能补,世亦无有能补者,不得已并付容庄梓之,以故中下卷仅有传无象。"①任熊弟子沙家英在为《高士传》作序时说:"渭长先生图皇甫谧《高士传》像,咸丰中萧山王氏所刊。今年春,吾友张君牧九得之沪上,以示余……牧九因付手民稍补其缺落,装印成册,属余序之……"②其版画中的图像,栩栩如生。周心慧评价说:"任渭长绘、蔡照初刻木刻四种,是清中、晚期版画艺苑中最光辉的杰作,是画家和木刻艺术家合作的最耀眼的名篇,其所达到的艺术高度,在古版画日趋衰微的时代,至少在人物画这一题材上,堪称后无来者。"③

（十）民国时期的钱塘江绘画

民国建立以后,钱塘江绘画进入转型时期。大批留学日本、欧洲的教育家和美术家归国,纷纷在杭州创办现代美术院校或系科培养艺术人才。先后开办浙江省立第一师范学校图画手工科(民国二年,1913)、浙江图画专门学校(民国三年,1914)、浙江艺术专门学校(民国十三年,1924)和国立艺术院(民国十七年,1928年成立,次年改为国立杭州艺术专科学校),汇聚了李叔同、林风眠、吴大羽、方干民、蔡威廉、林文铮、丰子恺、潘天寿、吴梦非、李鸿梁、赵无极、朱德群、赵春翔、吴冠中、李可染、胡一川、董希文、苏天赐等一大批叱咤中国现当代美术史的风云人物。

在这一时期,传统的国画仍占主导地位,题材仍以山水画为主,画家以潘天寿、黄宾虹、李苦禅为代表。此外,还出现以林风眠为代表的西洋油画和以丰子恺为代表的漫画。而刘海粟更是融中西画法于一体。他们以西湖山水为创作题材,画出了具有鲜明时代特色和个性特征的作品。

黄宾虹的一生,涉足领域相当广泛,在山水、花鸟、书法、诗文创作、美术史论、玺印考藏、古文字研究等方面都取得了很高的成就。数十年来,黄宾虹的绘画一直受到美术界的关注,并持续释放出巨大的能量,影响着当今中国画坛。他的一生,除了中老年时期在上海和北京谋生,还有三地和他关系密切:一个是他出生的金华,一个是他青壮年时期生活的老家歙县,一个是他终老之所杭州。早年他出入三地,水路往来,对于此间的风物,都有亲切的感觉。在途中,他每次都习惯像孤独的旅客一样,对着两岸风光写生,勾勒着他眼中的风景,比如七里泷的《冷水》、江南坞的《晋口》、梅城的《三江口与南高峰》、白沙渡的《罗桐

①　〔晋〕皇甫谧撰,任熊绘:《高士传》,清咸丰刻本光绪印本。
②　〔晋〕皇甫谧撰,任熊绘:《高士传》,清咸丰刻本光绪印本。
③　周心慧:《任渭长的木刻画艺术》,载《中国版画史丛稿》,学苑出版社2002年版,第165页。

埠》，都曾在他的写生稿中出现过。虽然黄宾虹描绘有关新安江的山水画不计其数，除去部分来自上游、中游的歙县段，明确为描绘下游淳安、建德段的山水景观者，并不多见。而他笔下大量题名为新安江山水者，可能只是他心中的印象，在现实之中根本无法找到相对应的实景。就像创作于 1949 年的《新安江上小景》，如果细致辨别，所谓反映新安江的标志性景象，都被他有意无意地弱化了，取而代之是看似逸笔草草的笔墨形式。或许，在黄宾虹看似草率的画面中，拥有书法质感的线条才具有永恒的生命力。

李苦禅于民国十九年（1930）被林风眠校长聘任为杭州艺术专科学校中国画教授。据李苦禅回忆，最让他陶醉的是西子湖畔的山光水色：孤山的朝晖暮霭，九溪十八涧的幽静，龙井寺的芳茗，虎跑的清泉，林处士的"梅妻"，保俶塔的佛首，还有荷塘月色、苏堤嫩柳、断桥细雨，更有那钱塘怒潮令人惊心动魄、岳飞坟墓令人感怀悲叹……这些名胜，无不展现于他日后的毫端尺素之中。①

除传统的国画，丰子恺的漫画也独树一帜。民国三年（1914），丰子恺报考杭州浙江省立第一师范学校，以第三名的成绩被录取，师从李叔同。在李叔同的教育下，丰子恺才真正进入艺术的大门，立志把艺术作为自己的终生事业。丰子恺在校中积极参加课余组织"洋画研究会"和金石篆刻组织"乐石社"。代李叔同接待来自日本的画家黑田清辉、大野隆德、河合新藏、三宅克己等，陪他们外出写生，西湖边到处都留下他的足迹。民国十年（1921）初丰子恺留学日本，回国后长期在上海、浙江上虞从事教学和艺术创作。抗日战争胜利后，丰子恺移居杭州，初暂住功德林旅馆，后在里西湖租赁了一所小平屋，他在家中挂上一副对联，说明这湖畔小屋的地理位置："居临葛岭招贤寺；门对孤山放鹤亭。"自称"三不"先生，一不教课，二不讲演，三不宴会，表明他愤世嫉俗的心情。由于没有担任任何职务，这一时期又是他艺术上的多产期，先后出版《又生画集》《劫余画集》《幼幼画集》《音乐十课》等。面对国民党统治下横征暴敛、贪污舞弊、通货膨胀、民不聊生的社会，作为画家，丰子恺在报刊上陆续发表《照愁复照欢》《只有一个烟囱有烟》《屋漏偏遭连夜雨》《万方多难此登临》《再涨要破了！》等漫画。

（十一）中华人民共和国时期的钱塘江绘画

在这一时期，如著名画家傅抱石、叶浅予等，他们尽情描绘钱塘江山水奇幻

---

① 《浙江画报》1983 年第 4 期。

秀丽的姿容,佳作迭出。

傅抱石(1904—1965)在中华人民共和国成立后历任南京师范学院美术系教授、江苏省国画院院长、中国美术家协会江苏省分会主席、中国美术家协会副主席。1962年秋天,傅抱石因病被安排到杭州疗养,在前后为期半年的时间里,傅抱石专程前往游览富春江和新安江,先后参观了严子陵钓台、双塔凌云、落凤山、白沙大桥和新安江水电站等。一路上,两江两岸的山水风光给傅抱石留下了深刻的印象。回到杭州两个月后,他创作了数件关于严陵山水的作品。正如他在《新安江图》横卷上所题:"新安山水,峰峦浑厚,草木华滋,自明清之际以来,含孕画家至深,今又不同于往昔矣。一月二十七日曾往瞻仰,此其上游印象也。"此外,傅抱石还有三件分别题为《富春江》《桐庐》和《新安江印象》的作品,记录着他这次的旅行,这三件作品尺幅并不大,但场景开阔,让人有咫尺千里的感觉。

叶浅予(1907—1995)1954年任中央美院中国画系主任、教授,曾任中国美协副主席,中国画研究院副院长,是中国漫画和生活速写的奠基人。著有《画余记画》、《十年恶梦录》和个人画集多种。作为一位生于斯长于斯的画家,重新绘制因时代而变迁的山水,让久违的目光再一次聚集,或许是对故土最好的回馈。这种执念,让他迸发出前所未有的创作能量,一改以往所擅长的人物画,决定以山水画的形式,创作一幅全景式的《富春山居新图》长卷。1976年,叶浅予开始构思《富春山居新图》,最初的画稿也完成于当年。可能是觉得缺少实地的写生素材,不久即被他否决了。次年春,叶浅予特意从杭州乘客轮,沿富春江溯江而上,一直到建德梅城。边游览边速写,沿途山川峡谷,包括两岸的农田、铁路、工厂、民居等特征风貌,均被他记录在稿。随后叶浅予完成第二稿,并在后面记录:"富春山水之胜,自唐以来诗人吟咏颇多,元黄公望有《富春山居图》传世。我出生是地,1976年大病后,乘红叶满江之际,返故乡探亲,成山居新图第一稿。今年初复游富春,自六和塔溯江而上,船行水光山色间,访桐庐、七里泷、梅城、白沙诸点,并深入芦茨、茆坪山区,探寻画卷素材,完成第二稿。此卷着重描绘江山新姿,觉过实过塞,缺少灵秀之气。友人谓如此长卷,岂可无季节变换乎?一语道破此中不足之处。"可能是为了避免与传统样式雷同,1978年秋,叶浅予在富春江索居月余,决定重新创作,易水墨为重彩,来描绘富春江两岸的四季变化。1980年,历时五年、全长32米的《富春山居新图》在北京完成。画卷从抒情的春天开始,经历狂风暴雨般的夏天和枫叶染红的秋天,进入冰冷静寂的冬季,最后又在花开的季节终止。画卷洋溢着绚丽的浪漫色彩,清新甜美,充满了强烈的时代气息。毋庸讳言,这幅饱含炽热情感的《富春山居新图》,更像是一幅施以色彩的山水速写,因为缺少传统山水皴法的细节,画面显得空洞而缺乏内涵。叶浅予以自己并不擅长的山水来创作,本身就是一种冒险。包括之后他的《富春江水电站全貌》和《三江口古梅城》等,都有相同的弊病。尽管《富春山居新图》的艺术效果令人失望,但叶浅予在画中付出的心血和浓浓的思乡之情,却可以令人感同身受。1988年,叶浅予将其所藏的历代书画和自己的画作、藏书,捐赠给故乡桐庐。1995年,叶浅予病逝于北京,根据遗愿,他的骨灰葬在了富春江畔的桐君山。

中国美术学院飞速发展,西湖的绘画创作活动也是异常活跃。20世纪50年代,曹剑峰作铜版画《西湖》。1979年至1982年,浙江人民美术出版社出版《西湖民间故事》连环画套书,共11册,每册分一至三个不同的民间故事,共讲述22个发生在杭州西湖附近的民间故事传说:《明珠》《小黄龙》《寻太阳》《臭秦桧》《一线天》《画扇判案》《康熙题匾》《六和填江》《蚕花》《白蛇传》。它汇聚了当代名家刘旦宅、华三川、顾炳鑫、戴敦邦、贺友直等人之笔,绘画精美,可称写意连环画之巨作。这个系列的图书销量巨大,仅其中一册销量就超过100万册。1986年,浙江人民美术出版社再次出版彩绘32开本《西湖民间故事》(10册)。2001年10月,中国美术学院出版社出版了杭州园林文物局编著的《当代名家西湖书画选》(1函2册)。2004年4月,全山石、张祖英、杨松林、刘绍昆、罗朗、崔开玺等20多位中国当代最具代表性和影响力的油画家,应杭州市文联、杭州画院和中国油画学会之邀,参加"描绘新杭州大型实地写生创作活动",以画家的慧眼和油画的形式描绘新杭州、新西湖。画家们在杨公堤的赵之谦纪念亭附近开始创作,有的画湖景,有的画岸边的树,还有的画修建杨公堤的工人们,俨然和新西湖的景致融合在了一起。2005年10月14日,来自俄罗斯、法国、乌克兰、奥地利、德国、美国、菲律宾等30多位国内外知名艺术家,在西湖边一件12米宽、8米高的巨大金色油画框上,联手描绘西湖。经过两个多小时的现场创作,一系列有关西湖的油画、水彩等作品相继亮相,其中最大的一副油画作品以"无尽西湖"为主题,由多位艺术家集体创作。2006年、2007年金秋,由中共杭州市委宣传部、杭州市文广新局、杭州西湖风景名胜区管理委员会(杭州市园林文物局)等联合主办"画说西湖·国际绘画艺术论坛",上海合作组织各成员国的艺术家相聚杭城,以"共赏西湖秀色,共画西湖美景"为主题,进行高层次的绘画艺术交流活动。同时,还开展绘画技艺交流及西湖实景写生等学术活动。2007 年 8 月 8 日,杭州 200 多名少年儿童在西湖白堤上现场作画,将自己心中最喜欢的动漫形象画在百米画卷上。2008 年 10 月 11 日至 10 月 15 日,"画说西湖·国际绘画艺术论坛"系列文化交流活动在西湖博物馆拉开帷幕,数十位来自上海合作组织成员国的优秀艺术家,在此交流画作,共论艺事。2009 年,在杭州历史博物馆举行第三届"画说西湖"国际美术论坛,向观众展示了杭州深厚的历史文化底蕴,同时也向世界展示了杭州这座东方美术之都的风采,在国内外美术界产生了广泛影响。2010 年 7 月 1 日,杭州西湖风景名胜区管理委员会和钱江晚报联合主办"童画西湖"——杭州市少年儿童西湖绘画比赛活动;同年 10 月 22 日,举办"我爱新西湖、低碳环保行"为主题的百米长绘活动,家长和孩子们用彩笔即兴在百米长布上绘出了雷峰塔、白堤、荷塘等西湖秀美的山水。通过这样的活动表达出对杭州和西湖的热爱。

二、钱塘江绘画的题材和作者的籍贯分析以及对海内外的影响

(一)钱塘江绘画的题材

从现存的作品来看,其内容大致可以分为以下几类:

1. 山水名胜画作

主要是直接描绘钱塘江两岸的山水风光,如宋代许道宁《夜月观潮图》,李嵩《月夜看潮图》《钱塘观潮图》(又名《宋宫观潮图》),夏圭《钱塘观潮图》,赵伯骕《万松金阙图》,朱惟德《江亭揽胜图》;元代赵孟頫《江岸乔柯图》《江村渔乐图》,黄公望《富春山居图》《富春大岭图》,王蒙《溪山风雨图》《江深草阁图》;明代戴进《浙江名胜图》《归舟图》《山高水长图》,蓝瑛《江皋暮雪图》,项圣谟《剪越江秋图》《闽游书画卷》,宋懋晋《六和塔》《万松岭》,赵左《富春大岭图》,董其昌《临富春册》,陈洪绶《溪山放棹图》,居节《潮满春江图》;清代袁江《观潮图》,丁恒《钱塘观潮画屏》,金廷标《弘历钱塘观潮歌诗意图》,恽寿平《富春山图》,王原祁《富春山图》《富春大岭图》,查士标《富春览胜图》《富春图》,李为宪《富春大岭图》,蓝孟《江畔山村图》,沈宗敬《富春图卷》,黄均《富春山居图》,翟继昌《钱塘观潮图》,赵之琛《江天帆影图》,钱松《江深草阁图》,谢寅《观潮图》,任熊《春江图》《铁幢浦图》,孙治《湘湖图》,任伯年《江楼听雨图》《江干送别图》《泉塘观潮图》;民国以后则有黄宾虹《桐庐纪游图》《新安江纪游图》《春江新雨图》《富春山水图》《乡居消夏图》《江行秋色图》《烟波撒网图》《江上山》《西湖皋亭图》《新安江山水图》《渡口归渔图》《桐君山色图》,叶浅予《新安江图》《桐庐印象》《桐庐江边一景图》《浙江桐庐县图》《富春山居新图卷》,吴冠中《富春江上的打鱼船》《富春江》,刘海粟《桐江雾渡》《富春江渔乐图卷》《江山渔乐》《严子陵钓台》《富春江》《七里泷》,朱屺瞻《富春山色》,贺天健《富春山色图》,张大千《严陵濑图》《富春江一曲》,李可染《富春山色图》《家家都在画屏中》,傅抱石《富春山色图》《富春晓色图》《新安江印象》《钱塘江图》,寿崇德《新安江水电站图卷》《北山云烟图》《新安江上游图》《富春江山图》《桐君山之晨图》《新安江水电站雄姿图》,潘天寿《富春江上图》《江洲夜泊图》《小篷船》《铁石帆运图》《之江远眺图》,吴茀之《偶忆桐庐图》,诸乐三《写钱塘江畔所见图》,陆俨少《新安新貌图》《水库风光图》《山河新装图》,王伯敏《竹坞纪游图》,等等。

2. 历史人文、风俗画

如宋代李唐《坐石看云图》,苏汉臣《秋庭婴戏图》《货郎图》《杂技戏孩图》《秋庭婴戏图》《桐荫玩月图》《靓妆仕女图》,刘松年《南宋四将图》《博古图》《茗园赌市图》《瑶池献寿图》,马远《华灯侍宴图》《松风楼观图》,李嵩《货郎图》《市担婴戏图》《骷髅幻戏图》《斗浆图》《卖浆图》《花篮图》《观灯图》,马麟《夏禹王图》,赵伯驹《宫苑图》,陈清波《瑶台步月图》,梁楷《归渔图》《布袋和尚图》,钱选《王羲之观鹅图》《招凉仕女图》,李迪《风雨归牧图》《雪中归牧图》,佚名《春江帆饱图》《江亭闲眺图》《柳溪归牧图》《宫苑婴戏图》《女孝经图》《桐荫玩月图》《蕉荫击球图》《杂剧打花鼓图》《杂剧眼药酸图》《歌乐图》《小庭婴戏图》《柳亭送别图》,明代倪端《捕鱼图》,蓝瑛《春江渔隐图》《富春高士图》,查士标《兰亭修禊图》,清陈昱《蠡酌图》;民国时期蔡威廉《秋瑾就义图》,林文铮《西施》,等等。

3. 动物与植物画

描绘钱塘江两岸的动物与植物的知名作品,主要有宋伯仁撰绘《梅花喜神谱》,王介《履巉岩本草》,孙继先摹绘《梅竹兰菊四谱》,刘世儒《刘雪湖梅谱》。

宋伯仁所绘《梅花喜神谱》是中国第一部专门描绘梅花种种情态的木刻画谱。初刻于嘉熙二年(1238),景定二年(1261)金华民间刻书坊双桂堂重刻,为现存最早的版本,现存上海图书馆。刀法古朴明快,刻印均具有相当水平,在版画史上亦具有重要地位。因宋时俗称画像为喜神,故名。宋伯仁,字器之,号雪岩,苕川(今浙江湖州)人,曾任盐运司属官。能诗,尤善画梅。自称每至花放时,徘徊竹篱茅屋间,满腹清霜,两肩寒月,谛玩梅之低昂俯仰,分合卷舒,自甲坼以至就实,图形百种,各肖其形。工诗,著有《雪岩吟草》。《梅花喜神谱》版框高 15.1 厘米,宽 10.7 厘米,四周双栏,外粗内细,白口,版心上下有一双鱼尾,上鱼尾下书卷数,下鱼尾下书页次。目录半页八行,每行书二目。图版半页一幅,左二行刻五言古绝一首,字作欧体,题名横列于右上,题名下为梅图。梅图首页右侧上题"梅花喜神谱卷上",下署"雪岩"。全书收录有 100 幅图,分别描绘蓓蕾、小蕊、大蕊、欲开、大开、烂漫、欲谢、就实等梅花的各种形态。每图多一枝一蕊,形象鲜明而富有变化。乍看上去,似是梅花自蓓蕾到就实各个阶段的描绘,但细看却又图文并茂,韵味十足,因为图谱在对每一种梅花形态予以图绘的同时,都配有相当准确的名称,如"烂漫"便有"新荷溅雨""老菊披霜""林鸡拍羽""松鹤唳天"等形态,"欲谢"则附以"喜鹊摇枝""游鱼吹水""蜻蜓欲立"等画题。除此以外,每一种形态还附有简短却颇具诗意化的题词,如"木瓜心"所配诗文为"宛陵有灵根,圆红珍可荐。卫人感齐恩,琼琚未容报","孩面儿"所配诗文为"才脱锦衣绷,童颜娇可诧。只恐妆鬼时,爱之还又怕"。如此看来,这本《梅花喜神谱》的刊成,一方面可以供初学画者参考,但也可"供博雅君子鉴赏悦情",它不仅是图解,也是具有高度艺术性的雕版画。① 甚至有学者认为,《梅花喜神谱》的用意乃是希望通过表现对梅花的喜好,来表现仁人君子的爱国情操,其制作过程可以说完全取决于士人的意识形态。②

王介《履巉岩本草》一书也值得一说。王介,字圣与,号默庵,大约生活于 12 世纪末至 13 世纪初,祖籍琅玡(今山东临沂),晚年移居临安(今浙江杭州)皇城郊外慈云岭西。据文献记载,其在庆元间(1195—1200)曾任内官太尉(宦官官职)。擅长绘画,善作人物、山水,似马远、夏圭;亦能梅兰。元夏文彦《图绘宝鉴》卷四赞赏王介"取法高妙,院品不能及也。兼善写梅、兰,绰约有风致"。《履巉岩本草》成书于南宋嘉定十三年(1220),分上、中、下三卷,共收药 206 味。一药一图,先图后文,末加分类,而常用药物多列在前面。记载性味、功能、单方及别名,内容或取自其他本草书,或采自民间验方。多为民间常用药物,药图大多为彩绘,具有药物从俗、简便实用的特点。在书中,王介认为,药物"产类万浓,风土异化",真伪难辨,又不能一一鉴别。因此,他对住地周围的药草进行详细的调查,以为"其间草可药者极多,能辨其名及用者,仅二百件"。嘉定十三年(1220),他将收录的草药编绘成书,因所住的山中有堂,称"履巉岩",以其作为

---

① 王伯敏:《中国版画通史》,河北美术出版社 2002 年版,第 93、28 页。
② 马铭浩:《论版画画谱与文人画的关系》,台湾《淡江大学中文学报》1997 年第 4 期。

书名。① 它与陈衍《本草折衷》一书齐名,是南宋时期一部重要的地方性本草著作,主要记载和描绘当时生长在钱塘江边凤凰山慈云岭一带的药用植物,王介在该书序文中自述曰:"老夫有山梯慈云之西,扪萝成径,疏土得岩。日砻月磨,辟亩几百数。其间草可药者极多。能辨其名与用者,仅二百件。因拟图经,编次成集。仍参以单方数百只,不敢施诸人。或恐园丁野妇,皮肤小疾,无昏暮啊入市之劳,随手可用,此置图之本意也。"

同时,它也是中国历史上最早的一部具有彩图的本草专著。② 本草学家赵燏黄对此书赞赏有加,认为:"本图朱砂矿绿,历久如真;铁画银钩,古朴有力。宋以后之本草图墨迹,以余所见,惟有明画家赵文淑所绘者,可以并驾。……盖吾国古来图画之能传真者,其惟丹青家之善于写生者乎?然则王介所撰《履巉岩本草》一帙,可谓丹青家之本草写生鼻祖矣!"作为一本罕见的彩绘本草图谱,从现存明代转绘本《履巉岩本草》来看,王介原稿应更为精妙,而有清气逼人之致。赵燏黄此处的赞叹并非陈词套话和过溢之词,而是客观的评价,所论极恰。据郑金生所评,《履巉岩本草》的写实程度毋庸置疑,如"山龟椒""狼牙草"等图,即便是现代植物绘图也无出其右。此书为我们指向了一片长久以来在艺术史中被忽视的领域。南宋时期的邓椿在《画继》中将绘画分为八门:人物传写、山水林石、花竹翎毛、畜兽虫鱼、屋木舟车、蔬果药草、小景杂画。而回溯至北宋的《宣和画谱》,书中将绘画分为十门,即道释、人物、宫室、番族、龙鱼、山水、畜兽、花鸟、墨竹、蔬果。两相对比,我们会发现《画继》中将"药草"与"蔬果"并列,成为一新兴的独立门类。

《梅竹兰菊四谱》系继《唐诗画谱》以后编辑刻印,由杭州孙继先摹绘。收梅竹兰菊图百幅,单面方式,每面一幅。陈继儒在《集雅蔡梅竹兰菊四谱小引》中题到:"文房清供,独取梅、竹、兰、菊四君者无他,则以其幽芳逸致,偏能涤人之秽肠而澄莹其神骨。"自此以后,梅兰竹菊被称为"四君",画家用"四君子"来标榜君子的清高品德。其中,梅菊部分各以二十余页画出梅菊的种种姿态,颇富变化,又题以诗句。竹兰部分则对枝、叶、花的结构及风晴雨露时的情态加以图释。书中所列竹兰图式,简明易懂,较便于初学者掌握入门,故颇受欢迎。

《刘雪湖梅谱》,又称《雪湖梅谱》。明末王思任编辑。内含明代画家刘世儒

---

① 参见李士禾等编:《历代名医传略》,黑龙江科学技术出版社 1985 年版,第 71 页。

② 郑金生编:《南宋珍稀本草三种》,人民卫生出版社 2007 年版,第 92 页。

梅花谱版画 26 幅：一枝春信、数点天心、珠胎乍裂、斗柄初开、鳌头独占等，并用一整页画描绘了梅花不同生长期的形态，简单明了。笔法简单流畅，并根据不同形态给予命名。书前有"雪湖小像"一幅。刘世儒，字继相，号雪湖，山阴（今浙江绍兴）人，明代知名画家，与刘宪章、王谦、盛行之等同为明代画梅高手，著有《雪湖梅谱》两卷，此书成书于嘉靖三十四年（1555）。王思任谓其行年九十，画梅八十年。徐渭题其墨梅诗云："我客金陵访画梅，画梅莫妙盛行之。刘君放逸不可羁，一刘一盛无雄雌。"文徵明《画梅辩难》中赞其墨梅曰："雪湖发干道劲，有天然之处，花亦雅称，异日当为第一流云。"传世作品有《雪梅双兔图》轴（天津艺术博物馆藏），《梅花图》长卷、《梅花图》（故宫博物院藏），《月梅图》轴（日本东京国立博物馆藏）；另有天启三年（1623）作《先春报喜图》轴，著录于《石渠宝笈》。王思任（1574—1646），字季重，号谑庵，又号遂东、稽山外史，山阴（今浙江绍兴）人。明末文学家。万历二十三年（1595）进士，曾知兴平、当涂、青浦三县，又任袁州推官、九江佥事。清兵破南京后，鲁王监国，以思任为礼部右侍郎，进尚书。顺治三年（1646），绍兴为清兵所破，思任绝食而死。

4. 工程技术画

描绘钱塘江海塘建筑工程技术或其他技术的画作，主要有宋代楼璹绘制《耕织图》、元代杭州路刊《至大重修宣和博古图录》。

元代至大年间（1308—1311），杭州路刊有《至大重修宣和博古图录》，这是一本以图为主的书籍，版画插图极其精美。据郑振铎《劫中得书记》云："此书卷帙甚大，每半页八行，每行十七字。每图悉注依元样制、减小样制等字。明人诸刻，均削去之。埋其原器之真面目矣。诸家书目间载此书，而每为残本，罕有全者。"《宣和博古图录》是宋代金石学著作，由宋徽宗敕撰，王黼编纂，于宋大观初年（1107）开始编纂，成于宣和五年（1123）之后。该书著录了北宋宣和殿收藏的自商代至唐代的青铜钟鼎彝器 839 件，分为 20 类。每器皆描绘形状，摹写款识，释读铭文，详标尺寸，附有精细考据。书中每能根据器物形制订补《三礼图》之失。此书于元代至大年间重修，故称《至大重修宣和博古图录》，简称《博古图》。是书至大年间的原刊板片至明尚存，续有修补。嘉靖七年（1528）蒋旸又予重刻，版式一如元版，极其精美。

关于钱塘江海塘修筑的画作也较多。据文献记载和学者的研究，钱塘江海塘的修建始自春秋时期。此后，便绵延不绝。然而，历史上关于海塘的文献记载极为零散，到元明时期始有个别著录。清代雍正年间钱塘江北岸海塘大规模兴筑之后,直至清乾隆十四年(1749),开始出现《敕修两浙海塘通志》《海塘录》《海塘揽要》《海塘新志》《续海塘新志》等官修海塘志书。这些书籍,大多有版画插图。如乾隆十六年(1751)浙江巡抚方观承等编纂刊刻的《敕修两浙海塘通志》,是作者整修两浙海塘时的专著,全面汇集了此前有关浙江海塘修筑的资料,集两浙海塘水利之大成。其中,卷一为图说。清代翟均廉所编纂《海塘录》,共二十六卷,内有图说一卷,包括海塘、江塘、引河、土备塘、柴塘、皇朝鱼鳞大石塘、大石塘底桩、大石塘十八层砌式、土戗、条石坦水、草盘头、切沙、尖山石坝、木柜、竹络、明坡陀塘、明五纵五横鱼鳞图等34幅图,皆附有文字,说明起讫长度、用料、规格、施工要领等有关工程内容。清杨镳辑《海塘揽要》十二卷,首一卷,内设有"图说"一个门类。钱泰阶奉其叔钱文瀚之命与弟钱孔怀、同学俞子璿等多人共同编撰而成的《吴越国武肃王捍海石塘志》,共一卷,内有武肃王像、射潮图、钱塘江图说。

《海宁念讯大口门二限三限石塘图说》,简称《海宁石塘图说》,清李辅耀撰,袁镇嵩绘,清光绪七年(1881)刊本。内含木刻版画34幅,依次为:上桩木图、上条石图、上石灰图、开槽清底图、筑子塘图、子塘订护桩图、搭桩架图、槽内车水图、割桩图、揉桩图、上夯桩图、下夯桩图、填嵌桩花图、錾凿条石图、发灰打油灰图、机器钻箫笋眼图、安砌铺底第一层图、器钻朝天笋眼图、安砌顺石图、安砌丁石图、安砌面石图、筑附土图、填沟槽图、筑行路图、筑土堰图、金塘工竣图、铁箫笋图、铁锭锢图、土夫器具图、木厂器具图、桩架夫器具图、抬班夫器具图、灰厂器具图、石匠器具图。郑振铎《中国古代木刻画史略》称其虽为科技著作,然版刻不但准确实用,且十分精美壮观,"在木刻画史上仍自有其地位"。李辅耀(1848—1916),字幼梅,号和定,湖南湘阴人。光绪二年(1876)即从道员衔发浙江,先后任职杭嘉湖道、宁绍台道、省防军局总办、温州盐厘金局监理等,宦游浙江达30年之久。

此外,还有严烺《东西两防海塘图》八卷,里面收有大量的版画插图。

5. 宗教画

描绘钱塘江宗教艺术的画作较多,如五代贯休的《十六罗汉图》就是其中的杰出代表。至于钱塘江版画中的宗教版画,更是代表了当时的最高水平,在中国版画史上有着非常特殊的地位。如宋刻本《天竺灵签》以及临安府贾官人刊《佛国禅师文殊指南图赞》《妙法莲花经》,棚南街前西经坊王念三郎家《金刚般若波罗蜜经》等。

南宋临安府贾官人刊《佛国禅师文殊指南图赞》，简称《文殊指南图赞》，文本篇幅不大，仅仅一卷。其以《华严经》中善财童子五十三参的故事为原型，结构颇有特色；卷首题名后有一序；其次则历记善财童子五十三次参访的经历，每次参访的记述文字之后有一幅善财童子参访图。全书共53幅插图，从而组成了一部大型佛教组画，被出版史研究者认为是中国最早的连环画。

《妙法莲花经》扉页画，南宋临安府贾官人经书铺刊本。中国国家图书馆藏。尺寸为18.1厘米×40.5厘米。经折装，图由五页组成一幅，中间释迦牟尼佛高坐莲台上，上有华盖，后有背光，左右立佛弟子及天王，两旁诸王及天子百官前来朝圣，空中文殊、普贤及诸佛亦乘云前来。画面舒朗，造型严谨精确，线刻精细生动。图中左下角刊署"凌璋刁"（"刁"为雕刻之简称）。经卷末有"临安府众安桥南贾官人经书铺印"。另有临安府王八郎经书铺刊本，刻工处刊署"沈敦刁"。

南宋刊本《大字本妙法莲华经》扉页画，在宝相花纹组成的框内，绘释迦牟尼佛讲经，释迦牟尼佛讲经的露台占据了画面的大部分，佛顶上方饰有华盖，两旁各有一只飞翔的凤凰，佛眉间的两道白毫相光，上照阿迦佳尼呋，下照阿鼻地狱。背景绘修成佛道的方法。

宋嘉定年间刻本《天竺灵签》也是当时的名作。灵签，又称运签、神签、圣签等，其主要特点是以诗歌为载体，以竹签或杯笺为工具来贞占吉凶。灵签的产生是中国古代占卜术逐渐趋向世俗化、占卜方法趋向简易化的产物。按《宋高僧传》卷一四《唐百济国金山寺真表传》载，开元时真表曾云其遇弥勒佛，得卜签求戒之制。当时百济佛教与中土连成一气，可见唐代寺庙已盛行求卜问签之俗，并传到了朝鲜。到宋代，各种类型的宫观寺庙大多备有灵签，灵签的形式也已基本齐全。如今中国国家图书馆尚保存有宋嘉定年间（1208—1224）刊刻的《天竺灵签》善本，图文并茂，有诗文、图解、占卜吉凶判断等。[①] 这《天竺灵签》就是当时西湖佛教寺院中的产物。1958年郑振铎将自己收藏的南宋嘉定年间刊本交由上海的古典文学出版社影印出版，他在《天竺灵签》跋里写道："这本宋版的《天竺灵签》的插图，不仅图形较大，而且人物形象也大为生动活泼，在版画技术上它是相当成熟的，相当有成就的……保持着高度的艺术性。像'黄钟大吕'

---

① 宋亚莉：《宋刊本〈天竺灵签〉略探》，《东方论坛》2016年第2期。

之音,是能令人心悦情怡的。把这部宋版的《天竺灵签》影印出来,不仅是足以见到中国早期木版画的成就的高超,而且可以看到那个时代的人民生活的若干方面。"①

(二)钱塘江绘画作者的籍贯

从上述作品的作者的籍贯来看,绝大多数是长期生活于钱塘江两岸的本地画家,如唐代戴嵩,五代兰溪人贯休,宋代的李嵩、夏圭、刘松年,明代的戴进、蓝瑛、牛端,等等;另外,还有很大一部分是外地的画家,如吴县(今江苏苏州)画家沈周、文徵明、唐寅、仇英、居节,长洲(今江苏苏州)画家谢时臣,太仓(今江苏太仓)画家张复、王原祁、王时敏、王鉴,华亭(今上海松江)画家莫是龙、宋懋晋、赵左、董其昌、沈宗敬,奉化王谔,江宁(今江苏南京)樊圻,江都(今属江苏扬州)袁江,乌程(今浙江湖州)金廷标,武进(今江苏常州)恽寿平、钱维城,休宁(今安徽休宁)查士标,昆山李为宪,常熟王翚,等等。甚至还有来自海外的画家。

(三)钱塘江绘画对海外的影响

钱塘江流域的绘画艺术,不仅影响了周围的南京、苏州、徽州等地,而且还给海外的日本、朝鲜等国的美术界带来了极其深远且巨大的影响。日本早稻田大学教授学者佐佐木刚三在《日本南宗画派与中国画谱》中多次提到明清钱塘江流域绘画艺术对日本南宗画派的影响。特别是陈洪绶别开生面的雕版插图创作不仅为中国古典版画艺术做出了巨大贡献,对晚明以后的线描、插图、连环画的创作与发展也产生了深远的影响。毛奇龄《陈老莲别传》中阐述了外国人对陈洪绶画作的喜欢:"朝鲜兀良哈、日本撒马儿罕乌思,藏购莲画,重其值。海内传模为生者数千家。甬东袁鹍,贫为洋舡典簿记,藏莲画两幅截竹中。将归,贻日本主,主大喜。重予宴,酬以囊珠,亦传模笔也。"②钱塘江流域的绘画尤对日本的影响为大,这可以从日本江户时代兴起的浮世绘中去探索。浮世绘领衔画家,如德川时代的葛饰北斋包括后来的安腾广重等,恰恰就是从号称"狂士怪杰"的陈洪绶的艺术中吸取了大量的技巧和精华,甚至一些画面都是直接从陈洪绶的木刻版画中模仿而来的。"陈洪绶对于日本浮世绘的影响是巨大的,日本浮世绘对于西方美术的影响是巨大的,这种东方人类的艺术接力在完善和丰

---

① 郑振铎:《天竺灵签》,古典文学出版社1958年影印出版。
② 〔明〕陈洪绶:《陈洪绶集》,吴敢点校,浙江古籍出版社2012年版,第663页。

富东方艺术的同时交融了东西方的艺术语言,进而又推动了东西方美术发展的步伐,对世界美术作出了不可磨灭的影响。"①

　　①　赵成民:《陈洪绶的艺术及对日本浮世绘的影响》,载《朵云》第 68 集《陈洪绶研究》,上海书画出版社 2008 年版,第 153 页。

第三章　钱塘江的弄潮与观潮风俗

钱塘江潮波涛汹涌，蔚为壮观，自古以来闻名天下。《武林旧事》描述道："浙江之潮，天下之伟观也，自既望以至十八日为最盛。方其远出海门，仅如银线，既而渐近，则玉城雪岭，际天而来，大声如雷霆，震撼激射，吞天沃日，势极雄豪。杨诚斋诗云'海涌银为郭，江横玉系腰'者是也。"[①]自古以来，不知多少文人墨客为之写下无数诗篇名句。

面对着这一天下奇观，每当 8 月 16 日至 18 日钱塘江大潮汛期，当地总有数以百计的"善泅者"，勇于挑战汹涌的潮流。他们"皆披发文身，手持十幅大彩旗，争先鼓勇，溯迎而上，出没于鲸波万仞中，腾身百变，而旗尾略不沾湿，以此夸能"[②]。

一、钱塘江观潮、弄潮风俗的起源

（一）钱塘江观潮风俗的起源

钱塘江的观潮和弄潮风俗，早在先秦时期就已经出现，史载当时的庄子就折服于钱江潮的壮观。庄子，名周，战国时期宋国（前 369—前 275）人。是战国中期著名的思想家，继老子之后最重要的道家学派代表人。他认为"道"是万物的本源，主张摈弃"人为"的拘束，顺从"天道"与天地相通，自由纯粹地翱翔于世。庄子著有名篇《逍遥游》《齐物论》等，收入《庄子》（又名《南华真经》）一书，对后世的思想学说有很深的影响。据文献记载，庄子曾到过钱塘江，在看到了

---

① 〔宋〕周密：《武林旧事》卷三《观潮》，浙江人民出版社 1984 年版，第 44 页。
② 〔宋〕周密：《武林旧事》卷三《观潮》，浙江人民出版社 1984 年版，第 44—45 页。

钱塘江潮后发出"浙江之水，涛山滚屋，雷击霆碎，有吞天沃日之势"的感叹，这也是历史上关于钱塘江潮的首次记载。庄子在《庄子·外物篇》中确实有提到过钱塘江"任公子得若鱼，离而腊之，自制河以东，苍梧以北，莫不厌若鱼者"。这里的"制河"就是"浙河"，也就是钱塘江。应该说这里并没有表达出庄子对于钱塘江潮的折服，"制河以东"只是被用来描述所得之鱼的尺寸之大。但是并不能排除其他资料上有过庄子叹潮的记载，清朝就有学者说："庄子所谓浙河之水有吞天沃日之势。"[①]再加上庄子也曾游历列国，在著作中也有大量关于海、河的记载，从这点上推断，庄子当时亲历钱塘江潮也是有可能的。

西汉时期，人们"相约观潮"，并为之记，认为这是人生最大的乐事之一。汉武帝时，大辞赋家枚乘撰写了一篇《七发》，为中国历史上著名的咏潮赋。这篇描写浙江大潮的咏潮赋，可以说是一篇空前绝后的天地奇文，可惜它本身不太容易理解，用白话文进行翻译，希望有助于大家理解钱塘江潮的伟大：

> 客说："在八月的中旬，同各地握有政治实权的首领和远方交游的朋友，到浙江的钱塘江观潮去。到那里，并没有看见潮的形状，只看看水的力量，已经使你赫然地惊恐了。看吧！那种水流的飞跃、跃起、奔放、结聚和洗荡，虽有心思精巧的雄辩家，也未能将它的缘由刻画出来。那样的惊狂战惧，那样的汇合疾流，那样的幽深、卓异、广大、空蒙、开展，它要弥漫南山，与黄海相望，和苍天相连，直冲到山崖海涘，周流观览一遍，然后将它的精神归到日的出所。它或是最迅速地乘着水流降下来而不知它的所止，或是许多浪头，纷纭曲折忽然一去而不复来。恒想着它必是向朱泥一带而远去了，真使人心中虚烦，感到疲怠，一刻也不能离开这想念，一直到天明，然后才把这颗心按持住。于是把胸中五脏以及手足发齿都洗涤得干干净净，把安闲和怠慢抛弃，把垢秽来荡泻，解决了猜疑，聪明了耳目。在这个时候，虽有沉重的疾病，驼子也会伸起来，跛子也会走起来，盲人也不瞎了，聋哑人也不聋了，一齐来看这潮，何况伤了酒这一点小小事体的人呢？所以说：观潮，能使你不明白的也明白，有疑惑的也不疑惑，这是不成问题的。"
>
> 太子说："好！那么，潮是一种什么神气呢？"
>
> 客说："那就记不清楚了。但是听见先生说，有似像非像的三种神气：

① 〔清〕吴任臣：《山海经广注》卷一三，中华书局 2020 年版。

一种像百里外可以听见的大雷,二种像江水的倒流和海水的上潮,三种像
山里日夜不止地吐出云气,平铺、直泻而忽地涌起。它开始来的时候,一片
翻腾的声浪像白鹭从天上飞翔下来,渐渐向前,就看见深广高白的姿势,像
白车、白马、白帐、白伞张开;波涛汹涌就像云气的浮乱,又像三军的武勇的
新装;从它旁边奔起来的,飘飘的像轻车的操练,驾着蛟龙,驱着河神,跨着
长虹,前后络绎不绝,那浪头激扬起来紧紧地追随猛烈地簸荡,像坚而重的
军营壁垒,像盛大的行军。怒吼着,沸腾着,一种不可挡的形势。看它两旁
的澎湃冲突,像勇壮的军士秉持大无畏的精神而怒吼,冲锋陷阵,急杀穷
追,攀岩越谷,碰着的死,当着的坏,当他初从'或围'的津涯出发,那山好像
在转动,那谷好像在分裂。水流到'青薆'而回翔,衔着枚悄悄地在'檀柏'
疾走,在伍子胥山插住了火纛,远行到'骨母'的广场。涨盖过'赤岸',扫荡
了'扶桑',横奔像雷的震动。像振奋的武勇,慷慨激昂,浩浩荡荡,那种形
状就像飞奔的马。轰轰轰轰像击霹雳一般的巨鼓。像在盛怒之下的一种
凝重而忽然的涌沸,一会儿清波相递的升上大浪,翻舞纵横激荡在'藉藉'
的口岸。鸟也来不及飞,鱼也来不及游,兽也来不及走。波涌云乱地纷纭
交错。洗荡了南山,反击着北岸,颠覆了丘陵,满溢到两边,锐利的精锋,将
一切陂池冲坏,像必胜的钢军唱凯旋而迈进、长征。潺潺的奔流,横暴到一
个不可思议的进度,鱼鳖失了势,颠倒着,欹侧着,匍匐着,连接着,随波来
颠弄。各种奇形怪状真是不能形容,使人前思后想而莫名其妙,非常伤心。
这真是天下的大观! 太子能勉强起来看看吗?"太子说:"我病了,不能
够啊!"①

　　六朝时,除了葛洪等对钱塘江潮有理性认知和探究,还有更多的文人也将
钱塘江潮写入诗赋之中,对这一著名的景观进行了多方面的描写。晋苏彦《于
西陵观涛》诗云:

洪涛奔逸势,骇浪驾丘山。

匋隐振宇宙,溯漓津云连。②

---

① 　易君左:《钱塘江的大潮》,《永安月刊》1946 年第 90 期。
② 　逯钦立辑校:《先秦汉魏晋南北朝诗》卷一四《晋诗》,中华书局 1983 年版,第 924 页。

此诗诗题表明,苏彦是在西陵观潮的,西陵即西兴镇,今属杭州市滨江区,位于钱塘江南岸。又,南朝萧梁任昉的《赋得观涛满》云:

> 云容杂浪起,楚水漫吴流。
>
> 渐朝看遥树没,稍见碧远天浮。
>
> 渔人迷旧浦,海鸟乌失前洲。
>
> 不测沧溟旷,轻鲜鳞幸自游。[①]

任昉是梁代的著名文人,他很可能是在渡过钱塘江的过程中,曾经看到过雄伟壮观的钱塘江潮,并与朋友们一起赋诗,可惜只有任昉的作品留存至今。

(二)钱塘江弄潮与龙舟竞渡风俗的起源

"弄潮"之风,据说最早是来自为在怒潮中迎迓因忠谏而死的伍子胥这一神话传说。由此,演变而出迎潮、观潮、弄潮民俗。东汉初成书、会稽(今浙江绍兴)人袁康、吴平撰的《越绝书》一书中曾载:"胥死之后,吴王闻,以为妖言,甚咎子胥。王使人捐于大江口。勇士执之,乃有遗响,发愤驰腾,气若奔马。威凌万物,归神大海。仿佛之间,音兆常在。后世称述,盖子胥水仙也。"[②]据此可知,弄潮风俗在战国时就已经出现了。

与此同时,龙舟竞渡的风俗也在钱塘江流域诞生了。《太平御览》卷九一九引《越地传》:"越人为竞渡,有轻薄少年,各尚其勇,为鹜没之戏。有至水底然后鱼跃而出。"这可以说有文献记载以来中国古代最早的游泳比赛,或者说是游泳技能竞赛。此外,划船比赛也在此地非常盛行,这在考古文物中得到了充分的证明。1976年在宁波市鄞县云龙镇甲村石凸山一座战国墓中,出土了一件羽人划船纹铜钺,该钺上方刻画有两条竖立的龙,双龙昂首相对,前肢弯曲,尾向内卷,下方以弧形边框线为舟,舟上坐四人成一排,四人都戴高高的羽毛头冠,双手持桨奋力划船,头冠上的羽毛迎风飘扬。杭州余杭江南水乡文化博物馆藏有另一件战国羽人划船纹青铜筒,腰形筒身的两侧也有羽人坐龙舟的图案,且后一龙舟的龙头昂起更高。

"弄潮"之风与龙舟的产生,当与钱塘江中下游地区的地理环境和越地盛行

---

① 〔宋〕李昉等编:《文苑英华》卷一六二,中华书局1966年版,第775页。

② 〔汉〕袁康、吴平辑录:《越绝书》卷一四《越绝外传春申君》,上海古籍出版社1985年版,第102页。

的龙蛇图腾崇拜有关。越国由于地处东南,越民有"大越海滨之民"的习性,如《越绝书·越绝外传记地传》载越王句践对孔子说:"水行而山处,以船为车,以楫为马,往若飘风,去则难从,锐兵任死,越之常性也。"越人习水善舟,划舟、驾舟是一种基本的生活技能。由此,吴越两国之间多为水战。且越人多爱纹身,多纹以龙蛇图案。《淮南子·原道训》:"于是民人被发文身,以像鳞虫。"高诱注云:"文身,刻画其体,内墨其中,为蛟龙之状。以入水,蛟龙不害也,故曰以像鳞虫也。"《说苑·奉使》:"彼越亦天子之封也:不得冀、兖之州,乃处海垂之际,屏外蕃以为居,而蛟龙又与我争焉,是以剪发文身,烂然成章,以像龙子者,将避水神也。"《汉书·地理志》:"粤地……其君禹后,帝少康之庶子云,封于会稽,文身断发,以避蛟龙之害。"颜师古注引应劭云:"常在水中,故断其发,文其身,以像龙子,故不见伤害也。"《酉阳杂俎》前集卷八:"越人习水,必镂身以避蛟龙之患。今南中绣面獠子,盖雕题之遗俗也。"这些文献都表明,钱塘江流域的划船竞渡风俗产生得很早,带有浓厚的宗教色彩,此后才逐渐发展为娱乐性的竞渡。

龙舟竞渡,学术界一般都将其与楚国屈原之死联系在一起。如《荆楚岁时记》:"五月五日竞渡,俗为屈原投汨罗日,伤其死所,故并命舟楫以拯之。舸舟取其轻利,谓之飞凫。一自以为水车,一自以为水马,州将及土人悉临水观之。"杜公瞻注引《越地传》云:"《越地传》云(竞渡)起于越王句践。"[①]又,《隋书·地理志下》载:五月望日,纪念屈原,"习以相传,为竞渡之戏"。但据近人闻一多先生考证,端午龙舟竞渡之俗发源于吴越地区,其产生的时间要早于屈原生活的时期。[②]

二、隋唐时期的观潮、弄潮与祭潮

(一)观潮

虽然钱塘江潮不断地威胁着杭州等城市的安全,但钱塘江潮作为自然景观,自唐朝以来,就成为天下名胜。李吉甫《元和郡县志》谓:"浙江在(钱塘)县南一十二里。《庄子》云浙河,即谓浙江,盖取其曲折为名。……江涛每日昼夜再上,常以月十日、二十五日最小,月三日、十八日极大。小则水渐涨不过数尺,大则涛涌至数丈。"[③]杜光庭说:"钱塘江潮头……自是自海门山潮头汹涌高数百

① 此为《越绝书》佚文,参见李步嘉:《越绝书校释》,中华书局 2013 年版,第 427 页。
② 闻一多:《神话与诗》,上海人民出版社 2006 年版,第 180—195 页。
③ 〔唐〕李吉甫:《元和郡县图志》卷二五《江南道一·杭州钱塘县》,中华书局 1983 年版,第 603 页。

尺,越钱唐,过渔浦,方渐低小,朝暮再来。其声震怒,雷奔电激,闻百余里。"①当时八月观潮(即观"秋潮")的风俗非常盛行,故此唐代的《元和郡县志》释"浙江"时就有萧山在每年八月十八日,"少长男女携酒肴作观潮会"的记载。②

　　唐代诗人有很多描写钱塘江潮的诗歌,其中最著名的如李白的诗句"涛头一线来""涛白云山来",写出了潮来时的奇观。唐代诗人白居易常在邻近江滨的官署中观潮,其《咏潮》诗:"早潮才落晚潮来,一月周流六十回。不独光阴朝复暮,杭州老去被潮催。"③即使离开杭州已有多年,退休在洛阳的白居易还在《忆江南》词中吟出了"山寺月中寻桂子,郡亭枕上看潮头"之句。过去在灵隐寺月下赏桂与在刺史衙门虚白亭里观钱塘江潮,令白居易心向往之,久久不忘,甚至还产生了"何日更重游"的期望。孟浩然《与颜钱塘登樟楼望潮作》:"百里闻雷震,鸣弦暂辍弹。府中连骑出,江上待潮观。照日秋云迥,浮天渤澥宽。惊涛来似雪,一坐凛生寒。"④诗中写出杭州城中官员是骑着马匹前来观潮,看到惊天动地的大浪。又,姚合在凤凰山麓的官署中也写了《杭州观潮》诗:"楼有樟亭号,涛来自古今。势连沧海阔,色比白云深。怒雪驱寒气,狂雷散大音。浪高风更起,波急石难沉。鸟惧多遥过,龙惊不敢吟。拗如开玉穴,危似走琼岑。但褫千人魄,那知伍相心。岸摧连古道,洲涨踏丛林。跳沫山皆湿,当江日半阴。天然与禹凿,此理遣谁寻。"⑤朱庆馀《观涛》:"木落霜飞天地清,空江百里见潮生。鲜机出海鱼龙气,晴雪喷山雷鼓声。"⑥

　　位于候潮门外江岸、始建于唐代的浙江亭,时名"樟亭",也是观潮的好去处,人们往往到此送客上船或观看江潮。白居易《樟亭驿见杨旧》诗:"往恨今愁应不殊,题诗梁下又踟蹰。羡君独梦见兄弟,我到天明睡亦无。"又《宿樟亭驿》诗:"半夜樟亭驿,愁人起望乡。月明何处见?潮水白茫茫。"⑦孟浩然《与颜钱塘登樟楼望潮作》(一作《与钱唐令登樟亭驿》)诗:"百里鸣雷震,鸣弦暂辍弹。府中

　　① 〔唐〕杜光庭:《录异记》卷七《异水》,载《唐五代笔记小说大观》,上海古籍出版社 2000 年版,第 1543 页。
　　② 〔唐〕李吉甫:《元和郡县图志》卷二五《江南道一·杭州钱塘县》,中华书局 1983 年版,第 603 页。
　　③ 〔唐〕白居易:《白居易集》卷二三,上海古籍出版社 1999 年版,第 346 页。
　　④ 〔清〕彭定求等编:《全唐诗》卷一六〇,中华书局 1999 年版,第 1645 页。
　　⑤ 〔清〕彭定求等编:《全唐诗》卷四九九,中华书局 1999 年版,第 5677 页。
　　⑥ 〔清〕彭定求等编:《全唐诗》卷五一五,中华书局 1999 年版,第 5894 页。
　　⑦ 谢思炜:《白居易诗集校注》卷一三,中华书局 2006 年版,第 1060 页。

连骑出,江上待潮观。照日秋空迥,浮天渤澥宽。惊涛来似雪,一坐凛生寒。"①此诗起首两句非常生动地描绘出游客万人攒动、争睹奇观的热闹场面,为下面的涨潮营造了气氛。不一会,潮水汹涌而至,好像浩瀚的大海顷刻之间齐集江头,汇聚成喷薄而出的怒涛;奔涌的潮水发出雷鸣般的巨响,震耳欲聋,就像是万面战鼓一齐擂动。作者在这里运用了比喻、夸张等手法,从视觉、听觉的角度,把排山倒海、声容俱壮的钱塘江潮渲染得淋漓尽致。又,朱庆馀《观涛》:"木落霜飞天地清,空江百里见潮生。鲜机出海鱼龙气,晴雪喷山雷鼓声。"②

（二）弄潮

隋代开皇十四年(594),隋文帝下诏在会稽县界近海立东海神庙,"并取近侧巫一人,主知洒扫",祭祀东海之神,应该是曹盱"婆娑迎神"的延续,也应该是"弄潮"的延续。

到了唐代,东海神庙设到了莱州(今山东莱州),③越州从此失去了祭祀东海神灵的地位,曹娥江"弄潮"也逐渐消失。但在当时的杭州,已经形成了弄潮的风俗。如唐代卢元辅作于元和十年(815)的《胥山铭序》中说伍子胥遭"属镂之赐""投于水滨",而"愤悱鼓怒,配涛作神",掀起钱塘江潮以后,"于是,仲秋阙望,杭人以旗鼓迓之,箫笳和之,百城聚睹"④。李吉甫《元和郡县志》也谓:"每年八月十八日,数百里士女,共观舟人渔子溯涛触浪,谓之弄潮。"⑤

相传每年的农历八月十八日为"潮诞",当日钱塘江潮最为壮观,当地渔民往往借此机会大显身手,在大潮来时泅水弄潮。能掀起数米巨浪的钱塘大潮本身已震撼人心,再加渔民的弄潮活动,使得观潮活动更让人惊心动魄。晚唐陈陶在《钱塘对酒曲》中曾生动地描写了当地的弄潮风俗:"风天雁悲西陵愁,使君红旗弄涛头。东海神鱼骑未得,江天大笑闲悠悠。"⑥由诗中"使君"可知,中晚唐时期,钱塘弄潮活动已有官府介入,并成为钱塘江流域秋季的一项盛事。白居易《重题别东楼》诗曰:

① 〔清〕彭定求等编:《全唐诗》卷一六〇,中华书局 1999 年版,第 1648 页。
② 〔清〕彭定求等编:《全唐诗》卷五一五,中华书局 1999 年版,第 5894 页。
③ 《旧唐书》卷二四《礼仪四》,中华书局 1975 年版,第 3 册,第 910 页。
④ 〔唐〕卢元辅:《胥山铭序》,载《全唐文》卷六九五,上海古籍出版社 1990 年版,第 3 册,第 3162 页。
⑤ 〔唐〕李吉甫:《元和郡县图志》卷二五《江南道一·杭州钱塘县》,中华书局 1983 年版,第 603 页。
⑥ 〔清〕彭定求等编:《全唐诗》卷七四五,中华书局 1999 年版,第 8561 页。

东楼胜事我偏知，气象多随昏旦移。

湖卷衣裳白重叠，山张屏障绿参差。

海仙楼塔晴方出，江女笙箫夜始吹。

春雨星攒寻蟹火，秋风霞飐弄涛旗。

宴宜云髻新梳后，曲爱霓裳未拍时。

太守三年嘲不尽，郡斋空作百篇诗。

并诗注中说：“余杭风俗：每寒食雨后夜凉，家家持烛寻蟹，动盈万人。每岁八月，迎涛弄水者，悉举旗帜焉。”①而李益《江南曲》中也有“早知潮有信，嫁与弄潮儿”②的诗句。唐代卢元辅《胥山铭序》中把“弄潮儿”比作吕梁丈夫，说：“迎潮民格之如吕梁丈人。”③

（三）祭潮

隋唐时期，钱塘江流域有祭潮的风俗，祈求潮神庇佑。潮神以伍子胥最为著名。如前所述，杭州吴山上的胥山庙创建于战国时期，奉祭伍子胥。特别是在潮神伍子胥的正面形象形成后，官府对潮神伍子胥信仰持支持态度。在唐代，江南地区曾三次大规模禁毁淫祠，但均未涉伍子胥祠庙。如唐中宗时（705—710 年在位），狄仁杰奏请拆毁吴楚地区所有滥修的祠庙（亦即“淫祠”），数量多达 1700 余所，惟夏禹、吴泰伯、季札、伍子胥等四祠在保护之列④，足见伍子胥祠的意义非同一般。不过，士人推崇潮神伍子胥是因其具备先贤形象，并非因其司潮神能。景福二年（893），还追封伍子胥为广惠侯。在这一时期，杭州每年都要举行盛大的祭祀活动，迎接潮神伍子胥。唐代许多官员都曾为了潮患或是其他与水相关的灾难而到伍公庙去祭祀。唐元和年间（806—820）出任杭州刺史的卢元辅作《胥山祠铭（并序）》，对伍子胥大加褒扬：

元和十年冬十月，朝散大夫、使持节杭州诸军事、杭州刺史、上柱国卢元辅，视事三岁，尘天子书，上畏群灵，下惭蒸人，乃启忠祠，叙而铭曰：“维

---

① 〔唐〕白居易：《白居易集》卷二三，上海古籍出版社 1999 年版，第 348 页。

② 〔清〕彭定求等编：《全唐诗》卷一九，中华书局 1999 年版，第 204 页。

③ 〔唐〕卢元辅：《胥山铭序》，载《全唐文》卷六九五，上海古籍出版社 1990 年版，第 3 册，第 3162 页。

④ 《旧唐书》卷八九《狄仁杰传》云：“吴楚之俗多淫祠，仁杰奏毁一千七百所，唯留夏禹、吴太伯、季札、伍员四祠。”中华书局 1975 年版，第 288 页。

唐敷视，典于天下，废淫置明，资父事君，罔有不举。寝庙既设，我命厥新，有周行人伍公字子胥，陪吴之职，得死直言，国人求忠者之尸，祷水星之舍，将瞰鸱革，遂临浙江。千五百年，庙貌不改。"汉史迁曰："胥山，今日青山者。"谬也。吁！善父为《孝记》，曰："父仇不与共戴天。"谏君为忠，经曰："诸侯有诤臣，不失国。"当阨有宋郑，绝楚出疆，在平为未宦臣，在奢为既壮子，坎仗节，乞师于吴，军鼓丁宁，五战至郢，鞭墓走昭，非逆施也。夫差既王，宰嚭受赂，二十年内，越祀又颠，泰伯庙血将干，阖闾剑光先失。公朝焉宴焉，入则谏焉。孰谓矢毒，孰谓刀寒。虽言屡出口，而车甲已困于齐矣，蟹稻已夺于岁矣。属镂之赐，竟及其身，鸱夷盛尸，投于水滨，愤悱鼓怒，配涛作神，迄今一日再至。来也，海鸥群飞，阳侯夹从，声远而近，声近而远，奋于吴，怫于越，夕于楚乃退。于是仲秋阙望，杭人以旗鼓逆之，笳箫和之，百城聚观，大耀威灵，卷沙墨裂地灰，截若岸圻城坑，迎潮氏格之如吕梁丈人，为灵戈威矛，激浪百重，堵塞不先，跳樯揭舻。再饭之间，绝其音声，荡潒千里，洪波砥平，有滑有膸，有盐有腥，遥实乎下庭，山海梯航，鸡林扶桑，交臂于莤阶。金狄在户，雷鼓在堂，魏樽汉豆，六代笙簧，可谓奉天爵之馨香，获神人之盛礼。佐皇震怒，驱叱大邪，万里永清，人观斗气。铭曰："武王钺纣，子胥鞭平。为人为父，十死一生。矫矫伍员，执弓挟矢，仗其宝剑，以谒吴子。稽首楚罪，皆中纠理，蒸报子妻，歼直士。赫赫王同，实听奇谟，锡之金鼓，以号以诛。黄旗大举，右广皆朱。戳墓非赭，瞻昭乃乌。后王嗣立，执书不泣。颠越言润，宰嚭谗辑。步光欲飞，姑苏待执。吾则切谏，抉眼不入。投于河上，自统波涛。昼夜两至，怀沙类骚。洗涤南北，簸荡东西。蛮夷卉服，罔敢不来。虽非命祀，不让渎济。帝帝王王，代代明明，表我忠哉。"①

白居易在杭州做地方官时，曾祭祀过江神。长庆二年（822）七月十六日，因"去秋愆阳，今夏少雨，实忧灾沴，重困杭人"，而"昨祷伍相神、祈城隍祠"，但"灵虽有应，雨未霈足"，于是日又"以酒乳、香果昭告于皋亭庙神"。② 次月二日，因久旱而再次"率寮吏，荐香火，拜告于北方黑龙"，冀望"三日之内，一雨滂沱"。③

① 〔清〕董诰等编：《全唐文》卷六九五，上海古籍出版社 1990 年版，第 3 册，第 3162—3163 页。
② 〔唐〕白居易：《祝皋亭神文》，载《全唐文》卷六八〇，上海古籍出版社 1990 年版，第 3 册，第 3082 页。
③ 〔唐〕白居易：《祭龙文》，载《全唐文》卷六八〇，上海古籍出版社 1990 年版，第 3 册，第 3082 页。

长庆三年(823)八月,白居易有《祭龙文》:"昨者历祷四方,寂然无应。今故虔诚洁意,改命于黑龙。龙无水,欲何依? 神无灵,将恐歇。泽能救物,我实有望于龙。物不自神,龙岂无求于我? 若三日之内,一雨滂沱,是龙之灵,亦人之幸。礼无不报,神其听之,急急如律令。"①长庆四年(824)五月四日,白居易又因浙江"潮涛失常,奔激西北……浸淫郊鄘,坏败庐舍,人坠垫溺",而"谨以清酌少牢之奠,敢昭告于浙江神",祈求平复潮灾,"备物致诚,躬自虔祷。庶俾水反归壑,谷迁为陵,土不骞崩,人无荡析"。② 然而潮神"神力未及施也"。

(二)龙舟竞渡

龙舟竞渡在钱塘江流域非常盛行。崔涓任杭州刺史,其俗"端午竞渡,于钱塘弄潮。先数日,于湖滨排列舟舸,结彩为亭槛,东西衮皆高数丈"。崔涓前往巡视,"其夕北风,漂泊南岸。崔涓至湖上,大将惧乏事,涓问:'竞舟凡有几?'令齐往南岸,每一彩舫系以三五小舟,号令齐力鼓棹而引之,倏忽皆至"③。但当时的龙舟竞渡"连延数十日,作业不复忧。君侯馔良吉,会客陈膳馐。画鹢四来合,大竞长江流。建标明取舍,胜负死生求,一时欢呼罢,三月农事休"。即龙舟竞渡延续的时间很长,贻误农时,当地百姓对胜负输赢十分看重,有时竟出现"疮眉血首争不定"的情况。有鉴于此,一些地方官曾设法予以禁止,但不久即由于当地百姓的请求,又重开竞渡。如诗人元稹在浙东观察使任内,从他的诗文中可以看出他对竞渡的弊端多有了解,并且对岳阳刺史禁止竞渡的做法表示理解。但他对龙舟竞渡还是抱以开放态度,在镜湖(在今浙江绍兴)上建东武亭,"亭至宏敞,春秋为竞渡大设会之所"④。李绅后至浙东任观察使,"增以板槛,延入湖中,足加步廊,以列环卫"⑤。

三、北宋时期的观潮、弄潮与祭潮

北宋时随着杭州经济的发展与繁荣,市民也有了更多的闲暇时间,可以比较从容地从事观潮等活动。当时,潘阆、范仲淹、蔡襄、苏轼、郑獬等都写过不少

---

① 〔清〕董诰等编:《全唐文》卷六八〇,上海古籍出版社1990年版,第3册,第3082页。
② 〔唐〕白居易:《白居易全集》卷四〇《祭浙江文》,上海古籍出版社1999年版,第611页。
③ 〔宋〕王谠著,周勋初校证:《唐语林校证》卷三,中华书局1987年版,第315页。
④ 〔清〕彭定求等编:《全唐诗》卷三九八《竞渡》,中华书局1999年版,第4463—4464页。
⑤ 〔清〕彭定求等编:《全唐诗》卷四八一《东武亭》,中华书局1999年版,第5477页。

观潮的诗词名作。① 其时,这种弄潮之风更是盛行。数百名擅长游泳的人,文身披发,或手拿大彩旗,或手持清凉伞,争先恐后,溯迎而上,出没于鲸波万仞中,腾身百变,表演惊险节目,以此夸能。而豪民贵族,争赏银彩。②

对于吴儿善泅者这种惊险刺激的表演,当时文人多有描述,如北宋词人潘阆《酒泉子》词第十写道:

> 长忆观潮,满郭人争江上望。来疑沧海尽成空。万面鼓声中。弄潮儿向涛头立。手把红旗旗不湿。别来几向梦中看。梦觉尚心寒。③

传神地描绘了弄潮儿的惊险表演和看潮人的紧张心情。又,苏轼《八月十五日看潮五绝》:

> 定知玉兔十分圆,已作霜风九日寒。
> 寄语重门休上钥,夜潮留向月中看。
>
> 万人鼓噪骇吴侬,犹似浮江老阿童。
> 欲识潮头高几许,越山浑在浪花中。
>
> 江边身世两悠悠,人与沧波共白头。
> 造物亦知人易老,故教江水更西流!
>
> 吴儿生长狎涛澜,冒利轻生不自怜。
> 东海若知明主意,应教斥卤变桑田。
>
> 江神河伯两醯鸡,海若东来气吐霓。
> 安得夫差水犀手,三千强弩射潮低。④

这些诗词传神地描绘了海潮的壮观和弄潮儿的惊险表演及看潮人的紧张

---

① 〔宋〕陈仁玉等纂:《淳祐临安志》卷一〇《山川·江》所载《观潮诸诗》,载《南宋临安两志》,浙江人民出版社 1983 年版,第 180—181 页。

② 〔宋〕周密:《武林旧事》卷三《观潮》,浙江人民出版社 1983 年版,第 45 页。

③ 〔宋〕潘阆:《酒泉子》第十首,载唐圭璋编《全宋词》,中华书局 1965 年版,第 1 册,第 6 页。

④ 〔宋〕苏轼:《苏轼诗集》卷一〇《八月十五日看潮五绝》其四,〔清〕王文浩辑注:《苏轼诗集》,中华书局 1982 年版,第 484—486 页。

心情,堪谓观潮纪实之绝唱。

但钱塘江潮十分凶险,每年总有不少人因弄潮被潮水淹死。有鉴于此,弄潮活动于北宋时曾一度受到官方的禁戒。如英宗治平二年(1065),蔡襄知杭州时见因弄潮而往往有沉没的事故,就颁布《杭州戒弄潮文》,文曰:

> 斗牛之分,吴越之中,唯江涛之最雄,乘秋风而益怒。乃其俗习,于以观游。厥有善泅之徒,竞作弄潮之戏。以父母所生之遗体,投鱼龙不测之深渊,自为矜夸。时或沉溺,魂魄永沦于泉下,妻孥望哭于水滨。生也有涯,盍终于天命;死而不吊,重弃于人伦。推予不忍之心,伸尔无穷之戒。所有今年观潮,并依常例。其军人百姓辄敢弄潮,必行科罚。[1]

四、南宋钱塘江的观潮和弄潮

(一)南宋观潮风气的盛行

南宋时,都城临安不仅是全国的政治中心、经济中心和最大的商业城市,而且是全国人口最为密集的地方。其时,中秋观潮之风盛行。吴自牧《梦粱录》卷四《观潮》说:"临安风俗,四时奢侈,赏玩殆无虚日。西有湖光可爱,东有江潮堪观,皆绝景也。"《梦粱录》卷五《观潮》载:

> 临安风俗,四时奢侈,赏玩殆无虚日。西有湖光可爱,东有江潮堪观,皆绝景也。每岁八月内,潮怒胜于常时,都人自十一日起,便有观者,至十六、十八日倾城而出,车马纷纷,十八日最为繁盛,二十日则稍稀矣。

据此可知,当时观潮节的时间起自八月十一日,至八月二十日结束,约十天左右。其中以八月十六日、十八日两天最为繁盛,特别是在八月十八日这天,"因帅座出郊,教习节制水军",故此倾城往看,"非谓江潮特大于十八日也"。"自庙子头直至六和塔,家家楼屋,尽为贵戚内侍等雇赁作看位观潮"。[2] 钱塘江两岸十余里,士女云集,到处是观潮的人群,游人想找一块空地坐下来休息一下也不

---

① 〔宋〕蔡襄:《蔡忠惠公(襄)文集》卷三四《杭州戒弄潮文》,载《蔡襄集》,上海古籍出版社 1996 年版,第 620 页。

② 〔宋〕吴自牧:《梦粱录》卷四《观潮》,三秦出版社 2004 年版,第 29 页。

容易,真可谓车水马龙,拥挤不堪。"自庙子头直至六和塔,家家楼屋,尽为贵戚、内侍等雇赁作看位观潮。"徐集孙《观秋潮》诗赞曰:

> 八月西风嘘沆瀣,长江协候肆澎湃。
>
> 钱塘王气天所钟,非为子胥逞灵怪。
>
> 海门三山缥纱青,双练夹岸奔雷霆。
>
> 蛟龙鼋鼍匿形影,银涛雪浪翻沧溟。
>
> 踏浪群儿惯行险,出没波心旗闪闪。
>
> 须臾激滟潮信平,荡漾渔舟千万点。
>
> 天低暮霭袭人衣,游子兴尽各云归。
>
> 独有骚翁看不足,吟到夜月扬清辉。[1]

雄伟壮观的钱塘江潮和弄潮、观潮活动还成为南宋画家的重要题材。如著名画家李唐、李嵩分别绘有《秋江潮汐图》和《钱唐观潮图》,特别是李唐的《秋江潮汐图》,于"图之右角画松风楼阁观潮之意,左边皆烟水,浪潮如山奔,舟楫浮沉出没,使观者神震骇"[2]。

需要说明的是,在这庞大的观潮队伍中,皇帝参与观潮最为引人注目。《武林旧事》卷七《乾淳奉亲》就非常详细地记载了孝宗陪太上皇高宗观潮的过程:

> 淳熙十年(1183)八月十八日,上诣德寿宫,恭请两殿往浙江亭观潮。进早膳讫,御辇檐儿及内人车马,并出候潮门,先命修内司于浙江亭两旁抓缚席屋五十间,至是并用彩缬幕帘。得旨从驾百官,各赐酒食,并免侍班,从便观看。先是澉浦金山都统司水军五千人抵江下,至是又命殿司新刺防江水军临安府水军并行阅试军船,摆布西兴、龙山两岸,近千只。管军官于江面分布五阵,乘骑弄旗,标枪舞刀,如履平地,点放五色烟炮满江,及烟收炮息,则诸船尽藏,不见一只。奉圣旨自管军官已下,并行支一次。自龙山已下,贵邸豪民,彩幕凡二十余里,车马骈阗,几无行路。西兴一带,亦皆抓缚幕次,彩绣照江,有如铺锦。市井弄水人,有如僧儿、留住等凡百余人,皆

---

① 〔宋〕陈起编:《江湖小集》卷一六,文渊阁《四库全书》本。

② 〔清〕吴其贞:《书画记》,转引自〔清〕厉鹗:《南宋院画录》卷二《李唐》,浙江人民美术出版社 2016年版,第 12 页。

手持十幅彩旗,踏浪争雄,直至海门迎潮。又有踏混木、水傀儡、水百戏、撮弄等,各呈伎艺,并有支赐。太上喜见颜色,曰:"钱塘形胜,东南所无。"上起奏曰:"钱塘江潮,亦天下所无有也。"太上宣谕侍宴官,令各赋《醉江月》一曲,至晚进呈,太上以吴琚为第一,其词云:"玉虹遥挂,望青山隐隐,一眉如抹。忽觉天风吹海立,好似春霆初发,白马凌空,琼鳌驾水,日夜朝天阙。飞龙舞凤,郁葱环拱吴越。此景天下应无,东南形胜,伟观真奇绝。好似吴儿飞彩帜,蹴起一江秋雪。黄屋天临,水犀云拥,看击中流楫,晚来波静,海门飞上明月。"两宫并有宣赐。至月上还内。

此外,金使来临安,朝廷也请他们观潮,不过观潮时间随金使在临安的日子而定。如绍兴三十二年(1162)三月二十五日尚书省札子,馆伴使徐、副使孟思恭奏:"今来馆伴金国报(金)[登]宝位使人高忠建等,有更改到事一十三件。"高宗诏下有司,令今后馆伴参照施行。内观潮、天竺烧香,依正旦体例施行。[①]《武林旧事》卷八《人使到阙》更是对此有详述:

> 北使到阙,先遣伴使赐御筵于赤岸之班荆馆中,使传宣抚问,赐龙茶一斤,银合三十两。次日,至北郭税亭茶酒上马,入余杭门,至都亭驿中,使传宣赐龙茶银合如前,又赐被褥银、沙锣等。明日,临安府书送酒食,门官说朝见仪,投朝见榜子。又明日,入见于紫宸殿,见毕,赴客省茶酒,遂赐宴于垂拱殿。酒五行,从官已上与坐,是日赐茶酒名果,又赐使副衣各七事,幞头牙笏二十两,金带一条,并金鱼袋靴一双,马一匹,鞍辔一副,共折银五十两,银沙锣五十两,色绫绢一百五十匹,余并赐衣带银帛有差。明日,赐牲饩,折博生罗十匹、绫十匹、绢布各二匹。朝见之二日,与伴使偕往天竺寺烧香,赐沉香三十两,并斋筵、乳糖、酒果。次至冷泉亭呼猿洞游赏。次日又赐内中酒果、风药、花饧。赴守岁,夜筵用傀儡。元正朝贺礼毕,遣大臣就驿赐御筵,中使传宣劝酒九行。三日,客省签赐酒食,禁中赐酒果,遂赴浙江亭观潮,酒七行。

关于南宋观潮的最佳地点,从文献记载来看,主要有以下几处:

---

① 〔清〕徐松辑:《宋会要辑稿·职官》二四之五七、二四之五八,上海古籍出版社 2014 年版。

1. 清暑堂

清暑堂，北宋治平三年(1066)郡守蔡襄所建，在州治左边，蔡襄撰有堂记。他在记中叙述了建造此堂的原因："京师东南千里入吴越，杭于吴为一大都会，其地倾于属海，又多陂池，以故善湿。方春夏时，梅雨蒸郁，础甓皆汗，披纤衣，覆大厦，犹鼻息奄奄不得旷快，非有高明之居，曷以御之，于是清暑之堂作焉。"①盛夏坐此堂中，凉风习习，观看钱塘江潮，妙不可言。此堂后被毁，南宋时曾重建。曹勋有诗曰：

> 清暑堂深日景迟，床头书策梦回时。
> 小栏闲倚熏风晚，一点红榴绿万枝。②

2. 浙江亭

到北宋时，浙江亭附近已经形成了工商业繁荣的市镇——浙江市，浑水闸一带为鱼鲞集市，候潮门外的南猪行亦在渡口附近。设在这里的浙江税务，征收过往商税。熙宁五年(1072)四月，日本高僧成寻到杭州，浙江亭和浙江渡、浙江市给其留下了深刻的印象："津屋皆瓦葺，楼门相交。海面子叠石高一丈许，长十余町许，及江口，河左右同前，大桥亘河，如日本宇治桥，买卖大小船，不知其数。"接着又回船，"入河十町许，桥下留船，河左右家皆瓦葺，无隙，并造庄严。大船不可数尽"。③ 南宋时，"官舟、估客，自闽粤江右来者道衢州，自新安来者道严州，江干上下帆樯蚁附，廛肆栉比"④。时人李鼐《浙江晚渡》诗述道："绣毂香车入凤城，春风犹放半江晴。潮声归海鸟初下，一片伤心画不成。"⑤

正因为浙江亭的位置较佳，因此也成为当时观潮的最佳地点之一。如《西湖老人繁胜录》载："中秋日，使府教水军并战船打阵子于江内，安抚在浙江亭上观潮，弄潮人各有钱酒设，江岸幕次相连，轿马无顿处。钱塘知县并城南都厢弹压幕次，官员亦有钱酒。"又，《武林旧事》卷七乾淳奉亲载："淳熙十年八月十八日，上诣德寿宫，恭请两殿往浙江亭观潮。"《武林旧事》卷十张约斋赏心乐事并

---

① 〔宋〕陈仁玉等纂：《淳祐临安志》卷五《城府一·旧治古迹》，文渊阁《四库全书》本。
② 〔宋〕曹勋：《松隐集》卷二《杂诗》，文渊阁《四库全书》本。
③ 〔日〕成寻：《参天台五台山记》卷一，王丽萍校点，上海古籍出版社 2009 年版，第 20—21 页。
④ 〔清〕龚嘉俊修：《杭州府志》卷六《市镇》，《中国方志丛书》本，成文出版社有限公司，据民国十一年排印本，第 316 页。
⑤ 陈起编：《江湖小集》卷二二，文渊阁《四库全书》本。

序云："八月仲秋，浙江亭观潮。"

3. 南宋临安皇宫天开图画

《武林旧事》卷三观潮载，是日，宫中按惯例观潮于天开图画，从高台上往下看潮及演出，如在指掌之中，十分清晰。都城百姓遥瞻皇帝坐于黄伞雉扇之下，好像其在九霄之上，真若萧台蓬岛也。

此外，七宝山绝顶之大观台、玉皇山顶峰等处也是观潮的好地方。七宝山绝顶之大观台，原有坎卦坛，为城中观潮最佳处，前江后湖，尽入眼底。金主完颜亮诗中"立马吴山第一峰"即指此处。从玉皇山顶峰俯瞰，钱塘江和西湖尽在眼底，钱塘江两岸的浪花冲击着沙洲和岩石，而江上的白帆悠闲地来回自如，就像一群白色的大鸥。由于优越的地理位置，因此阴历八月十八日那天也有很多人来玉皇山观潮。

需要指出的是，由于钱塘江潮凶险，因此每年总有人在观潮中殒命。《夷坚志》一书就记载有这方面的故事：

> 钱塘江潮，八月十八日最大，天下伟观也。临安民俗，太半出观。绍兴十年秋，前二夕，江上居民或闻空中语曰："今年当死于桥者数百，皆凶淫不孝之人。其间有名而未至者，当分遣促之。不预此籍，则斥去。"又闻应者甚众，民怪骇不敢言。次夜，跨浦桥畔人梦有来戒者云："来日勿登桥，桥且折。"旦而告其邻数家，所梦皆略同，相与危惧。比潮将至，桥上人已满，得梦者从旁伺之，遇亲识立于上者，密劝之使下。咸以为妖妄，不听。须臾潮至，奔汹异常，惊涛激岸，桥震坏入水，凡压溺而死数百人。既而死者家来，号泣收殓。道路指言："其人尽平日不逞辈也。"乃知神明罚恶，假手致诛，非偶然尔。[①]

又，元无名氏《湖海新闻夷坚续志》后集卷二《佛教门·江神送妪》载：

> 杭州一老妪，年六十余，尝诵《金刚经》，诵毕佩带于身。咸淳己巳中秋，到江头观潮，值潮头最高，澎湃冲激，吸没百余人，妪亦与焉。已而潮回，乃独送此妪于江之滨，俨然存活。人问之，则曰："见潮神阅簿，言我曾

---

① 〔宋〕洪迈：《夷坚志》丁志卷九《钱塘潮》，中华书局 2006 年版，第 614 页。

诵《金刚经》，有功，送回阳世。"视之衣襟皆湿，惟所佩之经独干。

这两个故事描述的神明罚恶保善，虽荒诞，但有的百姓因观大潮而死却是当时的真实现象。

（二）南宋弄潮风气的盛行

在这一时期，传统的弄潮之风仍然盛行不衰。如《西湖老人繁胜录》云："钱塘江，城内外市户造旗，与水手迎潮，白旗最多，或红或用杂色，约有五七十面，大者五六幅，小者一两幅，亦有挂红者，其间亦有小儿在潮内弄水。"《梦粱录》卷四《观潮》载："其杭人有一等无赖不惜性命之徒，以大彩旗，或小清凉伞、红绿小伞儿，各系绣色缎子满竿，伺潮出海门，百十为群，执旗泅水上，以迓子胥弄潮之戏，或有手脚执五小旗浮潮头而戏弄。"《武林旧事》卷三《观潮》载："吴儿善泅者数百，皆披发文身，手持十幅大彩旗，争先鼓勇，溯迎而上，出没于鲸波万仞中，腾身百变，而旗尾略不沾湿，以此夸能。而豪民贵宦，争赏银彩。"吴儆《钱塘观潮记》中的描述更详细，文曰：

> 钱塘江潮，视天下为独大。然至八月既望，观者特盛。弄潮之人，率常先一月，立帜通衢，书其名氏以自表。市井之人相与裒金帛张饮，其至观潮日会江上，视登潮之高下者，次第给与之。潮至海门，与山争势，其声震地。弄潮之人，解衣露体，各执其物，搴旗张盖，吹笛鸣钲，若无所挟持，徒手而附者，以次成列。潮益近，声益震，前驱如山，绝江而上，观者震掉不自禁。弄潮之人，方且贾勇争进。有一跃而登，出乎众人之上者；有随波逐流，与之上下者。潮退策勋。一跃而登，出乎众人之上者，率常醉饱自得，且厚持金帛以归，志气扬扬，市井之人甚宠善之；其随波上下者，亦以次受金帛饮食之赏。有土人者，雅善士，一日移于习俗之所宠，心顾乐之，然畏其徒议己。且一跃而上方，随波上下者有时，而沉溺也隐其身于众人之后。一能出其首于平波之间，则急引而退，亦预金帛饮食之赏，而终无溺沉不测之患，其乡人号为最善弄潮者。

有人作《弄潮诗》赞曰：

弄罢江潮晚入城,红旗飐飐白旗轻。

不因会吃翻头浪,争得天街鼓乐迎?①

又,王琮《观潮》诗:

旗彩斜飞一命轻,舟人却立万舟迎。

不应当日将军事,犹到如今气未平。②

正因为弄潮风气盛行,故此产生了哑八、谢棒杀、画牛儿、僧儿等数位"弄水"高手。③

(三)南宋钱塘江上的水军演习和龙舟竞渡

1. 水军演习

与此同时,这一天钱塘江上还往往举行盛大的水军演习,京尹出浙江亭巡阅水军,数百艘军舰分列在江之两岸,随着潮水的变化,"尽奔腾分合五阵之势,并有乘骑弄旗标枪舞刀于水面者,如履平地。倏尔黄烟四起,人物略不相睹,水爆轰震,声如崩山。烟消波静,则一舸无迹,仅有故船为火所焚,随波而逝"④。《梦粱录》描述道:

帅府节制水军,教阅水阵,统制部押于潮未来时,下水打阵展旗,百端呈拽,又于水中动喜吹,前面导引,后抬将官于水面,舟楫分布左右,旗帜满船,上等舞枪飞箭,分列交战,试炮放烟,捷追敌舟,火箭群下,烧毁成功,鸣锣放教,赐犒等差。盖因车驾幸禁中观潮,殿庭下视江中,但见军仪于江中整肃部伍,望阙奏喏,声如雷震。余扣及内侍,方晓其尊君之礼也。其日帅司备牲礼、草履、沙木板,于潮来之际,俱祭于江中。士庶多以经文,投于江内。是时正当金风荐爽,丹桂飘香,尚复身安体健,如之何不对景行乐乎?⑤

---

① 〔清〕厉鹗编:《宋诗纪事》卷九六,上海古籍出版社 2008 年版,第 2289 页。
② 〔宋〕陈起编:《江湖小集》卷四八,文渊阁《四库全书》本。
③ 〔宋〕周密:《武林旧事》卷六《诸色伎艺人》,浙江人民出版社 1984 年版。
④ 〔宋〕周密:《武林旧事》卷三《观潮》,浙江人民出版社 1984 年版,第 44 页。
⑤ 〔宋〕吴自牧:《梦粱录》卷四《观潮》,三秦出版社 2004 年版,第 29 页。

袁褧认为,钱塘江上的水军演习比东京金明池水战要精彩得多,他说:

> 余少从家大夫观金明池水战,见船舫回旋,戈甲照耀,为之目动心骇。比见钱塘水军戈船飞递,迎弄江涛,出没聚散,欻忽如神,令人汗下,以为金门池事故如儿戏耳。至如韩蕲王困敌王天荡,飞轮八楫蹈军艐回江面者,更不知何如也。①

2. 龙舟竞渡

每至端午节时,钱塘江上总要举行龙舟竞渡活动。时人周紫芝有诗言曰:

> 江风猎猎吹红旗,舟人结束夸水嬉。
> 短衣青帽锦半臂,横波鼓鬣飞鲸鲵。
> 江潮漫漫江水阔,浪花击碎千堆雪。
> 画桡擘水挽不回,白羽离弦箭初脱。
> 岧来醉作踏浪歌,应笑吴儿拜浪婆。
> 朱楼相映绿荫里,两岸人家欢乐多。
> 饭筒角黍缠五彩,楚俗至今犹未改。
> 日暮空歌何在斯,不见三闾憔悴时。②

五、元代钱塘江的观潮和弄潮

元代时期钱塘江的观潮和弄潮风俗仍然流行。元施耐庵著、罗贯中编次的《水浒传》,是中国古代白话小说中的杰作。该书从开头的词赞中就说:"钱塘江上,潮头浪涌出海门来……力士施威,飞锤击碎了始皇辇。"到第一百回结尾的词赞"一自润州破敌,席卷过钱塘……班师衣锦尽还乡。堪恨当朝谗佞,不识男儿定乱,诳主降遗殃。可怜一场梦,令人泪两行",一前一后的呼应中,施耐庵把宋元时期杭州的观潮风俗都生动地融会在《水浒传》的语言描写中。第九十九回"鲁智深浙江坐化"中也写到钱塘潮,其中有一段鲁智深在六和寺里听到钱塘

---

① 〔宋〕袁褧:《枫窗小牍》卷下,载《宋元笔记小说大观》,上海古籍出版社 2007 年版,第 5 册,第 4774 页。

② 〔宋〕周紫芝:《太仓稊米集》卷二《竞渡曲》。

江潮声时的精彩描写:"忽听得江上潮声雷响,鲁智深是关西汉子,不曾省得浙江潮信,只道是战鼓响,贼人生发,跳将起来,摸了禅杖,大喝着便抢出来……"接下来由六和寺众僧对"钱塘潮信"作了介绍:"寺内众僧推开窗,指着那潮头,叫鲁智深看,说道:'这潮信日夜两番来,并不违时刻。今朝是八月十五日,合当三更子时潮来,因不失信,谓之潮信。'"作者连用"雷响""战鼓响"这样的比喻,来形容钱塘江潮气势之汹涌澎湃。

在当时,有许多名人到此观潮。如元代四大曲家之一的马致远,于元世祖至元二十年(1285)前后出任江浙行省务提举,从此长住杭州,至晚年退出官场,仍隐居于杭州西郊的乡村。在杭期间,他饱览杭州山水,寄情词曲。其所作【双调】《观潮》中有"浙江亭,看潮生,潮来潮去原无定。唯有西山万古青,子陵一钓多高兴,闹中取静""白发劝东篱,西村最好幽栖",正是这一时期生活的写照。浙江参政樊时中曾去观潮,并题诗樟亭云:"烟波闪闪海门开,平地潜生万壑雷。大信不亏天不老,浙江亭上看潮来。"戴表元对钱塘江的中秋潮情有独钟,他曾醉坐吴山绝顶赏月观潮:"君不见浙江中秋中夜潮,凌空斗起如银桥。又不见西湖中秋中夜月,满眼玲珑散冰雪。红尘车马晓争门,画船歌鼓晚相闻。"[1]而《次韵林敬与浙江潮》描绘钱塘江潮水的波澜壮阔和弄潮儿的活泼形象:"海口初惊卷素红,江心忽见激层空。南来鬼泄鸥夷怒,西去天开铁箭功。渔子支持轻出渎,蜑人腾路斗称雄。同游四客君年少,奇气滔滔日未中。"[2]杨维桢《西湖竹枝词》中有钱塘江潮的清音灵响:"望郎一朝又一朝,信郎信似浙江潮。浙江潮信有时失,臂上守宫无日消。"[3]

杭州天竺山东、龙井村西的狮子山,海拔186米。因势若蹲狮,故名。至元十三年(1276),元将伯颜曾登临狮子山,眺览临安形势。元杨维桢《狮子峰观潮》诗:"狮子挐云涌翠峦,我来亲拂顶花看。随潮月上楼台湿,渡海云生钟磬寒。蓬岛未应三万隔,桑田今有几回干?大千不究恒沙界,细问弥天释道安。"

当时也有关于钱塘江"弄潮"的记载和描述,如杨维桢《次韵省郎蔡彦文观潮长歌,录呈吴兴二守、云间先生》云:"招潮小儿不畏死,两鳌蹴浪心何粗。"

---

① 〔元〕戴表元:《剡源佚诗》卷二《仆异时尝中秋夜醉坐吴山绝顶观月,四无人踪,飘飘然江湖高爽处也。去之三十年,想念此乐如新。李公略坐中示高郎中画图,援笔为赋》,载《戴表元集》下册,浙江古籍出版社2014年版,第714—715页。

② 〔元〕戴表元:《剡源佚诗》卷五,载《戴表元集》下册,浙江古籍出版社2014年版,第788页。

③ 〔元〕杨维桢:《西湖竹枝歌》,载《杨维桢诗集》,浙江古籍出版社1994年版,第133—134页。

六、明清及以后钱塘江的观潮和弄潮

(一)明代钱塘江的观潮和弄潮

明代的文学作品中对钱塘江潮多有描述,如明汪珂玉《拾翠余谈》云:"初望之,一片青气。稍近,则茫茫白色,其声如雷,其势如山,怒吼狂奔,一瞬至岸,如崩山倒屋之状,一跃而定,则横江千里,水天一色矣。近岸一带人居,潮至,浪花直喷屋上,檐溜倒倾,若骤雨然。初观之,亦令人心悸,其景界甚似扁舟犯怒胀,下黯淡滩时也。"明王叔承《武林富春游记》载:"此楼实宜观潮。每秋潮大来,初如丝横天际,顷至江门,两山相激,雪浪轰雷,如千军万骑酣战,天崩地摧,人神黯惨,而弄潮儿浮枕其上,闲如也。"而小说《警世通言》卷二三《乐小舍拼生觅偶》中更是用大篇幅描写了钱塘江潮,其开头的"入话"通过一个流行于江浙一带富有神话色彩的传说来讲述了钱塘江潮的来历,摘引如下:

> 怒气雄声出海门,舟人云是子胥魂。
>
> 天排雪浪晴雷吼,地拥银山万马奔。
>
> 上应天轮分晦朔,下临宇宙定朝昏。
>
> 吴征越战今何在? 一曲渔歌过晚村。

从来说道天下有四绝,却是:

> 雷州换鼓,广德埋藏,登州海市,钱塘江潮。

这三绝,一年止则一遍。唯有钱塘江潮一日两番。自古唤做罗刹江,为因风涛险恶,巨浪滔天,常翻了船,以此名之。南北两山,多生虎豹,名为虎林。后因虎字犯了唐高祖之祖父御讳,改名武林。又因江湖险迅,怒涛汹涌。冲害居民,因取名宁海军。[1]

在这一时期,钱塘江的观潮仍然盛行,而弄潮之风则出现了衰弱的趋势。明人谢肇淛认为:"观潮又以农历八月为最佳,所谓'潮应月者也,故月望则潮

---

[1] 〔明〕冯梦龙:《警世通言》卷二三《乐小舍拼生觅偶》,人民文学出版社 1956 年版,第 328 页。

盛,而八月之望则尤盛也。'"①是时以杭州的观潮场面最为盛大,明田汝成《西湖游览志余》卷二〇《熙朝乐事》称:

> 郡人观潮,自八月十一日为始,至八月十八日最盛,盖因宋时以是日教阅水军,故倾城往看,至今犹以十八日为名,非谓江潮特大于是日也。是日,郡守以牲醴致祭于潮神,而郡人士女云集,倾倩幕次,罗绮塞涂,上下十余里间,地无寸隙。伺潮上海门,则泅儿数十,执彩旗,树画伞,踏浪翻涛,腾跃百变,以夸材能。豪民富客,争赏财物。其时,优人百戏,击球关扑,鱼鼓弹词,声音鼎沸,盖人但藉看潮为名,往往随意酣乐耳。②

由此可知,因八月观潮习俗与中秋佳节重叠,观潮已成为钱塘江下游两岸民众的盛大节日,亲朋好友相约出城赏潮。从八月十一日持续数天,至八月十八日时最盛。这一天,官府会组织隆重的潮神祭祀仪式。观者云集,以至"上下十余里间,地无寸隙"。潮来时,水上健儿,百十为群,执旗蹈浪,溯迎弄潮,十分壮观。岸边还有各种文艺展演,盛况空前。明清方志对此多有记载。万历《钱塘县志》云:"是月,郡人自十三日始,多往江上观潮,至十八日止。十八日,钱塘令以羊豕致祭江神。而士女游观,亦此日最盛。古有弄潮戏者,今渐革。"③万历《绍兴府志》载,八月十八日,萧山有观潮之会。④

士人也借此良机雅集,观赏大潮,品尝佳肴,吟咏诗歌。如明初钱塘人瞿佑(字宗吉)的《看潮词》云:"嘉会门边翠柳垂,海鲜桥上赤栏敧。行人指点山前石,曾刻先朝御制诗。""出郭游人不待招,相逢都道看江潮。今年秋暑何曾减,映日争将画扇摇。""一线初看出海迟,司封祠下立多时。须臾金鼓连天震,忙杀中流踏浪儿。""垆头酒美劝人尝,紫蟹初肥绿橘香。店妇也知非俗客,奚奴背上有诗囊。""沙河塘上路歧赊,扶醉归来日已斜。怪底香风来不断,担头插得木樨花。""步入重门小院偏,金猊飞袅夜香烟。家人笑问归何晚,已备中秋赏月筵。"⑤

---

① 〔明〕谢肇淛:《五杂组》卷二《天部二》,上海书店出版社 2009 年版,第 27 页。
② 〔明〕田汝成:《西湖游览志余》卷二〇《熙朝乐事》,上海古籍出版社 1958 年版,第 361 页。
③ 〔明〕聂心汤修,虞淳熙纂:《钱塘县志》卷八《纪事·风俗》,第 5 页。
④ 〔明〕张元忭、孙鑛撰:《绍兴府志》卷一二《风俗》,第 12 页。
⑤ 〔明〕田汝成:《西湖游览志余》卷二〇《熙朝乐事》,上海古籍出版社 1958 年版,第 362 页。

除了白昼观潮,更有别出机杼者夜观江潮。明人高濂曾有潮期在寺庙中夜观江潮的经历,他有《六和塔夜玩风潮》一文记云:

> 浙江潮汛,人多从八月昼观,鲜有知夜观者。余昔焚修寺中,燃点塔灯,夜午月色横空,江波静寂,悠悠逝水,吞吐蟾光,自是一段奇景。顷焉,风色陡寒,海门潮起,月影银涛,光摇喷雪,云移玉岸,浪卷轰雷,白练风扬,奔飞屈折,势若山岳声腾,使人毛骨欲竖。古云:"十万军声半夜潮。"信哉!过眼惊心。
>
> 因忆当年浪游,身共水天漂泊,随潮逐浪,不知几作泛泛中人。此际沉吟,始觉利名误我不浅。遥见浪中数点浮沤,是皆南北去来舟楫。悲夫二字,搬弄人间,千古曾无英雄打破,尽为名利之梦沉酣,风波自不容人唤醒。①

文中回忆了其八月夜半"燃点塔灯"赏玩风潮之事。月夜看潮,自是一段奇景,"月色横空,江波静寂,悠悠逝水,吞吐蟾光"。江面在月光的照耀下显得平静无波,然而只要稍顷,风起潮涌,"浪卷轰雷,白练风扬""势若山岳声腾",一静一动的转换,带来的震撼"使人毛骨欲竖"。寂寂江水,月光横泻,焚香燃点灯塔,在一脉静谧与安宁中猛然横波涌起,江水在吞云吐雾间澎湃起伏。钱塘江潮,潮起潮落,起伏终是常态。诗人在如斯气象中顿悟出名利为虚诞箴言。②

需要指出的是,这一时期钱塘江上的弄潮之风虽然仍有,则出现了衰弱的趋势。明著名旅行家王士性《游武林湖山六记》:"从六和塔望潮,则琼涛雪浪,翻天倒注,与山上视又差殊,觉大地震荡,如欲浮去。江中轴舻,无问大小咸曳首向之,如轻鸥出水乍见乍灭。八月弄潮儿执红旗,徒手而泅,意扬扬如也,盖习之矣。"③

(二)清代钱塘江的观潮和弄潮

清代大致承袭前朝风俗。同治年间,钱塘人范祖述《杭俗遗风》中有"江干观潮"一节,文云:"候潮门内至闸口,沿江十里,均可看潮。八月十八,为潮神生

---

① 〔明〕高濂著,赵立勋等校注:《遵生八笺校注》卷五《四时调摄笺秋卷·秋时幽赏》,人民卫生出版社 1993 年版,第 176—177 页。

② 林家骊:《钱塘江游记》,杭州出版社 2014 年版,第 136 页。

③ 〔明〕王士性:《五岳游草》卷三《再出清波门至六和塔望潮记》,中华书局 2006 年版。

日,前后三日,均有潮汛。始起之时,微见远处如白带一条,迤逦而来,顷刻波涛汹涌,水势高有数丈,满江沸腾,真乃大观。螺蛳埠有秋涛宫,系南巡时备供御览者。"虽然记述过于简单,大致情形还是可以想象的:一是说那时候从候潮门到闸口的沿江一带,都可观潮;二是说康熙、乾隆南巡时,是在秋涛宫观潮的。嘉庆《山阴县志》亦载:"八月十八日有'观潮会',自三江至柂坞山延袤六十里皆有观者,每年午至未乃止。《潮经》曰,初三、十八午后水发潮后,俄顷势愈力,名'激浪'。舸在海边者棹至中流迎之,潮至从舟上过,无覆溺患,名曰'接潮'。"[①]乾隆《海宁州志》提到,八月十三日至八月十八日,"男妇往海上观潮"[②]。清梁章钜《浪迹续谈》卷一载:"时江中有弄潮十余船,忽出忽没,尤堪震骇。"

(三)民国时期钱塘江的观潮和弄潮

民国时期观潮之风仍然盛行。民国五年(1916),沪杭公路上就出现了观潮车队,不过当时游客还不是很多,"沿江支搭临时草棚,设备极简"[③]。民国二十年(1931)十月,中国旅行社联合其他旅行社,组织了一支规模颇大的旅游车队赴海宁观潮,返城时"游客汽车衔接不下百辆"[④]。其时,弄潮现象仍可见到。据徐宝山《杭州的风俗》一文所述:"八月十八日是钱塘江潮水最盛的时候,潮水快要来的时候,有几百个会泅水的小孩,披着头发,手里拿着一面大彩旗,争先鼓勇,迎着潮水赶将上去,出没在鲸波万仞的里面,令人看了咋舌!有钱的看客们,便把钱财赏给他们,鼓励他们的勇敢,这时候江干上下,十几里路以内,但见车如流水马如龙,没有一些些空隙的余地。"[⑤]而在江干、萧山、海宁一带,当地居民还有抢潮头鱼的风俗。

① 〔清〕徐元梅等修,朱文瀚等纂:《山阴县志》卷十一《人民志》,第4页。
② 〔清〕战效曾纂修:《海宁州志》卷二《风俗》,第53页。
③ 〔民国〕蒋维乔:《八堡观潮记》,载《旅行杂志》第5卷第10期。
④ 〔民国〕徐珂:《西湖游览指南》,商务印书馆1926年版,第1页。
⑤ 孙季叔编注:《中国游记选》,上海亚细亚书局1934年版。

第四章　钱塘江潮神信仰的流变

　　人类早期，人们抵御自然灾害的能力较低，各地自然灾害对当地人的生活及其社会造成了不可估量的破坏。因此，崇拜、祭祀那些能够免除各地自然灾害的神灵，便成了中国人精神生活的重要部分。"古人赋予镇水神物的神化观念用来镇压水害"[①]。在钱塘江流域，特别是在钱塘江下游杭州湾沿岸地区，存在着特殊的潮水灾害。潮来时，水往往跃到岸上，把陆地上的物品、人畜卷走。在潮灾频繁且祸害巨大的背景下，如何避免潮灾便成了两岸人民乃至政府官员关系的事，于是人们为了寻求躲避潮水等灾害，潮神崇拜应运而生。盛行潮神或海神祭祀，人们希望借助于潮神或海神的力量，保佑自己和家人平安，这其实是一种精神追求和心理安慰。[②]

一、潮神信仰的起源

　　早在西汉时，比司马迁更早的枚乘所写的《七发》中，已经将伍子胥与潮水联系起来，在枚乘对汹涌澎湃的大潮的描写中，提到"弭节伍子之山，通厉骨母之场"之语。"骨"为"胥"字之误。这里的"伍子"肯定是指伍子胥。虽然没有提及此为潮神之语，但伍子胥为潮神之说的源起必定相当早。

　　伍子胥，名员，字子胥，春秋时楚国人。生于公元前 559 年，公元前 484 年

---

① 涂师平：《我国古代镇水神物的分类和文化解读》，《浙江水利水电学院学报》2015 年第 3 期。

② 蔡少卿：《中国民间信仰的特点与社会功能——以关帝、观音和妈祖为例》，《江苏大学学报（社会科学版）》2004 年第 4 期，第 32—35 页；朱海滨：《潮神崇拜与钱塘江沿岸低地开发——以张夏神为中心》，《历史地理》2015 年第 1 期；罗春荣：《妈祖传说研究：一个海洋大国的神话》，天津古籍出版社 2009 年版。

在吴国大夫位上被吴王夫差赐死,一生经历堪称传奇。《史记》专门为其列传,《左传》《国语》《吴越春秋》《越绝书》等史书中都有较大篇幅介绍他的生平。有关他的传说、地名、民间故事更是不胜枚举,在历代的小说、戏剧中他也都是常客。可以说伍子胥是否真正有过那些跌宕的经历已经不重要,他在文学艺术上的价值则更加有血有肉,栩栩如生。在钱塘江流域就流传着他的几则传说,其中最有名的是伍子胥投吴渡江的故事和死后化作潮神的故事。

(一)伍子胥投吴渡江的故事

据《史记》记载,伍子胥的父亲伍奢因为给楚平王进忠言,平王听信奸臣费无忌言,反而将其囚禁,费无忌又建议除掉伍奢的两个儿子伍尚和伍员(字子胥),认为"皆贤,不诛且为楚忧",于是诱擒两人,假称两个儿子的到来能挽救其父性命。伍尚为人仁义忠厚,明知是死还果断赴约。伍员为人刚戾,他说:"我知往终不能全父命。然恨父召我以求生而不往,后不能雪耻,终为天下笑耳。"[①]拒听平王召,并且开始了逃亡生涯。

伍子胥在过昭关后需要渡江,"伍胥遂与胜独身步走,几不得脱。追者在后。至江,江上有一渔父乘船,知伍胥之急,乃渡伍胥。伍胥既渡,解其剑曰:'此剑直百金'以与父。父曰:'楚国之法,得伍胥者赐粟五万石,爵执珪,岂徒百金剑邪!'不受"[②]。《史记》中的这段记载是比较写实的,伍子胥急于渡江以摆脱追兵的围捕,得到了江上渔父的帮助。渔父或许知道伍子胥身系特殊使命,推辞百金不受。伍子胥安全渡江入吴,出将入相后还对这位渔父念念不忘,"员至吴,为相,求丈人不能得,每食辄祭之,曰:'名可得闻而不可得见,其唯江上丈人乎'"[③]。而东汉年间的《越绝书》《吴越春秋》中的记载,可能融合了当时的一些民间传说:"与胜行去,追者在后,几不得脱。至江,江中有渔父乘船从下方溯水而上。子胥呼之,谓曰:'渔父渡我!'如是者再。渔父欲渡之,适会旁有人窥之,因而歌曰:'日月昭昭乎侵已驰,与子期乎芦之漪。'子胥即止芦之漪。渔父又歌曰:'日已夕兮,予心忧悲;月已驰兮,何不渡为?事浸急兮,当奈何?'子胥入船。渔父知其意也,乃渡之千浔之津。子胥既渡,渔父乃视之有其饥色。乃谓曰:'子俟我此树下,为子取饷。'渔父去后,子胥疑之,乃潜身于深苇之中。有顷,父来,持麦饭、鲍鱼羹、盎浆,求之树下,不见,因歌而呼之,曰:'芦中人,芦中人,岂

---

① 〔汉〕司马迁:《史记》卷六六《伍子胥列传》,中华书局 1959 年版,第 7 册,第 2172 页。

② 〔汉〕司马迁:《史记》卷六六《伍子胥列传》,中华书局 1959 年版,第 7 册,第 2173 页。

③ 〔西晋〕皇甫谧:《江上丈人》,载《高士传》,上海古籍出版社 2014 年版。

非穷士乎?'如是至再,子胥乃出芦中而应。渔父曰:'吾见子有饥色,为子取饷,子何嫌哉?'子胥曰:'性命属天,今属丈人,岂敢有嫌哉?'二人饮食毕,欲去,胥乃解百金之剑以与渔者:'此吾前君之剑,中有七星,价值百金,以此相答。'渔父曰:'吾闻楚之法令:得伍胥者,赐粟五万石,爵执圭,岂图取百金之剑乎?'遂辞不受。谓子胥曰:'子急去勿留,且为楚所得?'子胥曰:'请丈人姓字。'渔父曰:'今日凶凶,两贼相逢,吾所谓渡楚贼也。两贼相得,得形于默,何用姓字为?子为芦中人,吾为渔丈人,富贵莫相忘也。'子胥曰:'诺。'既去,诫渔父曰:'掩子之盎浆,无令其露。'渔父诺。子胥行数步,顾视渔者已覆船自沉于江水之中矣。"①《越绝书》中关于伍子胥渡江的记载与《吴越春秋》中的记载基本一致,故事的末尾处"明无泄也",则说明了渔丈人自沉江水的原因是为了让伍子胥不必担心自己会泄露他的行踪。《吴越春秋》和《越绝书》中的"子胥渡江"的故事增加了"渔父歌""子胥用餐"和"渔父投江"的内容,这里明显是用了文学手法对这段历史进行了润色,也证明了伍子胥的故事早在汉代就被作为文学创作的素材。

　　在今天的新安江和富春江一带,有很多与这个传说相关的地名,"子胥村"相传是伍子胥渡江后住过的地方;"歌舞岭"是伍子胥逃脱楚兵追杀后在这里开心地高歌起舞;"胥口"是那条江水汇入富春江的河流交叉口。此外,这一带还有胥源、胥岭、胥岭洞等与伍子胥有关的遗迹。南宋绍兴年间,子胥村的百姓们还修建了伍子胥别庙,庙内有报春花一株,相传为伍子胥手植,今尚有别庙残迹。现在还有以这个故事作为主题的景点,如"子胥野渡",在七里泷北岸,胥溪汇入处。现渡口石壁上刻有"子胥渡"三个大字,渡口原有子胥亭、子胥庙,因富春江大坝的建设而没于水中。现已重建子胥亭,在其中立有一石碑,正面刻有"胥江野渡"四字。② 可见伍子胥的传说已经深深融入当地的民间文化中,得到了当地人的广泛认同。

　　那么伍子胥渡江是否确实发生在今天的富春江沿岸,据史料推断恐怕难以成立。在渡江以前,伍子胥先是逃出了昭关:"到昭关,昭关欲执之。伍胥遂与胜独身步走,几不得脱。追者在后。至江,江上有一渔父乘船,知伍胥之急,乃渡伍胥。"③可见当时的情形是前方无路、后有追兵,也就是说伍子胥所渡之江应该在距离昭关不远的地方。昭关位于今天的安徽省含山镇境内,与富春江的直

---

① 〔汉〕赵晔:《吴越春秋》卷三《王僚使公子光传》,江苏古籍出版社 1986 年版,第 15—16 页。

② 陈彬彬:《新安江—富春江风景名胜历史变迁研究》,浙江农林大学硕士学位论文,2012 年。

③ 〔汉〕司马迁:《史记》卷六六《伍子胥列传》,中华书局 1959 年版,第 7 册,第 2173 页。

线距离有 250 千米。伍子胥在渡江后并不是一路顺利的,史籍中有"疾于中道,乞食溧阳"①的记载,可见溧阳是其逃亡所必经过的地方。溧阳在现在的太湖西岸,与当时的吴国国都姑苏城隔湖相望。也就是说,伍子胥的逃亡路线基本上是从昭关、溧阳、姑苏一线下来的,这一路地势平坦,开发得较早。伍子胥并不太可能往南进入重峦叠嶂的浙西地区,并经过越国再渡过钱塘江到达吴国。故事的发生地点从吴地转移到越地,对此合理的解释是越地的文化层累和吴越文化的交相融会导致了伍子胥的传说融入越文化当中。②

吴越两国国土接壤、语言相似、民俗略同。如《吕氏春秋》卷二三《知化》曰:"吴之与越也,接土邻境,壤交道属,习俗同,言语通,我得其地能处之,得其民能使之,越于我亦然。"《吴越春秋》卷五《夫差内传》也记载越国大夫文种的话,说:"吴与越同音共律,上合星宿,下共一理。"在习俗上两者也具有共同的文化特征。《越绝书》卷七《越绝外传记范伯》:"吴越二邦,同气共俗。"但两国都要面对西边强大的楚国。这些特征的存在使得统一后的两地人民能比较快速地整合彼此文化,经济的发展协作也趋于一体化。经过漫长的时间,两地间的差别也逐渐消除,民间文化趋于一致,以致后来产生了"江浙不分家"的说法。伍子胥的传说在钱塘江流域广为传播也就不足为奇了。

伍子胥与渔父的故事并没有在其渡江后结束。《吴越春秋》和《越绝书》中都记载了"渔父之子退吴兵"的事情:"遂引军击郑,郑定公前杀太子建而困迫子胥。自此,郑定公大惧,乃令国中曰:'有能还吴军者,吾与分国而治。'渔者之子应募曰:'臣能还之。不用尺兵斗粮,得一桡而行歌道中,即还矣。'公乃与渔者之子桡。子胥军将至,当道扣桡而歌曰:'芦中人。'如是再。子胥闻之,愕然大惊,曰:'何等谓与语,公为何谁矣?'曰:'渔父者子。吾国君惧怖,令于国:有能还吴军者,与之分国而治。臣念前人与君相逢于途,今从君乞郑之国。'子胥叹曰:'悲哉!吾蒙子前人之恩,自致于此。上天苍苍,岂敢忘也?'于是乃释郑国,还军守楚,求昭王所在日急。"③伍子胥早年曾受困于郑君,伐楚后顺便伐郑以报私仇,郑君急求退兵之策。渔父的儿子倚仗其父有恩于伍子胥而成功使其退兵。类似的事在《越绝书》中的记载便有所不同,变成了是楚王急求退兵之策:"吴使子胥救蔡,诛强楚,笞平王墓,久而不去,意欲报楚。楚乃购之千金,众人

①　〔汉〕赵晔:《吴越春秋》卷三《王僚使公子光传》,江苏古籍出版社 1986 年版,第 17 页。
②　吴恩培:《吴越文化融汇的古代例证》,《苏州市职业大学学报》2005 年第 2 期。
③　〔汉〕赵晔:《吴越春秋》卷四《阖闾内传》,江苏古籍出版社 1986 年版,第 42—43 页。

莫能止之。有野人谓子胥曰：'止！吾是于斧掩壶浆之子，发箪饭于船中者。'子胥乃知是渔者也，引兵而还。"①这反映出伍子胥"有仇必报、有恩必答"的作风。这两段史料所记述的"渔父之子退吴兵"的事情，理应是东汉时期留传于民间的传说。

（二）伍子胥死后化作潮神的故事

钱塘江流域最早的"潮神"又称为"胥神"，相传是伍子胥被抛尸钱塘江后含冤而变成的。②伍子胥累谏吴王，但吴王夫差听信伯嚭的谗言，不再听信伍子胥的建议，怀疑他私通齐国，并赐宝剑与伍子胥令其自尽。伍子胥临终时，在愤恨之余，向其子留下遗言："悬吾首于南门，以观越兵来；以鲗鱼皮裹吾尸，投于江中，吾当朝暮乘潮，以观吴之败。"③夫差听说后非常生气，"乃取子胥尸盛以鸱夷革，浮之江中"④。相传伍子胥因不满吴王对自己的不信任和迫害，死后化作"潮神"，肆虐于钱塘江两岸地区，以宣泄其怨愤。伍子胥的尸体漂浮在江中不沉，似有无数怨愤无处诉说，"随流扬波，依潮来往，荡激崩岸"⑤。"自是自海门山，潮头汹高数百尺，越钱塘渔浦，方渐低小。朝暮再来，其声震怒，雷奔电走百余里，时有见子胥乘素车白马在潮头之中，因立庙以祠焉。……俗云：与钱搪潮水相应焉。"从文献记载来看，这种传说其实在战国时期可能已经出现，如按《战国策》中乐毅报燕王书中提到："昔者伍子胥说听乎阖闾，故吴王远迹至于郢；夫差弗是也，赐之鸱夷而浮之江。故吴王夫差不悟先论之可以立功，故沉子胥而不悔。子胥不早见主之不同量，故入江而不改。"所谓"（子胥）入江而不改"，《史记·乐毅传》为"入江而不化"，对此《史记索引》解释为："言子胥怨恨，故虽投江而神不化，犹为波涛之臣也。"虽然司马贞为唐朝人，但其说当不误。可以认为，战国时伍子胥死而不亡已是当时普遍的认识，而其与江潮相关也是顺理成章之事。正因为如此，钱塘江边的居民为其修祠，尊伍子胥为潮神，加以供奉祭祀。

---

① 〔汉〕袁康、吴平辑录：《越绝书》卷六《越绝外传纪策考》，上海古籍出版社 1985 年版，第 43—44 页。

② 参见《左传·哀公十一年》。南宋施谔《淳祐临安志》卷一〇《浙江》条目下说："吴王赐伍子胥死，乃取其尸，盛以鸱夷之革，浮于江中，子胥因随流扬波，依潮来往，荡激崩岸，势不可御。于是仲秋既望，杭人以旗鼓逐之，弄潮之戏盖始于此。"（《宋元方志丛刊》，中华书局 1990 年版，第 4 册，第 3315 页）。意思是说，杭州钱塘江口的祭祀潮神暨"弄潮"始于春秋时期。

③ 〔宋〕李昉等编：《太平广记》卷二九一，中华书局 1961 年版，第 6 册，第 2315 页。

④ 〔汉〕司马迁：《史记》卷六六《伍子胥列传》中记载很详细："乃自刭死。吴王闻之大怒，乃取子胥尸盛以鸱夷革，浮之江中。吴人怜之，为立祠于江上，因命曰胥山。"中华书局 1959 年版，第 7 册，第 2180 页。

⑤ 〔汉〕赵晔：《吴越春秋》卷五《夫差内传》，江苏古籍出版社 1986 年版，第 66 页。

"吴人怜之,为立祠于江上,因命曰胥山"①,今天嘉兴境内就有一小山丘,名曰"胥山",相传曾有伍子胥的墓和祠。在这里需要说明的是,伍子胥被抛尸的地点按照常理推断应该位于姑苏城(今江苏苏州)外和太湖间的某条河中,夫差没有必要将尸体投进钱塘江,太湖边的地名也支持了这一说法:"宋范成人《吴郡志》卷十五曰:'胥山在太湖之口。吴王杀子胥于江,吴人立祠江上,因名胥山。'又云:'胥口在木渎西十里,出太湖之口也,有胥山。'《梅李志》更进一步确证:'夫差杀子胥以鸱夷浮之江中,即此地(太湖),西为胥山,伍员庙在焉。'"②抛尸钱塘江的说法产生的原因,也与吴越文化的融合有关。

当然,伍子胥化成"潮神"这一现象并非在他死后马上就有的,这是民间文化步步积累的结果。在伍子胥被抛尸400余年后,《越绝书》上出现了神话他的文字:"(吴)王使人捐于大江口。勇士执之,乃有遗响,发愤驰腾,气若奔马;威凌万物,归神大海。仿佛之间,音兆常在。后世称述,盖子胥水仙也。"③而在《吴越春秋》中,则又有两处记载更加清楚地提到了这种信仰。《越绝书》卷五《夫差内传》云:伍子胥死后,"因随流扬波,依潮来往,荡激崩岸"。《越绝书》卷十《句践伐吴外传》中则说,文种死后,"葬一年,伍子胥从海上穿山胁而持种去,与之俱浮于海。故前潮水潘候者,伍子胥也;后重水者,大夫种也"。这些记载都强调了伍子胥死后为神,并且与"潮"相关。同时代的王充在《论衡·书虚篇》里也有提到"潮神信仰":"吴王夫差杀伍子胥,煮之于镬,乃以鸱夷囊投之于江。子胥恚恨,驱水为涛,以溺杀人。今时会稽、丹徒大江,钱唐浙江,皆立子胥之庙。盖欲慰其恨心,止其猛涛也。夫言吴王杀子胥,投之于江,实也;言其恨恚驱水为涛者,虚也。"可见东汉时期的吴越人民已经把伍子胥的冤死当成是江潮起源的原因了。今人刘传武等认为这是"第一次把伍子胥上升到'神'的位置,实为潮神之滥觞"④。在随后的朝代里,这个故事进一步发酵和发展,出现了很多把伍子胥和钱江潮联系起来的记载。如唐代白居易就留有"涛声夜入伍员庙,柳色春藏苏小家"的诗句。到了宋代伍子胥终于成为钱塘江潮神,如出现了"胥涛""伍胥潮"等名词,与"钱塘潮"同意。"潮神"形象的构建不仅体现出吴越文

---

① 〔汉〕司马迁:《史记》卷六六《伍子胥列传》,中华书局1959年版,第7册,第2180页。
② 刘传武、何剑叶:《潮神考论》,《东南文化》1996年第4期。
③ 〔汉〕袁康、吴平辑录《越绝书》卷一四《越绝德序外传记》,上海古籍出版社1985年版,第102页。
④ 刘传武、何剑叶:《潮神考论》,《东南文化》1996年第4期。

化的融合,也表现出了伍子胥在老百姓心目中凶猛刚毅的形象。[①]

需要说明的是,在越人眼中,潮神除伍子胥,还有越国大臣文种。原来伍子胥向吴王夫差的谏阻在后来应验了,越王句践完成了十年生聚、十年教训的复仇大计,仰赖范蠡、文种的力量,达到了灭吴复国的目的。范蠡及时引退,文种热衷爵禄,他不了解"狡兔既死,走狗该烹"的道理,一代功臣难逃被谗而遭杀戮的命运,尸首也被抛入钱塘江。翌年的八月十八日,海潮呜咽,骇浪澎湃,一时俪山倒海。越王震恐,也只好效法吴君,下旨封文种为潮神,与伍子胥并享血食。从此,常有人窥见伍子胥于前,文种随后,掀波作浪,无有宁日。[②]

(三)汉代的潮神信仰

到了东汉初,王充在《论衡》中十分明确提到伍子胥为潮神:"《传书》言:吴王夫差杀伍子胥,煮之于镬,乃以鸱夷橐投之于江。子胥恚恨,驱水为涛,以溺杀人。今时会稽丹徒大江,钱唐浙江,皆立子胥之庙。盖欲慰其恨心,止其猛涛也。"[③]值得注意的是,王充明确提到了当时在钱塘江已经立有伍子胥的庙。同样于东汉初成书,会稽(今浙江绍兴)人袁康、吴平撰的《越绝书》中更是详细记载其时的观潮与祭神风俗:"胥死之后,吴王闻,以为妖言,甚咎子胥。王使人捐于大江口。勇士执之,乃有遗响,发愤驰腾,气若奔马。威凌万物,归神大海。仿佛之间,音兆常在。后世称述,盖子胥水仙也。"[④]这里指出了伍子胥与水仙的关系。又载其"依潮来往,荡激崩岸""驱水为涛,以溺杀人"。从这一记载中我们可以看出,吴越民众观念中的潮神伍子胥,完全没有同情之心、不顾百姓死活,可以说一个凶神。不仅如此,他还携文种一同为患,"伍子胥从海上穿山胁而持种去",子胥主前潮水,文种主后潮水,两人一起惩罚越人。

潮神伍子胥对吴越居民的压迫也引起了个别反抗。据谢承《后汉书》载,吴郡王闳渡钱塘江遭风,"船欲覆,闳拔剑斫水,骂伍子胥,风息得济"[⑤]。

王充《论衡》、谢承《后汉书》和袁康、赵晔的《越绝书》《吴越春秋》等书中关于伍子胥怒启波涛的记载和曹娥、王闳等人的事迹,反映了两汉及两汉以前,吴越居

---

① 刘传武、何剑叶:《潮神考论》,《东南文化》1996年第4期;李金操、王元林:《由恶变善:潮神伍子胥信仰变迁新探》,《安徽史学》2017年第1期。

② 小石:《盛衰历尽浙江潮》,《时与潮副刊》1948年第10卷第4期。

③ 〔汉〕王充:《论衡》卷四《书虚篇》,上海人民出版社1974年版,第58—60页。

④ 〔汉〕袁康、吴平辑录:《越绝书》卷一四《越绝外传春申君》,上海古籍出版社1985年版,第102页。

⑤ 〔清〕翟均廉:《海塘录》卷二六《杂志》,郑翰献主编:《钱塘江文献集成》第2册,杭州出版社2014年版,第407页。

民对潮神伍子胥的恐惧和抵触。他们祭祀潮神的目的是"慰其恨心",并非出于感恩。总之,因涌潮规模的扩大和吴越巫祝的引导,伍子胥在潮神化的过程中,逐渐失去了其原有的忠正形象,而易怒、性情刚烈等性格缺点被不断放大。①

二、六朝时期的潮神信仰

六朝时期,伍子胥的凶神形象有所改变,正逐渐向具备先贤品质的潮神伍子胥转变。三国东吴孙綝曾"烧大桥头伍子胥庙",为史家非议,史书评论"綝意弥溢,侮民慢神"。至迟到西晋时,在会稽民众的观念中,潮神伍子胥的形象已逐渐转向正面形象。西晋太尉贾充曾问会稽人夏统,会稽有何"土地乡曲"。夏统答曰:"伍子胥谏吴王,见戮投海,国人痛其忠烈,为作《小海唱》。"并为贾充等王公贵族演唱,众人听后,有"子胥、屈平立吾左右"之感。证明西晋时,会稽民众已将伍子胥与屈原并称,他们祭祀潮神伍子胥的原因,不再是"慰其愤心",而是"痛其忠烈"。西晋永嘉年间(307—313),中原动荡,京城倾覆,吴郡(今江苏苏州)人叔父欲归乡,"当济江南,风不得进,即投奏,即日得渡"。吴越民众通过投奏,得蒙伍子胥阴佑安然渡江。到南朝时,伍子胥的形象已为国家所认可。②梁元帝萧绎曾做《祀伍相庙诗》,对伍子胥持肯定态度,同样体现了统治者对潮神信仰的支持。南朝梁诗人萧纲有《祠伍员庙诗》:

> 去国资孝本,循忠全令名。
> 舟里多奇计,芦中复吐诚。
> 偃月交吴舰,鱼丽入楚营。
> 光功摧妙算,载籍有余声。
> 洪涛犹鼓怒,灵庙尚凄清。
> 行潦承椒奠,按歌杂凤笙。
> 无劳晋后璧,讵用楚臣缨。
> 密树临寒水,疏扉望远城。
> 窗寮野雾入,衣帐积苔生。
> 唯有三青鸟,敛翅时逢迎。③

---

① 李金操、王元林:《由恶变善:潮神伍子胥信仰变迁新探》,《安徽史学》2017 年第 1 期。
② 李金操、王元林:《由恶变善:潮神伍子胥信仰变迁新探》,《安徽史学》2017 年第 1 期。
③ 逯钦立辑校:《先秦汉魏晋南北朝诗·梁诗》卷二一,中华书局 1983 年版,第 1943—1944 页。

三、唐代钱塘江流域的潮神信仰

隋唐时期,钱塘江流域有祭潮的风俗,其中潮神以伍子胥最为著名。如前所述,杭州吴山上的胥山庙建立于战国时期,用以奉祭伍子胥。特别是潮神伍子胥的正面形象形成后,官府对潮神伍子胥信仰持支持态度。在唐代,江南地区曾三次大规模禁毁淫祠,但均未涉伍子胥祠庙。如唐中宗时(705—710 年在位),狄仁杰奏请拆毁吴楚地区所有滥修的祠庙(亦即"淫祠"),数量多达 1700余所,惟夏禹、吴泰伯、季札、伍子胥等四祠在保护之列①,足见伍子胥祠的意义非同一般。不过,士人推崇潮神伍子胥是因其具备先贤形象,并非因其司潮神能。景福二年(893),还追封伍子胥为广惠侯。在这一时期,杭州每年都要举行盛大的祭祀活动,迎接潮神伍子胥。唐代许多官员都曾为了潮患或其他与水相关的灾难而到伍公庙去祭祀过。唐元和年间(806—820)出任杭州刺史的卢元辅作《胥山祠铭(并序)》,对伍子胥大加褒扬:

> 元和十年冬十月,朝散大夫、使持节杭州诸军事、杭州刺史、上柱国卢元辅,视事三岁,尘天子书,上畏群灵,下惭蒸人,乃启忠祠,叙而铭曰:"维唐敷视,典于天下,废淫置明,资父事君,囿有不举。寝庙既设,我命厥新,有周行人伍公字子胥,陪吴之职,得死直言,国人求忠者之尸,祷水星之舍,将瞰鸱革,遂临浙江。千五百年,庙貌不改。"汉史迁曰:"胥山,今日青山者。"谬也。吁!善父为《孝记》,曰:"父仇不与共戴天。"谏君为忠,经曰:"诸侯有诤臣,不失国。"当阨于宋郑,绝楚出疆,在平为未宦臣,在奢为既壮子,坎仗节,乞师于吴,军鼓丁宁,五战至郢,鞭墓走昭,非逆施也。夫差既王,宰嚭受赂,二十年内,越祀又颠,泰伯庙血将干,阖闾剑光先失。公朝焉宴焉,入则谏焉。孰谓矢毒,孰谓刀寒。虽言屡出口,而车甲已困于齐矣,蟹稻已夺于岁矣。属镂之赐,竟及其身,鸱夷盛尸,投于水滨,愤悱鼓怒,配涛作神,迄今一日再至。来也,海鸥群飞,阳侯夹从,声远而近,声近而远,奋于吴,怫于越,夕于楚乃退。于是仲秋阙望,杭人以旗鼓迓之,笳箫和之,百城聚观,大耀威灵,卷沙墨裂地灰,截若岸圻城坑,迎潮氏格之如吕梁丈

---

① 《旧唐书》卷八九《狄仁杰传》云:"吴、楚之俗多淫祠,仁杰奏毁一千七百所,唯留夏禹、吴太伯、季札、伍员四祠。"中华书局 1975 年版,第 288 页。

人，为灵戈威矛，激浪百重，堵塞不先，跳樯揭舷。再饭之间，绝其音声，荡漭千里，洪波砥平，有滑有脂，有盐有腥，遥实乎下庭，山海梯航，鸡林扶桑，交臂于茆阶。金狄在户，雷鼓在堂，魏樽汉豆，六代笙簧，可谓奉天爵之馨香，获神人之盛礼。佐皇震怒，驱叱大邪，万里永清，人观斗气。铭曰："武王钺纣，子胥鞭平。为人为父，十死一生。矫矫伍员，执弓挟矢，仗其宝剑，以谒吴子。稽首楚罪，皆中纪理，蒸报子妻，奸直士。赫赫王闾，实听奇谟，锡之金鼓，以号以诛。黄旗大举，右广皆朱。戮墓非赭，瞻昭乃乌。后王嗣立，执书不泣。颠越言润，宰噽谗辑。步光欲飞，姑苏待执。吾则切谏，抉眼不入。投于河上，自统波涛。昼夜两至，怀沙类骚。洗涤南北，簸荡东西。蛮夷卉服，罔敢不来。虽非命祀，不让渎济。帝帝王王，代代明明，表我忠哉。"①

　　白居易在杭州做地方官时，曾祭祀过江神。长庆三年（823）七月十六日，因"去秋愆阳，今夏少雨，实忧灾沴，重困杭人"，而"昨祷伍相神、祈城隍祠"，但"灵虽应期，雨未沾足"，于是日又"以酒乳、香果昭告于皋亭庙神"。② 次月二日，因久旱而再次"率寮吏，荐香火，拜告于北方黑龙"，冀望"三日之内，一雨滂沱"。③ 长庆三年（823）八月，白居易有《祭龙文》："昨者历祷四方，寂然无应。今故虔诚洁意，改命于黑龙。龙无水，欲何依？神无灵，将恐歇。泽能救物，我实有望于龙；物不自神，龙岂无求于我？若三日之内，一雨滂沱，是龙之灵，亦人之幸。礼无不报，神其听之，急急如律令。"④长庆四年（824）五月四日，白居易又因浙江"潮涛失常，奔激西北……浸淫郊廛，坏败庐舍，人坠垫溺"，而"谨以清酌少牢之奠，敢昭告于浙江神"，祈求平复潮灾，"备物致诚，躬自虔祷，庶俾水反归壑，谷迁为陵，土不骞崩，人无荡析"。⑤ 然而潮神"神力未及施也"。

四、宋代的潮神信仰

　　两宋时期，伍子胥崇拜经过统治阶层的封禅整合，在地位上已经有了很大

---

　　① 〔清〕董诰等编：《全唐文》卷六九五，上海古籍出版社 1990 年版，第 3 册，第 3162—3163 页。

　　② 〔唐〕白居易：《白居易全集》卷四〇《祝皋亭神文》《祭龙文》，上海古籍出版社 1999 年版，第 610—611 页。

　　③ 〔清〕董诰等编：《全唐文》卷六八〇，上海古籍出版社 1990 年版，第 3 册，第 3082 页。

　　④ 〔清〕董诰等编：《全唐文》卷六八〇，上海古籍出版社 1990 年版，第 3 册，第 3082 页。

　　⑤ 〔唐〕白居易：《白居易全集》卷四〇《祭浙江文》，上海古籍出版社 1999 年版，第 611 页。

的提高,在内容上正式确立了忠孝和调节风雨的特点,在形象上已经将伍子胥追封到了圣王的高度。宋代伍子胥信仰达到了极致,此外,文种、张夏、钱镠、妈祖等也成为潮神。

(一)潮神伍子胥信仰

宋代的潮神信仰,主要为朝廷承认的伍子胥信仰。其中,杭州吴山有伍公庙,又称伍相祠、忠清庙、吴行人伍员祠、英卫公庙等,在伍公山东端山巅,西侧为海会寺遗址,东面山麓连接鼓楼。宋代潜说友《咸淳临安志》载:

> 忠清庙,在吴山。神伍氏名员。……国朝载在祀典,雍熙二年四月,诏重建庙;大中祥符五年,朝廷以海潮大溢冲激州城,诏本州每岁春秋醮祭,学士院撰青祠。其年赐"忠清庙"额,封英烈王。九年,以马亮知杭州,诏问捍江之策,亮至祷于祠下,明日潮杀又出横沙数里,堤岸乃成。政和六年,加封威显。庙毁于建炎兵火,兴于绍兴二十二年;至三十年,加封忠壮。乾道五年十月,周安抚淙重修。庆元五年至嘉定十七年,累封为忠武英烈威德显圣王。绍定四年,庙再毁,有旨赐缗钱重建。嘉熙三年,赵安抚与懽又易而新之。旧有星宿阁,至是阁成,摭"英卫"二字以名。理宗皇帝亲洒宸翰赐焉。宝祐元年又毁;二年,颜安抚颐仲又建,移英卫阁于正殿之后。咸淳四年五月,积雨廊庑坏,安抚潜说友重行修治,视旧增壮。其封爵自嘉熙至今,累改为忠武英烈显圣安福王。[1]

据此可知,忠清庙(亦称中兴观)于北宋雍熙二年(985)四月重建。宋真宗《吴山庙春秋建道场诏》:"杭州吴山庙神,实主洪涛,隶书往册。顷者,湍流暴作,闾井为忧。致祷之初,厥应如响。御灾捍患,神实能之。用竭精衷,有如常祀。庶凭诚感,永庇吾民。宜令本州岛每岁春秋建道场三昼夜,罢日设醮。其青词,学士院前一月降付。"后毁,"康定九年,守蒋堂重建"。嘉祐七年(1062),太守沈遘修。王安国《忠清庙记》:"胥山庙者,吴人奉祀已千百余年。至于今,天子命祀,而使之岁时祈祝,未尝懈也。嘉熙七年,长兴沈公作藩于杭,政以大成,下畏以爱。既而雨旸,或愆躬祷于庙,岁仍大熟,于是邦人以为神之赐也。乃相与告于

---

① 〔宋〕潜说友:《咸淳临安志》卷七一《祠祀一·土神》,《宋元方志丛刊》本,中华书局1990年版,第4册,第3995—3996页。

公曰:'愿治庙堂,以妥神灵。'公既乐诏教之施能媚于民,而又嘉民之不忘神惠而思为报也,故听之。八年六月,庙成。公遂祭享,耆稚嗟叹,咸愿刻石以诗题之,而使人来请词于临川王安国,乃作词曰:'维此勾吴,太伯肇居。其后绵绵,享有邑都。阖闾夫差,力欲图伯。有臣子胥,才实刚者。报楚入郢,遂栖越君。使国为雄,我志获伸。彼何宰嚭,冒货奸宄。我愤于忠,国亦旋毁。武林之墟,胥山之岗。立庙以祀,民思不忘。既历历年久,报事不懈。以迄于今,帝遣祈拜。公作邦伯,实治庙民。每祝必诚,获应于神。卒是逾岁,风雨顺节。谓非神休,有或菑蘖。人乃告公,庙堂将倾。愿易而新,不戒遽成。严严之堂,有翼其庑。凭依之威,观者俯偻。众曰迄事,公即大祭。宾赞肃虔,箫鼓喧沸。豕羊具肥,桂酒香醇。神顾享之,醉饱欣欣。众愿具石,刻载厥美。系之铭诗,庸告无止。'"

大中祥符五年(1012)夏,海潮大溢,江涛毁岸,冲击杭城。北宋朝廷派内侍到杭州吴山庙祭祀涛神,据说这么一祭,果然"涛势骤息"。① 朝廷并诏每岁春秋醮祭,赐忠清庙额,封英烈。大中祥符九年(1016),马亮知杭州,祷于祠下。据说这么一祭,果然非常灵验,"涛势骤息"。明日,潮杀,又出横沙数里,堤岸乃成。政和六年(1116),加封威显。

除官方,钱塘江两岸百姓也一直把伍子胥奉为"潮神",宋代著作《锦绣万花谷》中对这一传说表述得更为直接:"子胥乘素车为潮神。"②

(二)潮神张夏祭拜

除了祭祀伍子胥,时人也把张夏作潮神祭拜,但其影响远不及前者。

张夏,《宋史》无传。《续资治通鉴长编》亦不记此事。从文献记载来看,其生卒年不详,字伯起,祖籍开封府雍丘县(今河南杞县)。其父张亮曾为五代吴越国刑部尚书。北宋太宗太平兴国至至道年间(976—997)进士,天圣年间(1023—1032)为太常博士,后升迁为开封府推官、泗州知州。时泗州大水,田宅被淹,张夏募民修建堤塘,疏导河渠,以减轻灾害。仁宗景祐年间(1034—1038)

① 〔元〕马端临《文献通考》卷九〇《郊社考二三·杂祠淫祠》云:"杭州吴山庙,即涛神也。大中祥符五年夏,江涛毁岸。遣内侍白崇庆致祭,涛势骤息。五月,诏封神为英烈王,令本州每春秋二仲就庙建道场三昼夜,及以素馔祠神。"中华书局1986年版,上册,第823页。

② 〔宋〕无名氏:《锦绣万花谷》卷五,上海古籍出版社1991年版,第58页。

以工部郎中出任两浙转运使。景祐中,为尚书兵部郎。①

　　张夏治水惠泽百姓,保护了杭州人民的生命和财产安全,所以在他去世后,杭州百姓为纪念他的治水功绩,尊称其为护堤侯张夏相公,并在各地建立了祠庙。庆历二年(1042),杭州人为怀念张夏之功,在候潮门外江干浑水闸东钱塘江江堤上建庙,即张夏祠或张司封祠,士人称张司封庙。② 王安石曾至此瞻仰,其《张工部庙》诗赞道:"使节纷纷下禁中,几人曾到此城东。独君遗像今如在,庙食真须德与功。"③嘉祐六年(1061)十月,朝廷为嘉奖其治水功绩,褒赠太常少卿;政和二年(1112)八月,朝廷首次授予张夏神"宁江侯"的封号;不久改安济公,并赐昭贶庙额。④ 宣和年间(1119—1125),杭人又在荐桥外马婆巷建有安济庙(俗名祖庙,又名太平院)。南宋叶绍翁《四朝闻见录》甲集《张司封庙》对此作了详细的考证与记录:"庙号昭贶,即景祐中尚书兵部郎张公夏也。(原注:或作'兵部史'。碑又作'太常'。祀典作'工部员外',俗呼'司封')夏字伯起,景祐中出为两浙转运使。杭州江岸,率用薪土,潮水冲击,不过三岁辄坏。夏令作石堤一十二里,以防江潮之害。既成,州人感夏之功,庆历中立庙于堤上。嘉祐六年十月,赠太常少卿。政和二年八月,封宁江侯,改封安济公,并赐今额。绍熙十四年,增'灵感'字。绍兴三十年,增'顺济'字。予以本末考之,初无神怪之事。今临安相传,以伯起治潮三年,莫得其要领,不胜阨愤,尽抱所书牍自赴于江,上诉于帝,后寓于梦,继是修江者方得其说,堤成而潮亦退,盖真野人语也。江之所恃者堤,安有伯起不知以石代薪土之便,功未及成,效匹夫沟渎之为?此身不存而凭虚忽之梦以告来者,万一不用其梦,患当如何?是尚得生名之智、殁谓之神乎?沿江十二里,要是上至六和塔,下至东青门,正贶所筑堤。今顾谗之钱

　　　　　　　　　　　　　　　　　　

　　① 〔明〕郎瑛《七修类稿》卷二八《辩证类·张司封》:"正史作兵部郎,由前为兵部郎也;旧碑作张太常,由后嘉祐又有功而赠为太常少卿也;宋祠典作工部夏员外,讹也;俗呼司封,以其有功授司封郎中也,其称谓不同如此。"上海书店出版社 2009 年,第 299 页。
　　② 〔宋〕施谔:《淳祐临安志》卷一〇《山川·江》,载《南宋临安两志》,浙江人民出版社 1983 年版,第 183 页。
　　③ 〔宋〕王安石:《临川文集》卷三四《张工部庙》,文渊阁《四库全书》本。
　　④ 《宋史》卷九七《河渠志七·东南诸水下》,中华书局 1977 年版,第 7 册,第 2396 页;另从〔宋〕李焘《续资治通鉴长编》卷一九五"宋仁宗嘉祐六年十月辛巳"条权御史中丞王畴言可知,早在嘉祐六年(1061)之前已有人在杭州为张夏立祠纪功。

王,则尤缪矣。"[1]

(三)海神妈祖信仰

相传,圣妃原为五代时闽王统军兵马使、莆田人林愿的第六个女儿林默,福建莆阳湄洲岛人。一般认为她生于宋太祖建隆元年(960),卒于宋太宗雍熙四年(987)。[2] 史载她生而神异,自少年时便能"知人祸福",是当地知名的巫女。此女不仅好施济困,还能乘席渡海、知人祸福、预测气象,被人称为"通贤神女""龙女""神女",渔民和商人都很依赖和信奉她。林默死后,常穿红衣现身于海上,搭救受难海上的船只和海员。因此,人们纷纷建庙立祠来祭祀她。[3] 如洪迈《夷坚志》记载:"兴化军境内地名海口,旧有林夫人庙,莫知何年所立。室宇不甚广大,而灵异素著。凡贾客入海,必致祷祠下,求杯珓,祈阴护,乃敢行。盖尝有至大洋,遇恶风而遥望百拜乞怜,见神出现于樯竿者。"[4]

圣妃信仰在北宋沿海的兴起和发展,离不开两个群体的努力,即海商和士绅。湄洲岛所在的湄洲湾有多重岛屿屏护,外周山丘环绕,因此此地成为深水避风港。众多途经湄洲岛的商人,便成为圣妃信仰最好的传播者。

圣妃虽不属于道教神灵,但其在宋时的受封情况基本上是按照对道教诸神的封爵形式。据时人廖鹏飞记载:

---

① 〔明〕郎瑛《七修类稿》卷二八《辩证类·张司封》:"今庙中之碑作真宗时出为运使治塘,天圣间石塘又坏,运使田公、知府杨公率僚属祠公堤上,功成,赠太常官,封宁江侯则庆历年也。至大观改元封安济,不知何据? 予意叶绍翁之作《四朝录》尚近当时,所考必精,今庙之文恐亦传讹。且真宗时司封既筑,何数年之后田公、杨公又为筑? 既曰石塘复坏于天圣,何至庆历之时方称有功? 朝命赠官封爵时之相去又远矣。若夫《四朝录》以为作堤十二里,碑文曰四千六百四十丈,此则量约之数同也。但江塘有三十里之远,而二文皆不言所修之处,予意必自司封庙地下至庆春门。盖今自候潮门内以北一带街坊土地皆安济之庙,必当时沿江小民,亦各立祠以祀,盖此街原系城外沿江之地。且庆历以北又为新塘,乃国朝之筑,而钱氏之筑想皆通塘之地矣,或岁久而中之一已坏,乃改为昭贶之再筑,余者或修或增,不至大坏而为功之易耳。予尝见杭志祀典,于昭贶之下欠载碑文,因留心以考之,故略言于右。"上海书店出版社 2009年版,第 299 页。

② 关于圣妃的生卒年,福建历代志书说法不一,人们的看法也不尽相同。其生年,有五代闽王说、北宋建隆元年、太平兴国四年说、元祐八年说等;其卒年,有北宋雍熙四年说、景德三年说等。明人张燮在《东西洋考》一书中,曾将诸说汇集于一起。当代学者大多主张建隆元年生、雍熙四年卒之说。参见朱天顺:《关于妈祖生卒时间之管见》,《妈祖研究论文集》,鹭江出版社 1989 年版。

③ 〔宋〕丁伯桂:《艮山顺济圣妃庙记》,〔宋〕潜说友:《咸淳临安志》卷七三《祠祀三》,《宋元方志丛刊》本,中华书局 1990 年版,第 4 册,第 4014 页;黄岩孙:《(宝祐)仙溪志》卷三《祠庙》,《宋元方志丛刊》,中华书局 1990 年版,第 8 册,第 8309 页。

④ 〔宋〕洪迈:《夷坚志》支景卷九《林夫人庙》,中华书局 1981 年版,第 950—951 页。

给事中路允迪出使高丽,道东海,值风浪震荡,舳舻相冲者八,而覆溺者七,独公所乘舟,有女神登樯竿为旋舞状,俄获安济。因诘于众,时同事者保义郎李振,素奉圣墩之神,具道其详。还,奏诸朝,诏以"顺济"为庙额。[1]

这次路允迪等人出使高丽,是在宋徽宗宣和五年(1123)。湄洲女神因庇佑路允迪平安出使,其祖庙遂由朝廷赐号为"顺济庙"。《宋会要辑稿》礼二〇之六"神女祠"条载:"莆田县有神女祠,徽宗宣和五年八月赐额顺济。"[2]这是宋朝廷第一次封赐湄洲神女,表明官方首次正式承认湄洲神女,使其从地方小神上升为国家正祀之神,完成了身份的转变。此后,妈祖信仰的地位越来越高。宋代政府通过下旨不断提高妈祖的地位,使其影响力越来越大,使得天后宫和妈祖庙遍布于沿海地区。两浙路沿海地区的渔民和商人等普遍信仰海神妈祖,崇拜圣妃,以祈求航海平安。

五、明代的潮神崇拜

明代钱塘江下游的杭州、嘉兴、宁波、绍兴等地存在着许多潮神,这些潮神主要由当地历史上的人物转变而来,其中崇祀较为广泛的有伍子胥、文种、钱镠、张夏、晏公等。此地建立许多神庙,并形成了普遍的信仰风俗,如萧山地区三月初六的张神会;杭州、海宁八月十八日的潮神会,沿江一带迎神、观潮等祭祀活动也极具地方特色,大多数庙宇还有自己特定的祭日。以下以较有代表性的伍子胥、张夏两位潮神来叙述。

(一)明代的伍子胥信仰

宋代以后伍子胥信仰开始走向衰落,但在明代,伍子胥神仍处于国家祀典之中,只是封赠的规格大大下降。洪武七年(1374)定神名为"吴行人伍公之神",每年九月二十日以一豕、一羊、笾豆香烛酒帛为祭品,由地方官员致祭。[3]这样的等级与前代追封的王侯乃至圣王相比,其地位大幅降低。明初杭州的地方官员还能坚持祭祀,徐一夔撰《岁祭伍公庙祝文》和《明杭州府岁祭祝文》应是对伍子胥祭祀的祝文,文中仅仅提到伍子胥是"忠",丝毫不见前代的潮神、御灾

---

①　郑振满、丁荷生编:《福建宗教碑铭汇编》,福建人民出版社1995年版,第16页。

②　〔清〕徐松辑:《宋会要辑稿》礼二〇之六,中华书局1997年版,第795页。

③　〔清〕金志章:《吴山伍公庙志》卷一《历代襃封祀典》,第3页,藏中国国家图书馆。

捍患等形象。另有一篇《明新官到任祭祀祝文》,当为新任浙江某地方官赴任时对伍子胥的祭祀祝文,[1]从中可以窥见明初伍子胥信仰在地方上尚有一定的影响,新任地方官要前来祭祀,然就其内容而言,新上任的地方官只是希望伍子胥神能够协助其治理境土,保境安民,并无其他内容,伍子胥神有着类似"城隍"的功能,这表明了伍子胥信仰的衰落。伍子胥被还原为一位神明,其司职特色已经不为新任官员所关注,官员所期望的只是希望其能够协助履职。特色司职的丧失,民众崇祀基础淡化,甚至这位新上任的官员也只是"奉命来官",以符合国家的祀典而已,这些都是伍子胥信仰衰落的表现。[2]

（二）明代张夏信仰

宋代以后,潮灾已集中到杭州东北侧的海宁、海盐及南岸的余姚等地,钱塘江杭州段的潮灾有减缓的趋势。在此背景下,张夏崇拜逐渐衰落,完全沦为民间社会的土俗信仰。直到明成化年间杭州、绍兴等地再次发生巨大潮灾,工部侍郎李颙被派到杭州来治灾,他曾到张夏祠祈祷,并重建张夏祠。[3]此后,张夏信仰重新兴起。不过,张夏信仰的中心却悄然转移到了杭州对面、钱塘江南岸的绍兴府。张夏信仰在萧山等地开始盛行,主要是由于这一地区处于开发的前沿地带。由于钱塘江北岸的塌方,造成南岸不断涨出新的沙地,吸引着人们去开发这些新土地,建造新的堤塘。在这样的开发过程中,传言有守堤、护闸灵异的张夏神,其信仰表现为越来越繁盛的趋势。张夏神的生平事迹却出现了土著化的趋势,原本河南雍丘人氏的张夏,在明代中期以后逐渐讹传为萧山人氏,这样就获得了当地人的喜爱。同时,"护堤侯""英济侯"等这些来历不明的封号代替了宋代张夏神的诸项封号,到了明末、清代,朝廷也正式认可了来自民间的说法,如把祭祀张夏的地方固定在萧山的长山。整个明清时期,张夏信仰在杭州湾沿岸地区的传播,都被深深地打上了绍兴府张老相公信仰的烙印,张夏神也被绍兴人当成了家乡的守护神。随着绍兴人的四处迁移,张老相公信仰也传播至全国各地[4]。

潮神崇拜是杭州湾、钱塘江沿岸较为特殊的现象。浙江南部金衢严处四府深居内地,历史上并无潮灾发生,自然罕有潮神崇拜。台、温二府虽有潮灾,但

---

① 〔清〕金志章:《吴山伍公庙志》卷四《明新官到任祭祀祝文》,第9—10页。

② 参见徐海:《伍子胥信仰研究》,兰州大学硕士学位论文,2012年,第17页。

③ 〔明〕田汝成:《西湖游览志》卷一九《祠庙·昭贶庙》,浙江人民出版社1980年版,第213页。

④ 参见朱海滨:《潮神崇拜与钱塘江沿岸低地开发——以张夏神为中心》,《历史地理》2015年第1期。

其灾害程度远不及杭州湾地区深重,此地历史上少有上述神灵信仰。曾经"广陵潮"也是著名的景观之一,故在苏南地区,历史上也存在潮神崇拜现象,如伍子胥庙在苏南地区也较普遍。后来随着潮水的消歇,苏南地区的潮神崇拜也渐趋衰落。在近千年中,钱塘江北岸江堤呈塌陷趋势,而南岸则呈淤涨之势,相对而言,南岸地区受潮水之害要少于北岸地区,因而潮神崇拜现象也以钱塘江北岸地区更为典型。①

六、清代的潮神崇拜

清代的潮神崇拜,大致承袭明朝风俗。

(一)清代统治者对潮神的祭拜

雍正七年(1729),清世宗令江苏布政使高斌寄信给蔡仕舢,"当虔恭祈祷海神,自有感效"。蔡仕舢随后向世宗奏明,闰月望汛潮头最盛之时,在塘各官莫不以东风为虑。待到自己按照世宗的旨意前往尖山潮神庙祭拜后奇迹发生了,"四塘潮头正起,忽转西北风吹向中流,灵应昭然,众目咸睹"。而且,半月以来通塘安稳,并无一处报坍。蔡仕舢讲述了此次离奇的经历后,将问题的根源与世宗的"天人感应"理念联系起来,认为这是"圣德覃敷,海神感效之明验也"。②乾隆四十九年(1784)正月二十一日,乾隆皇帝第六次南巡。南巡前,他念念不忘钱塘江的鱼鳞石塘,先有谕示:"浙省海塘,前经降旨,将柴塘四千二百余丈,一体改建鱼鳞石塘,为滨海群黎,永资捍卫。"三月十六日,乾隆遣官祭大禹陵、南镇之神、海潮神庙、江潮神庙以及唐代陆贽祠、五代钱镠祠等。

(二)海宁海神庙的建造

雍正《浙江通志》载:海宁潮神庙于康熙六十一年(1722)敕建,以"历代潮神、水神从祀"。③雍正七年(1729)八月二十四日,雍正皇帝第九次发出上谕,自称他按照古代圣人之制祭祀,而祭祀的对象则是"山川岳渎之神,有功德于民,能为之御灾捍患者"。对于雍正二年(1724)浙江海塘潮水冲决而发生的重大灾害,或许与居民平日不知敬畏明神,多有亵渎、怠慢有关。虽然浙江海塘工程已

---

① 参见朱海滨:《祭祀政策与民间信仰变迁:近世浙江民间信仰》,复旦大学出版社2008年版,第154—155页。

② 《雍正朝汉文朱批奏折汇编》第16册,第283页。

③ 〔清〕雍正《浙江通志》卷二一八《祠祀二·杭州府下·海宁县》,中华书局2001年版,第11册,第6169—6170页。

经修筑完毕,没有再次发生大的风暴潮灾害。不过,他还记得雍正二年八月十四日发出的首道上谕,记得曾经要求当地地方官礼敬神明,并要求他们做到令当地居民知晓神明。而"今年潮汛盛长,几至泛溢,官民震恐,幸而水势渐退,堤防无恙"。这都是神明庇护的原因。为此,雍正皇帝特意动用皇室内库的银子十万两,在海宁县敕建海神之庙,以尊崇报答神明保佑之恩。雍正要求浙江总督兼巡抚李卫选用贤德人员,要"敬谨修建,务期制度恢宏,规模壮丽"①。甚至要求百姓瞻仰神庙后,尽消轻慢神明之心,进而敬神畏神,迁善改过。如此,对于国家而言,礼敬神明和治人均有益处。雍正这道上谕,或许有求海神庇护之意,不过,他的着眼点更多放在治人之道上,所求的不仅仅是人民尽消轻慢神明之心,更多的是谋求民众对皇权的感恩畏服。

海神庙始建于清雍正八年(1730),专祀"浙海之神",并列祀海神及有功于海塘者,是我国保存最为完整的海神庙之一,也是江南地区现存规模最大的敕建官式建筑遗存。现尚存石坊、石狮、石筑广场、庆成桥、御碑亭等遗迹。规制完整,布局严谨,做法考究,石坊、石狮、柱础、石栏板及大殿檐柱皆用汉白玉石料,显示出皇家督造的气度,是一处官式结构与地方文化有机结合的典范式建筑。清代皇帝曾多次临御,遗有雍正与乾隆之父子碑。

(三)清代的潮神

如前所述,历代一直将伍子胥作为众多潮神中的主神,但到了雍正年间,浙江总督李卫奉敕在海宁修建海神庙,直接将钱镠安置在正殿主神的位置,并接受民众的朝拜。潮神伍子胥地位的下降,还反映在当时人创作的小说之中。如清钱彩编次、清金丰增订《说岳全传》,全称《新增精忠演义说本岳王全传》,又名《精忠岳传》,俗称"岳传",是一部以岳飞抗金故事为题材、带有某种历史演义色彩的英雄传奇小说。此小说歌颂岳飞等将士英勇作战、精忠报国的忠勇行为,鞭笞秦桧等人卖国求荣、陷害忠良的丑恶罪行。书中第69回"打擂台同祭岳王坟愤冤情哭诉潮神庙"对此便有涉及:

又过了几时,一日正值八月十八,乃是涨潮之日。那钱塘观潮,原是浙江千古来的一件盛事,诗曰:

子胥乘白马,天上涌潮来。雷破江门出,风吹地轴回。

---

① 以上参见〔清〕雍正《浙江通志》卷首二《诏谕》,第2册,第36页。

孤舟凌喷薄,长笛引凄哀。欲作枚乘赋,先挥张翰杯。

王能对李直道:"如此混浊世界,奸臣得福,忠臣受殃,叩天无门,求神不应,岂不气闷死人! 何不同到江边观潮,少消闷怀,何如?"李直道:"甚妙! 甚妙!"当时王、李二人出了候潮门,来至江边。

谁知这回潮不起汛,乃是暗涨,甚觉没兴,只得沿江走走。

走到一座神庙,上面写着"潮神庙"三字。李直道:"我和你各庙神道都已求过,只有这潮神不曾拜讨,何不与兄进去拜求拜求?"王能道:"原说是逢庙便拜,遇神即求,难道潮神就不是神道?"遂一同走进庙来。细看牌位,那潮神却就是伍子胥老爷。

王能道:"别的神道。未受奸臣之害,你却被伯嚭谗害而死。后来伯嚭过江,你却立马显圣,自己也要报仇。难道岳爷为国为民,反被奸臣所害,你既为神,岂无灵感? 难道岳家不应报仇么?"李直也恼起来,大叫道:"这样神道留他何用,不如打碎了罢!"二人拿起砖头石块,将伍子胥老爷的神像并两边从人等尽皆打坏。正是:

英雄无故遭残灭,一腔忠义和谁说! 须将疏奏达天庭,方把忠良仇恨雪。

总之,伍子胥和钱镠到底谁为涛神、谁为海神、谁为潮神,在历史的眼睛中,犹如走马灯一样,谁也无法理顺。不过,这恰好是民间信仰的常态。①

需要指出的是,在海宁民间甚至还有将乾隆帝的弟弟——"十四太子"奉为潮神的。传说雍正帝驾崩时,密诏传位十四太子,被托孤的奸臣偷改遗诏,将"十"字改为"于"字,便遵诏"传位于四太子"。四太子者,即有名的乾隆帝。乾隆即位,深恐这则宫中秘闻,有一天被"十四太子"所知悉,便与国老陈某相商。陈某为海宁人,他献计说:"陛下可往海宁城中筑行宫,赐封十四太子为海昌王(注:海宁城古名海昌),那边有日夜两潮,正如百官朝见陛下一样,确是王者所居之地。"乾隆帝准奏照办,十四太子奉旨前往,但见此地是一个海边荒城,人烟稀少,兵甲不修。倒是那一座新落成的行宫,造得和京城皇宫大同小异,也没有半个官儿来朝见,心中纳闷万分,暗想皇兄明言日有两朝,究竟是怎么回事。仔

---

① 刘闯:《与潮水的抗争——从钱镠"射潮"看五代时期杭州地区居民的生存环境》,《原生态民族文化学刊》2014年第4期。

细探问之后，知此地果然有日潮夜潮，准时到来，分毫不爽。十四太子始知受骗，有一天出城观潮，便跃入江中随潮而去。噩耗传至京师，乾隆帝暗自欢喜，对陈国老说："从此孤无忧矣！"便立即下旨，追封十四太子海昌王为潮神，即以海昌王行宫改为庙宫祭祀，并移潮神庙伍子胥、文种两臣，加以伴祭。自此以后，鼎足而立，潮神有了三位。

海宁人都知道这动人的神话，如若听者不信，他们还可以陪同你去逛庙宫，并指着神像说，正中白面的是十四太子，左边黑面的是文种，右边红面的是伍子胥。还有镇海庙，便是原来祭祀潮神的地方。还有陈阁老古宅，就是那个教唆乾隆帝陷害十四太子的奸相的住宅，现在已是墙坍壁倒，子孙式微，据说已经有了报应！①

---

① 　小石：《盛衰历尽浙江潮》，《时与潮副刊》1948 年第 10 卷第 4 期。

第五章　钱塘江文化对中华文明的贡献及对世界文明的影响

一、钱塘江文化对中华文明的贡献及其历史地位

钱塘江文化历史悠久,内涵丰富,成就辉煌,是中国文化的重要组成部分,对浙江文化和中国文化做出了极其重要的贡献,具体体现在以下几个方面。

(一)对中华民族精神和爱国爱民思想的引领与示范作用

钱塘江流域历史上出现的宗泽、岳飞、文天祥、陈文龙、于谦、张苍水、葛云飞、秋瑾、章太炎等人,他们的事迹可歌可泣,彪炳史册,影响深远。特别是明代于谦,在大敌当前、人心涣散、局势危急之时,他挺身而出,率领军民誓死保卫都城,终于赢得了京师保卫战的胜利,充分张扬了赤胆报国的精神,成为士大夫阶层中"忠君爱国"的典范。

钱塘江流域历史上还有不少政治名人和军事名人,他们也在中华民族的历史和民族精神上刻下了自己的痕迹,如吴郡富春县(今浙江富阳)人孙坚、孙策和孙权父子三人,是三国时期吴国的开创者。睦州雉山县(今浙江淳安)人陈硕真,为中国历史上第一位称帝的农民起义女领袖。睦州分水(今浙江桐庐)人施肩吾,是开发台湾澎湖的先驱者,又是歌咏澎湖的第一人。以临安人钱镠为代表,吴越国"三世五王"励精图治、保境安民,使两浙之地有一个较长的稳定发展时期,不但创建了一个在历史上较为富庶的吴越国,还形成了影响深远的"钱王精神"。此外,杭州人在军事上也多有建树,如仁和(今浙江杭州)人宋应昌是明代军事家、抗倭名将、民族英雄。仁和(今浙江杭州)人毛文龙是明代著名将领、军事家。

（二）对中国清廉为官行为的示范作用

钱塘江历史上的清官廉吏，代不乏人。既有本地人在外地为官的清官，也有外地人来此任职的清官。从汉代的郑弘、马臻、华信，南朝的孔休源，唐代的白居易，宋代的胡则、赵抃、范仲淹、苏轼、张夏、岳飞、陆游，明代的于谦、海瑞，清代的林则徐、葛云飞，等等，无不清廉谨慎、勤政爱民。他们身上的浩然正气及不谋私利、生活俭朴的作风，对后世影响深远。一身正气，两袖清风，出淤泥而不染，以自己冰清玉洁的情操示人。他们在思想上，信奉"清正自守、廉洁奉公"的信条，认为只有自己做人清洁自守，做官才能廉洁奉公。因而，时时"省己""戒贪"。不仅如此，他们也能做到言行一致、洁身自好，从不收受贿赂和馈赠，也不铺张浪费，不讲排场阔气，不摆官老爷架子。杭州刺史白居易，为官30多年，以清贫自守，体察民情，从未忘记老百姓生活的疾苦。他在杭州任刺史期间，从未收受贿赂或向地方官索取名贵物品。在其离任还乡时，发现箱内有两片玲珑可爱的山石，他遂写成一诗追悔己过："三年为刺史，饮水复食叶。唯向天竺山，取得两片石。此抵有千金，无乃伤清白。"宋代范仲淹在杭州知州任上，践行"先天下之忧而忧，后天下之乐而乐"的人生理念。宋代大文豪苏轼两任官于杭州，任职期间，关心民间疾苦，救济饥民，选拔优秀人才，疏浚西湖，开导两河，政绩突出，对杭州可谓是功德无量。南宋抗金名将岳飞有一至理名言："文官不爱钱，武官不惜死，则天下太平矣！"他身居高位，"廉洁奉公，不殖私产"。明代淳安知县海瑞也提出："公以生其明，俭以养其廉，是诚为邑之要道，处事临民之龟鉴也。"他去世后，家中只存俸银八两、葛布一端和旧衣数件，此外别无他物。做了多年大官，死后竟连丧葬费还要靠朋友们接济。其廉洁清贫且始终如一，为世所罕见。杭州人于谦官至监察御史，为官清廉刚正，一身正气，两袖清风，一生家无余财，很受百姓爱戴。其表露廉政勤政心迹的"千锤万凿出深山，烈火焚烧若等闲。粉身碎骨浑不怕，要留清白在人间""清风两袖朝天去，免得闾阎话短长"等诗句，脍炙人口。从此，"两袖清风"被引申为品德正直的清廉官员的代名词。由此可以证明，杭州的"清官文化"是中华优秀传统文化的重要组成部分。

（三）对中国文学艺术、科学技术等的重要贡献

钱塘江精神的内涵极其丰富，包括文学、书法、绘画、篆刻、音乐、歌舞、戏曲、宗教、科学技术、教育、藏书，等等。生活在这里或来这里为官任职、寓居的古人，在这些领域，或有所造诣，或独树一帜，或自成一派，或多有创造，对国家、

民族历史的发展和文明的进步作出了重要贡献。1987年11月,浙江人民出版社曾出版《浙江十大文化名人》一书,收录王充、沈括、陆游、王阳明、黄宗羲、龚自珍、蔡元培、章太炎、王国维、鲁迅十位文化名人,他们均出于钱塘江流域的下游两岸地区。

在文学上,与钱塘江相关的文学家主要有谢灵运、孔稚圭、白居易、施肩吾、贺知章、李频、方干、周邦彦、苏轼、范仲淹、罗隐、林逋、李清照、陆游、周密、汪元量、钱惟善、罗贯中、施耐庵、高濂、田汝成、张岱、袁枚、梁诗正、厉鹗、杭世骏、毛奇龄、李渔、洪楩、洪昇、袁枚、厉鹗、阮元、俞樾、鲁迅、郁达夫、徐志摩等。白居易在杭州为官时为灵隐冷泉亭写的《冷泉亭记》是中国散文史上的一篇经典之作。五代罗隐《谗书》,北宋柳永《望海潮》词、潘阆《酒泉子》(又名《忆余杭》)、欧阳修《有美堂记》、苏轼《饮湖上初晴后雨二首》之二诗等,都是中国文学史上的经典名作。杭州人、南宋宫廷琴师汪元量著有诗集《水云集》、词集《水云词》《湖山类稿》等。其作品有高度的纪实性,超出此时其他遗民同类作品的深度和广度,能补正史之不足,道正史所不能言。元代施耐庵在钱塘为官,后著有中国古典四大小说之一的《水浒传》。罗贯中著有《三国志通俗演义》。瞿佑所著的《剪灯新话》是明代第一部也是最负盛名的传奇小说集。至清代,陆圻、丁彭、柴绍炳、毛先舒、孙治、张丹、吴百朋、沈谦、虞黄昊、陈廷会都是清初顺治、康熙年间的杭州诗人,他们承明末遗民诗人的遗绪,结西泠诗社于湖上,称"西泠十子"(或称"西陵十子"),世人称为"西泠派"。到康熙年间(1662—1722)之后,一些杭州本土隐逸诗人,如厉鹗等人,以清幽空寂的韵致、深挚真实的性情来作诗,风格独树一帜,成就了浙派诗风。到清中期的乾嘉年间(1736—1820),袁枚的西湖诗更呈现出典型的性灵风格。清雍正时的厉鹗,是当时的"诗魔",清代中叶"浙西词派"的领袖,并且还是一位著名的文献编纂学家,著有《宋诗纪事》以及《南宋院画录》《南宋杂事诗》等。洪昇创作的《长生殿》把古典戏曲创作推上一个新的高峰,是和孔尚任的《桃花扇》并称的清代两部著名的昆剧传奇。陈端生创作有长篇弹词《再生缘》,一经问世,就在社会上广为流传。

在艺术上,与钱塘江相关的著名书画家有褚遂良、萧悦、马远、夏圭、刘松年、李嵩、赵孟頫、鲜于枢、黄公望、蓝瑛、陈洪绶、丁敬、任熊、任薰、任颐、吴昌硕、任伯年、李叔同。钱塘人褚遂良为唐初四大书法家之一。南宋时期更是画家云集,如南渡的李唐、李迪、张择端、苏汉臣等北方画界名流寓居于此,马远、夏圭、刘松年、李嵩等成就杰出。明代戴进开创了一个以杭州为中心的画派,戴进被后人推为"浙派"领袖。蓝瑛的画,以元人画法为基础,上追五代、北宋,其是"武林派"的创始人。钱塘人丁敬的篆刻独树一帜,兼收秦汉以来的精华,博采众长,推陈出新,在篆法、章法、刀法三方面都有自己独创性的建树。丁敬确立的这种"切刀法"的规范,成为其后篆刻艺术主要的运刀方法之一,同时也成为浙派篆刻的特有技法。丁敬著有《武林金石录》《砚林诗集》《砚林印谱》等。除丁敬,还有蒋仁、黄易、奚冈、陈豫钟、陈鸿寿、赵之琛、钱松等,篆刻宗秦汉,兼取众长,讲究刀法,善用切刀,各有特点,在艺术上都有较高的成就。因丁敬等八人都是杭州人,故又称"西泠印派"。钱塘人梁同书为晚清四大书法家之一。萧山人任熊为近代"海上画派"早期代表人物。萧山人任薰、任颐为近代"海上画派"的重要画家。

在哲学上,与钱塘江相关的思想家主要有魏伯阳、嵇康、葛洪、杨时、张九成、朱熹、陈亮、叶适、吕祖谦、王阳明、龚自珍、章太炎等。其中,上虞人魏伯阳撰《周易参同契》三篇,是道家炼丹术中最早的重要著作,它把"大易""黄老""炉火"三家理论参照会同而契合为一,为后世道家所宗。宋末元初思想家邓牧,在传世名作《伯牙琴》中,以道家思想为基础,并将之作为批判黑暗社会的武器,从而发展了先秦道家"异端"思想的一面。他大胆抨击封建专制主义,指出皇帝是最大的剥削者和掠夺者,在暴君与酷吏的压迫下,人民无法生活,起来斗争是必然的,也是合理的。其思想对明末清初启蒙思想家黄宗羲有较大影响,成为黄宗羲民主思想的重要渊源之一。龚自珍是清代思想家和中国改良主义的先驱者,他对死气沉沉的社会作怦然一击,惊醒了很多昏睡的世人,促使人们向真、向善、向美、向勇,给人以鼓舞和激发。梁启超《清代学术概论》曰:"晚清思想之解放,自珍确与有功焉。光绪间所谓新学家者,大率人人皆经过崇拜龚氏之一时期;初读《定庵全集》,若受电然。"

在佛学上,梁代高僧慧皎是著名的佛教史学家,其所著的《高僧传》一书是我国第一部系统的综合性佛教史著作。五代宋释延寿为法眼宗传入高丽的重要弘法者,他的著作《宗镜录》(又名《心镜录》)总结了宋以前中国佛学的得失,指出了此后中国佛教的发展道路。在肯定唐代宗密"禅教一致"说的基础上,进一步将之发扬光大,并把这种融合思想推及所有佛教宗派。文益,余杭人,著有《宗门十规论》,为法眼宗的创立者。

在科学技术上,良渚古城宫殿区的面积,接近故宫博物院(72万平方米)的一半,并且展现出中国古代都城三重结构的建筑规范;在良渚的宫城中,目前已发现有几十座大型房屋的基址，最大的有 900 多平方米，接近故宫博物院太和殿（金銮殿）的一半。宫城的总土方量达到 228 万立方米，在公元前 26 世纪古埃及胡夫金字塔（260 万立方米）建造之前，良渚古城已是地球上最大的单体建筑物。2019 年 7 月，良渚古城遗址成功列入《世界遗产名录》。而良渚古城外围的水利系统，更是迄今所知中国最早的大型水利工程，也是世界上最早的水坝。此后，春秋战国时的欧冶子，六朝时的虞喜，五代末年北宋初年著名匠师和造塔专家喻皓等均为著名科学家，其中喻皓著有中国历史上第一部建筑专著《木经》。北宋时，杭州出现了毕昇、沈括等几位具有世界性影响力的人物。众所周知，印刷术是中国古代的"四大发明"之一。大约到了 11 世纪中叶，平民出身的毕昇在当时印刷业最为发达的杭州，总结了历代雕版印刷的丰富的实践经验，经过反复试验，终于发明了一种更加进步的印刷方法——活字印刷术，把我国的印刷技术大大提高了一步。活字印刷术也可以说是人类印刷史上一项伟大的技术革命，它对世界文明进程和人类文化发展产生过重大影响。1861 年，马克思对此作出了极高的评价，他说："火药、指南针、印刷术——这是预告资产阶级到来的三大发明。火药把骑士阶层炸得粉碎，指南针打开了世界市场并建立了殖民地；而印刷术则变成了新教的工具和科学复兴的手段，变成对精神发展创造必要前提的强大杠杆。"[1]北宋钱塘（今浙江杭州）人沈括，在科学研究上卓有成就，他精通天文学、数学、物理学、化学、地质学、气象学、地理学、动植物学、农学、生物学、医学、工程建筑、冶金、兵器，以及史学、文学、语言文字、音乐、美术、文物考古等，著作等身。英国剑桥大学教授、著名科技史大家李约瑟赞颂沈括是"中国整部科学史最卓越的人物"，《梦溪笔谈》为"中国科技史上的坐标"。[2]他不仅是中国历史上最早利用石油烟尘制墨的人，而且还在世界上最早提出了"石油"一词。钱乙被历代医学界推崇为儿科的鼻祖。归安（今浙江湖州）人朱肱（1050—1125），隐居于杭州西湖，在这里撰写了我国现存的第一部关于酿酒工艺的专著《北山酒经》。北宋至和三年（1056）由将作监主簿监和浙江税场吕昌明复位的潮候时刻表，比英国伦敦桥的潮汐表早了 150 多年，是世界上至今保留的最早的潮候表。南宋於潜（今浙江临安）县令楼璹所绘制的《耕织图》，是我国最早的有关农业与蚕桑生产的成套图像资料，被人誉为"我国最早完整地记

---

① ［德］马克思：《机器·自然力和科学的应用》，载《马克思恩格斯全集》，人民出版社 1978 年版，第 67 页。

② Joseph Needham, *Science and Civilisation in China*, Vol. I, 1954, p. 135—136.

录男耕女织的画卷""世界上第一部农业科普画册"。① 书中绘有一台高楼式的
束综提花机,是我国目前发现的最早的提花机图像,也是当时世界上最先进的
丝织生产工具,是临安丝绸技术高度发达的重要标志。南宋内官太尉王介,晚
年移居临安(今浙江杭州)皇城郊外慈云岭西,他著的《履巉岩本草》是南宋时期
的一部地方性本草著作,也是我国历史上最早的一部具有彩图的本草专著。钱
塘(今浙江杭州)人杨辉是宋元时期四大数学家之一,他在《续古摘奇算法》中所
列的各式各样的"纵横图",是世界上对幻方最早的系统研究和记载。杨辉在
《日用算法》《乘除通变算法》《算法通变本末》中,对乘除等算法进行了改革。这
些工作,不仅提高了运算速度和精确度,而且还为我国明代珠算的发明起到了
重要的推动作用,充分体现出当时数学发展的新成就、新趋势。单俊良是元末
明初的科学家、牛转水车的发明者。吴敬最早记载了珠算,并记有最原始的珠
算口诀。楼英是明代医学家。戴梓是清初著名的火器专家。陈潢为清代著名
的水利学家。赵一清是清代著名的地理学家。赵学敏、吴尚先、王士雄、魏之琇
均是清代著名的医学家,赵学敏著有《本草纲目拾遗》。项名达、戴煦、夏鸾翔为
清代数学家。

在中外文化交流史上,明代杨廷筠、李之藻与徐光启被称为明末"中国天主
教的三大柱石"。明清之际杰出的学者陈元斌,对中日文化交流作出了卓越贡
献。戴笠,其书法和医术在日本各有传人,影响很大。

（四）对中国古代物质文明的贡献

浙江历史上素有"鱼米之乡""丝绸之府"等美誉,杭州在南宋时更有"上有
天堂,下有苏杭"之誉,是中国古代社会品质生活的典范,此地引领了时代的风
尚,对中国古代生活品质的提高作出了重要的贡献。

1. 稻作文明

钱塘江流域是中国稻作文明的重要发源地之一。根据考古资料,中国稻作
农耕的出现以钱塘江流域为最早,稻类作物的发现亦最为集中。钱塘江流域地
区目前已经发现的有关新石器时代的稻作遗址有浙江省浦江县黄宅镇上山、嵊
州小黄山、萧山跨湖桥、余姚河姆渡、桐乡罗家角、杭州水田畈、吴兴钱山漾、宁
波八字桥等数地。② 经过对河姆渡出土的谷物的科学鉴定,证实它不仅有人工

---

① 中国农业博物馆编:《中国古代耕织图》,中国农业出版社 1995 年版,第 33 页。
② 朱乃诚:《中国史前稻作农业概论》,《农业考古》2005 年第 1 期。

栽培的水稻,而且还有籼、粳两亚种,也有过渡类型,反映出它们是一个亚洲栽培稻属的杂合群体①。同时还出土了许多制作精良的农具——骨耜,仅第四文化层就有骨耜 76 件②。这说明,早在公元前 7000 年前后,这一地区就已经有了比较发达的稻作农耕。此后水稻的种植始终是钱塘江流域农业生产的一个最为重要的种类,"饭稻羹鱼"成为当地人民的生活习性。

2000 年,浙江省文物考古研究所、浦江县博物馆相关考古人员在浦阳江上游地区进行考古发掘调查,结果发现了上山文化遗址。2001 年 2 月至 5 月,浙江省文物考古研究所派人对遗址进行发掘,发掘面积达 600 余平方米。考古人员选取新石器时代地层出土的夹炭陶片进行碳十四加速器质谱(AMS)年代的测试,结果证明,该遗址的年代距今约 1 万年左右。后据北京大学考古文博学院对标本进行年代测试,表明遗址年代距今大约为 11400—8600 年之间。该遗址出土文物 80 余件,有石器与陶器,大多数器型为大口盆。同时,发现了房屋与灰坑遗迹,以及水稻栽培的遗存。在出土的夹炭陶片的表面,有很多稻壳的印痕,且胎土中有大量的稻壳、稻叶。在上山文化遗址中,还发现有稻米的遗存,这是一个了不起的发现,引起考古界的极大关注。有专家认为,这是长江下游地区目前发现的最早的稻作遗存,为研究稻作史提供了十分珍贵的资料。1 万年前的上山人流行种水稻,而且会利用石磨盘、石磨棒等工具进行水稻脱壳,将史前文明的历史提前了 3000 余年。这表明,钱塘江流域是我国稻作和栽培稻的重要起源地。上山文化被发现后,有人说:1 万年前,上山人就吃上白米饭了;有人说:上山文化是长江下游史前文明的新源头;香港中文大学人类学系吕烈丹博士说:"这粒米不管是野生的或栽培的,意义都同样重大。"中国环境考古学会会长莫多闻教授在中国第四届环境考古学大会上说:"上山遗址的发现与研究,是浙江乃至整个华东地区考古发现和研究的重大突破,对我国新石器考古学研究和农业起源研究均具有十分重要的意义。"

2. 蚕桑与丝绸文明

关于养蚕的起源地,过去一直认为是在黄河流域。1967 年,日本学者吉武成美通过用同工酶对多种家蚕品种的血液酯酶、皮肤脂酶和血液磷酸酶进行测定,他提出养蚕起源于中国黄河流域,最初是一化性种,然后向江南等地及世界

---

① 　游修龄:《对河姆渡遗址第四文化层稻谷和骨耜的几点看法》,《文物》1976 年第 8 期。

② 　牟永抗、魏正瑾、吴玉贤、梅福根:《河姆渡遗址第一期发掘报告》,《考古学报》1978 年第 1 期。

各地传播，并形成二化性种和多化性种。① 这种以一地为中心、四面传播扩散的养蚕起源理论，一时被国内外学者所引用。

但近几年来的考古资料表明，钱塘江流域是世界上最早养蚕缫丝的起源地。1973 年，考古工作者在浙江余姚河姆渡遗址中，发现了大量用于纺织的打纬骨机刀、骨梭、梭形器、木制纹纱棒、打纬刀、经轴（残片）和陶制纺轮等纺织工具。而且在一件骨匕上还阴刻有编织纹，特别是在两件盅形象牙雕刻器外壁上刻有编织纹和蚕纹图像，它表明早在新石器时代晚期，钱塘江流域已经开始饲养家蚕。原始纺织技术中可能已包括丝织技术，这是纺织技术发展史上的重大突破。此外，在浙江吴兴钱山漾等新石器时代遗址中，还出现了绸片、丝线、丝带、麻布片等物品。尤其是钱山漾出土的绸片，经科学鉴定，是茧丝捻合的长丝做经纬、交织而成的平纹织物，表面细致、光洁，丝缕平整，为我国至今出土最早的丝织品。这个遗址的年代在距今 4200 年左右。2005 年，浙江省文物考古研究所联合湖州市博物馆对钱山漾遗址进行了第三次发掘，再次发现了丝带等遗物。由此我们可以断定，在距今 4000 多年前，浙江已经出现了真正的丝绸业，有了家蚕饲养、缫丝、织绸等生产环节。而且，从出土的丝线和丝织品来看，它们绝不是技术草创阶段的产品，而是具有一定的技术水准的产品，学术界将它们认定为"中国乃至世界范围内人类利用家蚕丝纺织的最早实例"。2015 年 6 月，湖州钱山漾遗址在北京被命名为"世界丝绸之源"。这些都有力地说明，钱塘江流域"新石器时代的纺织品，无论在种类或技术方面，都远超黄河流域"②。

到春秋战国时期，钱塘江流域成为中国纺织业的中心之一，丝织技术在钱塘江流域已经非常成熟。越国纺织业主要以生产麻纺织品为主，产量庞大，吴王一次就"索葛布十万"。现有的资料表明，当时已能生产帛、罗、縠、素绢、彩绢、丝带等工艺精美、质地轻薄的"轻霏霏"的高级丝织物。如《吴越春秋·句践阴谋外传》载："使相者国中得苎萝山鬻薪之女，曰西施、郑旦，饰以罗、縠。"中国丝绸博物馆馆长赵丰研究员还认为："在今天两湖地区出土的大量战国丝织品中，或许其中也有越国的产品，或者是在某种程度上受到过越国丝绸生产技术的影响的产品。"③

---

① ［日］吉武成美：《日本蚕丝学杂志》1967 年第 2 期。

② 杨建芳：《中国南方新石器时代文化的发展水平及特点》，载《人类学论文选集》，中山大学出版社 1986 年版。

③ 赵丰：《浙江省博物馆新入藏越王者旨於睗剑笔谈》，《文物》1996 年第 4 期。

隋唐时期,唐代大规模生产越罗,大诗人杜甫在一首题为《白丝行》的诗中写道:"缫丝须长不须白,越罗蜀锦金粟尺",表明用蚕丝织成的越罗和蜀锦的珍贵,须要金粟嵌星的尺子来丈量,可见越罗在唐人心目中的分量。统治者也以丝绸作为讨好北方草原民族(如突厥、回纥等)的手段,时常赠绢数万匹。至于互市贸易中的丝织品,仅唐与回纥之间的交易总数就达上千万匹,以至唐朝无力支付,不得不拖欠绢匹。这些数量巨大的丝绸运入漠北草原,其对游牧民族的影响可想而知。此外,唐朝的丝绸还通过草原丝绸之路,远销至希腊、罗马、埃及和印度等地。

北宋时期,浙江丝绸业在全国的重要性地位更加突出,此地已经与传统的丝绸产区——中原地区、四川地区构成了三足鼎立之势。从各地上贡朝廷的丝织品数量来看,浙江虽然排在第三位,但罗、绢绸、绫三类产品数量极大,特别是罗几乎占据了全国八成以上的产量。到南宋时期,浙江丝绸业终于超越了其他地区,成为名副其实的"丝绸之府"了。婺州(今浙江金华一带)是两宋时期全国最重要的织罗基地,每年上贡的数量在几万匹。这一时期浙江各地均形成了独特的地方产品,如越州的尼罗、寺绫,剡县(嵊州)的樗蒲绫、绉纱,萧山的绉,诸暨的绢,嘉兴桐乡的"濮绸",魏塘的画绢等,这些产品均被记录在地方志中。

元代蒙古族统治者将虏获自南方的染织工匠,押送到北方腹地,设置了名目繁多的工匠局,专门生产高级丝织品,供他们使用。因此,当时的丝织印染工艺,不仅继承了历代的优秀传统,而且在风格上迎合了蒙古人的审美趣味。1976年在内蒙古自治区集宁市东南元代集宁路故城遗址中,出土了一批窖藏丝织品。据学者研究,这些制作精美、色彩艳丽的丝织品,出自江南名匠之手。

明代继承了元代的做法,在全国丝绸产区设置官营织染机构,共23所,数量比元代少,但设在浙江的就有10所,几乎占了一半。其中规模较大的有杭州织染局、嘉兴织染局和湖州织染局。

清代只在三个城市即南京、苏州和杭州设了官营织染局,被称为"江南三织造",共同承担皇室和官府需要的绸缎,这说明杭州与南京、苏州享有丝织业最发达城市的荣耀。从织造的产品看,杭州织染局主要以生产各种类型的缎为主,有龙袍、蟒袍和龙褂、蟒褂,有复杂的织金、妆花等高档织物,也有纱、罗、绸、绫之类的普通丝织品。地方上的著名产品,杭州主要有线春、线绉、杭罗、杭纺、杭缎、杭绸、实地纱、亮地纱等,这些产品花素兼备,多见于清后期至民国初年的服装。其中线春是平纹地上以斜纹起花的丝织物,也叫"杭大绸",杭罗是平纹与绞纱组织配合的横条纹织物,均朴素可爱。

民国时期最经典的丝绸提花产品——织锦缎、古香缎,也诞生于 20 世纪 30 年代的杭州,都锦生丝织厂出品的像景织物——丝织风景画则是丝织美术工艺品的代表,成为杭州的另一张新名片,其声誉一直保持到今天。

中华人民共和国成立后,浙江在长时期内保持了丝绸生产、设计和出口的重要地位,与上海、江苏形成三足鼎立之势。从丝绸产品的类型看,浙江的提花丝绸是全国做得最好的,设计也最出色,这可能要归功于 20 世纪 50 年代成立的杭州丝织试样厂。这个厂其实是浙江丝绸新产品的研发中心,集中了浙江最优秀的设计师和工程师,不断推出新颖别致的产品,在国际市场中为中国丝绸赢得了荣誉。

3. 瓷器文明

瓷器是我国劳动人民的伟大发明。钱塘江地区是中国最早烧制釉陶的地区。余姚河姆渡遗址的考古发现表明,早在 7000 年前,生活在这里的先民们就已经开始烧制陶器。到商朝时,浙江出现了结构完整、装烧量大、窑温较高的烧制印纹硬陶的龙窑。春秋时期,越地的印纹硬陶已达到全盛阶段,还出现了原始瓷器。战国时期,这里的制陶业更是趋于发达,仅浙江绍兴的富盛和萧山的进化两地就发现了我国早期的窑址 20 多座,有的窑址还呈长条形斜坡状,说明这些窑场具有水平较高的专业作坊的性质。①

到东汉后期,浙江的绍兴、上虞一带已经出现了青瓷器。由于瓷器具有制作方便、成本低廉、坚固耐用、美观清洁等优点,因此一经出现,便迅速获得了人们的喜爱,成为中国人必不可少的日常生活器具。此后,越窑青瓷在钱塘江流域更是得到了飞速的发展。唐宋时,浙江越窑、龙泉窑等窑生产的瓷器,远销海内外,推动了中华文明和世界文明的进步与发展。

4. 茶文化

中国是"茶的祖国",茶与可可、咖啡并称为世界三大无醇饮料。迄今为止发现的我国第一部药学专著《神农本草经》记载了关于茶的起源的传说:"神农尝百草,一日而遇七十二毒,得茶而解之。"神农氏即炎帝,为远古传说中的人物,后人称其为"人文始祖",距今 5000 多年。书中记载的"茶",就是今日人们

---

① 绍兴市文管会:《浙江绍兴富盛战国窑址》,《考古》1979 年第 3 期;《三十年来浙江文物考古工作》,载《文物考古工作三十年》,文物出版社 1979 年版。

常饮的茶,它还指出了茶的功效——解毒。有鉴于此,唐代的陆羽在《茶经》中把神农列为中国第一个饮用茶的人。但神农最早发现茶的说法,很难得到学术界的认同。有学者根据考古发现认为,钱塘江流域是中国茶业与茶文化的摇篮。

20 世纪 70 年代,钱塘江流域下游南岸的河姆渡遗址中出土了樟树叶堆积与原始打茶筒等原始茶文化遗物。2001 年发掘的浙江杭州跨湖桥遗址 T0510 探方的第七层中,出土一颗极其珍贵而难得的世界上最早"茶树种籽",并且跨湖桥遗址 T0411⑧层中出土了一件小陶釜,外底有烟火熏焦痕,器内盛有一捆植物茎枝,长度约 5～8 厘米,单根直径一般在 0.3～0.8 厘米间,共约 20 根,纹理结节均很清晰,出土时头尾整齐地曲缩在釜底。显然,这是陶釜煮烧植物茎枝的遗迹,考古人员将之定为煎药与药罐。[①] 2004 年,考古工作者又在余姚田螺山河姆渡文化遗址的 6000 年前地层中出土了目前世界上已发现的最早的茶树。当时共有 20 余株留有根部及短杆的茶树遗存出土,它们保持着种植状态,整齐地分行排列于两片地块中,非常珍贵而难得地呈现出 6000 年前人工栽培茶树的原生态模样。2008 年经日本古生物学家切片鉴定,确定是山茶属中的栽培茶树;是年底又经中国茶叶研究所作生化检测,测出该茶树遗存中含有茶树中才有的茶氨酸,因此茶学专家也出具了明确的鉴定意见:"是人工栽培茶叶树。"日本东北大学教授、著名植物学家、田螺山遗址出土山茶属树根遗存鉴定者铃木三男,日本金泽大学教授中村慎一及浙江省文物考古研究所研究员孙国平、郑云飞共同署名发表的《茶树种植起源的世界最早证据的发现和初步研究》一文中,从多个侧面论述了茶的起源地、茶与其他植物的关系、田螺山遗址的发掘与主要收获,最后得出结论:"田螺山遗址人工栽培茶树可能是目前世界上迄今发现的最古老茶树,它们的发现,意味着长江下游是茶文化的发源地,促使我们对过去茶树起源观点和研究方法进行反思。"另外,田螺山遗址中栽培茶树的发现,也是对植树造林史研究方面的重大突破,表明中国是世界上最早开始人工植树的国家。明确证明中国栽培茶树的历史至少已有 6000 年之久。[②] 2008 年 12 月 1 日,《参考消息》以《中日专家发现 6000 年前茶地遗址》为题进行报道:

---

① 浙江省文物考古研究所、萧山博物馆:《跨湖桥》(考古发掘报告)中《跨湖桥遗址出土的植物种实》,文物出版社 2004 年版,彩页。

② 《浙江余姚田螺山遗址发现 6000 年前人工种植茶树遗存》,《现代金报》2015 年 7 月 1 日。

【共同社杭州 11 月 29 日电】由日本金泽大学考古学教授中村慎一等组成的中日研究组,日前在该市召开的成果报告会上宣布,在浙江省田螺山遗址距今 5500 至 6000 年前的地层中发现了可能是世界最古老茶地的遗迹。

据此,有学者从跨湖桥遗址出土的一颗人工环境下的 8000 年前茶树籽、一团原始茶与茶釜组合等文物,认为这是世界上出土的最早的茶树种籽、茶和茶釜,证明早在 8000 年前跨湖桥人就已开始喝茶并开始栽培茶树。因此,跨湖桥出土的茶树种籽及与茶釜是奠定杭州为“华夏茶都”的重要物证,是确认杭州为茶树起源地及饮茶发源地的重要证据。杭州是世界上唯一有较完整发展证据的茶文化起源地,杭州湾地区是世界茶文化起源地暨茶树起源中心。而余姚田螺山河姆渡文化遗址出土的人工栽培的茶树,也把世界驯化茶栽培的历史提前到了 6000 年前,它成功改写了人类的食茶叶史、驯化茶树史乃至人类的植树史等,是非常珍贵且重要的历史物证,证明并揭示了人类古老文化与文明源头的世界性独特意义。①

商周时期,“茶”由于其所具有的丰富的药用价值,给人们的生活带来了极大的影响,为大多数百姓所接受。东汉末期,葛玄(164—244)在天台山的主峰华顶修炼金丹时开辟了葛仙茶圃。随后,茶叶在钱塘江流域逐渐变作一种普通之物,茶饮已经逐渐进入寻常百姓的生活,人们竞相饮用,饮茶并成为人们在社交活动中的一种待客礼仪,“客来敬茶”“做席竞下饮”就是当时生活的写照。魏晋南北朝时期,饮茶之风更加盛行,吴兴(今浙江湖州)已经有了御茶园,采叶时节两郡太守都会于此举办宴集。

唐代是中国茶文化大发展的时期,各种名茶不断涌现,茶文化从江南推广至全国各地。唐代封演《封氏闻见记》卷六《饮茶》中就写道:“其茶自江淮而来,舟车相继,所在山积,色额甚多。”陆羽隐居苕溪(今浙江湖州),撰《茶经》三卷,对茶的性状、品质、产地、种植、采制、烹饮、器具等皆有论述,此书成为世界上第

①　陈珲:《从杭州跨湖桥出土的八千年前茶、茶釜及相关考古发现论饮茶起源于中国古吴越地区》,《农业考古》2003 年第 2 期;《杭州出土世界上最早的茶树种籽及茶与茶釜证明杭州湾地区是茶树起源中心及华夏茶文化起源圣地》;陈珲:《饮茶文化创始于中国古越人》,《民族研究》1992 年第 2 期,转载于《新华文摘》1992 年第 7 期;陈珲:《茶图腾的证明:中国茶文化萌生于旧石器早中期》,《农业考古》1999 年第 2 期;《跨湖桥出土的“中药、中药罐”应是“茶、茶釜”辨》,《中国文物报》2002 年 2 月 1 日。

一部茶叶专著,从而开启了一个茶的时代,为世界茶业发展作出了卓越贡献,陆羽被后人誉为"茶圣"。

到了宋代,饮茶是人们开门的七件事之一,每日不可或缺。南宋吴自牧《梦粱录》卷一六《鲞铺》中便记载:"盖人家每日不可缺者,柴米油盐酱醋茶。"人们雅好在饭余酒后饮茶聊天,以解一天的疲劳。当时沈括所著的《本朝茶法》一书,与宋徽宗赵佶的《大观茶论》、唐庚的《斗茶记》、黄儒的《品茶录要》、蔡襄的《茶录》、审安老人的《茶具图赞》等著作齐名,都是关于茶叶的名著。

明代,龙井茶兴起。明高濂说:"西湖之泉,以虎跑为最;两山之茶,以龙井为佳。谷雨前采茶旋焙,时汲虎跑泉烹享,香清味冽,凉沁诗脾。每春当高卧山中,沉酣新茗一月。"①他将"虎跑泉试新茶"列为"春时幽赏"之一。当时的杭州人田艺蘅还著有《煮泉小品》,屠隆著有《茶说》,许次纾著有《茶疏》。

清代是龙井茶的辉煌期,龙井茶名列众名茶之首。当时的龙井茶不仅入贡,还成为朝廷对大臣的赏赐品。乾隆帝六次下江南,四次视察龙井茶区,品茶作诗,为弘扬龙井茶起了关键作用,其《观采茶作歌》,对龙井茶的采摘、炒制、形状、品质及茶农的辛苦都有非常详细的描述。乾隆帝还畅游老龙井品茗,钦定胡公庙前的十八棵茶树为御茶。自此,龙井茶声誉远播,名冠天下。

5. 漆器

钱塘江流域是中国髹漆的发源地。早在 7000 年前,河姆渡人就已经熟悉并使用漆器,河姆渡文化遗址中发现的漆器有 20 多件,初期是用天然漆涂于器物表面,后来就在天然漆中掺和红色矿物质,使器物色彩鲜亮,更加美观,第三文化层中出土的木胎漆碗就是其中的代表作。这只碗是用整段木头镂挖而成,面壁雕刻成瓜棱形状,扁鼓腹,矮圈足,敛口。碗面的红漆涂料是有机漆,实乃中国髹漆工艺之源头,是目前世界上发现最早的漆器之一,曾被选为中国邮票图案。此外,在杭州水田畈和余杭反山等新石器文化遗址中均有髹漆制品出土。②

6. 酒文化

世界上最古老的酒的实物,被认为出现于大约公元前 5400 年的伊朗。1994 年,美国宾夕法尼亚大学考古队在伊朗一处新石器时代遗址中发掘出土了

---

① 〔明〕高濂:《遵生八笺》,巴蜀书社 1992 年版,第 133—134 页。

② 《中华人民共和国南京博物院展》图版十三,1981 年版。

两件盛有液体的陶罐,经检测,确认这是当时所知的世界上最古老的白酒,并将酿酒的历史追溯至距今 7000 年前。

中国古代酒的历史,源远流长,中国一向被认为是世界上最早酿酒的国家之一。从《黄帝内经》中有黄帝与岐伯讨论用黍、稷、稻、麦、菽五谷来造酒的记载来看,酿酒的历史可以追溯到黄帝时代。但从考古资料来看,我国谷物酿酒(黄酒)起源的时间,大约始于新石器时代初期。2004 年 12 月,中国与美国合作对河南舞阳县贾湖遗址陶器沉淀物进行分析,结果表明其中含有酒精成分,可以确认其属于最早的含酒精的发酵饮料。这一发现可以称得上改写了中国和世界酿酒起源的记录。经碳 14 测定,其年代在公元前 7000—前 5500 年之间,从而将人类酿酒史提前到了距今 9000 前后,将世界酒史向前推进了 1000 多年,也使贾湖遗址成为目前世界上发现最早酿造酒类的古人类遗址。他们认为因掺有蜂蜜,这些最古老的含有酒精的发酵饮料的味道肯定"甘甜可口"。需要说明的是,贾湖古酒属于米酒,类似于江南地区民间制作的江米甜酒。① 1979 年,山东莒县陵阳河大汶口文化晚期墓葬 M17 中出土了一组成套的酿酒器具,计有大口尊、沥酒漏缸、接酒盆、盛酒瓮等,这是我国史前考古中首次发现的成套酿酒用具。②

钱塘江流域也是我国谷物酿酒的发源地之一。有学者从余姚河姆渡文化晚期遗址出土的一件陶盉(调酒兼温酒之器)分析,认为我国先民早在公元前

---

① 2004 年,张居中和麦克戈温将这项合作研究成果发表在美国《国家科学院学报》上。McGovern P. E, Zhang J, Tang J, Zhang Z, Hall G. R, et al. *Fermented Beverages of pre-and proto-historic China. Proceedings of the National Academy of Sciences of the United States of America*, 101(51), 2004, p. 17593—17598. 转引自赵志军、张居中:《贾湖遗址 2001 年度浮选结果分析报告》,《考古》2009 年第 8 期;河南省文物考古研究院、中国科学技术大学科技史与科技考古系编著:《舞阳贾湖》(二)第十三章"技术工艺研究"之第三节"酿酒工艺",科学出版社 2015 年版,第 485—490 页。又参见马利清、杨维娟:《从考古发现看中国古酒的起源及其与农业的关系》,《文博》2012 年第 4 期。阎钢、徐鸿:《酒的起源新探》,《山东大学学报》2000 年第 3 期;邢润川:《古代酿酒技术与考古发现》,《中国科技史文集》第 9 辑,上海科学技术出版社,1982 年版。张居中、蓝万里:《贾湖古酒研究论纲》,"中国与德国葡萄酒文化研究国际研讨会",2007 年,德国格尔木斯海姆。

② 王树明:《谈陵阳河与大朱村出土的陶尊"文字"》,载《山东史前文化论文集》,齐鲁书社 1986 年版;《大汶口文化晚期的酿酒》,《中国烹饪》1987 年第 9 期。凌纯声:《中国酒之起源》,《"中央研究院"历史语言研究所集刊》第 29 本,1958 年;李仰松:《对我国酿酒起源的探讨》,《考古》1962 年第 1 期;方扬《我国酿酒当始于龙山文化》,《考古》1964 年第 2 期。李健民:《大汶口墓葬出土的酒器》,《考古与文物》1984 年第 6 期;张瑞玲、巩启明:《清醴之美·始于耒耜》,《考古与文物》1990 年第 5 期;王赛时:《论中国酿酒的始源问题》,《衡水学院学报》2020 年第 22 卷第 1 期。

6000—7000 年已经学会酿酒。① 河姆渡文化中可能出现了以米粉为主、草药为辅的原始"草曲酒",与大汶口文化以粟黍为原料的原始曲酒有所区别,形成了南北不同的酿酒方法。② 陈瑞苗根据河姆渡文化遗址和马家浜遗址的发现推断,不仅那一时期诞生了黄酒,酿酒还形成了一定的生产规模,也已经具备一定的技术能力。③ 林胜华说古代金华地区发达的农业和陶制器皿的发明,为酿酒生产提供了可能,也为金华酒文化的产生和发展提供了得天独厚的条件,使金华成为孕育世界早期酒文化的摇篮。④ 到良渚文化时期,制作精致的双鼻壶、带流宽杯等,它们可能是酒器,酿酒行为当是粮食剩余时的副产品。其酿酒器逐渐由小口尖底瓶变成大口尖底瓮,不仅说明制酒量在增大,而且说明了酿酒技术的进步,即由谷芽酒向曲酒转化,这是中国酿酒史上的一大进步。⑤

到了夏朝,谷物酿造黄酒已有了较大发展。这从文献记载中可以看出,如《世本》卷一载:"帝女仪狄始作酒醪,变五味;少康作秫酒。"《战国策·魏策二》:"昔帝女令仪狄作酒而美,进之禹,禹饮而甘之,遂疏仪狄,绝旨酒。"《说文解字·酉部》释"酒"字:"古者仪狄作酒醪,禹尝之而美,遂疏仪狄。杜康作秫酒。"即夏禹时代的仪狄和杜康,是我国造酒业的祖师爷,或者说是酒业的祖神。西周时期,钱塘江流域的酒业已有一定的发展。⑥ 但真正蓬勃发展的年代,约始于春秋战国、秦汉时期。⑦ 越国的酿酒业就非常发达,举国上下形成浓厚的饮酒风气。《国语·越语上》记载,公元前 490 年,句践自吴国归来后,为复兴越国,增强国力,采取生聚计策,把酒作为鼓励生育的奖品,发出告示:"生丈夫,二壶酒,一犬;生女子,二壶酒,一豚。"这种政策无形中使酿酒业成为国家的一种战略性产业。不仅对生育之家有此奖励,越王句践还注意采取特殊举措,随时以酒来奖励广大民众和激励随征将士的士气。《吕氏春秋·顺民》记载了越王句践"有酒投江"的故事:"越王苦会稽之耻,欲深得民心,以致必死于吴,身不安枕席,口

① 陈靖显:《河姆渡陶盉与长江流域酿酒史》,《酿酒》1994 年第 3 期。
② 包启安:《新石器时代出土文物与我国酒的起源》,《中国酿造》1994 年第 2 期;包启安:《史前文化时期的酿酒(一)酒的起源》,《酿酒科技》2005 年第 1 期。
③ 陈瑞苗:《绍兴黄酒的起源及其演进》,《浙江学刊》1995 年第 1 期。
④ 林胜华:《金华酒文化历史源流管窥》,《扬州大学烹饪学报》2012 年第 2 期。
⑤ 朱乃诚:《中国史前稻作农业概论》,《农业考古》2005 年第 1 期。
⑥ 傅金泉:《浅谈衢州古酒文化》,《酿酒科技》2005 年第 12 期。
⑦ 洪光住:《中国食品科技史稿》上册,中国商业出版社 1984 年版;洪光住:《中国酿酒科技发展史》,中国轻工业出版社 2001 年版,第 10—12 页。

不厚甘味。……有甘脆不足分,弗敢食;有酒流之江,与民同之。"《水经注》卷四
〇亦载:"越王之栖于会稽也,有酒投江,民饮其流,而战气自倍。"《吴越春秋·
句践伐吴外传》又载,越国灭吴北上称霸中原后,为了庆祝胜利,句践"置酒文
台,群臣为乐",文种再进《祝酒辞》,始称"觞酒既升,万岁无极",又称"觞酒既
升,万岁难极",于是"群臣大悦"。后世的方志中还记载了一处具体位置,如南
宋《嘉泰会稽志》卷十载:"箪醪河,在府西二百步,一名投醪河。《旧经》云,越王
句践投醪之所。或又名劳师泽。"此后酿酒业一直是钱塘江流域重要的经济产
业。北宋朱肱在杭州所著的《北山酒经》,为中国古代酿酒史上学术水平最高、
最能完整体现我国黄酒酿造技术之精华,亦是在酿酒实践中最有指导价值的酿
酒专著。

7. 中药

中国医学的起源甚早,早在远古时期,人们就学会了使用动植物和其他物
品来充当药品,用以治疗疾病。而钱塘江流域就是中国中医药的起源地之一。
考古学家在跨湖桥文化遗址发现有盛有煎煮过草药的小陶釜,说明史前人已认
识到自然物材的药用价值,这对研究我国中草药的起源尤其是煎药起源,具有
重要价值。此后的良渚文化遗址中,又发现 5000 年前的芡实等中药化石,这证
明钱塘江流域在全国医药发展史上的重要地位。桐庐桐君山,相传为黄帝时药
祖桐君采药之地。晋代葛洪,相传曾在杭州葛岭等处炼制化学药物;南北朝时,
杭州出现了"武林为医数,大作推钱塘"的兴旺景象;南宋把国都建在杭州后,一
批医学、药学名流随迁来杭,其时名家荟萃,药馆林立,杭州成为中医药文化繁
盛之城。到了明清两代,钱塘江流域的中医药学进入全盛时期。张志聪等创立
"钱塘医派",在吴山修建侣山堂进行中医讲学和交流,对《内经》《伤寒论》等进
行研究和注解;赵学敏编撰的《本草纲目拾遗》,是继李时珍《本草纲目》后中国
又一部中药学巨著。延续至今,杭州以名中医得名的历史街巷有严官巷、金郎
中巷、张卿子巷、惠民巷、嵇接骨桥河下等。杭州拥有老字号的中医馆 400 多
家,居全国之首。

7. 美食

在美食方面,钱塘江流域出现了以南宋厨娘为代表的杭帮菜和以高濂、李
渔、袁枚为代表的饮食理论,如李渔的《闲情偶寄·饮馔部》和袁枚的《随园食
单》。李渔《闲情偶寄·饮馔部》讨论饮食之道,在书中,李渔除了介绍江南一带
鲜蔬及鱼蟹肉禽的各种吃法,还提出了饮食原则 24 字诀,即重蔬食、崇俭约、尚

真味、主清淡、忌油腻、讲洁美、慎杀生和求食益等,反映出这里的居民对饮食之美的追求。袁枚的《随园食单》也是一部系统论述明清时期烹饪技术的重要著作。该书介绍了江南风味为主的南北菜点,如家乡肉、蜜火腿(即今蜜汁火方)、鸡丝、干落鸭、土步鱼、醋搂鱼(即今西湖醋鱼)、酱炒甲鱼、问政笋丝、酱瓜,等等。此外,该书还从 14 个方面对中国独有的烹饪技术作了全面阐述。在中国饮食理论史上,它起到了承前启后的作用。

8.花文化

钱塘江流域的人们对花卉有一种特别的爱好,这里栽花、赏花、卖花、戴花之风盛行。唐穆宗长庆二年(822),杭州开元寺僧惠澄好风雅,从当时的都城洛阳得到了一株牡丹,带回杭州并种植到寺院中,时人称它为"洛花",说明其品种为洛阳牡丹。白居易任官杭州时,曾携酒到这里赏花。后晋天福年间(936—942),钱弘佐妃仰氏在吴山宝莲山建释迦院(宋代时改为宝成寺),广植牡丹,成为寺院胜景,故有苏轼咏《赏释迦院牡丹诗》。以南宋临安为例,从赏花的社会阶层来看,上自帝王,下至平民百姓;从赏花的对象来看,主要有牡丹花、菊花、桃花、梅花、荷花等。在这种风气的带动下,花卉消费十分旺盛。此外,花木的速成栽培法也已较为普遍。如周密《齐东野语》卷一六《马塍艺花》载:"马塍艺花如艺粟,囊驼之技名天下。非时之品,真足以侔造化,通仙灵。凡花之早放者,名曰堂花。"这里所说的"堂花",又作"塘花",是现代园艺业广泛使用的催花法。此时,一些园艺学著作也产生了。如临安张镃的《梅品》是世界上第一部赏梅专著,被誉为我国赏梅文化中的一朵奇葩。湖州人宋伯仁在寓居西马塍期间,著有《梅花喜神谱》两卷,写梅花百图。陈思在开庆元年(1259)则著有《海棠谱》一书,该书不仅记录了有关海棠的诸家杂著以及唐以来吟咏海棠的著名诗篇,而且还汇集了许多有关海棠的故事。至明代,高濂在《四时幽赏录》"春时幽赏"中列有"苏堤看桃花"。明末清初,自称"西湖花隐翁"的园艺学家陈淏子,著有《花镜》一书。有学者认为,《花镜》的问世奠定了中国传统观赏园艺植物学的基础。

此外,孙吴会稽郡的铜镜铸造业在中国工艺发展史上占据极其重要的地位。这里铸造的各种神兽镜和画像镜的数量之多,远非其他地区所能比。不只销往全国各地,亦远销国外,对日本的铜镜制作产生了影响。当时铸造的铜镜上往往铸有铸造时间、地点和工匠姓名等铭文。近代杭州西湖绸伞以竹作骨,以绸张面,式样美观,携带轻便,深受游人喜爱,有"西湖之花"的美称。张小泉剪刀为杭州历史悠久的手工艺品,清宣统二年(1910)南洋劝业会,张小泉剪刀获得银奖。王星记扇子是杭扇中的代表,而杭扇为中国三大名扇之一,自古以来就有"雅扇"的美称。由清末著名红顶商人胡雪岩创立的胡庆余堂,亦名扬海内外。

二、钱塘江文化与海外文化的交流及对世界文明的影响

(一)钱塘江文明与海外文化之间的交流

说起中西文化交流,海内外学术界常用的几个词语是"丝绸之路""陶瓷之路""香料之路",此外还有"稻米之路""书籍之路"等说法。而"丝绸之路"又可划分为"陆上丝绸之路""海上丝绸之路"两条。其中,"海上丝绸之路"是法国学者让·菲利奥(Jean Filliozat)提出的名称,是指古代中国通过海洋与海外各国进行往来、商贸交易、文化交流等。

中国开辟的古代"海上丝绸之路"受到海外学者的高度评价,日本著名航海史学者松浦章指出:"在东亚世界里,有着一片广阔的海域,这些名为渤海、黄海、东海、台湾海峡的广阔海域,将东亚各国悬隔开来。在古代,这些国家之间主要依靠船舶相互往来。船舶是海洋地域和国家间接触以及交流不可或缺一个重要因素。从14世纪到20世纪初叶这段漫长的历史时期里,从事于远洋航行的船舶主要是中国的帆船。在当时的东亚海域世界里,中国的造船和航海技术最为先进,其海洋政策也相对宽松,这使得中国帆船掌握了东亚世界的制海权,主导了当时的海上交通事业。"[1]其中,钱塘江文明在东西方文明的交流中扮演了极其重要的角色。

以两宋时期为例,这一时期的中外文化交流较之汉唐时期,不仅在地域上有了进一步的发展,达到了中国古代文化交流史上前所未有的广度,直接和北非、东非等地的国家有了交往,而且在与周围国家文化交流的范围和内容上也都有了新的突破。表现在文化物品上,如过去以出口丝织品为主,而两宋时期的中国除出口丝织品,出口瓷器亦占有重要地位。特别是这一时期中国的火药、指南针、活字印刷术的西传,影响并推动了世界文明的进程,为欧洲资本主义萌芽的出现和发展奠定了基础。与此同时,由于周围国家文化的进步,两宋

---

[1] [日]松浦章著,郑洁西等译:《明清时代东亚海域的文化交流》序,江苏人民出版社2009年版,第1页。

时期中国向外国学习的东西也多了起来。宋元统治者在对外来文化的吸收上，也大多采取积极的、主动的态度，吸收了外国文化中许多优秀的成分，滋补、充实和发展了本民族的文化。如朝鲜的纸、墨制造技术，越南的"李朝兵法"，印度的佛教文化，阿拉伯人的数学、医学和建筑技术，埃及的天文学，等等。这种文化交流，与唐代那种以中国单向输出为主的文化交流有所不同，它大大地促进了两宋时期中国文化的繁荣和发展。

具有海洋文化特征的钱塘江文化，在两宋时期的中外文化交流上扮演着主要的角色。它不仅将自己的优秀文化源源不断地输送到邻近的朝鲜、日本、越南、印度及中亚、西亚等国家和地区，而且还辐射到很远的欧、非大陆，从而在中外文化交流史上谱写了光辉灿烂的新篇章。

1. 日本

中日文化交流的历史远远不止 2000 年，1983 年 9 月 5 日，安志敏在日本京都第三十一届国际亚洲、北非人文科学会议讨论会上作了《关于河姆渡文化》的报告，他指出："以河姆渡及其后续者为代表的长江下游的新石器文化的若干因素，也可能影响到史前日本。如绳文时代的玉玦、漆器以及稻作的萌芽，弥生时代及其以后的干栏式建筑，都可从长江下游找到渊源关系。"①此外，中国学者王仲殊、李学勤、陈桥驿、严文明、徐桐生、孟宪仁以及日本的日下恒夫、鸟越宪三郎等，分别从考古学、历史学、民族学、人类学、人种学、民俗学、语言学、历史地理学、宗教学、伦理学、文学艺术等学科着手，对中日的史前文化交流作了比较深入的研究和探讨，引起了学术界的注目和重视。

自唐昭宗乾宁元年（894）日本停派遣唐使以后，五代时期日本与中国虽无通聘之事，但双方商贾和僧侣之间的来往仍甚频繁。五代时，浙江与日本之间的交通，主要是从杭州出发，横渡东海，经过九州肥前松浦郡的值嘉岛，进入博多津港，与唐代时去日本的海路相同。

据《日本纪略》《本朝文粹》《扶桑略记》《本朝世纪》等典籍记载，吴越国和日本，从后梁开平三年（909）到后周显德六年（959），此 50 年间双方商人、使臣、僧侣等来往多达 15 次。吴越国的佛教文化对日本影响最大，因吴越国王信奉佛教，当时首都杭州有"东南佛国"之称。日本僧人来华，也多来吴越，尤其是天台山，为日僧向往之地。此外，吴越国刻印的名家诗文集、历书、经卷、佛画、佛像

---

① 安志敏：《长江下游史前文化对海外的影响》，《考古》1984 年第 5 期。

等也大批流入日本，很受日人欢迎。其他如香药、锦绮织物、越窑瓷器以及工艺品等也有输往日本的，对日本文化产生了一定的影响。日本的鸿胪馆遗址出土过大量越窑青瓷，其中也有五代的器物。同时，日本的菅原道真、纪长谷雄、橘广相、都良香等人的诗集，以及小野道风的行草书，也流传于中国，此促进了两国之间的文化交流。

到了宋代，统治者对中日文化交流采取积极、主动的态度。据统计，仅在北宋160多年的时间里，去日本的宋船有据可查的就达70多次，这清楚地表明赵宋王朝对中日文化交流的重视。据日本学者木宫泰彦研究，"这时往来于日华之间的宋朝商船，一般是搭乘六七十人的小型帆船，大都从两浙地方出发，横渡东中国海，到达肥前的值嘉岛，然后再转航到筑前的博多，这似乎和唐末五代时的情况没有什么两样"①。而这些去日本的宋朝商人，绝大多数来自南方。他们带去的商品也主要是产于南方的锦、绫、茶碗、绘画、书籍、文具以及香料、染料、药材等。从日本买回的物品，则主要是沙金、水银、绵、绢、布等，此外还有泥金画、贝壳镶嵌的漆器、琥珀和水晶制的念珠、扇子、屏风等工艺美术品。

在中国南方商人纷纷赴日的同时，日本僧侣和商人出于对中国文化的向往，也纷纷来到中国，特别是前往当时经济、文化最为发达的江南地区。据日本学者统计，"在整个北宋时代的一百七十余年间，入宋的僧侣是二十余人，但在南宋的一百五十余年间，仅史料上载明的入宋僧侣就超过了百人。这个僧侣数可与唐代的鼎盛时期相匹敌"②。日本商人也大批来到两浙、福建等地经商。

明代时期，当时的日本人与其祖先一样，怀着极其热烈之崇敬心情，纷纷来到中国求学取经，把明代灿烂的文化成就介绍到日本，如正德年间（1506—1521），日本使者答里麻游览杭州西湖，并赋诗赞美西湖："昔年曾见此湖图，不信人间有此湖。今日打从湖上过，画工还欠着工夫。"③诗语虽俳，而显见羡慕之心。日人策彦周良于嘉靖年间来到中国，其所写游记《策彦和尚初渡集》下之上记嘉靖十八年（1539）十一月初一日到杭州时所见城内文化发达、商业繁盛之情形："巳刻，上岸，自西北门入杭府。府中所过，及第门多多，有'双凤坊''海蛟竞起''奎壁联辉''世进士坊''父子翰林''振纲肃纪'等之类，不遑枚举。又帘铭有'河清老酒''金华老酒''短水白酒''罗浮春''洞庭春色''上色清香高酒''瑶

①　〔日〕木宫泰彦:《日中文化交流史》，商务印书馆1980年版，第245页。

②　〔日〕藤家礼之助:《日中交流二千年》，北京大学出版社1982年版，第139页。

③　〔明〕田汝成:《西湖游览志余》卷二〇《熙朝乐事》，上海古籍出版社1998年版，第295页。

池玉液''紫府琼浆'等之类,不可悉记焉。又有学校,门揭'小学'二大字,里有一门,横额'云程发轫'。又有寺,寺门架以层层华构,犹如层塔,门中央以金揭'真教寺'三大字。又有铺,或刻牌以'郑氏凉伞铺',或以'清油细伞铺'。帽铺、红铺、银铺之类不知数。又有卖饼店,以木造饼形,书中以'大白雪饼'。又有卖饭家,有木牌,书以'家常大饭'。又有一门,揭'国医坊'三大字,盖医家欤?有二重楼,横揭'镇海楼'三大字,盖置漏量时之楼也。过其下,出此楼左畔,有路之通翠微,有一小门,揭'登高览胜'四字,盖于此一览西湖也⋯⋯"此类记载很多。而渡日的明代僧人、商人等也积极主动地将先进的钱塘江文化源源不断地输入日本,对这一时期的日本文化产生了极其深远的影响。谢肇淛《五杂俎》卷四《地部二》便载:"今吴之苏、松,浙之宁、绍、温、台,闽之福、兴、泉、漳,广之惠、潮、琼、崖,驵狯之徒冒险射利,视海如陆,视日本如邻室耳。"

日本人喜爱的中国物品基本上来自长江流域。明代浙江海盐人姚士麟在《见只编》卷上中就提到:"大抵日本所须,皆产自中国,如室必布席,杭之长安织也;妇女须脂粉,扇漆诸工须金银箔,悉武林造也。他如饶之磁器、湖之丝绵、漳之纱绢、松之绵布,尤为彼国所重。"

2.朝鲜半岛

五代时期,朝鲜半岛上的高丽、新罗、百济三国与南方诸国往来频繁。后梁贞明四年(918)冬十一月,百济王甄萱派使臣泛海来杭州,向吴越国贡马,吴越王钱镠授甄萱中大夫之阶。后唐同光三年(925),吴越国王钱镠派遣使臣到新罗,册封新罗王。后唐天成二年(927)高丽与百济拘兵,两国遣使来吴越国首都杭州,请求调解。十一月吴越国派尚书班为通和使到高丽、百济两国,调解矛盾,平息战火。后唐长兴三年(932)三月吴越王钱镠死,长兴四年(933)四月,百济国派太仆卿李仁旭泛海来杭州吊祭钱王。后唐清泰二年(935)四明僧子麟在高丽、百济等国传授天台宗,由高丽使者李仁日陪送下,浮海返回明州,吴越国王特在明州建寺院安顿僧人。后晋天福二年(937)高丽使张训泛海来杭州吴越国,通和修好。钱弘俶于宋建隆元年(960)也遣使往高丽求取佛经,高丽王遣国僧谛观报聘,并送回失传佛经。他拜义寂为师,留居天台螺溪 10 年,后在此圆寂。钱弘俶又求佛经善本于新罗,传写而还。

杭州高僧延寿撰有《宗镜录》,"声被异国,高丽王常投书问道,执弟子礼"[①]。

---

① 〔清〕吴任臣:《十国春秋》卷八九《僧延寿传》,中华书局 1983 年版,第 1287 页。

高丽高僧灵照,居中国多年,先在福建受教于雪峰禅师,后居杭州龙华寺,终于虎跑寺后的大慈山。[①]

吴越国时,杭州(樟亭港、西兴港)、明州(镇海港)和温州(永嘉港)成为浙江对外关系的三大沿海港口,钱塘江流域出产的越窑瓷器、杭州丝绸以及佛经等由此运往高丽、百济、新罗等国。越窑的制瓷技术也传到了全罗南道泉津和全罗北道扶安等地。

此外,吴越国文士投靠高丽的,后梁贞明五年(919)有酋彦规,后梁龙德三年(923)有朴岩,后晋开运二年(945)有周伫。

明代钱塘江文化与朝鲜文化,虽然远远不及钱塘江文化与日本文化之间的关系密切,但两者之间也有一些交流。朝鲜全罗道罗州人崔溥(1454—1504,字渊渊,号锦南)应王命撰成《漂海录》,内容涉及明朝弘治初年的政治、军事、经济、文化、交通以及市井风情等方面,对于研究我国明代的海防、政制、运河、城市、地志、民俗以及中朝两国的关系等,都是一部很有价值的著作。在《漂海录》卷二中,崔溥以一个外国人的独特视角,将从台州至北京的沿途风光与风土人情真实地记录下来,其中就包括杭州西湖的风光:

> 城中有吴山,其景最好,上有十庙,伍子胥庙、三茅观、四圣庙等也。又有九井三潭,吴山大井为上,郭婆上八眼、下八眼、中八眼、西寺等井居次。又以小沟浚西湖之井导入城中。府之镇乃武林山也。西湖在城西二里,南北长,东西径十里,山川秀发,歌管骈阗之地。竹阁在广化院,白乐天所建。乐天诗"宵眠竹阁间"者此也。岳鄂王墓在栖霞岭口。冷泉亭在灵隐寺前飞来峰下。古志"许由尝饮于灵隐涧"者此也。表忠观在龙山南,有东坡所撰碑。风篁岭在放牧马场西,即东坡访辩才之处。南屏山在兴教寺后,崖壁剥落之余,唯存司马温公隶书"家人卦"及米元章书"琴台"二字,坡诗"我识南屏金鲫鱼"者此也。苏公堤与兴教寺相对,东坡守杭时所筑,长十余里,中有六桥。旌德观在苏公堤第一桥下。袁韶奏请建祠,取钱塘名人自许由至张九成及节妇五人等三十九人,摘传立祠。丰乐楼在城西涌金门外西湖岸,其北有环碧园。玉莲堂在涌金门城北,门内又有涌金池。玉壶园在钱塘门外,东坡咏南漪堂杜鹃花即此。门西有先得楼。云洞园在昭庆寺

①　〔清〕吴任臣:《十国春秋》卷八九《僧灵照传》,中华书局1983年版,第1284页。

北,花柳参差,中有妇人墓。石函桥在水磨头,白乐天《湖石记》云,钱塘一名上湖,北有石函者是也。总宜园在德生堂西,摘东坡诗"淡妆浓抹总相宜"二字御书堂匾。断桥在总宜园西,所谓"断桥斜日岸乌纱"者此也。西石头在石函桥西,秦始皇东巡浮海缆船之地。孤山在西湖孤山路西。山之东,有林和靖隐庐古基及墓。三贤祠在苏公堤第三桥下,乃白文公、林和靖、苏文忠公祠。①

他的记录使西湖的影响力变得更大。

3. 东南亚

越国文化对东南亚的越南的文化的影响最为深远,也最大。越南历史学家陶维英在他所著的《越南古代史》一书中指出:"江南地区的某一地点,有一支以捕鱼和越海为业的越族人,南下到越南,成为后来的雒越。"②雒越即今日越南人之祖先。

4. 南亚、中亚和西亚

五代时吴越国与印度之间有一定的交流。《西湖游览志》载:"钱氏时,有西竺僧转智者,附海舶归。"③在印度勃拉名纳巴特,考古工作者在该处发现有越州上林湖烧制的青瓷器片,④可以证明唐末五代时吴越国与印度之间已有僧侣和贸易往来。

吴越国与大食(今伊朗)之间也有贸易关系。《吴越备史》卷二载:"火油得之海南大食国,以铁筒发之,水沃其焰弥盛。"南唐招徕海南商贾,取得香料、珠宝,数量甚多,又从南海诸国引入龙涎香。

明正德十一年(1516),中亚穆斯林商人赛义德·阿里·阿克巴尔·哈塔伊用波斯文撰写的《中国纪行》一书,后被季羡林称赞是"记载了中国各方面的情况,地理、军队、宗教、仓库、皇帝宫廷、监狱、节日、教坊、妓女、医疗、立法、学校、外国使臣和侨民、农业、货币、法律、剧场等等,简直是一部中国的百科全书"。该书提到杭州是一个大得惊人的城市,"它非常大,十五个游览过杭州的人,其中的一人说,我们早上从杭州的一头开始走,到了晚上才到城的中间,就在那里

---

① 　[朝鲜]崔溥:《漂海录》卷二,葛振家点注,中国社会科学文献出版社1992年版,第99—100页。
② 　[越南]陶维英:《越南古代史》上册,商务印书馆1976年版。
③ 　〔明〕田汝成:《西湖游览志》卷六《南山胜迹·胜相寺》,上海古籍出版社1958年版,第65页。
④ 　《文物参考资料》第38期。

留宿过夜,第二天早上再走,到晚上才走到它的另一头"①。

5. 欧洲

明代钱塘江文化与欧洲文化之间的交流进一步加强。自明正德年间起,欧洲传教士、商人、旅行家、冒险家大批来华传教、经商、游览,他们以好奇的目光观赏中国城乡特有的风光、建筑、物产、工商业、人文和风俗等。在他们笔下,长江流域美丽富饶,杭州、南京等均是美丽富饶的文明城市。他们以自身的感受写下了大量游记,详尽地介绍长江文化,留下了翔实、可靠的史料。这些书中自然不免也有夸大失实之处,这是由于他们对中国国情缺乏长久深入的了解,只能作浮光掠影式的记载,所以引用这些史料时还须与中国文献、碑刻等史料予以比勘、核实。

西班牙人拉达在《记大明的中国事情》一书中,就记载了他在中国南部一些城市中所见到的丰富的肉类食品,有烧肉、鹅、鸭、阉鸡、熏咸肉及其他猪排骨、新鲜牛肉,另有鸽子和斑鸠等野味。②葡萄牙人曾德昭曾在杭州布道,他为西湖美景所陶醉,写道:"西湖,它是世界奇景之一,四周有 30 里,合 6 英里,其中筑有优良的宫庭,覆盖着青草,植物和树林,美丽的山峰,围绕这些宫庭;潺潺流水,从一头进水,另一头流出。水之清澈令人乐于观赏,湖底旧沙纤毫悉睹。湖上有铺石道路,任行人随意玩乐通行;备有小艇,供休歇宴乐之用,船舱或头舱,设有厨房,中间地方作厅室用。上层是妇女的居所。四周有格子窗,避免有人窥见她们。这类船,其色彩和镀金形式,奇特而且多样化,航行设备很完善,不致遭受水淹。"③又说杭州的特产"是丝绸,无论生丝还是成品,也不管是茧还是原料,都运往各地。总之,中国输出的丝绸,都产自该省",他很欣赏杭州的丝织品,"优质丝绸,如以上所述非常丰富,制成品大多富有艺术,用贵重漂亮的金丝锦边"。④

明代钱塘江文化对西方文化影响最大的当属陶瓷。正德九年(1514),葡萄牙航海家科尔沙利、埃姆渡利等人来到广州,买去了他们向往已久的中国瓷器和丝绸,此后,葡萄牙商人源源不断地来到中国,将中国的瓷器、茶叶、生丝、漆

---

① ［波斯］赛义德・阿里・阿克巴尔・哈塔伊:《中国纪行》,生活・读书・新知三联书店 1998 年版,季羡林序,第 99 页。

② ［西班牙］拉达:《记大明的中国事情》,载［英］G. R. 博舍克编注,何高济译:《十六世纪中国南部行纪》,中华书局 1990 年版,第 205 页。

③ ［葡萄牙］曾德昭:《大中国志》,上海古籍出版社 1998 年版,第 16 页。

④ ［葡萄牙］曾德昭:《大中国志》,上海古籍出版社 1998 年版,第 15 页。

器等运回欧洲,以获取高额利润。继葡萄牙人之后,西班牙人也接踵而来。1609 年,莫尔加在著作中曾叙述了西班牙和中国贸易的情况,他说:"中国的大帆船运来了生丝、用金线绣成美丽图案的天鹅绒、丝绸、织锦、麝香、国画、安息香、台布、轻便马车和车厢里的小地毯、珍珠、宝石、水晶、金和铜制成的脸盆、水壶、长袍以及质量优秀的各种规格的陶器、瓷器。"

　　中国瓷器大量运往欧洲,对当地的文化产生了深远的影响。首先,自中国瓷器大量进口后,这里的制陶业发生了重要的变化,已经能够大量模仿中国瓷器,制造出新型的欧洲陶器。1470 年,意大利威尼斯的安东尼奥开始用黏土制造出一批类似瓷器的东西。此后,他们以中国青花瓷为蓝本终于在清初成功仿制出中国瓷器。其次,中国瓷器丰富了欧洲人的精神生活。由于中国瓷器具有高度的艺术性和广泛的实用性,因此深受欧洲各国上层人士的喜爱。在当时,欧洲人把购买、搜集中国瓷器说成像是去"寻找黄金"一般。各国王室均把中国瓷器作为最珍贵的物品,在葡萄牙甚至连王后和公主的手镯也是中国瓷器。他们还将中国瓷器视为馈赠贵宾的最佳礼品。如 1578 年葡萄牙国王亨利赠送意大利国王的一箱礼物中就有四件描金的中国瓷器。葡萄牙的国王、王后、贵族和航海家们还往往要求在中国瓷器上铭记自己的肖像、姓名等,以作为永久的纪念。而西班牙人更把自己的意识形态与中国瓷器紧密融合在一起,他们认为用瓷器陪葬在死者左手的手指附近,就能唤起死者的灵魂,附着在死者的身体上。因此在举行国王和王后的葬礼时,都要用最美丽的中国瓷器以及金首饰等来陪葬。① 由此可见,中国的瓷器已融入欧洲文化之中,这是明代长江文化同欧洲文化密切交流的结果。

　　除陶瓷,钱塘江流域一带出产的丝绸、茶叶及手工艺品等也大量运到欧洲,对欧洲文化产生了一定的影响。据顾炎武《天下郡国利病书》卷九六《郭造卿防闽山寇议》所载:"是两夷者(引者按:即指葡萄牙人和西班牙人),皆好中国绫罗杂缯。其土不蚕,惟借中国之丝到彼,能织精好缎匹,服之以为华好。是以中国湖丝百斤,价值百两者至彼得价二倍。而江西瓷器、福建糖品果品诸物,皆所嗜好。"17 世纪初西班牙史学家德·摩加更是详细地开列了中国商人在马尼拉与西班牙商人进行贸易的货单:

---

① 朱培初:《明清陶瓷和世界文化的交流》,中国轻工业出版社 1984 年版,第 197 页。

　　……大束生丝，精粗具备；素色和彩色精美小卷散丝；大量天鹅绒，有些是本色的，有些绣有各种图案与彩色花款，有些色泽艳丽和嵌绣金线；织有金银丝的浮花锦缎；大量金银线；缎子、绫罗、平纹绸和各色衣料；亚麻布制品；不同品种的白棉布匹。中国人还带来麝香、安息香、象牙；大量床上装饰品、帐帷、被单、天鹅绒挂毯；各色织锦和丝毛混织品；台布、椅垫和地毯；用同类材料制成的嵌有玻璃珠和小珍珠的马饰；珍珠和红宝石；青玉和水晶；金属盘、铜壶、铜锅和铸铁锅；各式各样西班牙人面粉、橘子、钉子、铁板、锡和铅；硝石和火药。中国还供应桃子、梨肉、豆蔻、生姜和其他中国水果制成的蜜饯；腌猪肉和其他腌制品；良种家禽和上等阉鸡；大量新鲜水果和各种橘柑；美味的栗子、胡桃、柿子（干货与鲜货水果均同样可口）；各式各样的线、针和小摆设；小箱子和文具盒；床、桌子、椅子、描金板凳。他们还带来水牛、形似天鹅的鹅、马、骡、驴；甚至还有会说话、唱歌及逗趣的提笼鸟。中国人还带来数不清的外表好看而不值钱的小玩意和小装饰品，这些东西很受西班牙人重视。各种精美的陶器……黑色和蓝色长袍；各种念珠，红玉髓，五光十色的宝石；胡椒和其他香料；还有种种稀见之物，如果都要提到，我将永远写不完，也没有这么多纸张来写。[①]

　　从上面这张货单中，可见中国输入欧洲的货物十分丰富，包罗万象。在中国丝绸及工艺品等输入欧洲的同时，进一步加深了欧洲人对中国钱塘江文化的了解和认识，从而加速了双方文化交流的深入。如罗马尼亚人尼古拉·斯帕塔鲁·米列斯库（Spatarn Mitescn，1636—1708）曾以俄国使节身份出使中国，甚至进京见过康熙皇帝，并游览了中国许多地方，著有《中国漫记》一书。该书共58章，分为两大部分。第一部分20章，叙述了"中国人的公共事务，帝国情况和风俗习惯，以及一般介绍所涉及的其他情况"；第二部分38章则是"对所有的十五个省份分别作了专门的描述，介绍了这些省的省会和较小的城市。河流山川、自然资源、物产种类"；最后两章介绍了朝鲜和日本。其中，第45章专记《浙江省及所属大小城市和特点》，详细介绍了杭州，"至于这个城市的规模，威尼斯人马可·波罗说，它的方圆大约120俄里，若把郊区也算在内，则超过180俄里。城里有一座高丘，人们视为钟楼，山丘上有人专门计算时间，并用一块大牌

---

　　① ［西班牙］德·摩加：《菲律宾群岛志》。

子以金字标志时辰及预告下一时辰"①。他所说的杭州有两个"海关","一个杂品海关,一个木材海关,还征收大量关税"②;并指出杭州城内有众多河道和桥梁,河道上布满了各色船只,"江河湖泊形成水网,用以连接城市,行船通商。……中国无一城市不是居河而立,或是天然江河或是人工运河"。"这里河川湖泊密布,比荷兰还要多,挖掘的运河水渠之多,令人难以置信,运河水渠两岸都铺有石块,还建了许多漂亮石桥"。"在这个(杭州)城市,包括它的郊区,有无数高石桥。……城市位于西湖东岸。……这个城市的另一边为钱塘江环抱。城市位于河川密布地区,还挖掘了许多运河,河上可通行大船"。"城市周围有一些名山,人工挖掘的运河环绕其间。天空似乎就是靠这些山支撑着"。"离西湖的运河不远处有一座大庙,这里经常举行庙会,汇集了全中国乃至全世界的珍奇货物"。同时,他还为西湖的美景所倾倒,写道:"湖上有装饰得金碧辉煌、五彩缤纷的游船,船上轻歌曼舞,一片歌舞升平景象,中国人所谓的'地上天堂',确实名不虚传。"③1735 年,法国人杜赫德在巴黎出版了一部名为《中华帝国全志》的百科全书式的著作。此书收集了 27 位欧洲来华传教士的著作,是当时欧洲人关于中国知识的汇总,伏尔泰称之为"一部关于中国最好、最详尽的著作"。此书出版后,很快被译成各种文字,在欧洲广为流传。书中有大量关于钱塘江文化的描述,如其描述杭州:

杭州府(Hangzhou-chew-fu),浙江省的省会。

这是中华帝国内最富有、最宏大的城市之一。尤可称道的是,此城地理位置优越,居民数量众多,运河渠道便利,盛产世界上最好的丝绸。中国人有俗语"上有天堂,下有苏杭",此地即人间天堂。此城基本为圆形,周围四十里,不包括郊区。从东门到北门为十里。城中居民上百万。一个信奉基督教的文人对居住在城中的一个传教士说,根据税务官的税册,光城里就有三十万户居民,不包括广大的郊区。

杭州城的城墙十分壮观、高耸、厚实。不过,城里河道中的水质则不太好。城外的河渠中有大量的船只,船工全家住在船上。城内街道不宽,不过店铺倒很整洁,商人也很富有。每条大街上都有牌坊,用来表彰某位官

---

① [罗马尼亚]尼古拉·斯帕塔鲁·米列斯库:《中国漫记》,中国工人出版社 2000 年版,第 174 页。
② [罗马尼亚]尼古拉·斯帕塔鲁·米列斯库:《中国漫记》,中国工人出版社 2000 年版,第 172 页。
③ [罗马尼亚]尼古拉·斯帕塔鲁·米列斯库:《中国漫记》,中国工人出版社 2000 年版,第 176 页。

员的显赫功业,或者表明他受皇帝之恩宠。杭州城中还有四座高塔,每座都有几层楼高。驻防此城的军队可分两大类:一类共有七千人,由将军指挥;他的副手则统领另一类士兵,共有三千人。

　　杭州城里有此大花园,不过没有楼房,你可以想象城里的房子是多么多啊!大街上行人繁多,颇似巴黎,所不同的是,这里见不到妇女,清军(Tartar)有自己的营寨,与杭州城隔着一道城墙。宽阔的钱塘江(Tsyen-tang-kyang)就在城墙外流过。

　　可以毫不夸张地说,杭州是个丝绸之乡,因为中国的丝绸主要产于此地。据说光城里就有六千名丝绸工匠,如果此言可信的话,那么,其周围地区的工匠可达数十万之多。在杭城周围,以及附近的嘉兴府(Kya-hing-fu)和湖州府(Hu-chew-fu)每一个村庄无论它是多么小,都有人在从事丝绸行业。在杭州出产的丝绸中,有一种丝绸织有花色,被称为绫缎(Lin-tse),另一种丝绸平整而没有花色,被称为罗纺纱(Lau-fang-se),都是全中国最好的,并且供不应求。

　　不过此城最为著名的还是城边的一个小小的湖泊,名为西湖(Si-hu),周长二里格。湖水清澈,晶莹透明,就是湖底的一块小石头也能看到。湖水浅处,有莲花(Lyen-wha)覆盖。西湖边建有亭台楼阁,湖上还有精美的小桥,桥下小船穿行。

　　西湖之中还有两个小岛,人们在享受乘船游湖之后在此休息。岛上还有庙宇及房子,供人游玩。西湖四周同样建有众多的寺庙、豪宅,其中包括一个皇帝的行宫。皇帝南巡时,就住在这行宫中。

这段文字充分反映了当时欧洲人对于杭州的看法。

　　清乾隆五十七年(1792),马戛尔尼使团带着英王乔治三世致乾隆的书信及大量西洋礼物启航来华,于次年抵达北京,后转至承德避暑山庄觐见乾隆帝。同年10月,马戛尔使团经大运河南下,11月抵达杭州。在杭州地方官的邀请下,使团成员乘船游览西湖,并留下关于杭州西湖的旅游见闻,其中谈到湖中的小船、石桥,岸上的宅第、皇帝行宫、寺庙,并特别提到雷峰塔。王大人"有礼貌地邀请巴罗先生和其他几位团员乘坐一艘华丽游艇游西湖,一条准备饭菜的船跟随其后,湖面上荡漾着无数条供游人消遣娱乐的小船。岸上有达官贵人的宅第、一座皇帝行宫,还有不少寺庙。自山边冒出的小溪流入西湖,上面跨着美丽的石桥"。在树林中,有"几千个修筑得像房屋一样的坟墓,墓是青色的,配上白色楹柱,排列得像是一条条小街道。差不多每个晚上都有人拿着火把前来湖边的坟地向其家属的遗骸祭供"。在一座山峰上矗立着几座宝塔,其中一座位于岬角边上,名叫"雷峰塔"。"塔顶已毁坏,上面长满了绿苔和荆棘。据可靠的说法此塔是孔子时的建筑物"。

6.太平洋诸岛国及美洲

美国学者杨江在《马来—玻里尼西亚与中国南方文化传统的关系》一文中认为:"大量的语言、习俗、物质文化方面的考证可以得出这样一个结论,即:越国人的后代与马来—玻里尼亚文化有悠久的联系。""早在6000年前,马来—玻里尼亚人的祖先开始从中国的福建省出发进行了长途的迁移运动。他们向南行进穿越菲律宾和印度尼西亚。尔后分两个方向迁移。一路向西,到达马达加斯加;另一路向东,到达夏威夷和伊斯特岛。东徙的年代表如下:距今6000年前,到达中国东南部;距今5500年,到达婆罗洲、帝汶岛;距今4500年,到达印尼所罗门群岛新几内亚;距今4000年,到达西密克罗尼亚群岛;距今3500年,到达斐济;距今3000年,到达萨摩亚群岛;距今1700年,到达马贵斯群岛;距今1600年,到达伊斯特岛;距今1400年,到达夏成夷;距今1100年,到达新西兰。对于这次横贯太平洋的大迁移,已经有了许多翔实的史料记录。人们在语言学方面比较过该地区各地语言、语调的差异与变化;在建筑风格上比较过其中的进化与演变;同时对人种的遗传特性、社团组织的特点、宗教的相似性及文化习俗的其他诸方面都有过考察和研究。所以,现在人们已经能够较好地理解该地区中诸种文化的联系。"①

钱塘江流域的越文化与美洲文化也有着十分悠久的文化联系。石兴邦在《关于中国新石器时代文化体系问题》一文中认为:"多种物证表明,距今6000年夷人和越人就已同美洲和大洋洲有了接触。距今6000年前后属于夷人和越人分布范围内的我国黄淮下游、东部沿海、渤海清周围以及东南沿海的青莲岗文化系统,与北美洲文化体系基本一致。"②石钟健在《古代中国船只到达美洲的文物证据——石锚和有段石锛》一文中也指出:"古代古越人生活在江海之间的陆地上,同时拥有'东绝大海'的广阔海域。由于所处地理环境特殊,因此造成

---

① 魏桥主编:《国际百越文化研究》,中国社会科学出版社1994年版。
② 《南京博物院集刊》1980年第2期。

了他们陆海兼处的生活特点,正如越王句践说过的一句话,越人'水行而山处'。正因为他们拥有非凡的航海经验,所以早在几千年前,已经驰骋于波涛汹涌的近海以及远洋之中。更因为在原始宗教和传统信念'朝东方去'思想支配之后,特别由于来自中原王朝的政治上和军事上的压力,迫使他们离开大陆,渡过太平洋,来到南北美洲。他们到达新大陆的时期,当在新石器时代的晚期。古代越人精于造船,擅长航海,长期从事海上生活,根据这种生活特点,说他们在古代较早时期,已经渡过太平洋,到达南北美洲,理由不能说是不充分的。""越人到达美洲的时期,当在公元之前的一二千年之间。她们到达南、北美洲的确切时期,比五世纪西域五僧之东渡'扶桑'(公元 458 年),要早一千余年;比十五世纪哥伦布的'发现新大陆'(公元 1492 年),要早二千余年。""古代越人到达南、北美洲,在古代世界史上是一件极其重要的大事,其重要意义有四:第一,最早打开了亚、美两大洲间北路和中路的海上交通。第二,由于受到亚洲较先进的文化的影响,美洲的原始文化有了进一步的发展。第三,证实了后此西域五僧的东渡'扶桑',正是沿着太平洋北岸老路前往的。第四,把把发现新大陆的时期,提早了二千余年。"①

越人到达美洲的证据有以下几点:一是在北美加利福尼亚"浅海"中发现了30 块古代东方石锚。美国加利福尼亚大学考古研究所所长威廉·克卢洛教授认为:"这些大概是许多世纪以前来访问南加利福尼亚海岸的一条或许多条中国人或日本人的船留下的锚。""其样式是五百年至一千年前的东西。"②而石钟健认为北美"浅海"石锚和我国古代船锚同属于石锚一系,两者间有着极为密切的关系,它说明"浅海"石锚原是从中国东南沿海随船而去的。③ 二是美洲大陆发现的有段石锛和中国大陆东南地区发现的同类器形极其相似。林惠祥认为:"有段石锛是出自亚洲大陆,然后传到中国台湾、菲律宾和玻利尼西亚。""甚至在南美洲厄瓜多尔也有。"而"有段石锛应当是古代百越族的文化物质,也便是发生在中国东南区的"。④ 三是花生。花生的原产地一般都认为是在美洲,但在中国浙江吴兴钱山漾遗址中却发现了花生实物,国内外有许多学者将此当作中

---

①　石钟健:《古代中国船只到达美洲的文物证据——石锚和有段石锛》,《思想战线》1983 年第 1 期。

②　转引自林岩:《美洲海底发现中国古代"石锚"》,中国历史博物馆编:《历史与文物资料》(6)1980 年第 7 期。

③　石钟健:《古代中国船只到达美洲的文物证据—— 石锚和有段石锛》,《思想战线》1983 年第 1 期。

④　参见林惠祥:《中国东南区新石器文化特征之一:有段石锛》,《考古学报》1958 年第 3 期。

国古代越人与美洲交往的物证。如张小华先生在《中国与大洋洲、美洲古代交往的探讨》一文中认为:"通过对花生一系列最新研究,不难发现,花生既不是后代窜入,又无起源于中国的考证,且还有考古学界一致公认的可靠的 C-14 二测定年代,那么花生理所当然应为中国与南美玻利维亚 4000 年前就存在交往的有力证据。"四是在南美洲玻利维亚拉巴斯郊区距今 3600 年前的古帝国首都蒂瓦纳库古城中发现有石雕中国人头像。值得注意的是,在古越人的老家——浙江余姚河姆渡文化遗址第二层(年代为距今 4000 年以上),我们也发现了人头塑像。其特征与南美洲古城的头像基本一致。两地人头雕像的发现,在时间上也基本吻合,这为古越人与南美洲玻利维亚人的交往找到了直接证据。五是在大洋洲新西兰和南美洲都发现有雕刻精美的玉器,尤其是新西兰的玉器与中国玉器几乎到了无法分辨的地步。这不由得使人想起良渚文化时期盛行的爱玉、崇玉风尚。六是中国东南的越人与美洲、大洋洲均有与太阳有关的相似的传说、祭祀太阳的遗物或古迹,张小华先生认为"这些可能正是当年迎着朝阳前进的中国东南古民族遗留下来的痕迹"[1]。

　　在明代,钱塘江文化与美洲的文化交流也进入新的阶段。虽然早在先秦时期,钱塘江文化就曾对美洲的文化发展产生过影响,但此后一直处于停滞状态。直至明代,借助西班牙、葡萄牙的商船再次将钱塘江文化输入美洲,其中影响最大的当推瓷器和丝绸。

　　中国瓷器输入美洲,始于大商帆贸易。1565 年 6 月,在西班牙人入侵菲律宾两个月后,西班牙人乌尔达涅塔率领满载着中国丝绸、瓷器等货物的马尼拉大帆船借西南季风自菲律宾起航北上,航行 3 个月后,抵达阿卡普尔科,从此拉开了中墨两国贸易往来的序幕。由于船上运载货物主要来源于中国,当地墨西哥人索性将其称作"中国之船"。每当"中国之船"到达,人们便纷纷前往购买中国的丝绸、香料、瓷器和各种手工艺品。运抵阿卡普尔科港的中国丝绸也经海陆分销到其他地区。[2] 1573 年,从马尼拉驶往阿卡普尔科的两艘大帆船中,就载有中国瓷器 22300 件,这是最早的文献记载。[3] 此后中国瓷器源源不断地销

---

　　[1]　王洪勋:《三千年古城——蒂瓦纳库遗址一瞥》,《光明日报》1983 年 3 月 2 日,该文附有照片;《河姆渡遗址第一期发掘报告》,《考古学报》1978 年第 1 期。

　　[2]　吴瑞根:《海上丝绸之路与"中国之船"》,中国社会科学院拉丁美洲研究所编:《拉丁美洲丛刊》1983 年第 1 期。

　　[3]　舒尔茨:《马尼拉大商帆》(*The Manila Galleon*),New Yovk:E. P. Duffon, 1959,第 27 页。

往墨西哥、秘鲁、巴西、危地马拉等美洲国家。中国瓷器不仅成为各国上层社会的生活用品，而且还是贵族衡量财富和文明教养的标志之一，在美洲文化中留下了明显的痕迹。

中国江浙地区出产的丝绸也远渡重洋来到美洲。据学者研究，从马尼拉开往阿卡普尔科的商船，除少数年份，都可以称之为"丝船"（又称来自中国之船，nuos de China）。在 1636 年以前，每船登记载运的各种丝织品约为三四百箱。但在 1636 年出发的商船中，其中一艘船运载的丝货就超过 1000 箱，另一艘多至 1200 箱。这表明，从 16 世纪以后，这里已形成了太平洋上的"丝绸之路"。价廉物美的中国丝绸在美洲深受欢迎，大大丰富了当地人的日常生活，不仅贵族喜用丝绸打扮自己，连当地的西班牙僧侣也用它缝制法衣，装饰华丽的教堂；甚至"下层居民"也穿丝绸和上等的中国亚麻布。1602 年 5 月 15 日，蒙特瑞公爵在给西班牙国王的上书中写道：

> 那里（利马）的西班牙人都过着非常豪奢的生活。他们都穿最上等、最昂贵的丝绸衣料。妇女们盛装丽服之繁多与奢侈，为世界上其他国家所罕见，因此，每年只要有四艘商船开往秘鲁，所有的衣料都会销售一空，其他货物也是一样，因为商船要隔很久才去一次，而人们却一向都穿新西班牙和中国运去的衣料。但就中国货物而论，只有非常贫穷的人、黑人和黑白混血种人（男女都有）、华印混血种人、大量的印第安人以及为数甚多的混血儿们才穿用。印第安人的教堂也多大量使用中国丝绸，把教堂装饰得气象庄重；在这以前，这些教堂因买不起西班牙丝绸而显得简陋不堪。现在只要中国丝货大量运来，秘鲁的供应便不虞匮乏，同时货价也比较低廉。[①]

中国丝织品输入美洲，不仅影响了当地纺织工业的艺术风格和美洲人的衣着打扮，而且还为当地的丝织工业提供了廉价的原料。如湖丝运往美洲后，曾使墨西哥 14000 多名纺织工人获得了就业机会。

1776 年 7 月美利坚合众国建立后，为了使人民脱贫致富，政府决心用一本万利的办法，尝试直接航海到富有的东方大国——中国，后曾有商船开赴中国但都未成功。1784 年 2 月，再次开出一艘商船"中国女皇号"来华。该船建成时

---

① 《菲律宾群岛史料汇编》V.12，p.63—64。

原名 Anglica ,音译为"安格里卡号"。船主为了将此船投入前往中国的商用航行,特改名为 EMPRES OF CHINA。[①] 1784 年 8 月 24 日,此船抵达澳门港。几天后到达古黄埔。船上到货有花旗参 473 担,棉花 316(一说 361)担,铅 479 担,胡椒 26 担,羽纱 1270 匹,毛皮 2600 张,还有些植物油、松脂等。回程货物主要有福建红茶 2460 担,浙江绿茶 562 担,瓷器 962 担,肉桂 21 担,布 864 匹,丝织品 490 匹。[②] 中国精美的瓷器成为美国上层社会的艺术装饰品,普通瓷器成为民间的饮食餐具、茶具日用品。瓷器、绸布图案上的中国国画,成为传播中国山水风光、人物历史故事、花卉、动物、建筑物形象的载体。此行的成功,从更深远意义上说,促成了美国成为世界大国。[③]

此外,钱塘江流域生产的纸扇、茶叶及园林建筑艺术等,也早就被葡萄牙、西班牙殖民者带到美洲,对当地人民的文化生活产生了一定的影响。

(二)钱塘江文化对世界文明的影响

众所周知,西方对中国的称呼主要来源于中国远销海外的丝绸和瓷器,而钱塘江流域便是丝绸、瓷器、稻米、漆器以及茶文化、酒文化等的重要发源地之一,此地素有丝绸之府、鱼米之乡、文物之邦等美称。以上是就物质文明而言,在精神文明方面,钱塘江流域同样称雄于中华大地。

1.稻作与农业文化

新石器时代日本的绳文文化有无农耕是学术界存在争议的一个问题,其观点主要有绳文前期农耕论、绳文中期农耕论、绳文晚期农耕论和照叶林文化论等,众说纷纭,莫衷一是。最近,日本考古界在北九州的许多绳文文化晚期遗址中发现有人工培育的水稻和成套的中国风格的磨制石斧,特别是 1978 年在福冈县板付发现了距今 2400 年至 2500 年的水田遗址。在这个遗址中,发现有调节稻田水量的堰水栅、水沟、田间小道、稻田等,以及印在陶片上的稻壳压痕和一百多粒炭化的稻米。通过对这些遗址沉积物的孢粉学研究,大多数日本学者都认为日本的稻作农耕始于绳文文化晚期。

---

① 菲科普・查德威克、福斯特・史密斯著:《中国皇后号》,《广州日报》国际新闻部法律室译,广州出版社 2007 年版。

② 参见复旦大学国际政治系:《美国》,上海辞书出版社 1983 年版,第 64—71 页;李定一:《中美早期外交史》,北京大学出版社 1997 年版,第 7 页;丹尼尔・市尔斯廷:《美国人建国历程》,美国驻华大使馆新闻文化处 1987 年,第 8 页。

③ 施存龙:《美国商船首航中国与中美关系之开创》,《文化杂志》(澳门)2015 年总 96 期,第 63、68—69 页。

　　但据日本农学家的研究,日本原先并没有野生稻。那么,这些野生稻是从什么地区传来的呢? 对此,几乎所有的日本学者都认为,日本的稻作农耕是从中国传播过去的。

　　关于传播的路线,目前主要有以下几种说法:一是华北说(或称陆路说),认为水稻是从中国的河北、辽宁通过朝鲜半岛到达日本九州,再由九州沿濑户内海向畿内扩展。二是华南说,认为稻种由中国华南经南岛(琉球、宫古岛等地)进入北九州,再进一步传播到日本内地。三是华中说,此说包括四种观点,一种观点是主张稻种是从长江下游经朝鲜南部传到九州,然后再传到日本各地;第二种观点认为水稻从长江下游传到山东半岛,再传到日本;第三种观点认为稻种是从长江口直接渡海传到日本中部地区;第四种观点认为"最大的可能是从长江下游——→山东半岛——→辽东半岛——→朝鲜半岛——→日本九州再到丰州这样一条以陆路为主,兼有短程海路的弧形路线,以接力棒的方式传播过去的"。

　　我们认为,这几种说法都有可能成立,但从传播的时间来说,当以华中地区为最早,地位也最为重要,其理由是:中国稻作农耕的出现以越族地区为最早,稻类作物的发现亦于此地最为集中。越族地区目前已经发现的有关新石器时代的稻作遗址有浙江余姚的河姆渡、桐乡罗家角、杭州水田畈、吴兴钱山漾、宁波八字桥、鄞县人交公社,上海青浦菘泽、福泉山,江苏无锡仙蠡墩、吴县草鞋山等数处。经过对河姆渡出土的谷物的科学鉴定,发现其中不仅有人工栽培的水稻,而且有籼、粳两亚种,还有过渡类型,反映的是一个亚洲栽培稻属的杂合群体。[①] 同时还出土了许多制作精良的农具——骨耜,仅第四文化层就有 76 件[②]。这说明,早在 7000 年前后,这一地区就已经有了比较发达的稻作农耕。此后水稻的种植始终是越族农业生产中一个最为重要的属类。

　　中国的华北以栽培粟、黍为主,虽然少数新石器时代遗址中有所谓稻作的痕迹,但绝大多数只是根据形态近似而作的推断,缺乏相关证据。由此,严文明认为:"长江下游及其附近是我国史前栽培稻的一个重要的传播中心。中国史前的稻作农业,正是从那里像波浪一样呈扇面展开.其传括所及几乎包括了我国的稻作农业的全部地区。"[③]

　　日本稻作农耕源于钱塘江流域的看法,近年来不仅为大多数中国学者所接

---

① 　游修龄:《对河姆渡遗址第四文化层稻谷和骨耜的几点看法》,《文物》1976 年第 8 期。
② 　牟永抗、魏正瑾、吴玉贤、梅福根:《河姆渡遗址第一期发掘报告》,《考古学报》1978 年第 1 期。
③ 　严文明:《略论中国栽培稻的起源和传播》,《北京大学学报》(哲学社会科学版)1989 年第 2 期。

受,而且也被许多日本学者的研究所证实。如日本东京大学的赤泽建在《日本的水稻栽培》中说:"一般认为,(日本)水稻栽培之始首先是受大陆影响的刺激。关于从哪里和通过哪条路线水稻栽培得以传播,则在日本史前史的研究中争论激烈。不过,根据最近的研究,已得出结论为,最有可能的路线是从中国南方的长江下游地区,经过朝鲜南部直至九州北部,或者是从长江下游地区直接到达九州北部。"①一些日本学者还从育种学、航海学的角度,证明了"稻谷是在公元前1000年,从浙江省南部,栽讨东海直接传到日本九州西北的"②。又有一些日本学者根据稻谷酶谱的变异范围和"地理渐变"的特征,对亚洲不同地区的 766个水稻品种进行了酯酶同工酶的酶谱分析,认为日本的水稻品种很可能是由中国的长江口传至日本的。③这些学者的论断与中国学者的研究成果可谓较为一致。以上研究结论足以证明,日本的稻作文化是从钱塘江流域传入的。

水稻自绳文文化晚期从中国渡海传到日本九州,"史前的九州人便自然从迁徙渔猎生活转向饭稻羹鱼,并逐渐向本州推进。稻作传遍日本各地以后,由于其海产资源的丰富,日本的'饭稻羹鱼'较之中国东南沿海更为典型。它对日本人口的增殖,日本文化的孕育、发展及其深远的影响,怎么估计也不为过分"④。

除水稻,日本经济作物的栽培也受到钱塘江文明的影响。据日本学者研究,日本绳文文化前期开始栽培的葫芦、绿豆、构树、芋头、菱角等植物,也是从中国长江下游渡过东海传到日本九月西北的。⑤

此外,日本弥生时代石制和木制农具的品种、使用方法等,也都可以从钱塘江流域史前文化遗址的遗物里找到其渊源。像安装本柄的石斧、石锛和收割用的半月形石镰都比较接近中国本土样式。特别是江南地区四五千年前的新石器文化中出现的以耜、镰为代表的木制农具,同样在日本弥生文化遗址中有大量的发现。另据日本学者的研究,日本古代九州等地盛行的踏耕技术亦由吴越地区传入。由此可见,钱塘江流域和日本古代的相作农耕有着十分密切的

---

① [日]赤泽建:《日本的水稻栽培》,《农业考古》1985 年第 2 期。

② 张建世译:《日本学者对绳文时代从中国传去农作物的追溯》,《农业考古》1985 年第 2 期。

③ 林键一:《利用酯酶同工酶电泳分析研究作物品种的遗传变异及其地理分布》,《国外农业科技资料》1975 年第 2 期。

④ 游修龄:《百越农业对后世农业的影响》,《浙江学刊》1990 年第 6 期。

⑤ [日]田中耕司:《稻作技术之类型及其分布》,载渡部忠世主编:《亚洲稻作史》卷一,小学馆 1987 年版。

联系。

2.养蚕与丝绸纺织

钱塘江流域的养蚕纺织技艺对日本亦产生了深远的影响。大约在公元前3世纪,随着越族大规模的流散和外迁,先进的养蚕、织绸和缝制吴服的技术也传到了日本。如日本弥生前期的蚕丝纤维断面属于华中系的蚕品种,弥生中期后半才出现华中系与乐浪系的混合品种。[①] 到西汉哀帝年间,钱塘江流域著名的"越罗"织造技术和罗织物也传到了日本。[②]

中国是世界上最早发明养蚕织丝的国家,而钱塘江流域是世界上养蚕缫丝的发源地。1973年,考古工作者在浙江余姚河姆渡遗址中发现了大量用于纺织的打纬骨机刀、骨棱、梭形器、木制纹纱捧、打纬刀、经轴(残片)和陶制纺轮等纺织工具。而且在一件骨匕上还刻有编织纹,特别是在两件盅形象牙雕刻器外壁上刻有编织纹和蚕纹图像,它表明早在7000多年前的新石器时代晚期,钱塘江流域已经开始饲养家蚕。原始纺织技术中可能已包括丝织技术,这是纺织技术发展史上的重大突破。此外,在浙江吴兴钱山漾等新石器时代遗址中,还出现了绸片、丝线、丝带、麻布片等物品。尤其是钱山漾出土的绸片,经科学鉴定,是茧丝捻合的长丝做经纬、交织而成的平纹织物,表面细致、光洁,丝缕平整,为人工饲养的家蚕丝产物,也是我国至今出土的最早的丝织品。其时代相当于良渚文化晚期,年代在距今4200年左右。2005年,浙江省文物考古研究所联合湖州市博物馆对钱山漾遗址进行了第三次发掘,再次发现了丝带等遗物。由此我们可以断定,在距今4000多年前,浙江已经出现了真正的丝绸业,有了家蚕饲养、缫丝、织绸等生产环节。而且,从出土的丝线和丝织品来看,它们绝不是技术草创阶段的产品,而是达到了一定的技术水准,学术界将它们认定为"中国乃至世界范围内人类利用家蚕丝纺织的最早实例"。2015年6月,湖州钱山漾遗址在北京被命名为"世界丝绸之源"。

到了周代,丝织技术在长江流域已经达到了炉火纯青的程度,锦、绣、罗、纨、绮等高级织物均已出现。春秋战国时期,钱塘江地区成为中国纺织业的中心之一,主要以生产麻纺织品为主。现有的资料表明,当时已能生产丝、帛、罗、纱等。吴越地区的养蚕纺织技艺,对日本产生了深远的影响。

---

① ［日］布目顺郎:《绢の道——长江下流域ルートを探事》,载《弥生の使者徐福》,东京文化交流史研究会1989年版,第106—108页。

② 蒋猷龙:《世界蚕丝业科学技术大事记》,《丝绸史研究资料》1983年第6期。

　　由于丝绸之路的开通,钱塘江流域等地出土的丝织品,通过"欧亚草原之路",源源不断地运往阿拉伯地区和欧洲诸国。古罗马人已经穿上了从中国辗转而来的丝绸。老普林尼(Pline L'Ancien,23—79)在其著作《自然史》中这样推测赛里斯人制造丝绸的过程:"人们在那里所遇到的第一批人就是赛里斯人。这一民族凭借他们在森林里所产的羊毛而名震遐迩。他们向树木喷水,以冲刷树叶上的白色绒毛,再由他们的妻室来完成纺线和织造这两个工序。由于在遥远的地区有人完成了如此复杂的劳动,罗马的贵妇才能够穿上透明的衣衫出现在大庭广众之中。"由此可见,这种色彩艳丽而华贵的服饰材料,不仅深受当地百姓的喜爱,而且远销至海外,成为中国灿烂而独特文明的重要组成部分,为中国赢得了"赛里斯"(Seres,即丝国)的美称。丝织品是生活于长江流域的劳动人民对中国和世界文明的一大贡献。

　　在17—18世纪,由于贩卖包括江南丝绸在内的中国丝织品,可获得巨额的利润,于是欧洲商队将东方丝绢大量运往欧洲。在法国市场上,中国的手绘丝织品和印花丝织品、白色与彩色丝绸肩巾等,备受人们欢迎。为争夺市场,法国、荷兰的丝织业工厂竞相仿制,进而推动、促进了两国丝织工业的发展。因此,西方学者利奇温在《十八世纪中国与欧洲文化的接触》一书中便得出结论,称:"十八世纪之末,法国的丝业,在美术及技术方面的欣欣向荣,实出于十七世纪中国材料不断输入的刺激",而其技术特点连同花式装潢,则"都是取法中国的"。

　　唐代大规模生产越罗,大诗人杜甫在一首题为《白丝行》的诗中写道:"缫丝须长不须白,越罗蜀锦金粟尺",意思是用蚕丝织成的越罗和蜀锦十分珍贵,须要金粟嵌星的尺子来丈量,可见越罗在唐人心目中的分量。此外,唐朝的丝绸还通过草原丝绸之路,远销至希腊、罗马、埃及和印度等地。

　　丝绸也是钱塘江文化向东南亚地区输出的一个重要内容。如费信在《星槎胜览》中就多次记载钱塘江流域出产的丝织品传入东南亚地区,当地人民也"皆好中国绫、罗、杂缯。其土不蚕,惟借中国之丝到彼,能织精好缎匹,服之以为华好"①。到16世纪末,由于价廉物美的中国丝织品和棉织品倾销菲律宾,穿中国式服装成为当地人民追求的风尚,菲律宾人民每年大约要购买20万件以上的

---

① 〔清〕顾炎武:《天下郡国利病书》,引崇祯十二年三月给事中傅元初《请开洋禁疏》。

棉布或丝绸制成的中国式服装,价值约 20 万比索。[①] 在丝绸贸易的同时,中国的养蚕和丝绸技术也传到了东南亚地区,并成为当地重要的家庭手工业。陶威斯·德克尔在《印度尼西亚历史纲要》(*Ichtisar Sediarch Indonesia*)中说:"的确,我们的祖先是向中国学习用蚕丝织绸的。不久,我们自己也学会织绸了。"到 16 世纪末 17 世纪初,菲律宾人已能出口自己生产的丝绸了。

　　钱塘江流域生产的大宗商品(包括丝绸在内),是由菲律宾运往美洲的。因此,从马尼拉开往阿卡普尔科的商船,被称做"丝船"。例如,自 1774 年出发的运送中国丝绸的商船抵达美洲后,很快被蜂拥而来的大小商人抢购一空,他们再将此转销美洲各地。1748 年,安达卢西亚的商人便说,大帆船的中国货物遍布整个美洲,"沿着南美海岸,无处不有中国丝绸的踪迹"。[②] 即使印第安人也喜欢用中国江南丝绸来打扮自己。与此同时,包括江南瓷器在内的中国瓷器也大批销往美洲。1730 年,"萨克拉·费末莉亚号"船停泊在阿卡普尔科港时,船上便载有 120 桶精美的中国瓷器。这些造型精美、图案绚丽、制作巧妙的瓷制品,深受美洲居民的喜爱和赞叹,并争相购买。值得注意的是,1784 年 8 月美国"中国皇后"号木帆船抵达中国黄埔港,次年五月此船带着大批茶叶、丝绸、瓷器、土布、各种杂货等返回纽约。此后,不断有美国商船来到中国并带走中国货物,这些中国货物输入美国后,得到美国社会的接受与欢迎,且饮茶风气渐渐盛行,其他中国的社会习俗也远播美国,使得这些风俗得以与当地文化交流、融合。

　　3. 陶瓷制作

　　日本史前时代的陶器制作曾受到越文化的影响,其中以鬲形陶器和印纹陶器最为突出。从日本青森县今津出土的鬲形陶器来看,器形与越地出土的昂形陶器相似;纹饰也与太湖地区西周晚期至春秋前期的一些器物相似。这说明,日本青森县今津出土的尾形陶器是模仿越地的陶器而制作的,至少表明两者之间有着比较密切的文化联系。此外,日本长崎福江市发现的印纹陶罐,无论是器形还是纹饰都带有明显的吴越文化特色,它不同于日本绳文文化时期的陶器,表明其祖型来自中国。此后赴日本的浙江余杭人陈元赟还创制了极为雅致而富有安南风趣的元赟瓷,在日本瓷器史上具有一定的影响。"元赟烧"为当时名古屋的特产,秀丽雅致,尤以茶器为上品,对日本茶道有影响,"陈氏茶道"也

---

① 陈台民:《中菲关系与菲律宾华侨》,朝阳出版社 1961 年版,第 1 册,第 4 页。

② [美]安尼塔·布雷德利:《拉丁美洲环太平洋之关系史》,纽约,1941 年,第 6 页。

因此而风行一时。①

钱塘江流域出产的瓷器大量输入高丽,无疑对当地的陶瓷工艺产生了深远的影响。据《宣和奉使高丽图经》记载,大约在 11 世纪中叶,在高丽的西南部已出现了与越窑极相似的青瓷。由于这些高丽青瓷受越州等地瓷器风格的影响,按还原焰的窑法进行生产,在器形、花纹上都带有越窑的痕迹,所以出使过高丽的徐兢说,高丽的瓷器和中国的"越州古秘色……大概相类"②。

吴越地区的先民所创造的有段石锛和印纹陶在东南亚地区多有发现,"由这些特殊器物的发现,可以论证百越民族的一支,携带有段石锛和印纹陶的制造技术,南下到东南亚,成为现代东南亚民族之一来源"③。

由于钱塘江一带及其附近地区出产瓷器制品在内的中国传统瓷制用品,这些瓷制品既有实用价值,也有着很高的艺术观赏价值(从造型、图案、花纹、釉色、质地、线条、透明度而言)。因此,它们是外销欧洲的传统商品。清代瓷制品的外销,更盛于前代:首先,外销量甚大。据《荷兰东印度公司与瓷器》一书记载,17 世纪晚期,从巴达维业每年运往欧洲的瓷器竟达 300 万件之多。其次,瓷制品深受顾客青睐。经考证,18 世纪英法等国在向中国的瓷器订货单中,茶具、餐具占了大多数。其中,茶杯、茶壶、茶叶罐、糖缸、果盘、面团缸等用于茶会的茶点瓷器,数量尤多。如 1700 年荷兰东印度公司向中国的订货单中则有茶盘、茶叶罐、糖缸、大口茶壶等。而 1738 年法国的东印度公司向中国的订货单中,更列有茶壶、青花杯、五彩杯、深肚碗、果盘、糖缸、面团缸等茶具。这表明,中国制造的五彩瓷、青花瓷茶具与餐具,在欧洲备受青睐。从国外发现的实物来看,清代自康熙朝始,已有专为国外市场制作的外销瓷器出现,它们主要是西餐餐具和咖啡壶,并深受欧洲人的欢迎和喜爱。再次,中国瓷器较之欧洲瓷制品而言,不仅价格低廉,而且造型、质地、装饰远胜于欧洲瓷器。中国瓷器外销至欧洲市场,以及制瓷工艺技术的外传,也促进了欧洲瓷器工业的兴起,1709 年欧洲人自己制造的第一件瓷器问世。即便如此,连欧洲学者德克·卜德在《中国物品传入西方考证》一文中也不得不承认:"尽管自欧洲产生瓷以来,大量的瓷器在欧洲和其他地方也生产了出来,但没有任何一个地方的瓷器能与原产地中国

---

① 参见陈小法:《明代中日文化交流史研究》,商务印书馆 2011 年版。
② 〔宋〕徐兢:《宣和奉使高丽图经》卷三二《陶炉》,文渊阁《四库全书》本。
③ 参见陈国强、蒋炳钊等著:《百越民族史》,中国社会科学出版社 1988 年版。

的上等制品相媲美。"①

4.茶叶种植与茶文化

日本的茶文化虽然在七八世纪时已在中国的影响下兴起,但到公元 10 世纪以后才逐渐丰富起来。据文献记载,南宋时日本禅宗始祖荣西曾于 1168 年、1187 年两次入宋,来到天台山学习禅学,前后在宋朝待了四年零九个月的时间,其间他不仅潜心钻研禅学,而且亲身体验了宋朝的饮茶文化及茶的效用。回国后,他不仅将从中国携去的茶籽在肥前的背振山上种植,而且还根据《太平御览》中有关茶茗的史料,撰成日本历史上的第一部茶书——《吃茶养生记》,向日本人传播中国的茶文化。自此以后,日本的公家(皇室、贵族、僧侣)和武家(将军、大名、武士)都以饮茶为乐,并将此风扩展到民间,饮茶之风大盛。荣西由此被日本人推为"日本的陆羽"、日本的茶圣。到 14 世纪的室町时代,在中国长期停留、为数众多的僧人,又把中国的"唐式茶会"(如聚众品茶、赛茶、猜茶)介绍到日本,使饮茶无形中成为日本人社交、联谊的一种社会活动。

17 世纪时,茶叶在西方成为难以抵挡的诱惑品,用"喝所有中国茶"来比喻至高无上的美好享受。经过漫长的发展,中国的茶叶大量流入西方,茶叶变成了海上丝绸之路上的五大主要商品(丝绸、瓷器、茶叶、中草药、农作物)之一。从 1697 年开始,英国每年都从中国进口万镑以上的茶叶。从 1717 年开始,在英国对华贸易中,"茶叶已开始代替丝绸,成为贸易中的主要商品"。茶叶贸易成为欧洲东印度公司中,最重要和盈利的最大项目。② 据学者研究,清代通过广州港的海上丝绸之路的分支海上茶叶之路而销往西方的茶叶,绝大部分来自中国浙江、福建、安徽、江苏这四大省。如在 1828—1833 年间,中国通过广州港共出口茶叶 86055 吨,其中 85% 的茶叶来自这四省,只有少量来自广东省的清远和广西的梧州。广州港出口的中国茶叶品种也基本上是浙江、安徽、江苏生产的绿茶以及福建生产的黑茶和白茶,其具体品种主要有武夷茶、检焙茶、小种茶、松子茶、宝种茶、白毫茶、松罗茶、东溪茶、熙春茶、皮茶、珠茶、珠兰茶、三味茶和条枝茶等。它们分别供应了阿姆斯特丹、哥本哈根、巴黎、汉堡和伦敦等市场。中国茶叶的出口促进了历史上一带一路的发展,活跃了国际商品市场,最终导致西方于 18 世纪至 19 世纪出现了一股强大的"中国热"风潮,从而凸显了

①　沈定平:《从国际市场的商品竞争看明清之际的生产发展水平》,《中国史研究》1988 年第 3 期。

②　马士:《东印度公司对华贸易编年史》,区宗华译,第 1 卷,广东人民出版社 2016 年版,第 156 页。

茶叶在构建世界人类命运共同体中的重要作用。

　　5.漆器

　　漆器在日本绳文文化遗址中也可见到,如唐津菜畑遗址出土的黑陶就有漆绘的花纹①。它表明,日本的漆器制作可能也受到钱塘江文化的影响。安志敏通过对两地漆器的研究后认为:"日本绳文文化的漆器主要出自晚期,有竹木胎的容器以及漆弓等,甚至绳文前期也出土了精致的漆梳,如果追溯它们的来源,也当和中国的长江流域有着密切的联系。"②

---

　　①　唐津市、唐津市教育委员会:《菜畑——佐贺县唐津市にすけそる初期遗迹の调查》1982 年版,图版二。

　　②　安志敏:《江南文化与古代的日本》,《考古》1990 年第 4 期。

后　记

经过两年的努力,由我主编的《钱塘江文化研究》一书将由浙江大学出版社正式出版了。本书是一个集体性的研究项目,参与课题研究工作的主要有:《浙江通志》学术总纂、浙江大学历史系李志廷教授,浙江工业大学中国钱塘江文明研究中心执行主任孙以栋高级工程师,杭州师范大学人文学院马丁教授,浙江省社会科学院图书馆原馆长潘志良副研究员,杭州城市学研究中心马智慧副研究员,浙江教育出版社梁明编审,浙江卫视蔚蓝工作室负责人、主任记者杨园媛。在课题研究过程中,又得到了中国社会科学院学部委员陈高华研究员、浙江省社会科学院副院长陈野研究员、杭州市历史学会赵一新会长、杭州市钱江新城管理委员会拥江发展处方永斌处长和俞顺年三级教授级高工,以及本书责任编辑徐凯凯等的指导和大力帮助,特此致谢。

需要说明的是,由于时间、水平等所限,书中还有一些不当之处,敬请方家批评指正。

徐吉军

2022 年 6 月 22 日